고대 근동 시리즈 ㉓

Literaturgeschichte
des Alten Testaments Eine Einführung

고대 근동과
구약 문헌사

콘라드 슈미트 지음
이 용 중 옮김

CLC

기독교문서선교회(Christian Literature Center: 약칭 CLC)는 1941년 영국 콜체스터에서 켄 아담스에 의해 시작되었으며 국제 본부는 미국 필라델피아에 있습니다.
국제 CLC는 59개 나라에서 180개의 본부를 두고, 약 650여 명의 선교사들이 이동도서차량 40대를 이용하여 문서 보급에 힘쓰고 있으며 이메일 주문을 통해 130여 국으로 책을 공급하고 있습니다.
한국 CLC는 청교도적 복음주의 신학과 신앙서적을 출판하는 문서선교 기관으로서, 한 영혼이라도 구원되길 소망하면서 주님이 오시는 그날까지 최선을 다할 것입니다.

Literaturgeschichte des Alten Testaments
Eine Einführung

Written by
Konrad Schmid

Translated by
Yong Joong Lee

Copyright © 2014 by Konrad Schmid
Originally published in German under the title
Literaturgeschichte des Alten Testaments: Eine Einführung
by WBG (Wissenschaftliche Buchgesellschaft), Darmstadt
Translated and used by the permission of
WBG (Wissenschaftliche Buchgesellschaft),
Hindenburgstraße 40, 64295 Darmstadt, Germany

All rights reserved.

Korean Edition
Copyright © 2018 by Christian Literature Center
Seoul, Korea

고대 근동 시리즈는 홍수 이후의 수메르 문명에서부터 페르시아가 멸망하는 B.C. 331년까지를 주로 다루며, B.C. 27년 아우구스투스에 의해 로마제국이 시작되고 로마의 통치 아래 이스라엘 땅에서 예수님이 탄생한 내용까지 포함한다.

추천사 1

류호준 박사
백석대학교 신학대학원 구약학 교수

우리 앞에 놓인 이 책은 전형적인 독일 학풍의 구약 문헌 역사 연구서다. 알다시피 우리가 구약이라 부르는 문헌은 어느 날 갑자기 하늘에서 떨어진 "단행본" 문헌이 아니다. 수많은 인간 저자가 수세기에 걸쳐 생산해 낸 역사적 문헌이다. "역사적"이란 말은 각 권이 역사 속에서 특정한 시기에 생산되었다는 뜻이기도 하지만, 각 권 안에 다양한 역사 층이 전승의 형태로 남아 있기 때문이라는 뜻이기도 하다. 달리 말해 저마다 저자가 따로 있는 책이라 할지라도 그 안에 다양한 전승이 녹아 있기에 그리 간단한 책이 아니라는 말이다.

또한 각 권마다 이름이 있고, 고유의 이름이 있는 각 권이 여러 권 모여 좀 더 큰 뭉치 문헌을 이루고, 큰 뭉치 문헌이 최종적으로 구약성서 혹은 히브리성서이라는 단일 문헌을 이루게 되었다는 사실은 구약 문헌을 전승사적 측면에서 다루어야할 필요성을 제기한다. 따라서 문헌에 대한 "역사적 연구"가 필수적이 된 것이다. 이렇게 해서 나온 것이 『고대 근동과 구약 문헌사』(Literaturgeschichte des Alten Testaments)다. 이 책의 제목이기도 하다.

구약 문헌이 어떻게 형성되었는지를 살피려면 반드시 "문헌의 역사"를 살펴야 할 것이다. 그러나 문헌 역사를 재구성하는 일은 결코 쉽지 않다. 상당한 지적 추측과 유식한 가설 없이 불가능하기 때문이다. 구약 문헌 안에 들어 있는 다양한 전승(예. 제의 및 지혜 전승, 서사 전승, 예언 전승, 율법 전승)을 찾아내는 일, 또한 다양한 전승이 어떻게 수정되고 보완되며 덧칠되었는지를 살피는 일, 각 본문이 가리키는 역사적 정황을 추측해 내는 일 등을 살펴보는 문헌 역사 연구는 치밀한 노력과 상당한 지적 상상력을 요구한다.

이 책의 저자인 콘라드 슈미트 박사는 독일 학풍의 특징인 역사적 치밀성을 갖고 구약 문헌의 역사를 나름 일관성 있게 제시한다. 이 점에 있어서 저자의 노력에 박수를 보낸다.

"구약성서 문헌 발전 역사는 역사적 배경과 다양한 문헌의 복잡한 상호 관계 속에서 해석해야 한다"는 저자의 말이 이 책의 목적을 잘 보여 준다. 그는 구약 문헌이 기원전 1세기 즈음에 거의 완성된 형태가 되었을 것이라는 가설 위에, 구약 문헌의 역사 시기를 크게 앗수르 이전 시대, 앗수르 시대, 바벨론 시대, 페르시아 시대, 프톨레마이오스 시대, 셀레우코스 시대 등 여섯 시대로 구분한다. 그리고 구약의 각 권을 해당 시대에 맞게 문헌 전승 사적 차원에서 살핀다.

이 책의 유용성은 구약 문헌이 역사의 산물이라는 점을 알려줌으로써 사회 역사적 배경을 반영하고 있는 본문을 무역사적 비역사적으로 이해하지 않도록 하는 데 도움을 줄 것이라는 점이다. 또한 우리가 갖고 있는 구약성서가 어떻게 "자라오게" 되었는지를 생각하게 한다.

아마 한국의 복음주의 권에 속한 신학생이라면 "불편한 성서관"을 만나게 되는 경우일 수도 있다. 그러나 이 책을 통하여 서구 학자들이 구약을 역사 비평적으로 연구하는 방식의 한 부분인 구약 문헌사 연구가 이런 것이구나 하는 경험을 하게 될 것이다. 이 책이 구약이라는 문헌을 역사적으로(통시적) 살펴본 개론적 연구서이기 때문이다. 저자의 저술 목적을 인용함으로 추천의 글을 마치려 한다.

아무쪼록 이 책이 구약의 내적 역사적 형성 과정의 난해함과 함께 주제의 일관성을 효과적으로 설명했기를 바란다.

적어도 저자의 바람이 어느 정도 성공했다고 생각한다.

추천사 2

권지성 박사
스위스 Universität Zürich 리서치펠로우

구약성서 문헌사 연구의 필요성

구약성서에 대한 문헌사적 접근법은 성서의 지고한 권위에 대한 불온한 도전이 아니며, 더구나 구약성서를 고대 근동 문헌의 하나로 격하시키려는 반신학적 반동도 아니다. 이렇게 보는 것은 정말 커다란 오해다.

성서 각 권이 하늘에서 갑작스럽게 이스라엘 백성에게 떨어진 책이 아니라면, 다양한 성서 사본의 존재를 인정하고 본문의 원래 의미를 찾아가는 본문비평의 필요성을 인정해야 할 것이다. 최소한 당신이 가지고 있는 구약성서의 기반이 되는 히브리어 성서, 그 표준인 마소라 본문을 읽어 보더라도 일부 단어와 표현은 "구전"(Qere)의 형태로 주어진 것과 "저술"(Ketiv)의 형태로 주어진 단어가 다르게 표기된다는 사실을 확인할 수 있을 것이다. 혹은 신약성서를 펼쳐 마가복음 16:9-20에 달린 각주를 읽어 보라. 분명 가장 오래된 고대 사본에는 이 본문이 없다는 설명을 확인할 수 있을 것이다.

그렇다면, 당신이 이 본문을 하나님의 말씀으로 받아들이고 있는 이유는 무엇인가?

이 부분이 어떻게 오늘날 개신교의 성서에 포함되었으며, 오랜 동안 어떠한 과정을 거쳐 당신의 책상에까지 오게 된 것일까?

이 책의 저자인 콘라드 슈미트가 언급했듯이, 성서의 참된 신적 권위는 "본문 그 자체에서" 찾을 수 있음이 분명하다. 그럼에도 오늘날 복음주의 교회는 이렇게 굳건한 확신을 가지고 있으면서도 왜 역사주의 비평학의 도전을 회피하려고만 한다. 필자가 생각하기에 이는 아마도 두려움 때문일 것이다.

이렇게 말할 수 있다.

"성서의 무오성을 믿는다면 어떻게 성서의 본문을 비평하고 성서 형성 과정을 설명하려 할 수 있는가?"

하지만 이런 질문은 잘못된 가정에서 출발하고 있다고 말하고 싶다. 성서비평학을 공부하고 성서 문헌의 역사를 공부하는 것이 무오성을 거부하는 것과 동일시 될 수는 없다. 왜 그럴까?

첫째, 서구 복음주의 교회는 본문비평을 거부한 적이 없다.

"성서의 무오성에 대한 시카고 선언"(The Chicago Statement on Biblical Inerrancy)은 명백히 성서 최초의 원(Original) 텍스트를 우리가 가지고 있지 않으며 가질 수도 없다는 사실을 인정하고 있다. 실제 미국 복음주의 성서학자의 다수가 정경-문학비평을 따르고 있으나, 방법론에서 형식비평, 양식비평, 편집비평을 완전히 거부하지는 않는다. 오히려 적극적으로 이를 공부하고 거부할 부분은 거부하고 이용할 부분은 해석학에 활발히 적용하고 있다. 성서가 하나님의 변함없는 말씀임을 입증해야 하는 우리에게 비평학은 걸림돌이 아니라 오히려 성서의 역사성을 입증할 수 있는 확실한 방법이 된다.

둘째, 복음주의 신학은 "무오성"에 대해 다양한 견해를 피력해 왔으며 최근까지 "성서의 무오성에 대한 시카고 선언"을 재정의해야 할 필요성을 절감해 왔다.

이 전통을 폐기하자는 것이 아니다. 성서의 신적 기원을 지키기 위한 절박함 때문이다. 따라서 아직도 무오성을 지키기 원하는 교회는 다음의 질문에 답할 준비를 해야 한다.

"교회가 가진 성서는 오류가 없는 완전한 텍스트이며 성서를 완전한 것으로 읽어야 한다는 것은 무엇을 의미하는가?"

이를 조금 다르게 질문해 보자.

"당신이 가지고 있는 텍스트가 오류가 없는 완전한 성서 판본이라는 사실을 어떻게 확신할 수 있는가?"

참으로 수많은 영어 번역본과 고대어 역본과 사본의 홍수 속에서, 특히나 쿰란 공동체에서 발견된 무수한 성서 원문, 다양화된 최종 형태의 본문 앞에서 우리가 가진 성서 번역이 최초의 원본과 얼마나 다른지 그리고 나아가 어떠한 과정으로 형성되어 왔는지 이해하는 일이 필수적이다.

이 책의 저자인 콘라드 슈미트는 "구약성서가 어떠한 문화적, 사회적, 역사적 배경에서 저술되고 발전되고 최종적인 정경의 형태를 가지게 되었는가"에 대한 광범위한 질문에 대답한다. 슈미트는 현재 스위스 취리히대학교(Universität Zürich) 교수이지만, 독일에서 공부하고 하이델베르크대학교(Ruprecht-Karls Universität Heidelberg)에서 교수직을 감당할 만큼 독일 구약신학에 정통한 학자다. 이 책에서 주장하는 바가 완전히 새로운 학설은 아닐지라도, 저자는 율리우스 벨하우젠(Julius Wellhausen), 헤르만 궁켈(Hermann Gunkel), 게르하르트 폰 라트(Gerhard von Rad)의 명맥을 이어 구약 문헌사를 수정, 보완, 집대성하여 정리하고 있다는 점에서 매우 고무적이다.

만약 구약 문헌학의 역사에 관심이 있는 신학도라면 데이빗 카(David Carr), 토마스 뢰머(Thomas Römer), 에어하르트 블룸(Erhard Blum) 같은 학자의 책과 함께 이 책을 읽는다면 큰 유익을 얻을 수 있으리라 생각한다.

본 저술도 한계점이 전혀 없는 것은 아니다.

첫째, 오경 신학의 오랜 문서설(Documentary Hypothesis)과 형식/편집비평은 최근 수십 년간 상당한 비판에 직면해 왔다.

또한, 여전히 J, E, JE, D, P와 같은 문헌의 도식을 구분하고 결합하는 가정을 사용할 수 있다 할지라도, 이와 같은 이론은 하나의 가설에 불과하며 반드시 수정 과정이 필요하다. 구술 전승과 문헌 전승이 후대에 이르기까지 지속적으로 존재해 왔고 상호 영향을 주고 받아 왔다면 도식적인 방식으로 문헌학의 역사를 논한다는 것 자체가 상당한 문제점을 노출할 수밖에 없게 된다.

둘째, 저자 스스로 문제점을 인식하고 있음에도 불구하고 성서 각 권의 저술 연대를 지정하는데 이는 여러가지 문제를 만들어 낼 수 밖에 없다.

성서 각 권이 수세기에 걸쳐 저술과 제작을 반복해 왔다는 점을 이해한다면 이는 더욱 분명해 진다. 예를 들어, 저자는 욥기의 대부분은 페르시아 시대에 저술되었지만, 욥기 28장과 32-37장은 프톨레마이오스 시대에 저술된 것으로 본다. 상당수 편집비평가가 이러한 분석을 내놓고 있으며 비교적 크게 동의를 받고 있으나 어떠한 방식으로도 정확한 저술 연대를 추정하는 것은 거의 불가능에 가깝다. 페르시아와 헬라 시대를 정확히 구분할 수 있다고 하더라도 기계적인 방식으로 구분할 수는 없는 것이다.

셋째, 저자는 자주 고대 근동 문헌을 언급하고 있지만, 이러한 비이스라엘 문헌이 정확히 구약성서의 어떤 텍스트와 연결되어 있는지에 대한 언급은 회피되거나 자세히 다루어지지 않거나 정확성이 결여된 부분이 눈에 띈다.

콘라드 교수는 이 책의 한국어 출판을 결정하면서 "한국 교회에 이 책이 도움이 된다고 생각하느냐"고 나에게 의향을 물어 본 적이 있다. 나의 대답은 두말할 나위 없이 "Yes"였다. 고도로 조직화된 비평학을 공부하면 할 수록 점차 성서에 대한 절대적 믿음이나 삼위 하나님에 대한 사랑까지 사라지게 될 것이라는 속설이 오랫동안 한국 신학계에 있었다. 하지만 진정으로 "신학함"을 방해하는 것은 그 무엇을 거부하는 것이 아니라, 성서에 대한 "몰이해"와 "반지성적" 태도다. 따라서, 성서가 어떻게 등장하게 되었는지에 대한 궁금함으로 이 책을 선택하게 될 독자에게 이렇게 호소하고 싶다.

"두려워하지 말고 읽어 보라. 그리고 할 수 있는 역량의 최대치로 이런 가설을 비판적으로 수용하라."

아무쪼록 구약성서의 형성에 대한 역사적 시각이 하나님의 변함없는 계시의 진실성에 대한 우리의 믿음을 더욱 굳건히 해 나가는 계기가 되기를 바라며, 일독을 권한다.

2018년 4월
취리히 그로스뮌스터에서

한국어판 저자 서문

콘라드 슈미트 박사
스위스 Universität Zürich 구약학 교수

수년 전 독일어뿐만 아니라 영어로도 번역·출간된 *Literaturgeschichte des Alten Testaments: eine Einführung* (Darmstadt: WBG, 2014)과 *The Old Testament: A Literary History* (Minneapolis: Fortress Press, 2012)의 한국어 번역본이 출간된 것을 대단히 기쁘고 영광스럽게 생각한다. 특히 이 번역 프로젝트를 함께 기획한 취리히 대학 신학부의 권지성 박사, 정성스럽게 번역해 주신 이용중 목사, 그리고 물심양면으로 지원해 준 기독교문서선교회(CLC) 대표 박영호 박사에게도 깊은 감사를 드린다.

구약성서 문헌 발전 역사는 역사적 배경과 다양한 문헌의 복잡한 상호 관계 속에서 해석해야 한다. 이 책은 구약에 대한 국제적 비평학의 토대 위에서 기원전 1세기의 텍스트인 구약에 대한 이해를 기초로 저술하였다.

구약성서 각 권은 처음부터 성서에 속한 책으로 쓰여진 것이 아니라, 옛 문헌 전승이 전달, 수정, 보완되면서 궁극적으로 정경화되는 일련의 과정을 통해 현재의 텍스트에 이르게 되었던 것이다. 구약에 대한 문헌적이고 역사적인 접근법은 구약의 각 권이 보여 주는 방식을 따라 그 책을 이해해야 하는 이유, 특정 신학 주제에 집중하고 다른 것은 언급하지 않는 이유, 특정 사건은 설명하면서 다른 것은 생략하는 이유를 이해하는 데 도움이 된다.

하지만 무엇보다 구약 문헌사에 대한 탐구를 통해 우리는 구약의 지적 일관성을 확증할 수 있다. 즉, 이 책에 사용된 방법론은 구약 각 권이 공통된 역사적 사회적 배경을 공유할 뿐만 아니라, 이를 설명하고 재구성하는 데 다양한 신학적 주제가 상호 연관되어 있음을 보여 준다. 아무쪼록 이 책이 구약의 내적 역사적 형성 과정의 난해함과 함께 주제의 일관성을 효과적으로 설명했기를 바란다.

마지막으로 이 책은 구약학 분야의 최신 학문 논의를 충분히 반영하려 하였으며 성서의 문헌사적 접근법에 관심을 가진 독자를 충분히 고려하여 저술하였음을 일러둔다.

2017년 10월
프린스턴에서

저자 서문

콘라드 슈미트 박사
스위스 Universität Zürich 구약학 교수

> 그렇다면 우리는 완벽한 지식과 거리가 멀기 때문에 전혀 아무것도 말하지 않는 것보다 이렇게 과감히 비약하는 것이 잘못을 줄이는 일일지도 모르겠다.
>
> 히에로니무스, 『에스겔 주석』 3부, 44, PL 25, 380B

이 책은 2008년에 다름슈타트(Darmstadt) 소재 "학술도서협회"(Wissenschaftliche Buchgesellschaft)에서 개정된 참고 문헌과 함께 발간한 *Literaturgeschichte des Alten Testaments*를 번역한 책이다. 이 책은 구약 문헌사를 형성하는 전제, 배경, 과정, 본문 간 관련성을 다루고 있다("구약"과 "히브리어 성서"의 관계에 대해서는 1장-1-5)를 보라).

필자의 목표는 지적 발전 방향이나 그 속의 본문 관계에 주목하는 구약에 담긴 문헌의 역사를 제시하는 것이다. 이 책이 서론 수준을 넘지 않을 것을 목표로 하고 있다는 점을 처음부터 강조할 필요가 있겠다.

이 책의 목적은 책의 주제를 철저하게 다루는 것이 아니다. 다양한 연구 분야가 있는 현재의 연구 상황에서 그런 목적을 달성하기 어려우며 한 개인이 제한된 범위 안에서 그렇게 하기란 정말로 불가능하다. 동시에 이 책의 내용을 위험 부담이 큰 모험적 시도나 미완성작으로 봐도 안 된다.

요즈음 흔히 이 연구의 성격이 산만하다는 말이 나오는 것도 사실이지만 어떤 관점에서 볼 때 이런 성격이 자주 과대평가되고 있는 것도 사실이다. 물론 구약 학계는 구약 책과 본문의 기원과 역사적 배열에 관해 종종 화해하기 어려운 여러 제안을 겪고 있다. 그래서 문헌사를 다룬다면 원칙적으로 적어도 최소한의 수준으로라도 이런 제안에 대한 태도를 분명히 해야 한다.

그러나 학자 사이에 최근 논의되는 것에서 어느 정도 새로운 합의의 윤곽이 드러나기 시작했지만 아직은 부분적인 것에 불과하고, 아마도 미국보다는 유럽의 입장을 대변하는 경우도 간혹 있지만 그럼에도 모종의 의미있는 기초 결론에 이르렀다. 따라서 최근에 생겨난 이런 합의가 구약 문헌사라는 과제를 처음부터 불가능하게 만드는 것은 전혀 아니다.

오히려 이 합의는 마치 전체에 대한 이해가 세부 내용에 달려 있는 것처럼 동시에 세부 내용을 이해하는 것이 전체를 필요로 하는 한에서 이러한 과제를 뒷받침한다. 이런 면에서 성서 학계는 적당한 정도의 비판적 자기 성찰이 항상 미덕이 되는 것은 아니더라도 슐라이어마허의 통찰력 정도는 갖추어야 한다.

따라서 개별 해석학 문제에 대한 논의에서도 광범위한 시각이 중요하다. 특히 문헌사적 고려 사항에 대한 소개는 해석학 분야에서 개별 판단에 중요한 증거를 대기도 하고 당해 판단이 개연성 없음을 입증하기도 한다. 현재의 연구 상황에서 문헌사적 관점을 단순히 구약 개론이라는 주제에 대한 기존의 학문적 결론을 모아놓은 것으로 구성할 수는 없다. 오히려 문헌사적 관점은 어떤 의미에서 그러한 학문의 일부이자 연속이자 강화이기도 하다.

역사적 성서 연구에 대한 전반적으로 실증적인 접근만이 해석학적 연구의 모든 개별적인 결과가 널리 알려진 이후에 비로소 구약의 문헌사라는 과제를 시작하도록 요구할 수 있다. 이런 결과는 사실 일단 가설일 뿐이며 이런 결과의 타당성은 결과 자체뿐만 아니라 그 결과가 놓여 있는 준거 틀에도 달려 있다.

학자들이 단순히 전통적인 가정에만 의존하기를 원하지 않는다면 우리가 문헌사적 종합의 가능성 같은 대단히 중요한 문제에 주의를 기울이지 말아야 할 이유는 없다. 물론 이와 반대되는 명제를 개별적인 해석이 실증할 내용의 결정 요인으로 제시하는 것도 똑같이 실증주의적인 오해일 것이다. 두 접근 방식 모두 근본적으로 수정될 여지가 있어야 하며 그 예비적 결과를 종합하는 문제를 다루는 일은 여전히 성서 연구 과제로 남는다.

따라서 우리는 이 책을 구약 문헌사 연구의 끝이나 시작으로 보지 않고 더 정확히 말해서 문헌사적 질문을 제기하거나 내용에 관한 몇 가지 예비적인 관점을 제시하는 중간 지점으로 본다.

이 책은 구약의 기원 역사에 대한 연구 상황을 적절히 평가하고 종합하기 위한 것도 아니고 그럴 수도 없으며 요약하기 위한 것은 더욱 아니다. 대신 이 연구의 목적은 구약에 대한 학문적 연구라는 역사적이고 신학적인 과제로서 구약의 본문과 본문 전체에서 가장 중요한 것 사이의 대화를 역사-비평적으로 재구성하는 것이다.

목차를 보면 알 수 있듯이 분류를 위한 일련의 결정을 전제로 하는 문헌사적 틀이 어떤 독자에게는 문제가 있어 보일지도 모른다.

① 가장 일반적인 차원에서 문헌사의 시기를 구분한다(앗수르 이전 시대, 앗수르 시대, 바벨론 시대, 페르시아 시대, 프톨레마이오스 시대, 셀레우코스 시대).
② 이 시기 구분 속에서 문헌 장르(제의 및 지혜 전승, 서사 전승, 예언 전승, 율법 전승)를 구별한다
③ 구체적인 문헌 작품을 그 위치와 더불어 논한다.

가장 논란의 여지가 많은 것이 이 세 번째 단계겠지만 아마도 현 논의 상황에서 레반트 지역을 통치한 구체적인 강대국과 그 문화적 영향에 따라 구약 문헌사에서 여러 시대를 구분하는 것이 아마도 근본적인 논쟁을 초래하지 않을 것이다.

마찬가지로 본문을 다양한 문헌 영역(제의 및 지혜 전승, 서사 전승, 예언 전승, 율법 전승)에 배치하는 것에도 아마 별다른 이의가 없을 텐데 이는 특별히 이런 영역이 그 내용과 관련하여 중요한 것은 아니지만 주로 개관을 용이하게 하는 데 도움이 되기 때문이다.

구약 본문과 문헌에 대한 구체적인 문헌사적 분류와 관련해서 우리는 학자들의 논의에 불확실성이 있다는 것을 기꺼이 인정해야 하지만 면밀히 고찰해야 할 사항이 아직 두 가지 남아 있다.

첫째, 한편으로 모든 혼란과 불일치의 이면에서 구약 문헌사의 기본적인 흐름에 대한 재구성을 가능케 하는(확실히 불가능하게 하는 것은 아니다) 구약 문헌의 각 부분에 대한 역사적 배열을 충분한 정도로 인식할 수 있다.

모세오경 내에 제사장 문헌의 경계 설정과 배열도 있고 어느 정도 예외도 있지만 신명기의 문헌사적 핵심 부분도 있다. 전기 예언서(이른바 역사서) 중에는 "신명기 사가"의 해석적 관점에 대한 확인도 있으며 최근에는 편집비평적 구분도 포함된다.

예언서 중에는 제1이사야와 제2이사야의 구별과 지나치게 오래 끌어온 예언서 편집 역사에 대한 인정도 포함된다. 마찬가지로 일례로 시편과 지혜 문헌에서 왕정 시대의 입장과 왕정 시대 이후의 입장을 구별하는 것이 처음부터 가망 없어 보이지는 않는다.

물론 전체적으로 논란이 되지 않는 것보다 논란이 되는 것이 더 많지만 이것은 문헌사적 과제의 본질에 속하는 것이며 이것을 이 과제 자체에 대한 시도를 반박하는 근거로 제시할 수는 없다. 게다가 이런 측면에서 보면 구약 문헌사는 일반적으로 알려진 "구약 개론"의 과제와 근본적으로 다르지 않으며, 논란이 많은 연구 결과의 존재를 이유로 구약 개론의 정당성이 논쟁의 대상이 되는 것도 아니다.

둘째, 다른 한편으로 특정 시대에 어떤 지위를 부여하는 것이 원칙적으로 상대적인 것일 뿐이라는 점을 강조하지 않을 수 없다.

구약의 많은 본문과 문헌은 심지어 구약 자체 안에서도 기록 이후 역사만 아니라 구전 역사나 기록 이전 역사도 지니고 있으므로 이를 특정한 문헌사적 시대만을 배경으로 해서 논하는 것이 반드시 이 시점에서 우리가 사용하고 검토하는 자료와 본문이 이러저러한 글 속에서 처음에 아무 사전 준비 없이 구상되었고 그 후에는 변경되지 않았음을 의미하는 것은 아니다.

오히려 구약은 원칙적으로 전승 문헌으로 간주해야 하므로 예를 들어 신 앗수르 시대를 배경으로 한 모세-출애굽 이야기에 대한 논의는 이 이야기가 훗날 문헌상 추가적으로 확대된 것과 마찬가지로 그 이전의 배경도 사용하고 있다는 관점을 배제하지 않고 오히려 포함한다. 그러나 이 이야기의 최초 문헌 형성 시기를 신 앗수르 시대로 가정하고 해당 부분에서 논의한다.

세부적인 의미에서 역사 문제에 대한 정보를 문헌사적 설명 속에 제시하는 경우도 있지만 문헌사적인 문제를 다루는 데 필요한 한에서만 보여 준다. 추가적인 정보와 논의를 보려면 구약 개론과 이스라엘 역사에 대한 최근 저술을 참조해야 한다. 본문에 인용된 참고 문헌은 풍부해 보일지 모르지만 주제에 대한 논의 규모를 고려하면 예시에 불과하다.

이 책에 담긴 글 중 일부는 이전에 발간한 논문을 수정하여 실은 것이다. 연구사를 다룬 단원(1장-1-3)은 나의 글 "구약 문헌사의 방법론 문제와 역사적 구상"(Methodische Probleme und Historische Entwürfe einer Literaturgeschichte des Alten

Testaments)[1]을 바탕으로 하고 있다. 문헌의 산출과 수용이 지닌 문헌-사회적 측면에 대한 고찰(1장-2-3))에서는 "이스라엘의 서기관 및 서기관 교육"(Sch-reiber/Schreiberausbildung in Israel)[2]에 나오는 설명을 취하여 크게 확대했다.

신명기적 사가가 기록한 열왕기의 기원에 관한 단락(2장-3-2)-(1))은 "창세기-열왕기하에서 '신명기계 역사서' 안에 담긴 신명기"(Das Deuteronomium innerhalb der 'deuteronomistischen Geschichteswerke' in Gen-2Kön)[3]에서 일부 발췌한 것이며 예언서 문헌에 관한 단락 중 일부는 필자의 후기 예언서(이른바 시가서와 지혜서) 소개 논문[4]에 의존하되 부분마다 가감했으며 가능한 곳에서 문헌비평적 상호 관계를 이용했다.

별도로 별표(*)로 표시한 성서 본문은 해당 본문의 역사 발전 이전 단계를 나타낸다. 예를 들어 창세기 28:10-22*라고 표기한 것은 그 단락의 문헌상 핵심 부분을 가리킨다.

이 번역서를 출간한 포트레스출판사에 감사를 표한다. 특히 번역가 린다 멀로니와 조교 피터 알트만, 이 기획을 관리한 편집자 닐 엘리어트와 마리사 월드에게 감사 드린다. 덧붙여 1년간 머물며 이 책의 독일어판을 쓸 수 있는 기회를 주었을 뿐만 아니라 무엇보다 독자들이 확실히 알 수 있듯이 독일의 논의와는 여러 가지 면에서 다른 미국 성서 연구를 집중적으로 접할 수 있게 해 준 프린스턴의 신학연구센터(Center of Theological Inquiry)에도 감사를 표한다.

2011년 9월
취리히에서

---

1 Schmid 2007c.
2 Schmid 2004a.
3 Schmid 2004b.
4 Schmid 2006g.

| 일러두기 |

- **성서 인용구**는 개역개정4판 외에 외경의 경우 공동번역성서를 인용했고 공동번역성서에 없는 외경은 사역(私譯)했다.
- **나라 이름**의 경우 성서 인용구에서는 개역개정4판의 표기법을 따라 '애굽', '메대', '바사', '수리아'처럼 표기하되 성서 인용구 외에는 각기 '이집트', '메디아', '페르시아', '시리아' 등 표준 표기법에 맞추었다(단, "출애굽"은 모든 경우에 예외 없이 "출애굽"으로 표기했다).
- 그 외에 **인명**과 **지명**, **직책명**은 성서에 나오는 인용의 경우 개역개정4판(외경의 경우는 공동번역성서)의 표기 방식을 그대로 따랐다(예. '파라오'→'바로', '아시리아'→'앗수르', '바빌로니아'→'바벨론', '아슈르바니팔'→'오스납발'). 성서에 나오지 않는 경우는 표준 표기법을 따르고 이를 알 수 없는 경우 최대한 원어 발음에 가깝게 표기했다.
- 한글 성경을 직접 인용한 경우를 제외하고는 '선지자', '선지서' 등으로 표기하지 않고 '예언자', '예언서' 등으로 표기하였다.

CONTENTS

추천사 1 | 류호준 박사(백석대학교 신학대학원 구약학 교수)_ 5
추천사 2 | 권지성 박사(스위스 Universität Zürich 리서치펠로우)_ 8
한국어판 서문 | 콘라드 슈미트 박사(스위스 Universität Zürich 구약학 교수)_ 13
저자 서문 | 콘라드 슈미트 박사(스위스 Universität Zürich 구약학 교수)_ 15

제1장
/
구약 문헌사의 목적, 역사 및 문제 _24

제2장
/
앗수르 출현 이전 고대 이스라엘 문헌의 시작(주전 10-8세기) _106

제3장
/
앗수르 시대 문헌(주전 8-7세기) _134

제4장
/
바벨론 시대 문헌(주전 6세기) _207

제5장
/
페르시아 시대 문헌(주전 5-4세기) _ 269

제6장
/
프톨레마이오스 시대 문헌(주전 3세기) _ 341

제7장
/
셀레우코스 시대 문헌(주전 2세기) _ 386

제8장
/
성서의 생성과 정경의 기원 _ 406

참고 문헌_ 424

제1장

구약 문헌사의 목적, 역사 및 문제

1. 구약 문헌사가 왜 필요한가?

1) 과제

문헌사란 문헌을 그 자체만이 아니라 다양한 문맥, 연관 관계, 역사적 발전 과정 속에서 제시하고 해석하려는 시도다.[1] 이 과제는 그에 대한 묘사의 간결함에도 불구하고 문헌사 집필에 있어서 문제와 가능성을 함께 야기한다. 매우 당연하게도 문헌 학자 사이의 논의는 문헌사 집필이라는 종합적 과정이 흔히 적어도 개별 저작에 대한 어느 정도의 무시를 내포한다는 점을 지적한다.

우리는 문헌 이론 대다수가 사회사, 즉 문헌 속에 드러난 사상의 역사이거나 개별 저작에 대한 다소간 시간 순으로 된 인상과 판단이라는 점을 인정해야 한다.[2]

---

1 Köpf 2002.

웰렉(Wellek)과 워런(Warren)에 따르면 서로 다른 시대에 나온 다양한 저작에 대한 체계적인 문헌사적 개관과 각 개별 저작을 적절하게 설명하는 책을 동시에 쓸 수는 없다. 그에 따라 결국 웰렉은 문헌사라는 기획을 완전히 포기하기로 결정했다.[3]

데이비드 퍼킨스(David Perkins)도 문헌 이론에 관한 책인 『문헌사는 가능한가?』(Is Literary History Possible?)에서 책 제목에 담긴 질문에 부정적으로 답하려 한다.[4] 그와 동시에 특정한 저작을 그 문헌사적 배경 속에 역사적으로 배열하는 것이 실제로 그 저작을 이해하는 데 유리할 수 있다는 점도 분명하다. 게다가 이와 같은 문헌사적 개관이 (개별 저작의 문제와는 별도로) 타당한 과제이며 그 구성 부분을 약술하는 한이 있더라도 이해를 증진하는 데 도움되는 일이다.

이러한 논의는 성서 이외의 문헌과 관련된 것이므로 여기서는 제외될 것이다. 그러나 구약과 관련해서 구약 본문 사이의 다양한 접촉점 때문에 구약이 문헌사적 검토에 특별히 적합하게 된다는 점은 분명하다. 사실 구약 문헌사는 다양한 정경적 배열 가운데 여러 가지 형태로 나타난다.[5]

그렇지만 우리는 비평적·학문적 분야로서 구약 문헌사라는 과제에 어떻게 접근해야 하는가?

이는 기존 구약 연구의 하위 분야를 새롭게 종합하려는 시도로(기존 하위 분야의 대체물이 아니라 그것의 확대로) 간주할 수 있다. 탐구 분야의 관점에서 가장 가까운 관계는 물론 개론 분야와의 관계지만 개론은 한편으로는 이스라엘 역사와 구약 신학(즉, 구체적인 역사적 배경 속에서 구약 문헌의 신학적 개념에 대한 논의)의 요소와 통합적으로 결합된 것으로 간주되는 반면 다른 한편으로 개론 분야와

---

[2] Wellek and Warren, 1949/1971, 276, 강조 추가.
[3] Wellek 1979.
[4] Perkins 1992, 17.
[5] 참고. Utzschneider 2002.

달리 문헌사는 정경의 순서가 아닌 이스라엘 역사의 순서를 따른다.

따라서 성서 본문은 먼저 역사적으로 고려된다. 즉, 성서 본문이 나온 특정 시대가 있고, 그 본문이 최초로 다룬 특정 시대가 있다. 그러나 성서의 경우 본문은 변화하는 시대 속에서 새롭게 읽히며 추후 문헌상의 첨가를 통해 계속 윤색되기도 한다.[6] 신학에서는 이 과정이 매우 중요하며 우리가 구약을 알고 있다는 사실 또한 이 과정 덕분이다. 본문의 지속적인 필사와 확대 과정이 없었다면 원본은 금세 썩어 없어졌을 것이다. 일반적인 조건에서 고대 두루마리 사본은 약 200년을 넘기지 못했다.

구약 문헌사는 이런 상황에 부합하게 구약 본문에서 당연한 것으로 여겨지는 주요 인물뿐만 아니라 구약 본문이 생성된 전 기간 동안 일반적으로 받아들여진 이미지도 다루어야 한다. 예를 들어 이사야서는 구약 문헌사의 거의 모든 시대와 관련이 있다.[7]

따라서 구약 문헌에 대한 역사적 관점은 개별 단락에 대해 한 가지 관점을 연구하고 정리하는 것으로 국한시킬 수 없을 것이다. 게다가 (어떤 의미에서는 상대적 관점에서) 역사적 관점은 본문의 문헌 성장과 전달이 이루어지는 다양한 국면에서 본문의 전승된 부분과 편집된 부분이 어떻게 함께 이해되었는지를 고려해야 한다.

구약 문헌사라는 기획은 그 역사적 관점과 더불어 계몽주의에 맞선 낭만주의의 주장에서 나온 것으로 성서를 영원한 진리를 실증하는 그림책으로 간주하기를 거부한다. 그러나 이 기획은 또 한편으로 데카당스의 기원과 모델에 대한 낭만주의의 열광을 받아들이기도 거부함으로써 낭만주의의 암묵적인 기본

---

6 참고. Jeremias 1996, 20-33; Steck 1996; 2001.
7 Steck 1992b; 1996; Blenkinsopp 2002. 이사야서는 주전 8세기부터 2세기에 이르기까지 현재의 형태로 발전했고 그래서 다양한 역사적 상황에서 나온 본문이 결합되어 있을 뿐만 아니라 가장 오래된 구성 요소가 지속적으로 읽히고 새롭게 해석되어 왔기 때문이다.

적 신념까지 넘어선다. 그 대신 이 기획은 그 대상인 성서를 역사적으로 적절한 방식으로 이해하고자 한다.

역사적인 질문을 제기하는 것은 아날 학파의 명제와도 비슷하게 역사적 과정의 지리적 결정 요인뿐만 아니라 경제, 사회, 역사적 결정 요인을 포함하여 단순한 사건의 역사 같은 것을 넘어서는 요인에 대한 인식을 요구한다.[8]

카를 마르크스와 대비되는 막스 베버[9]의 저작이 역사적 경험을 반영할 뿐만 아니라 오히려 역사를 움직이는 힘도 지니고 있다고 단언하는 철학사의 관점에서 우리는 결국 구약 본문을 일차적으로 여러 역사적 인물군에 대한 문헌적 고찰로 간주하면서 구약 문헌에 대해 역사적 맥락화를 시도하는 광범위한 경향에도 맞서야 한다.

바벨론 시대의 유다 멸망과 고대 유대교가 종교적으로 확고한 인종 집단에서 나온 것임을 받아들이는 법을 배우는 것은 전승 속에 그에 상응하는 기초가 없다면 개연성 있게 설명할 수 없는 과정임을 보여 주는 한 가지 사례다.[10]

반면에 예를 들어 '텔 데이르 알라'(*Tel Deir Alla*)에서 나온 발람 비문[11]에 비추어 볼 때 심판 예언을 역사적으로 사후 예언(*vaticinia ex eventu*)으로 해석해야 한다는 최근의 제안이 반드시 설득력 있는 것도 아니다. 무(無)에서는 아무 것도 생기지 않는다(*ex nihilo nihil fit*).[12]

예언의 역사적 성취 이전에 진술이나 문헌으로 된 심판 예언이라는 고

---

8 Mohr 1988.
9 참고. Schluchter 2006.
10 참고. Blum 1995.
11 *TUAT* 2:138-48; 참고. van der Toorn 2007, 176.
12 이견 Kratz 1997b; 2003b, c.

정 장치가 없다면 예언의 기원에 대한 포괄적인 역사적 설명도 없다. 그러나 이는 우리가 실제로 그 미래에 대한 관점이 사후에 문헌상으로 해석된 많은 예언서 본문의 발견에 대한 기대 가능성을 배제하는 것이 아니라 오히려 포함한다.

따라서 예를 들어 요단강 동편에 있는 이스라엘과 유다의 이웃 나라를 겨냥한 열방에 대한 예언 신탁 대부분은 실제로 그 의도가 심판 신탁을 통해 사후적으로 그들의 멸망을 합리화한 것이었다는 인상을 준다.

구약 문헌사를 정경적으로 형성된 것이 아니라 역사적으로 형성된 것일 뿐이고 일종의 구약 개론에 불과하다고 볼 수는 없다. 더 정확히 말하면 구약 문헌사는 본문에 대한 전통적인 역사적 질문을 다양한 방식으로 확대한다. 구약 문헌사는 구약의 책과 본문의 기원을 넘어 구체적으로 한편으로는 이런 책과 본문이 어떻게 전통의 역사적 흐름 속에 위치하게 되었으며 다른 한편으로는 이것이 구약에 있는 아마도 동시대의 대화 상대와 어떻게 관련되는지를 묻는다.

따라서 구약 문헌사는 본문의 통시적·공시적인 연쇄 관계와 언급 대상을 밝혀야 한다. 그 과정에서 구약 문헌사는 구체적인 신학적 입장을 그와 상충되는 입장과 비교함으로써 구약에서 특정 신학 입장의 윤곽을 선명하게 하는 동시에 신학적·역사적 발전 과정을 재구성하고 명확히 하려 한다.

제2장부터 제7장까지 제시한 구약 문헌사의 발전 과정에 대한 개요가 언제나 그 주장에 대한 충분한 구체적 근거를 제시할 수 있는 입장은 아니라는 점을 미리 언급해 두지 않을 수 없다. 제2장에 가서야 분명해지겠지만 구약에 대한 문헌사적 재구성이 단계별로 그런 주장을 입증할 필요가 있을 만큼 새로운 것은 아니지만 지금까지 충분히 철저하게 추진되어 온 것도 아니다. 동시에 우리로 하여금 구약의 본문과 문헌 사이의 문헌사적 관계를 그 역사적 배경 속에서 제시할 수 있게 만들 만큼 어느 정도 분명한 관점은 몇 가지 등장할 것이다.

2) 연구사

구약에 대한 문헌사적 접근은 전혀 생소한 것이 아니다.

이 분야의 연구사가 어떻게 되며 지금까지 어떤 가능성과 문제점에 직면해 왔는가?[13]

문헌사 연구는 구약에 대한 역사-비평적 연구의 시작을 전제로 하고 따라서 성서의 자기 표현과 역사적 재구성 사이의 차이에 대한 인식을 전제로 한다.

그래서 일찍이 1670년에 바루흐 스피노자는 『신학정치론』(*Tractatus theologico-politicus*)에서 구약에 대한 문헌사비평의 필요성을 옹호했는데, 그 이유는 그러한 비평이 히브리 정신의 민족적이고 자연적인 발전 과정을 제시하기 때문이었다. 문헌사-비평 연구의 시초는 리처드 사이먼(Richard Simon), 리처드 라우드(Richard Lowth), 요한 고트프리트 헤르더(Johann Gottfried Herder) 등의 저작에서도 발견할 수 있다.[14]

그러나 특별히 율리우스 벨하우젠(Julius Wellhausen)이라는 이름과 관련된 성서비평의 결정적인 시기에 구약 문헌사에 대한 재구성은 여전히 성서적 증거와 밀접하게 관련되었고 1844년에 헤르만 후펠트(Hermann Hupfeld)의 격렬한 이의 제기[15]가 있었음에도 불구하고 구약학 내에서 어떤 실질적인 문헌사적 하위 학문 분야도 발달되지 않았다.

체계가 잡힌 상태에서 방법론적 비평을 거친 본격적인 구약 문헌사가 처음 나온 것은 에른스트 H. 마이어(Ernst H. Meier)가 1856년에 히브리 시문학의 역사에 대해 쓴 책이지만, 이 책은 완전히 문외한의 저서로 간주되었고 거의

---

13 참고. Schmid 2007c.
14 Simon 1685; Lowth 1753; Herder 1782/83.
15 Hupfeld 1844, 12–13; 참고. Kaiser 2005. "따라서 R. Simon이 말한 대로 그 현재적 의미에 있어서 이 분야(즉, 서론)의 유일하게 정확한 이름은 구약성서와 신약성서, 즉 성서 문헌의 역사다."

인정받지 못했다.¹⁶

이러한 사정과 더불어 이 문헌사가 구약 학자가 아닌 고대 근동학자의 저작이었다는 사실은 확실히 이후 구약학에서 문헌사 분야의 거의 완전한 주변화를 암시하는 예언적 징표로 볼 수 있다.

마이어는 자신의 시대에 맞게 구약 문헌사를 완전히 히브리 "민족" 문학 문제라는 관점에서 접근했다.¹⁷ 그가 보기에 자신이 어느 정도 성서에 따라 묘사한 히브리 문학은 세 시대로 나뉜다.

① 히브리 국가의 출현을 묘사한 모세부터 왕정 초기까지의 준비기
② 왕정의 건설부터 포로기 끝까지 이어지는 두 번째 시기
③ 페르시아 시대의 시작부터 마카베오 시대까지 세 번째 시기: 이 시기는 "완성과 쇠퇴"의 시기이기도 하다.¹⁸

구약 문헌사에 대한 성서의 묘사에 훨씬 더 가까운 것은 율리우스 퓌르스트의 두 권짜리 책이었는데 이 책은 원래 신약도 포함할 예정이었으나 결국 페르시아 시대 초기에 대한 논의까지만 실었다.¹⁹ 퓌르스트는 모세오경 연구에서 종전의 문서 가설을 따랐다. 퓌르스트에게 있어서 시편은 다윗의 저작이며 잠언은 솔로몬의 것이다. 예언자들은 이 문헌사에서 본질적으로 자신의 책 전체를 쓴 이들이다. 그러나 그 이전의 원 자료도 이 모든 구약 문헌 속에서 개작되었다. 따라서 오랫동안 퓌르스트의 문헌사는 성서의 책 속에 들어간 과거의 자료에 대한 묘사처럼 읽힌다.

16　Meier 1856.
17　같은 책, vi.
18　같은 책, 24.
19　Fürst 1867-70.

데이비드 카셀의 두 권짜리 책은 형식적으로 보면 훨씬 더 체계적이었다.[20] 그 개요는 연대기적인 것이 아니라 주로 장르에 따라 자료를 분류하는 작업이다. 카셀은 시 문헌, 예언서 문헌, 율법 문헌, 역사 문헌을 구별했다.

카셀은 시와 예언서 문헌에 대해서만 문헌사적으로 묘사하지만 자료의 성격상 예언서 문헌만이 진정 역사적으로 차별화된다. 카셀은 또 히브리어 성서의 문맥적 상호 관련성을 그 역사적 배경 속에서 언급하지만 고대 근동 문헌의 유사한 예를 설명하는 데 있어서 대체로 성서를 영향을 받는 쪽이 아닌 영향을 주는 쪽으로 간주했다.

제사장 문헌을 늦은 연대로 추정함으로써 역사적 성서비평을 혁명적으로 바꾸어 놓은 율리우스 벨하우젠은 어떤 책에서도 "문헌사"라는 제목을 쓰지 않았지만 『서설』(*Prolegomena*)과 『이스라엘과 유다의 역사』(*Israelitischen und Jüdischen Geschichte*)의 개별 단락은 문헌사적 접근 방식의 특징을 지니고 있다.[21] 혹자는 구약학에서 성서비평의 성공을 보장한 것은 성서비평 결과에 대한 벨하우젠의 역사-종합적 묘사였다고 주장할 수도 있을 것이다.

유명한 에두아르트 로이스(Eduard Reuss)의 종합은 계획에 따라 특별히 카를 하인리히 그라프(Karl Heinrich Graf), 율리우스 벨하우젠, 아브라함 퀴에넌(Abraham Kuenen) 이후 그때까지 성취된 성서비평의 연장으로 간주되었다.[22]

> 지금까지 이루어진 최선은 역사비평적 구약 개론이라고 불리기 때문이다. 그것은 집 자체가 아니라 겨우 판잣집과 작업장에서의 준비 작업에 대한 통계 보고일 뿐이다.[23]

---

20 Cassel 1872-73.
21 Wellhausen 1883; 6th ed. 1927; 같은 저자, 1904.
22 Reuss 1881; 이에 대해서는 참고. Vincent 1990.
23 같은 책, 21.

로이스는 연대기적으로 배열하여 설명하면서, 문헌사를 다소 도식적으로 네 시대로 분류한다.

① 영웅 시대
② 예언자 시대
③ 제사장 시대
④ 서기관 시대[24]

그럼에도 불구하고 로이스는 수십 년 동안 구약 문헌사에 대한 묘사를 결정지을 징후를 보여 주었다. 그는 '드보라의 노래' 같은 찬가에서 당시에 야훼 숭배자나 이사야 같은 왕정 시대의 위대한 저자에 의해 계속되었고 특히 포로기 이후 제사장 및 율법 문헌과 함께 끝난 구약 문헌의 국가 이전 시대 기원을 발견했다.

이 3단계 도식은 어떤 의미에서 19세기 말과 20세기 초 문헌비평적 "상식"을 반영했다(① 문학사의 기원으로서 고대의 개별 시 본문, ② 정점으로서의 고전적인 예언서와 ③ 모세오경 자료의 초기 저자, 마침표로서 율법.).

헤릿 빌데부어(Gerrit Wildeboer)의 문헌사는 1893년에 네덜란드어로 나오고, 2년 뒤 독일어로 번역되었다.[25] 이 책은 로이스, 퀴에넌, 벨하우젠이 일으킨 모세오경 연구의 혁명에 이은 구약 문헌의 기원에 대한 보다 광범위한 종합적 개관이었고 마찬가지로 이 혁명도 고대 이스라엘 문헌과 역사에 대한 전반적인 묘사에 매우 중요했다. 빌데부어는 서론에서 이렇게 주장했다.

---

24 같은 책, xiii–xv.
25 Wildeboer 1893.

> 우리가 이스라엘 문헌사의 가치와 중요성을 정확히 이해하기를 원한다면 무엇보다도 이 문헌을 우리에게 전달해 준 것은 포로기 이후 유대교였을 뿐만 아니라 그 주요 부분의 저자도 같은 시대에서 찾아야 하며 마지막으로 이전 저작의 전수는 흔히 매우 광범위한 수정을 거쳐 일어났다는 사실을 충분히 인식해야 한다.[26]

이 진술은 마치 이 저작 전체에 대한 강령처럼 들리지만, 이를 구체화하는 과정에서는 대체로 아직 동시대 연구의 연대 추정에 대한 제안에서 탈피하지 못했다. 게다가 빌데부어는 흔히 말하는 문헌비평 분야에서 별다른 유익을 얻지 못했다. 그의 설명은 오랜 기간을 두고 연대순으로 배열한 구약 개론처럼 보인다.

다음으로 구약 문헌사에 대한 간략한 설명을 에밀 카우치(Emil Kautzsch)의 저작에서 볼 수 있는데, 이는 처음에는 카우치의 구약 번역 부록으로, 이후 "처음부터 그랬던 것처럼 조금 주저하는 가운데" 별도의 출판물로 나왔다.[27] 이 책은 문헌사를 이스라엘 역사 가운데 국내의 정치적 휴지기에 따라 시대별로 구분한다.

① 왕정 이전 시대
② 통일 왕국 시대
③ 사마리아 멸망까지 분열 왕국 시대
④ 사마리아 멸망부터 포로기까지
⑤ 포로기 시대
⑥ 포로기 이후 시대[28]

---

26 같은 책, 1, 참고. 105.
27 Kautzsch 1897, iii.
28 같은 책, v-vi.

이 책은 간결하지만 오랫동안 어느 정도 문헌사 논의의 출발점을 결정지었다. 이와 동시에 카우치의 설명이 짧은 부록으로 구상되었다는 사실은 독일어권 학계에서 문헌사 분야가 어슴푸레하나마 존재했음을 암시했다. 마찬가지로 후대의 헤르만 궁켈(Herman Gunkel), 카를 부데(Karl Budde), 요하네스 헴펠(Johannes Hempel)의 문헌사 연구도 포괄적인 설명이나 시리즈의 일환으로 등장했다(Herman Gunkel, "Die orientalischen Literaturen", in *Die Kultur der Gegenwart*, I/7; Karl Budde, *Die Litteraturen des Ostens in Einzeldarstellungen*, vol. 7; Johannes Hempel in *Handbuch der Literaturwissenschaft*). 즉, 이런 연구는 어떤 의미에서 주제 자체와는 이질적인 계획으로 생겨났다.

구약 문헌사라는 과제가 이 분야에서 한 번도 핵심적인 과제가 된 적이 없더라도 학문 역사에서 이 과제는 헤르만 궁켈이라는 이름과 떼어놓을 수 없는 관계이며 궁켈은 비록 자기 시대에 상당히 발전된 설명으로 50페이지의 짧은 개요를 출간할 수밖에 없었지만 구약 문헌사의 발전을 위한 가장 규모 있고 가장 독창적이며 상대적으로 말해서 가장 중요한 수고를 떠맡았다.[29]

궁켈에 의해 상당한 정도로 발전된 양식비평 분야는 (비록 그는 이 분야를 그렇게 부르지 않았지만; Blum 2006, 85) 특별한 역할을 수행했다. 궁켈은 구약 문헌사를 구약 장르의 역사로 구상했다.[30]

그 배경에는 구약 본문이 일반적으로 구전이라는 예비 단계에 의존하고 있고 고대 이스라엘의 사상사는 구약의 신학 담론 장르를 기술함으로써 재구성할 수 있다는 생각이 있었다. 본질적으로 궁켈의 문헌비평 방법은 본문 그 자체가 아니라 본문 이면의 본문 형성 요소에 관심이 있었다. 문헌비평은 장르비평으로서 각 장르의 "삶의 정황"을 찾았고 따라서 최소한 궁켈의 견해로는 이

---

29 Gunkel 1906a, b; 참고. Klatt 1969, 166–92; Liwak 2004, ix–xxxi; Witte 2010; Schmid 2011c.
30 Gunkel 1913, 31.

스라엘의 종교적·사상적 역사를 들여다볼 수 있는 창문을 열어 주었다.

궁켈은 이 방법론을 나름대로 중요한 고대 이스라엘 문헌사에 대한 개요와 연관시켰다. 궁켈은 시대를 셋으로 구분했다. 먼저 "(대략 750년까지) 위대한 저자가 등장하기 이전의 대중 문학"[31]을 기술했다. 그 다음 "위대한 저자의 시대(대략 750-540년)"[32], 그리고 마지막으로 "위대한 저자를 흉내내는 자들의 시대"[33]가 뒤를 잇는다는 것이다.

이러한 구분으로 궁켈은 특히 19세기에 행해진 포로기 이전의 예언적 "히브리 사상"과 포로기 이후의 역사적 "유대교"의 구분을 재현했다. 구약의 위대한 사상 기획의 기원이 되는 종교적 귀재는 이사야와 제2이사야 사이 시대에 속했고 그 이후에는 "추종자"만 남았다.

궁켈의 제안은 당대에는 호의적으로 받아들여지지 않았고 이는 계속해서 궁켈이 연구한 문헌사 분야를 잘 알려지지 않게 만든 원인이 되었을지도 모른다.[34] 궁켈은 외견상 장르에 더욱 집중하게 됐지만 (서평에서 그렇게 결론지을 수 있듯이) 독자가 보기에는 장르를 지나치게 강조한 것이 었다. 결국 장르 문제와 저자의 개성과의 관계가 문제되지만, 궁켈의 저작을 연구해도 이 관계는 불분명할 뿐이다.

카를 부데의 문헌사는 더 넓은 독자층이 납득했다.[35] 그러나 부데는 구약 개론이 일반적으로 내리는 결과의 요약을 넘어서지 않았다. 부데의 책은 기원의 역사에 대한 연구의 결론이며 새로운 학문의 시작은 아니었다.

영어권 국가에서는 할런 크릴먼(Harlan Creelman)이 1917년에 연대기적인 구약 개론을 보여 주었다. 이 개론서의 혁신적인 주장은 실제로는 비교적 온건

---

31   Gunkel [1906b]; 1963, 5.
32   같은 책, 26.
33   같은 책, 43.
34   참고. Bertholet 1907.
35   Budde 1906.

했다. 이 책은 광범위한 독자층을 겨냥했고 독자적인 역사적 판단을 제시하려는 야심은 포기했다. 정확히 말하자면 이 책은 구약에 대한 과거의 연구를 종합한 것이다. 크릴먼의 책이 전반적으로 보여 주는 관점은 성서 본문의 역사적 분포에 대한 한 가지 비평적 관점에만 국한되는 경우가 너무 많았다.

1919년에 요하네스 마인홀트(Johannes Meinhold)가 쓴 개론은 거듭 재출간되었는데 문헌사로 받아들여지지는 않았지만 사실상 일반 개론서를 넘어서는 책이었다. 그 이유는 이 책이 구약 문헌을 (연대기적 순서가 아니라) 시대별로 논의했고 게다가 역사 시대를 기술하는 개별 단락을 제시했기 때문이다.

줄리어스 뷰어(Julius A. Bewer)의 문헌사 저술은 꽤 영향력이 있었다.[36] 뷰어는 미국 학계에 독일어권의 역사적 성서비평과 장르 연구에 대한 몇 가지 중요한 통찰을 준 독일 출신 뉴욕 Union Theological Seminary 구약학 교수였다.

아마도 20세기 독일어권 학계에서 가장 유명하고 가장 잘 발달된 문헌사에 대한 설명은 요하네스 헴펠(Johannes Hempel)의 저작일 것이다.[37] 이 책은 성서 개론에서 학문의 역사를 문화-지리적 결정 요인뿐만 아니라 특별히 벨하우젠을 강조하여 다룬 서론 단원 "전제"(1-23) 외에 "양식"(24-101)과 "역사 과정"(102-94)이라는 주요 단원으로 구성되었다.

이 두 단원에서는 궁켈의 영향이 분명히 드러난다. 즉, 먼저 연구 대상을 양식비평적 관점에서 접근하고 그 후에 비로소 문헌비평적 관점에서 접근했다. 헴펠은 먼저 구약 문헌의 장르와 해당 장르의 역사를 다룬 다음 구체적인 본문을 역사적 순서에 따라 다루었다. 헴펠의 저작에서 주목할 만한 것은 구약의 문화-역사적 뒤얽힘에 대한 확신이었다.

---

36 Bewer 1922.
37 Hempel 1930.

이스라엘 문학은 상당히 깊은 정도로 '고대 근동 세계 문학'의 일부로서만 이해할 수 있다.[38]

그러나 이 기획에 가득 스며든 모든 에너지와 혁신적 정신에도 불구하고 이는 장르를 구성하는 요소가 되지 못했다. 구약의 문헌사비평은 여전히 주변 활동에 머물렀다.

또 19세기 중엽에 나온 알프레드 로드(Alfred Lods)의 저작도 언급하지 않을 수 없다.[39] 로드는 설명 첫머리에서 문헌비평 분야는 구약학에서 오래도록 미미한 존재를 유지해 왔다고 주장했다.[40] 로드는 그 근본적인 이유를 밝혔다.

"책 그 자체의 복합적인 성격"[41]은 학자들이 종종 책의 발전 과정을 불확실한 방식으로 재구성할 수밖에 없었다는 사실로 인해 더욱 악화된 기본적인 문제를 대변했다.[42] 결국 로드는 "우리는 이 문헌의 최소한의 파편만 갖고 있다"고 지적했다.[43] 그러나 로드에 따르면 우리가 이런 측면에 오도되어 문헌사적 질문을 포기해선 안 된다. "책 그 자체의 복합적인 성격"을 문헌비평적 방식으로 단순하게 분석하는 것은 부적절하며 구약 책의 문헌 발전 과정도 종합적으로 재구성해야 하기 때문이다.

로드는 문헌사적 재구성의 불확실성과 관련해서 세부적인 모든 난점에도 불구하고 근본적인 정보는 확실히 찾아낼 수 있고 심지어 고대 히브리 문학의 파편적 성격도 기본적으로 그리스 문학이나 라틴 문학과 다르지 않다는 점도 강조했다.

---

38 같은 책, 11.
39 Lods 1950.
40 같은 책, 11.
41 같은 책.
42 같은 책, 13.
43 같은 책, 14.

로드는 문헌비평적 측면에서 벨하우젠의 영향을 받았고 종교사와 관련해서는 그레스만(Gressmann)의 영향을 받았다. 그에 따라 로드는 벨하우젠이 주장한 문서 가설을 따랐고 고대 히브리 문학의 종교-역사적 맥락화를 강조했다. 로드의 설명에 있어 세 가지 본질적인 독특성을 강조하지 않을 수 없다.

첫째, 우리는 늦은 출발점에 깊은 인상을 받는다.

로드는 초기의 시적인 단편과 구두 전승에 주목하면서도 앗수르 시대부터 시작했다. 이 점에 있어서 그는 놀랄 만큼 현대적이다. 최근 학계도 이제 겨우 이 시점부터 고대 이스라엘에 더 긴 본문을 만들어낼 수 있을 만큼 발달된 집필 문화가 존재했다고 여기기 시작하기 때문이다.

둘째, 로드의 저작이 최소한 몇 가지 분야에서는 본문 상호간의 영향을 기술하기 위한 노력을 분명히 보여 준다.

따라서 일례로 로드는 예언서가 J문서나 E문서의 몇 가지 추가된 부분에 미친 영향을 별도로 다룬다.[44]

셋째, 마지막으로 로드의 저작에서 고대 근동 문헌에 보이는 유사한 현상에 대해 어느 정도 광범위한 논의를 발견한다.

로드의 책은 이처럼 명백히 미래를 선도했지만 프랑스의 개신교도 로드는 자국에서도 밖에서도 큰 호응을 얻지 못했다.

1950년대 초부터 1980년대까지는 구약 문헌사라는 연구 과제에 대해 훨씬 더 깊은 침묵이 이어졌다. 클라우스 코흐(Klaus Koch)는 1964년에 이렇게까지 쓰기도 했다.

---

[44] 같은 책, 305-23.

문헌사라는 연구 과제는 궁켈의 죽음과 함께 세상에 알려지지 않은 채 조용히 죽었고 오늘날에는 완전히 잊혀졌다.⁴⁵

(그것도 최소한 독일어권 개신교 신학에서 구약학이 번성한 시대로 간주되는 시대에도) 문헌사라는 개념은 거의 나타나지 않았고 새로운 종합도 전혀 없었다.⁴⁶ 이렇게 된 데에는 아마 여러 가지 이유가 있겠지만 그래도 뜻밖의 일이다. 우선 문헌사적 질문은 당시 문헌학에서도 주변적인 관심사에 속했다. 따라서 예를 들어 한스 로베르트 야우스(Hans Robert Jauss)는 1967년에 콘스탄스에서 행한 서론 강의에서 이렇게 말했다.

> 문헌사는 우리 시대에 점점 평판이 나빠졌는데, 이는 부당한 일이 전혀 아니었다. 이 훌륭한 학문 분야의 역사는 지난 150년 동안 분명히 일관되게 쇠퇴의 길을 걷고 있다. 이 분야의 전반적인 기여는 19세기 초에 이르러야 절정에 달했다. 한 민족의 문헌사를 기술하는 것은 게르비누스(Gervinus)와 셰러(Scherer), 데 상티스(De Sanctis)와 란손(Lanson)의 시대에는 문헌학자에게 생애 최고의 업적으로 간주되었다. …
> 이러한 고고한 궤적은 지금 보면 아득한 추억이다. 우리에게 전해진 문헌사는 현재의 지적 생활에서 겨우 비참한 존재를 감내하고 있을 뿐이다.⁴⁷

이 대신 예를 들어 에밀 스타이거(Emil Staiger)가 말한 의미에서의 "저작 내재적 해석"(work-immanent interpretation)이 유행했다.⁴⁸ 게다가 독일어권 개신교 신학은 분명히 성서학 일반과 더불어 변증 신학의 영향 아래 있었고 그에 비해 문

---

45 Koch 1964, 114.
46 Ebeling 1972, 26–27.
47 Jauss ²1970, 144.
48 Staiger 1955.

헌사적 질문은 부차적인 관심사였다.

마지막으로 우리는 제2차 세계대전 이후 내적이고 명백히 역사적으로 영감을 받은 구조가 특히 예언서와 관련하여 구약의 정경적 구조에서 그리 크게 벗어나지 않아서 동시에 기능적으로 문헌사적 설명도 가능한 여러 가지 구약 개론이 등장했다는 점을 지적하지 않을 수 없다.[49]

당대에 가장 수준 높은 개론서로 평가됐던 게르하르트 폰 라트(Gerhard von Rad)의 획기적인 신학[50]조차 약간의 단서는 붙겠지만 이 범주로 분류할 수 있다.[51] 이처럼 보통 문헌사라는 것에 대해 특별히 필요성이 인식된 것은 아니다.

그러나 구약 개론서 구성에 있어서 이러한 과정은 성서와 이스라엘 역사의 경과에 대한 설명에 폭넓은 합의에 의거할 수 있는 경우에만 가능한 일이라고 생각할 수 있었다. 창세기부터 열왕기하까지 역사서는 특히 시대 순으로 등장하는 족장, 출애굽, 가나안 땅 점령, 사사 시대, 왕정에 있어서 근본적으로 신뢰할 만한 것으로 간주되었고 그래서 이 분야에서는 개론과 문헌사가 나란히 전개될 수 있었다.

예언서는 특히 세 명의 "대"예언자인 이사야, 예레미야, 에스겔이 각각 역사 시대 속에서 차지한 위치와 관련해서 약간만 재편성되어야 했던 반면, 성문서 일반은 포로기 이후의 경건과 신학의 표현으로 해석될 수 있었다. 성서와 이스라엘 역사에 대해 제안된 관계도 반영하는 이러한 성서와 문헌사를 조화시키는 관점은 만프레드 바이페르트(Manfred Weippert)가 말했듯이 "신명기에 종속된" 것으로 묘사할 수 있다.[52]

1950년에서 1980년 사이에 구약 연구가 활기를 띠게 된 이유를 부분적으

49　참고. Anderson 1957; Soggin 1968-69; Schmidt 1979.
50　Von Rad 1957-1960.
51　Keller 1958; 참고. von Rad, 1957, 7.
52　Weippert 1993, 73.

로 설명해 주는 것은 아마도 오늘날 최소한 유럽의 성서 학계에서 그토록 문제가 있다고 간주되는 바로 이 합의된 모델일 것이다.

노만 갓월드(Norman K. Gottwald)의 구약에 대한 사회사적 해석은 수정된 문헌사 개론에 대해 확실한 예외가 되었다.[53] 갓월드가 국가 이전의 전승에 대해 폭넓게 기술하여 구약 문헌을 역사적으로 설명하려고 노력한 것이 사실이지만 그의 설명은 모종의 성서주의에 종속되었고 동시에 그의 이론적 틀 속에 있는 비전통적 요소 때문에 영향력이 제한되었다.

1989년이 되어서야 비로소 진정한 문헌사가 다시 시도되었다. 게오르크 포러(Georg Fohrer)의 짧은 책은 종전의 연구자를 거론하면서도 부정적으로 평가했다.

> 그러나 특별히 담론과 장르의 양식을 조사하는 양식비평, 글의 전역사에 비추어 살펴보는 전승비평, 글로 기록된 전승의 편집 및 수정과 관련된 편집비평이 결여되었다.[54]

포러가 보기에 과거의 이론은 나머지 해석학적 방법을 배제할 만큼 방법론이 너무 일방적이고 그 방향에서도 너무 문헌비평적이었다. 이러한 비판이 매우 광범위하게 표현된 것이 사실이지만 전혀 부정확한 것도 아니었다. 이와 동시에 이것이 "구약 문헌사"라는 분야의 역사에서 가장 중요한 문제를 거론한 것인지도 질문해 볼 수 있다.

포러의 비판은 자신이 비판한 저작이 제시한 성서 본문의 역사적 배분 방식상의 결함만을 겨냥한 것이었지만, 포러는 "구약 개론" 분야의 필요조건과 근본적으로 다른 "구약 문헌사"의 필요조건에 대해서는 아무 것도 명확하게 말

---

53 Gottwald 1985.
54 Fohrer 1989, 307 n.2.

하지 않았다. 이에 상응하여 포러의 문헌사는 시간 순으로 배열된 개론 수준에 머물렀고 통시적으로나 공시적으로도 본문 간의 관계는 전혀 밝히지 않았다.

포러의 책이 나온 지 얼마 안 되어 오토 카이저(Otto Kaiser)가 『신학 백과사전』(*Theologische Realenzyklopädie*)에 구약 문헌사에 대한 글을 실었다.[55] 카이저가 보기에 "구약 문헌사"는 "분석적인 서론 작업에 꼭 필요한 동반자"이며 "이스라엘의 정치, 사회, 문화, 특히 종교 역사와 초기 유대교라는 유기적인 맥락 속에서 그 결과를 받아들이고 제시한다."[56]

카이저가 글에서 이 프로그램을 발전시키지 않고 본질적으로 정경의 순서에 따라 구약 개론을 짧게 요약한 것은 더 의외다. 마찬가지로 그 제목에 문헌사의 개념이 들어 있는 논문집에서 카이저는 본질적으로 개론 연구 문제에 관심을 갖는다.[57]

구약뿐만 아니라 기독교 성서 전체의 문헌사라는 오래 기다려온 기획은 『성서 백과사전』(*Biblische Enzyklopädie*)으로 시도되었는데 이 사전의 출간은 1996년에 시작되었고 현재 영어로 번역되어 있다.[58] 이 사전의 구약 부분 편집자는 발터 디트리히(Walter Dietrich)다. 그러나 이 사전도 "문헌사"라는 용어를 많이 쓰는 편은 아니다.

> 이 사전은 열두 권으로 계획된 시리즈인데 그 중 아홉 권은 구약 시대와 문헌에 할애하였고 세 권은 신약에 할애하였다. 여러 책이 통일된 기본 구도에 따라 구성되어 있는데 먼저 논의할 시대에 대한 성서의 묘사를 제

55　Kaiser 1991.
56　같은 책, 306.
57　Kaiser 2000b; 참고. Ruppert 1994, Vriezen and van der Woude 2005.
58　Lemche 1996; Fritz 1996b; Dietrich 1997; Schoors 1998; Albertz 2001; Gerstenberger 2005; Haag 2003. 영어 번역본을 보려면 Dietrich 1997 [ET=2007]을 보라.

시하고 그 다음에 해당 시대의 문헌에 대한 설명 외에 그 시대에 대한 역사적 재구성이 이어지며 신학적 기여의 문제로 마무리된다.

이러한 내용 구성은 역사 자체와 성서가 묘사하는 역사 사이의 상호 작용에 『성서 백과사전』이 초점을 맞추고 있음을 보여 준다. 즉 이 사전은 역사에 대한 성서적 묘사에서 시작해서 그것을 문헌비평과 신학 양자의 관점에서 고려된 역사적 연구 결과와 비교한다.

역사 문제와 관련해서 『성서 백과사전』 각 권은 (이 분야에 있어서 특히 유동적인 연구 상황에 상응하여) 성서비평, 고고학, 고대 근동 연구의 최근 결과를 폭넓게 보여 주지만 완전히 양립 가능한 해석으로 귀결되는 과정은 아니다.

렘케(Lemche)의 견해에 따르면 성서가 렘케에게 아브라함, 이삭, 야곱 등 족장이나 모세에 대해 말하는 내용은 역사가 아니라 "5세기, 4세기 또는 심지어 3세기",[59] 즉 성서가 말하는 시대보다 천 년 뒤에 만들어진 허구이고 "아름다운 이야기"[60]다. 다른 한편으로 쇼어스(Schoors)는 족장 역사가 시작된 시기를 8세기로 추정하지만,[61] 디트리히는 "족장 역사 일부와 모세 이야기"의 기원을 초기 왕정 시대 이전으로 주장한다.

디트리히는 "원시 역사와 시내산에 대해서는" 분명히 국가 이전의 일차적 양식을 "거의 배제해선 안 된다"고 생각한다.[62] 따라서 『성서 백과사전』의 독자는 어느 정도 일관성 문제에 직면한다. 이런 문제는 확실히 현재 상태 그대로 논의의 불일치를 반영하지만 이 시리즈 안에 나오는 그들의 주장이 서로 관련된 것은 아니다.

59　Lemche 1996, 220.
60　같은 책, 217.
61　Schoors 176-77.
62　Dietrich 1997, 228.

『성서 백과사전』이 제안하는 시대 구분은 본질적으로 역사에 대한 성서 자체의 묘사를 따르는 대략적인 역사적 시간표를 제시하고 따라서 (최소한 이 시대 순서와 관련해서는) 성서와 역사의 근본적 일치를 암시한다. 그러나 이는 겨우 논의 중인 문제일 뿐이다.

예컨대 족장 시대와 사사 시대가 실제로 성서가 묘사하듯 연속적인가? 아니면 이 두 시대는 특히 역사적 측면에서 같은 기간을 서로 다른 관점에서 본 묘사로 간주해야 하는가?

특히 성서 문헌의 기원이라는 문제에 매우 많은 비중을 두었다면 또 시대 구분에 둔 비중이 정확히 균형을 이룬 것인지도 질문해야 한다. 구약 아홉 권 중 여섯 권은 포로기 이전 시대를 다룬다. 포로기 이전 양식으로 전해진 성서가 단 한 권도 없다는 증거에 비추어 볼 때 상대적으로 페르시아 시대를 무시한다는 것에 놀라지 않을 수 없다. 페르시아 시대는 아마 구약의 문예 활동에서 가장 중요한 시대로 간주해야 겠지만 단 한 권만 다룬다.

『성서 백과사전』은 참으로 시의적절한 기획이지만 전반적으로 "신명기에 종속된" 개요와 여러 책 사이에 다소 파편적인 의견 일치는 미심쩍어 보인다.

최근에 크리스토프 레빈(Christoph Levin)이 내놓은 짧은 제안을 언급하지 않을 수 없다.[63] 이 책은 통합적인 문헌적·종교적·신학적 역사로 그 모습을 나타낸다. 레빈은 구약을 페르시아 이전 시대의 문헌을 "단편"적으로만 담고 있는 초기 유대교 문헌이라고 믿고 있다. 그러나 설명의 간결성과 규모의 포괄성 때문에 이 작은 책이 구약에 담긴 다양한 입장 사이의 문헌사적인 상호 영향을 분명히 평가하기가 어려워 보인다.

---

[63] Levin 2000.

연구사에 대한 개관에서 한편으로 구약 문헌사라는 기획이 그리 자주 시도된 것은 아님을 알 수 있다.[64] 반면 이러한 기획의 대부분은 정경적 순서라기보다는 역사적 순서로 이루어진 구약 개론에 불과한 것을 시도해 온 것이다. 그러나 바로 이 사실로 인해 그러한 설명은 그 진정한 문헌사-비평적 요점을 잃어버린다.

동시대의 본문과 문헌이 역사적 맥락 가운데 갖는 실질적 관계는 무엇인가?
그것은 서로 관계가 있는가?
어떤 문헌사 자료에서 어떤 입장이 발전하는가?

구약 문헌사는 개론적 연구라는 분야 내의 논의를 뛰어넘는 어떤 추가적인 가치를 산출할 경우에만 타당하며 개론적 연구는 그 자체로 전적으로 정당하지만 관점이 서로 다르다.

3) 신학 내에서의 위치

다른 고대 근동 문헌에도 알려진 문헌사의 개념을 성서에 적용하는 것은[65] 근대 초기 역사비평적 성서학의 출발에 뿌리를 둔 구체적인 기본적 신학적 확신, 즉 성서는 다른 모든 고대 문헌과 마찬가지로 문헌이며 따라서 어떤 특별한 신성한 해석학도 적용하지 않고 같은 방식으로 해석해야 한다는 확신에서 나

64　참고. Schmid 2011c. 신약의 대한 최근의 비교 가능한 연구에 대해서는 다음 책을 언급할 수 있을 것이다. Koester 1971; 1980, (아주 묘하게도 "개론"이라는 제목 아래 등장하는), Vielhauer 1975, Strecker 1992, Theissen 2007.

65　참고. Weber 1907; Hallo 1975; Röllig 1978; Edzard, Röllig, and von Schuler 1987-1990; Knauf 1994, 221-25; Loprieno 1996; Burkard and Thissen 2003; Veldhuis 2003, 10; Quack 2005; Haas 2006, 16-17; Utzschneider 2006; Ehrlich 2011.

온 것이다.[66] 이는 성서가 수용된 역사에 근거한 신성한 경전이라는 성서의 지위 때문에 성서를 이성의 비평적 접근에서 분리해선 안 된다는 뜻이다.

이와 달리 성서는 이런 접근 방식으로 정확히는 신학적 이유로, 즉 해석자가 진리에 대한 보편적인 주장을 이런 문헌과 관련짓고 이 문헌이 특정 집단에만 접근 가능한 특정 문헌 상태에 머물기를 바라지 않기 위해, 연구할 수 있고 그렇게 해야 한다. 따라서 성서를 문헌이라고 선언한 것은 반신학적인 충동과 관련된 것이 아니다. 오히려 이는 성서를 신성한 경전에서 문헌으로 "격하하는" 문제가 아니라 신성한 경전으로서의 성서의 지위를 본문 그 자체에서 찾는 문제다.[67]

여기에 이미 언급했고 해석학적으로나 신학적으로도 평가해 볼 만한 것으로 구약성서가 스스로를 문헌사로 드러내는 것도 추가하라. 게르하르트 폰 라트는 아마도 이러한 구약의 독특성을 가장 진지하고 철저하게 고려했을 것이다. 그는 구약 신학의 가장 적절한 형식은 성서 이야기를 다시 진술하는 내러티브 형식이라는 확신을 드러냈다.[68]

구약 문헌사는 특별히 성서 자체에 내재한 논의를 분명히 밝힘으로써 구약의 신학적 재진술을 확대할 수 있다. 이 문제는 바로 여러 가지 면에서 폰 라트에게 큰 신세를 졌지만 특히 더 이상 성서 본문의 전반적이거나 심지어 일반적인 특징으로 간주되지 않는 것으로서, 구약성서를 근본적으로 구속사로 형성하는 문제에 있어 폰 라트를 능가하는 학문적 담론에서 점점 더 긴급한 문제가 되어가고 있다. 따라서 현재 상황에서는 한편으로 구약 본문의 자체적이고 특징적인 신학적 개념이 무엇인지, 다른 한편으로 본문의 다수성이 구약 자체 안에 구조화된 것인지 질문할 필요가 있다.

---

66 Rogerson 2001.
67 Schmid 1999a.
68 Von Rad 1957, 126.

4) 고대 이스라엘 문헌에 속한 구약

구약의 본문 자료를 사용하는 문헌사는 방법이 아닌 대상에 있어서 예컨대 독일어 문헌사 같은 성서 외 문헌에 대한 다른 상응하는 접근 방식과 본질적으로 다르다. 그 이유는 구약이 고대 이스라엘의 모든 문헌 유산을 포함한 것이 아니라 구체적인 선택과 재해석을 바탕으로 "히브리어 성서" 혹은 "구약성서"가 된 문헌 유산만을 포함하기 때문이다.[69]

그 이후의 정경적 실체와 이전의 고대 이스라엘 문헌 사이의 양적 관계를 밝히는 것은 거의 불가능하지만 방대한 양의 문헌이 존재했다는 점에는 반론의 여지가 없다. 우리는 비교를 통해 다양한 저자가 언급하거나 인용한 것을 통해서만 그 존재를 확실히 아는 이스라엘 바깥의 여러 고대 저술을 떠올릴 수 있다.

이스라엘과 유다의 요단강 동쪽 이웃 나라까지 포함한다면 잔존하는 비문 자료는 그 파편적 성격에도 불구하고 우리가 알아야 할 것에 대해 매우 유익한 정보를 만든다.[70] 여전히 이해하기 어려워도 가장 인상적인 것은 아마도 "발람의 책"[71]일 텐데 이 책의 일부는 요단강 동편에 위치한 데이르 알라(Deir Alla)의 한 벽에 새겨진 글귀에 보존되었다. 그 글귀의 첫머리인 "*spr*"은 이 본문이 원래 두루마리였음을 암시한다.

메사 비문은 연대기에서 발췌한 글귀에 바탕을 두고 있고 따라서 해석적인 기록 문화의 존재를 증언한다.[72] 실로암 비문도 헌정사가 없고 건물 후원자의 이름이 생략된 데서 알 수 있듯이 아마 인용구일 것이다.[73] 다음과 같이 읽히는 한 편의 서정시가 암몬에서 나온 청동 병에 남아 있다.

69　참고. Stolz 1997, 586.
70　Renz and Röllig 1995-2003; Smelik 1987.
71　*TUAT* 2:138-48.
72　*TUAT* 1:646-50; Knauf 1994, 129; 참고. Dearman 1989.

암몬 족속의 왕 암미나답의 역사라.
　　　　암미나답은 암몬 족속의 왕 하실릴의 아들이요,
　　　　하실릴은 암몬 족속의 왕 암미나답의 아들이라.
포도원과 과수원과 계단식 벽과 저수지라.
그가 앞으로 오랫동안 즐거워하고 기뻐하기를.[74]

물론 이런 예시 가운데 "문헌"을 말하기가 망설여질 수도 있다. "문헌"의 개념은 문제의 본문에서 질적인 수준뿐만 아니라 일정 정도 양적인 규모도 암시한다. 그러나 기록된 자료를 고려할 때 반드시 그리 큰 규모로 비문을 입증하지 않는 이러한 연구 결과를 바탕으로 파피루스와 양피지에 기록된 다른 문헌이 고대 이스라엘에 더 많이 존재했을 타당한 이유를 추정할 수 있다.

몇 가지 예외를 빼고 이런 문헌은 남아 있지 않지만 이 외에 한 때 다른 본문이 존재했을 가능성이 존재하지 않았을 가능성보다 더 크다.[75] 실제로 구약도 최소한 전혀 허구적이지 않은 몇 가지 사료를 직접 언급한다. 언급된 사례는 다음과 같다.

① 여호와 전쟁기(민 21:14)
② 정직한 자(**야샤르**)의 책(수 10:13; 삼하 1:18)[76]
③ 노래(**쉬르**)[또는 **야샤르**]의 책(왕상 8:53a[칠십인경])
④ 솔로몬 행전(왕상 11:41)
⑤ 이스라엘 왕 역대지략(왕상 14:19)
⑥ 유다 왕 역대지략(왕상 14:29)[77]

73　　*TUAT* 2/4:555-56; Knauf 2001c.
74　　Thompson and Zayadine 1974; Coote 1980; Knauf 1994, 127.
75　　Schmid 1996a, 36 n. 164.
76　　Keel 2007, 139-40.

"정직한 자"의 책과 "노래"의 책은 아마도 동일한 책일 것이다. "노래의"라는 확정적인 제목은 그 자체로 이해하기 어렵고 아마도 **야샤르**("정직한")를 **쉬르**("노래")로 잘못 적은 데서 비롯된 제목일 것이다.[78] 우리는 당시 고대 유다의 그리 대단치 않은 문화적·역사적 발전에 비추어 볼 때 솔로몬 행전이 존재했는지 진지하게 의심해 볼 수 있다. 그러나 어쨌든 그런 책에 대한 언급을 볼 때 유다 왕 역대지략과 이스라엘 왕 역대지략에는 아마도 솔로몬에 관한 내용이 없었을 것이라는 점은 분명해진다.

현재 남아있지 않거나 특히 주전 587년에 예루살렘에서 벌어진 대재앙 이후 심지어 의도적으로 버려진 포로기 이전의 다른 문헌이 존재했을 가능성도 매우 크다.

특히 구원에 관한 예언 전승을 언급하지 않을 수 없다. 비록 크라츠 같은 학자가 기록된 형태의 초기 예언이 심판 신탁의 한 가지 독특한 특징이라고 주장하더라도[79] 우리는 이런 전승이 기록된 형태로 존재했을 가능성을 배제할 수 없다. 그 근거로 신 앗수르 시대의 증거는 비록 이스라엘같이 기록 예언의 지속적인 전승 과정이라는 현상으로 이어지지는 않았지만 순수한 구원 신탁도 기록될 수 있다는 점을 보여 준다.[80]

심지어 제2이사야 속의 구원 신탁과 그보다 거의 백 년 전인 (신 앗수르 제국이 멸망한 뒤에는 더 이상 접하기가 어려웠을)[81] 신 앗수르 시대의 예언 사이에 눈에 띄는 양식비평적 유사성은 우리로 하여금 왕정 시대의 유다에 신 앗수르 유형의 구원에 대한 예언이 존재했으며 이 예언이 제2이사야의 예언에 크게 영향을 미쳤다고 결론을 내리게 된다고 주장할 수도 있을 것이다. 이사야 40-55장이 집필된

---

77   참고. Christensen 1998; Haran 1999; Vriezen and van der Woude 2005, 3-8; Na'aman 2006.
78   Keel 2007, 139.
79   Kratz 1997b; 2003b.
80   Jeremias 1994; Steck 1996.
81   *TUAT* 2:56-82.

이후에 이 본문은 같은 파(派)의 이전 본문을 대체했을지도 모른다.

따라서 구약 문헌사는 고대 히브리 문헌사의 한 부분만을 차지하며 이 부분은 사후(事後)적으로만 기술할 수 있을 뿐이다. 즉, 구약 문헌사는 그렇게 살아남은 문헌을 예루살렘 성전 학파에서 사용 가능한, 훗날 신성한 성서로 인식된 문헌으로 다룬다.

예를 들어 구약은 영어 문헌사와 달리 여러 가지 점에서 이질적이면서도 그 내용, 특히 수용 역사와 관련해서 어느 정도 일관된 전집을 구성한다. 우리는 심지어 구약 문헌사가 이와 동시에 구약 본문의 신학 역사를 기록하고 있고 결국 구약 본문이 "정통" 본문으로 보편화되었다고 말할 수 있을 것이다.

구약 문헌사는 이스라엘의 종교사를 직접 반영하지 않으며 이스라엘의 종교사는 일반적으로 성서 증거보다는 비(非)문헌적이고 고고학적인 증거를 바탕으로 적절하게 재구성할 수 있다.[82] 구약의 관점과 이스라엘 종교사 전체의 차이는 구약의 신학적으로 차별화된 해석을 보여 주며 이 해석은 일정한 선별 기준의 지배를 받았다.

이와 달리 이집트 엘레판티네에 보존된 페르시아 시대 중기 유대 문헌은 어느 정도 다신론적인 신앙이나 별도로 존재했던 성전에 대한 언급과 함께 왕정 시대의 종교-역사적 확장의 한 가지 예시를 보여 준다.

이 집단 거주지의 시초는 십중팔구 주전 6세기나 아마도 심지어 주전 7세기까지 거슬러 올라갈 것이다. 포로기 이전의 상황은 모국의 유대교보다 이곳에서 분명히 "더 잘" 보존되어 있다.[83]

구약에 대한 문헌사적 접근은 이처럼 고대 이스라엘에서 종교적 실재의 최상류 계층인 제사장, 지혜 교사, 기타 글쓰기에 능한 이들의 세계를 볼 수 있는

---

82 참고. Stolz 1997, 586.
83 Keel 2007, 783-84.

창문을 열어 준다. 그에 상응하여 이 책에서는 공식적인 국가 종교의 종교-사회적 수준에 크게 의의를 부여하지만, 반면 특히 페르시아 시대 이전에 문자 외적으로 기능했던 가족적·국지적·지역적 종교 요소는 성서가 상당한 정도로 증언하고 있는 공식적 종교의 틀 안에 수용된 한에서만 거론될 것이다.

5) 히브리어 성서와 구약

유일한 구약이나 **유일한** 히브리어 성서 같은 것은 존재하지 않는다. 유대 전통과 기독교 전통은 성서의 책에 대한 서로 다른 구성을 인정한다. 더구나 기독교 전통에서는 다양한 각 신앙 고백과 교회마다 서로 달리 구성된 서로 다른 수의 정경을 받아들인다.

보통의 표준적인 순서로 이루어진 (유대교의 성서라는 의미의) 히브리어 성서는 타나크라는 약어로 표현되는 토라("가르침"; 모세오경), 느비임("예언서"), 케투빔("성문서")의 세 부분으로 구성되어 있다. 토라는 창세기, 출애굽기, 레위기, 민수기, 신명기를 포함하고 있다. 느비임에는 여호수아, 사사기, 사무엘상하, 열왕기상하, 이사야, 예레미야, 에스겔과 열두 예언서가 포함되어 있다. 마지막으로 케투빔은 시편, 욥기, 잠언, 룻기, 아가, 전도서(코헬렛), 예레미야애가, 에스더, 다니엘, 에스라-느헤미야, 역대상, 역대하로 구성되어 있다.

느비임과 케투빔 안에는 일반적으로 다음과 같은 하위 분류 단위가 사용된다. 여호수아부터 열왕기까지는 이른바 "전기 예언서"로, 이사야부터 말라기까지는 "후기 예언서로" 분류된다. 케투빔 안에서는 룻기, 아가, 전도서, 예레미야애가, 에스더가 이른바 "메길로트", 즉 특정 절기별로 할당된 다섯 "두루마리"를 구성한다(그러나 이는 주후 6세기 이후에야 비로소 그 존재가 입증되는 것이다). 룻기는 오순절, 아가는 유월절, 전도서는 장막절, 예레미야애가는 아브월 9일, 에스더는 부림절을 위한 책이다.

그러나 책의 순서상 편차는 히브리어 성서의 사본 전승에서 그 존재가 입증된다.[84] 일정한 것은 토라, 느비임, 케투빔의 세 정경 부분과 그 안에 담긴 책의 수다. 이 두 가지 상수 안에서 가능한 경우의 가짓수를 계산한다면 토라 다섯 권에 대해서는 120가지, 느비임 여덟 권에 대해서는 (고대의 관습에 따라 열두 권의 예언서를 한 권의 책으로 센다면) 40,320가지, 케투빔에 대해서는 약 4천만 가지에 이른다.

그러나 전승은 이런 가능한 형태를 거의 망라하지 않았다. 토라는 언제나 똑같은 순서를 갖고 있다. 느비임에 대해서는 최소한 아홉 가지 서로 다른 형태가 존재하는 것으로 밝혀지지만 다른 모든 형태는 후기 예언서(이사야-말라기)에 나타난다. 창세기부터 열왕기까지는 시간 순으로 배열된 표현 방식인 내러티브에 해당되기 때문에 실질적으로 고정되어 있다. 케투빔에 대해서는 순서가 다소 유동적이며 최소한 서로 다른 70가지 배열 방식이 존재하는 것으로 밝혀졌다.

느비임에서 가장 중요한 변수는 바벨론 탈무드(b.B. Bat. 14b-15a)에서 발견되는데 여기에는 예레미야, 에스겔, 이사야, 12 예언서의 순서로 네 권의 예언서가 있다. 이는 신학적 고려 사항에 기초한 것이다. 즉, 예레미야는 "전부 심판", 에스겔은 "반은 심판, 반은 위로"이며 이사야는 "전부 위로"다. 물론 이 책을 속독하더라도 이것이 정확한 묘사는 아니라는 사실을 쉽게 알 수 있다. 대예언서 세 권 모두 심판과 구원의 진술을 담고 있고, 그 만큼 전체적으로 "반은 심판, 반은 위로"다.

그런데 바벨론 탈무드가 이런 순서에 도달한 이유는 무엇인가?

이 네 예언서의 길이를 고려해 보면 그 답은 자명하다. 예레미야에는 21,835단어, 에스겔에는 18,730단어, 이사야에는 16,392단어, 12 예언서

---

[84] Beckwith 1985; Brandt 2001.

에는 14,355단어가 있다. 따라서 바벨론 탈무드의 배열에 있어서 동기는 명백히 책의 분량이며 신학적 설명은 이러한 길이에 따른 배열을 후대에 합리화한 것에 해당한다.

케투빔에서는 순서 편차가 매우 크다. 여기서는 다음 같은 예로 충분할 것이다. 주후 950년과 1008년에 만들어진 히브리어 성서의 가장 중요한 고대 사본 중 두 사본인 알레포 사본과 페트로폴리타누스 사본(B19A)에는 역대기가 케투빔의 맨 처음에 배열되어 있다. 따라서 다윗과 솔로몬 시대의 성전 예배 확립에 대해 큰 분량의 내러티브를 제공하는 역대기는 시편에 대한 "역사적" 서론으로 이해된 것으로 보인다.

반면 현재의 표준적인 순서에 따르면 역대기는 케투빔의 맨 마지막에 위치해 있으므로 역대하 36:23b에 나오는 새로운 출애굽에 대한 중요한 진술("너희 중에 그의 백성된 자는 다 올라갈지어다 너희 하나님 여호와께서 함께 하시기를 원하노라")이 타나크의 마지막을 장식한다.

기독교의 구약에 대해서는 서로 다른 신앙 고백에 따라 구별해야 한다. 현재 개신교에서 사용하는 성서에서는 구조가 다음과 같다. **역사서**가 단일한 항목으로 창세기, 출애굽기, 레위기, 민수기, 신명기, 여호수아, 사사기, 사무엘상하, 열왕기상하, 역대상, 역대하, 에스라, 느헤미야, 에스더의 순서로 먼저 배치된다.

그 다음으로 욥기, 시편, 잠언, 전도서, 아가 등 **시가서**가 나온다. 마지막으로 이사야, 예레미야, 예레미야애가, 에스겔, 다니엘, 호세아, 요엘, 아모스, 오바댜, 요나, 미가, 나훔, 하박국, 스바냐, 학개, 스가랴, 말라기 등 **예언서**가 있다.

이 구약성서도 세 부분으로 나뉘지만 히브리어 성서와는 그 성격이 다르다.

첫 번째 표제는 토라와 전기 예언서를 "역사서"로 합쳐 놓았지만 역시 내러티브인 룻기, 역대기, 에스라, 느헤미야, 에스더도 "역사서"에 배치하였다.

두 번째 부분("시가서")은 케투빔에서 뽑은 욥기, 시편, 잠언, 아가서를 중요한 선집으로 담고 있다.

세 번째 부분("예언서")은 히브리어 성서의 후기 예언서(사, 렘, 겔, 12 예언서)를 포함하지만 헬라어 전통에 따르면 예레미야가 쓴 예레미야애가와 그 기원이 마카베오 시대에 속하고 아마도 이 때문에 이미 완성된 히브리어 정경의 느비임 부분에 포함되지 않고 히브리어 성서에서 케투빔 사이에 한 권의 예언서로 배치되어야 했던 다니엘서도 포함한다.

히브리어 성서	70인경
토라(율법)	역사서
창세기	창세기
출애굽기	출애굽기
레위기	레위기
민수기	민수기
신명기	신명기
느비임(예언서)	
여호수아	여호수아
사사기	사사기
룻기	
사무엘서	열왕기 1-4서
열왕기서	
	역대상하
	에스라-느헤미야
	에스더
	유딧
	토비트
	마카베오 1-4서
이사야	
예레미야	
에스겔	
12 예언서(호,욜,암,옵,욘,미,나,합,습,학,슥,말)	

케투빔(성문서)	시가서
시편	시편
욥기	잠언
잠언	코헬렛
룻기	아가
아가	욥기
코헬렛	지혜서
애가	집회서
에스더	솔로몬의 시편
다니엘	
에스라-느헤미야	
역대기	
	예언서
	12 예언서 (호, 암, 미, 욜, 욘, 나, 합, 습, 학, 슥, 말)
	이사야
	예레미야
	바룩
	애가
	예레미야의 편지
	에스겔
	다니엘

로마가톨릭에서 사용하는 성서도 전반적인 구조는 같지만 일곱 권을 추가로 포함하고 있다. 토비트와 유딧은 느헤미야 뒤에 배치되어 있고 에스더서 뒤에는 마카베오상·하가 나오며 솔로몬의 지혜서와 예수스 시락(집회서)은 아가서 뒤에 배치되어 있는 반면 바룩이 예레미야애가 뒤에 나온다. 게다가 에스더와 다니엘은 몇 장 더 길다(이른바 "에스더 및 다니엘서 추가분").

로마가톨릭 성서에서 구약의 분량이 더 많은 것은 로마가톨릭교회가 1545년에 트리엔트 공의회에서 더 큰 규모로 책을 선별한 불가타 역본을 성서로 정경화했다는 사실에 기인한다. 이는 반종교개혁의 일환으로 이루어진 결정이었다. 이 공의회의 결정은 우연히도 유대교와 기독교에서 정경에 관한 유일한 결정이었다.

다시 말해 로마가톨릭교회만이 권위 있는 결정에 의해 가톨릭 성서를 일정한 수의 책을 포함하는 책으로 확정했다. 불가타역 구약의 더 많은 분량은 결과적으로 구약의 고대 헬라어 역본인 이른바 70인경에 의존하고 있다.[85] 기독교 성서와 유대인 성서 사이의 순서상의 차이도 70인경에서 유래되었다.[86]

히브리어 전승과 마찬가지로 헬라어 전승도 그 사본에 따라 구별해야 한다. 주요 70인경 사본에서 책의 순서와 관련하여 다음과 같은 사실을 관찰할 수 있다.

중요한 사본인 ℵ(시내산 사본), A(알렉산드리아 사본), B(바티칸 사본)의 공통점은 우선 이 사본들이 그 배경에 따라 룻기를 매우 알맞은 위치인 사사기와 사무엘상 사이에 배치하며 더구나 창세기-열왕기 뒤에 예언서를 배치하는 것이 아니라 역대기를 배치한다는 점이다.

그 점 외에도 ℵ, A, B는 서로 다르다. ℵ과 B에서는 역대기 뒤에 에스라-느헤미야가 나온다. ℵ에서는 그 다음에 에스더, 토비트, 유딧, 마카베오 1-4서가 이어짐으로써 창조부터 마카베오 시대까지 거대한 역사 문헌 총서를 구성했다. ℵ에는 그 다음에 예언서와 나머지 글이 뒤따른다. B에서는 역대기-에스더-느헤미야 뒤에 시편, 잠언, 코헬렛(전도서), 아가, 욥기, 솔로몬의 지혜, 집회서, 에스더, 유딧, 토비트가 이어지고 예언서는 마지막 위치에 놓여있다. A에서는 에스라-느헤미야가 역대기에서 분리되어 있다. 거기서는 창세기-열왕기 다음에 역대기, 그 다음에 예언서와 나머지 책이 이어진다.

70인경은 이처럼 역사 전승을 하나로 모아 놓고 시간 순으로 배열하려는 일정한 시도를 보인다. 이 점이 특히 뚜렷하지만 B의 순서도 이 원리에 따라 체계화된 것으로 보인다. 창세기-열왕기에서 역대기-에스라-느헤미야로 이어지는

---

85 Tilly 2005.
86 다양한 사본에 대해서는 다음 책들을 참고하라. Swete ²1914, 201-14; Beckwith 1985; Brandt 2001; McDonald and Sanders 2002, 588; McDonald ³2007, 422, 451.

역사적 설명 뒤에는 우선 "다윗"의 책(시편)과 "솔로몬"의 책(잠언, 코헬렛, 아가, [중간에 끼어든] 욥기, 솔로몬의 지혜)이 이어진다. 그 다음에 집회서, 에스더, 유딧, 토비트, 마지막으로 예언서가 나온다.

연대별 고려 사항도 예언서의 내적인 순서를 결정한 것으로 보인다. 호세아, 아모스, 미가, 요엘, 오바댜, 요나가 나오고 그 뒤에 나머지 "소예언서"가 이사야, 예레미야, 에스겔, 다니엘 앞에 배치되며 다니엘은 70인경에서 예언서에 포함된다. "소"예언서를 "대"예언서 앞에 둔 것은 메시야 예언이 등장하는 이사야, 예레미야, 에스겔과 특히 7장에서 인자에 대한 환상이 나오는 다니엘을 잇는 신약성서와 더 가까이 배치하는 효과도 있다.

히브리어 성서에 대해 인문주의적인 동기를 가지고 접근하는 개신교회는 구약 정경에서 원래 히브리어로 된 책만 남겨놓을 것을 요구했고 70인경과 불가타 역은 구약의 나머지 책을 이른바 외경, 또는 제2정경 가운데 배치했다. 외경은 읽을 만한 가치는 있지만 신학적 지위와 가치에 있어서 다른 성서에 종속되어야 한다.[87]

로마가톨릭교회의 더 많은 분량의 구약 정경 외에도 동방 교회, 특히 에티오피아 기독교의 정경은 훨씬 더 광범위하며 여기에는 구약에 에녹서와 희년서도 포함되어 있다.

이하의 설명에서는 표준적인 순서로 된 히브리어 구약에 집중하고 주로 헬레니즘 시대에 기원을 두었으며 분량도 큰 정경 모음집의 나머지 문헌에 대해서는 간략히 논의할 것이다.

---

[87] 용어에 대해서는 Gertz 2006a, 32를 보라.

6) 구약 "원문"의 문제

특히 쿰란 발견 이후 히브리어 성서의 각 책이 정경화가 되면서 확립된 히브리어 성서 "원문"에 대한 일반적인 이미지가 철저히 재고되어야 한다는 사실이 분명해졌다.[88] 고대 역본뿐만 아니라 쿰란에 있는 성서 사본도 같은 성서의 서로 다른 본문 형태에 대한 매우 다양화된 전승을 보여 주므로 우리는 우선 "사실상 본문에 관한 증거만큼 많은 수의 최종 형태가 존재한다"[89]는 블룸의 말에 동의해야 한다. **유일한** 성서 본문은 어느 곳에도 존재하지 않으며 특정 본문에 관한 증거로 확정된 것도 분명히 아니다.

전환기 본문 전승의 다양성은 아마도 수많은 성서 번역본이 서로 나란히 공존하는 것과 비슷한 것으로 상상해 볼 수 있다. 여러 번역본은 같은 책을 편집했다는 것을 금세 알아볼 수 있지만 그 표현과 배열이 항상 동일한 것은 아니다.

어쨌든 우리는 랍비 시대 본문 전승의 단일한 형태, 축자적인 충실성을 그 이전 시대의 구약에 투사하는 것을 자제해야 한다. 쿰란에서 그 존재가 입증된 주후 70년 이후 다수 본문이 중세 초기에 나온 마소라 사본으로 입증되듯이 표준적인 자음 본문으로 대체되었다는 사실은 특정 권위 있는 결정에 기인한 것이 아니라 전적이지는 않더라도 일차적으로 유대 전쟁 이후 유대교 전통의 규범적 일파인 (바리새인) 랍비 학파가 현재 마소라 본문 전승으로 알려진 것을 사용하고 보존했다는 사실에서 기인한 것이다.

그러나 우리는 쿰란에서 발견된 서로 다른 전승에 속아선 안 된다. 판 데어 바우더(Van der Woude)는 특히 쿰란의 상황을 주후 70년 이전의 유대교에 대해 일반적으로 당연시할 수는 없다고 매우 정확하게 지적했다.[90]

---

88 Dahmen et al. 2000; Flint 2001; Fabry 2006; Tov 2006.
89 Blum 1991, 46.
90 Van der Woude 1992.

마사다와 와디 무랍바앗에서 발견된 본문은 쿰란에서 발견된 본문처럼 다양하지 않다.[91] 오히려 원시 마소라 본문 전승에 속해 있는 자음 본문을 보여주며 주전 1세기 후반으로 추정해야 하는 나할 헤베르에서 나온 12 예언서의 헬라어 두루마리 사본은 70인경을 원시 마소라 본문의 방향으로 개정한 것을 보여 준다.[92]

그러나 이는 우리가 쿰란에서 입증된 본문의 다양성**과 함께** 성서의 표준화된 본문을 향해 압력을 가한 주후 70년 이전 유대교의 경향도 감지할 수 있음을 의미한다. 판 데어 바우더는 특히 예루살렘의 제2성전에서 비교적 통일된 본문 전승, 즉 후대 마소라 학자의 본문 전승이 보존되었다고 믿는다.[93] 따라서 우리는 히브리어 성서의 "원문"이라는 개념을 또 다른 의미에서 유지할 수 있다.

즉, 성서 본문의 순수 정경 형태는 결코 존재하지 않았다. 정경의 확립이 명백히 모든 면에서 문자 그대로 본문의 보존을 의미하지는 않았지만 제2성전기 히브리어 성서의 기원에 있어서 결정적인 역할을 한 집단에 의해 형성되고 전수된 후대 표준 본문의 원시 마소라 형태는 존재했다.

본문비평 학계는 여호수아, 사무엘-열왕기, 예레미야, 에스겔 같은 성서의 여러 책에서 70인경을 통해서도 인지할 수 있는 히브리어 저본(Vorlage)이 그 이후에 발전한 이 책의 이후 히브리어 판보다 원시 표준 본문에 더 가깝다는 점을 분명히 인식했다.[94] 그에 따라 이전 단계에 대한 문헌비평과 본문비평 연구 사이의 경계선은 꽤 유동적이 되었다.

---

91 Tov 1992.
92 Van der Woude 1992, 161.
93 Van der Woude 1992, 63 n. 33.
94 Tov 1992; Stipp 1994; de Troyer 2005; Schenker 2006.

7) 구약학 분야에서 구약 문헌사와 문헌비평

구약학에서 구약 문헌사라는 연구 과제를 어디에 위치시켜야 하는가? 구약학은 관례적으로 이스라엘 역사, 구약 개론, 구약 신학 등 세 가지 분과 학문으로 구분된다. 20세기 동안 이들 각 분야는 여러 교과서로 뒷받침되어 왔다.[95] 이들 분야와 함께 전통적으로 구약 신학에 대한 역사적 보충으로 이해되었지만[96] 최근에는 구약 신학의 대체물로 의도된[97] '이스라엘 종교사'에 대한 설명도 있었지만 이 형태로는 성공을 거두지도 못했고 그럴 만한 가치도 없는 제안이다.[98] 그러나 전통적 차원에서 이스라엘 종교사는 구약학 하위 학문 분야의 상호 작용 속에서 눈에 띄게 더 중요해졌다. 한편으로는 지난 30년 동안 레반트 지역에서 새롭게 드러난 고고학적 발견이 다수 있었다.[99]

반면 구약 개론 연구에서 어느 정도 이루어진 고고학적 발견과의 상호 관계 속에서 구약 문헌에 대한 역사적 평가가 극적으로 바뀌었다.[100] 따라서 고대 이스라엘 종교 이미지를 성서와 성서의 단서를 따르는 전통 성서학의 설명에서 묘사된 이미지와는 크게 다르게 묘사해야 한다는 것이 분명해졌다.[101]

종교사적 접근의 중요성이 커진 것과 대조적으로 희한하게도 앞에서 언급한 세 가지 전통 학문 분과 사이에 분업이 명확하지 않다. 이스라엘 역사와 개론 연구를 종합적인 주요 학문 분야인 구약 신학을 돕는 예비 학문 분야로 여기

---

95 이스라엘 역사에 대해서는 예를 들어 다음 책들을 참고하라. Donner ³2000; Kinet 2001. 개론에 대해서는 다음 책들을 보라. Zenger ⁵2004; Gertz 2006a. 신학에 대해서는 다음 책들을 보라. Kaiser 1993/1998/2003; Schreiner 1995; Rendtorff 1999/2001.
96 Eissfeldt 1926/1962, 112-13.
97 Albertz 1992.
98 참고. Hermisson 2000 및 *JBT* 10 [1995]의 논의.
99 참고. Weippert 1988; Mazar 1992; Keel and Uehlinger ⁵2001; Zevit 2001; Stern 2001; Hartenstein 2003a; Vieweger 2003; Keel 2007.
100 Gertz 2006a.
101 Weippert 1990/1997, 1-24.

는 기존 모델은 획기적인 저술 게르하르트 폰 라트의 『구약 신학』[102] 이후로, 다시 말해 구약 신학에 대한 종합 가능성과 관련해서 난관에 봉착했다. 이런 일이 발생한 이유는 일차적으로 폰 라트가 구약 신학을 표현하기 위한 "다시 말하기" 외의 모든 체계화 시도를 포기한 것이 수용되었거나 다른 유형의 해법이 설득력이 없기 때문이다.

(폰 라트의 주저에서, 특히 그의 학문 분야에 관한 맥락 안에서 매우 매력적인 결과를 가져온) 체계적 표현의 포기는 어떤 의미에서 "구약 신학"이라는 분과 학문이 시작된 이래로 이 학문에 가장 큰 위기를 가져왔다. 이런 식으로 이해하면 구약 신학은 원칙적으로 더 이상 서론적 학문과 구별될 수 없기 때문이었다.[103] 또 하나의 문제는 구약 **안에 있는** 신학의 발견이었다.[104] 이는 구약의 역사 발전 과정 전체에 걸친 통일된 구약 신학이라는 과제를 훨씬 더 어렵게 만들었고 이 과제에 새로운 난제를 가져다 주었는데, 이 난제는 심지어 예비적으로도 극복하지 못할 것으로 여길 만한 것이었다.

분과 학문 구성에 있어서 이러한 구약 내부의 난제가 어떻게 해결될지는 아직 지켜봐야 한다. 구약학의 전체적 조화 문제는 아직 해결되지 않은 상태에 있으므로 새로운 연구 과제가 아니라 새롭게 관심사가 된 구약 문헌사라는 연구 과제는 한편으로 이런 상황에서 이득을 볼 수 있다. 다른 분과 학문이 독점적으로 통합적 이론의 구성을 주장하지 않기 때문이다(그래서도 안 된다).

그러나 다른 한편으로 나머지 분과 학문은 구약 문헌사에서 이득을 얻기를 기대할 수 있다. 구약 문헌사는 구약 본문과 책 가운데서 문헌적·신학적 관계에 대한 역사적 개관을 제안하되 새로운 관점에서 제안하기 때문이다.

---

102 Von Rad 1957/1960.
103 참고. Keller 1958, 308.
104 참고. Smend 1982/1986; Gerstenberger 2001; Kratz 2002. 연구사에 대해서는 다음 책을 보라. Schmid 2000b, 이스라엘 외의 신학에 대해서는 다음 책을 참고하라. Oeming et al. 2004.

8) 역사적 재구성의 기초, 조건, 가능성 및 한계

구약은 한 권의 책이 아니라 총서이며 이 총서 안에 있는 "책들"은 각 책에 대해 단일 저자를 찾을 수 있는 현대적인 의미의 책이 아니다.[105] 고대 근동의 관행에 따라 구약의 "책들"은 저자의 문헌이 아닌 전승 문헌을 표현한다.[106] 이러한 상황은 성서 내적으로 인정되었고 명시적인 주제가 되었다. 특히 분명한 한 가지 예는 예레미야 36장의 내러티브에서 발견되는데 이 장에서는 여호야김 왕이 첫 번째 두루마리를 불태운 뒤에 예레미야의 말이 담긴 두 번째 두루마리를 준비하는 과정을 언급한다.

> 이에 예레미야가 다른 두루마리를 가져다가 네리야의 아들 서기관 바룩에게 주매 그가 유다의 여호야김 왕이 불사른 책의 모든 말을 예레미야가 전하는 대로 기록하고 그 외에도 그 같은 말을 많이 더 하였더라(렘 36:32).

이 마지막 문장의 수동태 표현은 물론 이 "그 같은 말"이 예레미야의 말이었을 가능성을 배제하는 것은 아니지만 분명 예레미야 이후 전통이 계속 이어질 수 있는 지평을 열어 준다. 따라서 우리는 예레미야서 자체에서 이 책이 예레미야 혼자의 저작이 아니라 훗날 다른 이에 의해 상당한 기간 동안 계속 집필되었다는 사실을 발견할 수 있다.

성서에서 이와 비슷한 지속적인 집필 과정의 사례로 분명히 드러나는 것에는 이사야 16:13-14이 있다. 이웃 나라인 모압 백성의 고난에 대한 애가가 나온 뒤 다음과 같은 마지막 구절이 등장한다.

---

[105] 여성 저자의 문제에 대해서는 다음 책을 참고하라. Schroer 2003.
[106] Tigay 1985; Blenkinsopp 2006, 1-4; van der Toorn 2007; Schmid 2011a.

> 이는 여호와께서 오래 전부터 모압을 들어 하신 말씀이거니와(사 16:13).

그 다음에 이에 대한 설명이 뒤따른다.

> 이제 여호와께서 말씀하여 이르시되 품꾼의 정한 해와 같이 삼 년 내에 모압의 영화와 그 큰 무리가 능욕을 당할지라 그 남은 수가 심히 적어 보잘것없이 되리라 하시도다(사 16:14).

이처럼 이사야 16:13-14은 변화된 문화적·역사적 배경에서 모압을 판단하려 하며 더 이상 동정적으로 보지 않고 비판적으로 본다. 이 구절이 이전 저작의 연장이라는 점은 마지막 절의 특징(16:13)과 새로운 해석(16:14)이 결합된 것을 볼 때 분명하다.

이러한 결과와 일치하게 그 이름이 알려진 성서의 첫 번째 저자는 주전 180년 무렵에서야 비로소 예수스 시락이라는 인물로 등장한다(집회서 50:27-29). 우리는 이보다 몇 십 년 전에 '코헬렛'(전도자)이 "나"라는 말을 사용하는 것에서 저자의 자의식의 시초를 목격할 수 있다.[107]

물론 구약의 많은 책이 각 책의 **첫머리**(*Incipits*)나 서두의 구절에서 특정 인물의 저작으로 간주되지만 이런 구절은 저자에 대한 역사적 귀속이 아니라 책 속에 제시된 전승의 기원으로 추정되는 권위자의 진술이다.[108]

그래서 예레미야 36장에 나오는 집필 장면은 (그것이 아무리 전설적이든 그렇지 않든) 그 상황을 예레미야 자신은 자기 책의 단 한 글자도 쓰지 않은 것으로 이해하도록 표현한다. 예레미야서에 나오는 "예레미야의 말"은 "저자" 예레미야가 쓴 것이

---

107 참고. 전 12:9-11; 다음 책들을 보라. Kaiser 200b, 13-14; Höffken 1985.
108 참고. Schniedewind 2004, 7-11; Wyrick 2004; Schmid 2007a; van der Toorn 2007, 27-49.

아니라 그의 비서 바룩이 쓴 것이다. 따라서 예레미야는 저자가 아니다. 그는 자기 책의 전거(典據)다.[109]

전반적으로 구약 본문은 서로 다른 전승 영역에서 있을 법한 구전 단계의 순간은 제외하고[110] 약 8백 년 동안 만들어졌다.

> 핀켈슈타인(Finkelstein)과 실버만(Silberman)과 슈니더윈드(Schniedewind)는 구약 본문의 기원에 대해 포로기 이전 시대에 일방적이고 예외적으로 문헌사적 강조를 둔다.[111] 물론 주전 7세기는 구약의 문헌 형성 과정에서 특별히 중요한 역할을 했지만 구약이 이 시기 이전이나 이 시기 동안에 이미 본질적으로 완성되었다고 주장하는 것은 불가능하다.
> 역사비평 성서학은 현재 형태의 구약 책이 페르시아 시대와 헬레니즘 시대 유대교 신학의 영향을 받은 것이 분명하다는 점을 보여 주기에 충분한 증거를 모았지만[112] 이 때문에 이보다 오래된 자료의 포함 가능성이 배제되지는 않는다. 그러나 이와 동시에 역사비평 성서학은 구약 문헌의 결정적인 형성 과정이 주전 7세기보다 늦은 시기에 속한다는 점을 분명히 밝혔다.

고정된 문헌 양식으로 보존된 구약의 가장 오래된 본문은 비록 그 구전 형태의 초기 단계는 훨씬 더 오래되었겠지만 아마도 초기 왕정 시대에 나왔을 것이다.[113] 가장 늦은 시기의 (연대를 추정할 수 있는) 본문은 마카베오 시대에 나온 다니엘서, 역사서의 연대기적 기록(특히 창 5장과 11장; 참고. 출 12:40과 왕상 6:1), 아마도 하스몬 시대에 기록된 듯한 시편 몇 편, 예레미야서의 마소라 본문 자료(참고. 렘 33:14-26)에 나온다.

---

109 참고. Knauf 1998.
110 참고. Kirkpatrick 1988; Niditch 1996.
111 Finkelstein and Silberman 2002; Schniedewind 2004.
112 참고. 예. Levin 2001; Gertz 2006a.
113 Jamieson-Drake 1991; Niemann 1998.

쿰란에서 발견된 저술에서 아직 구약이 그 문헌 형태와 관련해서가 아니라 아마 그 내용에 있어서 주전 100년 무렵에 본질적으로 "완성된" 형태로 존재했다는 인상을 받는다.[114]

어쨌든 구약 책의 대다수가 현재 본문 상태로 오랜 세월에 걸쳐 성장한 복합 문헌이라는 점은 분명하다. 구약의 어떤 책도 포로기 이전 왕정 시대의 형태로 보존되지 않았다. 우리가 가지고 있는 구약은 페르시아 시대와 헬레니즘 유대교의 산물이다.

구약 책의 이러한 예비적인 문헌 단계를 그 추정 가능한 가장 이른 시점과 가장 늦은 시점을 시점과 종점으로 하여 어떻게 재구성할 수 있는가?

이를 위해 여기서 자세히 설명할 수는 없지만 선별된 문제점에 대한 몇 가지 논평은 구약학에서는 가능하고 정교한 일련의 도구를 발전시켜 왔다.[115]

첫째, 구약 시대에서 살아남은 구약 본문은 존재하지 않는다고 말해야 한다.

쿰란에서 나온 가장 이른 시기의 성서 사본마저 히브리어 성서의 가장 늦은 추가분보다 더 늦다.[116]

둘째, 쿰란에서 나온 성서 문헌은 대부분 파편적인 상태로만 남았다.

구약의 가장 오래된 전문(全文) 사본은 여전히 주후 1008년에 나온 페트로폴리타누스 사본(B19A)이다.

전 단계의 본문에 대한 재구성이 대체로 내적인 논거를 바탕으로 해야 한다는 점은 이러한 물적 증거의 상태와 부합된다. 전통적으로 구약 문헌비평에서

---

114 참고. Flint 2001.
115 참고. Steck [14]1999; Becker 2005b.
116 하지만 다니엘서의 가장 오래된 사본인 4QDan^{c,e}는 이 책이 완성된 지 겨우 반세기 뒤에 나왔고 따라서 최초의 자필 원고에 매우 근접한 것이다. 참고. Ulrich 2000, 171.

는 성서 책 사이에 서로 다른 성장 단계를 본문 속의 이중어(二重語), 휴지부(休止符), 긴장, 모순에 대한 관찰을 바탕으로 논의한다.[117]

그러나 형식적이고 본문 내적인 방법만으로는 불충분하다는 것이 입증되었다. 그런 방법은 역사비평 성서학 초기부터 문학-미학적 이상에 특권을 부여할 위험성이 있다.[118]

여기에 더해지는 것이 확률 계산에 기초한 고려다. 과거의 문헌 단계를 재구성하는 일에 80%의 확률이 있다고 가정하더라도 이 비율은 2단계는 64%, 3단계는 51.2%로 하락하고 4단계에 이르면 그 비율이 50% 이하로 떨어진다. 즉, 재구성은 자의적인 것이 되어 버린다.[119]

그러므로 언어학적 관찰은 과거의 문헌 단계를 재구성하는 데 신학-개념적 고려 사항을 통해 보완해야 한다. 즉, 문헌비평은 신학-역사적 고찰과 짝을 이루어야 한다. 이것은 교과서에서 해석 방법의 독립과 관련하여 논의되며 이러한 독립은 그 자체로 해석 작업의 한 가지 명백한 측면이지만 실제로는 도외시되는 경우가 흔하다.[120]

구약 문헌사의 설명에서 문헌 발전의 마지막 단계를 실질적으로 중시하는 것도 매우 중요하다. 물론 그것이 구약의 신학적 입장을 현재의 관점에서 평가하는 것을 의미하는 것은 아니다. 실질적 중시란 역사적으로 성서 내부의 논의에 있어서 결정적인 요인이 된 것으로 밝혀진 구약의 신학적 입장을 발견하는 것을 의미한다.

마지막으로 레반트 지역에서 고고학의 역할이 중요함을 시험 삼아 지적할 수도 있다. 특히 지난 30년 동안 비문, 특히 우상에 나온 이스라엘 종교에 관한 1

117　참고. Carr 1996b; Van Seters 1999, 20–57.
118　Tigay 1985; Metso 1997. 예를 들어 문헌적 중복에 대한 본문에 의해 생성되는 평가는 기계적으로 행할 것이 아니라 역사적 관점에서 검증되어야 할 과정이다.
119　Knauf 2005a.
120　참고. Steck [14]1999; Becker 2005b.

차 증거의 양은 그 역사적 배치 속에서 문헌적·신학적 역사의 특정 시기에 대해 상상할 수 있는 것과 상상할 수 없는 것의 가능성과 한계를 드러낸다.[121]

문헌사를 고고학을 바탕으로 집필할 수 없다는 점은 분명하다. 비(非)문헌 자료는 아무 말이 없고 비문(碑文) 증거는 너무 적지만[122] 고고학에 의해 설정된 문화사적 틀을 고려하지 않고 문헌사를 집필할 수도 없다.

9) 구약 연구의 최근 경향과 그것이 구약 문헌사에 미치는 영향

현재 구약학에서 문헌사적 접근 방법에 있어서 중요하고 특히 세 가지 요인에 의해 야기된 격변을 목도할 수 있다.

① 특히 문화적 · 종교적 · 역사적인 관점에서 본 구약 문헌의 기원에 대한 문화적 상황의 관점인데 이 관점은 새로운 고고학적 발견에 의해 상당히 바뀌었다(1장—1—7).
② 역사서, 예언서뿐만 아니라 성문서, 특히 시편에 대한 연구에서 새로운 종교적 · 역사적 통찰에 적지 않게 영감을 받은 이들 책의 역사적 기원에 대해 새로운 관점이 출현하여 오늘날의 구약학을 20세기 구약학의 관습적인 가정과 크게 차별화했다.[123]
③ 마지막으로 신학 전체가 보다 다원주의적으로 변했다. 특히 변증 신학의 영향력이 쇠퇴했다.

---

121 Weippert 1988; Mazar 1992; Keel and Uehlinger ⁵2001; Zevit 2001; Stern 2001; Hartenstein 2003a; Vieweger 2003; Köckert 2005; 논의를 보려면 다음 책을 참고하라. Uehlinger 1995, 59–60; Schaper 2000, 18–22; Uehlinger 2001; Keel 2007, 152–53.
122 Renz and Röllig 1995–2003.
123 Gertz 2006a.

변증 신학은 20세기 중엽에 구약학의 대부분을 잘못된 길로 이끌어 계시 신학과 자연 신학의 근본적 차이를 이스라엘과 그 주변 나라에 종교-역사적으로 투영하게 만들었다. 변증 신학의 영향력 감소는 고대 이스라엘에서 문헌적·고고학적 발견에 대해 어느 정도 선입견이 없는 관점을 가능하게 했다. 그럼에도 미래의 학자들은 이 관점의 선입견에 대해 기술할 것이다.

이제 나타나기 시작하는 구약 문헌사의 전반적인 그림을 형성하는 전제는 새롭게 발견된 것이 아니다. 19세기 이래로 본질적으로 페르시아 시대와 헬레니즘 시대 옛 유대교 문헌인 구약이 대표하는 문제가 잘 알려졌다.

구약은 이스라엘 역사를 일신론, 언약, 율법이라는 핵심적인 종교적 개념으로 평가하며 이 개념은 압도적인 중요성 때문에 성서 저자에 의해 이스라엘 역사의 시작점에 놓였다. 그러나 성서의 이스라엘과 역사의 이스라엘 사이의 중요한 차이는 최근에서야 비로소 학계에서 적절히 진지하게 다루어지고 있다.

일부 선구자는 이 문제를 부분적으로만 다루고 극도로 늦은 시기의 연대 추정 도식을 사용함으로써 논의에 도움이 되기보다 방해가 되었다.[124]

그럼에도 불구하고 최신 구약학은 다시 여기저기서 포로기 이전 시대와 포로기 이후 시대, 초기 다신론과 후기 일신론, 고대 이스라엘과 유대교,[125] 자연 종교와 계시 종교 등 비슷한 대응 쌍을 지나치게 단순하게 이분법적으로 구분함으로써 역사적 가능성에서 멀어질 위험에 처해 있는 것으로 보인다. 그러나 이러한 위험성으로 인해 구약학이 근본적으로 바뀌었다는 사실이 변하는 것은 아니다.

모세오경 연구에서 변화하는 관점은 이러한 격변에서 특별한 역할을 했다.[126] 문서 가설은 20세기 들어서도 한참동안 놀랍도록 성공적이었고 그에

---

[124] 참고. Lemche 2001; Diebner 1992/1993 및 그 이전의 다양한 저작들.
[125] 참고. Brettler 1999.
[126] 참고. Dozeman, Schmid, and Schwartz 2011. Baden 2009는 문서 가설의 전통적인 접근 방식을 옹호한다.

따르면 J, E, P라는 세 가지 자료가 연속적으로 뒤섞였는데 이 세 자료는 대부분 같은 내용을 표현했지만 문헌 현상으로 서로 독립하여 생겨났다. 궁극적으로 이러한 성공은 이 가설이 기본적이면서도 꽤 배타적인 방식으로 역사적 성서비평의 최초 관찰(야훼와 엘로힘이 번갈아 나오는 현상과 짝을 이루는 본문의 발견)에 의존했고 성서학과의 오랜 친밀함에서 얻은 유익을 누렸다는 사실로만 설명할 수 있다. 그러나 사실 문서 가설은 분명하게 평가하자면 엄청나게 문제가 많은 여러 기본적 가정을 내포했다.

우선 문서 가설의 명제는 전승이 형성되기 시작할 때 포괄적인 종합이 이루어졌다는 확신에 기초하고 있었다. 즉 벨하우젠이 그 존재를 왕정 시대로 추정했고 폰 라트조차 "솔로몬" 시대에 속한 것으로 간주한 "야훼주의자" 문서는 창조부터 가나안 정복에 이르는 역사 서술을 포함한 것으로 여겨진다. 이 명제는 구약 전승 안에서 한 가지 독특한 경우를 상정한다. 후기 예언서(이사야-말라기), 성문서뿐만 아니라 전기 예언서(여호수아-열왕기하)에 대해서도 그 최종 형태와 개요가 가장 이른 구성 요소의 개념과 다르다는 것이 이의 없이 전제된다.

문서설에 따르면 모세오경에서는 사정이 근본적으로 다른 것으로 여겨진다. 이것이 사실이 아니라는 인식은 학자 사이에서 족장 역사와 모세오경 집필에 대한 블룸의 영향력 있는 연구 여파로 비로소 서서히 나타났다.[127] 블룸의 연구는 최소한 유럽 학계 일부에서 모세오경 문헌의 시초에 대해 (포로기나) 포로기 이후 시대 초기에만 포괄적인 문맥에 삽입된 제한적인 문헌 지평으로 이 자료를 처리해야 할 것이라는 데 어느 정도 의견 일치를 끌어냈다.[128]

따라서 우리는 오늘날 더 이상 주변적이지 않은 연구의 흐름 속에서 모세오경의 집필을 제사장 문서 이전의 거대 서사, 특히 족장과 출애굽 사이의 연

---

[127] Blum 1984; 1990.
[128] Blum의 주장에 따라 "신명기 사가"와 "제사장" 저작 층위의 틀 속에서 예를 들어 Albertz 1992가 따른 입장.

결 고리를 이미 제공했었을 거대 서사 없이 설명하려는 움직임인 "야훼주의자 (Yahwist)에 대한 작별"[129]을 볼 수 있다. 물론 이런 접근 방식이 지속될지는 아직 분명치 않다. 그러나 대안적이고 새로운 여러 모델에 있어 모세오경의 거대한 구원사적 청사진은 전승 형성 초기에 있었던 것이 아니라 그 마지막에 이르러서야 비로소 생겨났다는 것 또한 분명하다.

모세오경 자료에 대한 게르하르트 폰 라트의 해석에 있어서 매우 중요했던 구원사에 대한 신조 형식의 요약에 대해서도 마찬가지다.[130] 따라서 왕정 시대 이스라엘의 종교는 이제 더 이상 폰 라트의 여파로 지나치게 일반화된 이스라엘과 주변 문화 사이의 불연속성이라는 패러다임에 따라 해석해서는 안 된다. 이 패러다임은 이스라엘을 묘사할 수 없는 한 하나님,[131] 역사 속에서 자신을 계시하신 하나님을 믿는 나라로 묘사한 반면 이웃 나라의 종교는 다신론적인 추론을 통해 자연의 흐름을 신격화하는 모습으로 묘사했다.[132]

최근의 모세오경 연구가 이스라엘의 포로기 이전 종교사를 그 근동 배경과 차이가 없게 만드는 것은 경계해야 하지만, 동시에 이 종교사를 근동 종교사 안에서 서술하는 것을 가능케 할 뿐만 아니라 심지어 적극적으로 그렇게 하지 않을 수 없게 만든다.[133]

예언의 영역에서는 분명하지 않아 보이지만 이와 비슷한 격변을 관찰할 수 있다.[134] 고전 구약학에서는 예언자를 조건이나 타협 없이 자신에게 직접 전달되고 간혹 자신에게 부과된 하나님의 뜻으로 말씀을 제시하고 영적 은사를 받

---

129 참고. Gertz et al. 2002; Dozeman and Schmid 2006.
130 Gertz 2000a.
131 Niehr 1997; Uehlinger 1998b, c; 참고. Keel 2007, 305-6, 300, 478-82. 그는 여호와에 대한 신인동형론적인 예배용 형상을 암시하는 것이 아니라 제1성전 아세라 형상을 제안하고 있다.
132 참고. Schmid 2000a.
133 참고. Kratz 2000a, 318.
134 참고. Schmid 1996b; Steck 1996; Kratz 2003b; 같은 저자 2010; Becker 2004.

은 천재로 묘사했다. 19세기와 20세기의 해석자에 의해 원래의 예언 말씀과 2차적으로 추가된 메시지 사이의 차이로 인해 이러한 예언자의 이미지가 생겨났다. 예언서에 대한 해석은 본질적으로 "순수한" 본문 자료에서 그 "순수하지 않은" 추가 자료를 없애는 작업으로 이루어졌고 이는 예언자를 종교적 천재로 표현하는 결과를 가져왔다.

지성사의 관점에서 이 고전적인 예언자의 이미지는 주로 관념론과 낭만주의에서 영감을 받았다. 이 이미지는 19세기를 지배했고 본질적으로 율법을 예언서 이후에 출현한 것으로 보는(lex post prophetas) 벨하우젠의 후기 연대설에 의해 제기되었으며 이는 예언자를 율법의 해석자가 되는 부담에서 해방시켜 주었다.

예언자의 메시지를 이 세상에서 나온 것이 아닌 것으로 묘사하는 기본적인 묘사는 변증 신학에 매우 유용했고 변증 신학은 종교적 천재라는 예언자의 개념을 20세기까지 확대시켰다. 예언의 핵심적 특징으로서 독자적인 지위는 게르하르트 폰 라트의 획기적인 『구약 신학』(Theologie des Alten Testaments)에도 여전히 분명하게 나타난다.[135] 폰 라트에 따르면 예언은 이스라엘 안의 다른 신앙 개념과 연관될 수 없으며, 따라서 폰 라트는 제2권에서 예언을 다른 모든 전승과 구별하여 별도로 다루었다.

그러나 이러한 고전적인 연구의 흐름과 더불어 예언자와 그들의 "순수한" 말뿐만 아니라 보통 말하는 2차적인 추가 부분에 대해서도 의도적으로 질문을 던지며 그런 부분을 성서 안에서 실행된 해석 작업으로 그럴 듯하게 만들고자 하는 다른 초기 주장이 존재했다.[136] 이러한 연구 방향(이른바 편집비평적 접근 방식[137])은 구약학에서 특히 발터 침멀리(Walter Zimmerli)의 에스겔서 주석[138]에서

---

135 Von Rad 1957/1960.
136 참고. Hertzberg 1936; Gelin 1959.
137 Marxsen 1956.

그 돌파구에 도달했다. 오늘날 이 방식은 예언서 연구에 지배적인 접근 방식이다. 이 방식은 의도적으로 더 이상 예언자의 말씀 선포에 대해서만 연구하지 않고 그들의 책에서 표현된 서로 다른 강조점과 방향도 탐구하는데 이는 거기에 기록된 예언 말씀의 문헌적 후역사(後歷史)에 속하는 것이다.

19세기 말과 20세기의 예언서 연구는 예언서의 표제에 의해 책의 배경에 있는 예언자가 책의 저자로 간주된 본문을 문헌적 실체("이사야"에게서 나온 이사야서, "예레미야"에게서 나온 예레미야서 등)로 변형시키는 과정으로서 그 내용이 (흔히 미심쩍은 기준을 바탕으로) "비평적으로" 뒷받침되었지만 그럼에도 불구하고 책의 자증(自證)과 일치하는 것이었다.

이와 대조적으로 오늘날에는 무게 중심이 예언자에서 책으로, 예언자의 말에서 책의 본문으로 옮겨졌다. 예언서는 더 이상 이른바 "더 작은 단위"의 우연한 모음이 아니라 그 속에서 지속적인 신학적 가치가 발견되는 책으로서 의미를 전달하는 실체라는 더 큰 의의를 갖게 되었다. 이런 면에서 사실 비록 원래 예언자의 말에 대한 탐구도 어느 정도 중요성을 유지해야 하지만 예언서 연구에 있어서 인식 체계의 대전환에 대해 말할 수 있다.

관습적으로 순수 원문이 아닌 것으로 간주되어 온 예언서 내의 구절에 집중된 해석 작업은 이 구절을 난외 주석이자 본문상의 오류일 뿐만 아니라 대부분은 아니더라도 많은 경우에 그 자체로 의미를 전달하는 기존 본문 자료에 대한 후대의 해석으로 이해해야 한다는 점을 갈수록 더 분명히 밝혀 준다.

따라서 이 "본문을 확대한 사람"을 아마추어 주석가가 아니라 자기 시대 "예언자"로 간주할 수 있는 서기관 겸 편집자로 간주해야 한다. 한 가지 실례로 그들의 필사 활동은 주제와 관련한 놀라운 혁신적 재능을 드러낸다. 나아가 그들은 자신이 필사한 책에 이름이 부여된 인물에 익명으로 종속되어 자기 나름의

---

138 Zimmerli 1969.

자아 개념을 가지고 스스로 예언 사역을 한 사람임을 드러낸다.

예언은 이처럼 점점 더 집단적이고 장기적인 현상으로서 이제 더 이상 구체적 시점이나 개인적 천재성에 구속되지 않는 것으로 간주되는 가운데 다시 기록된 예언으로 진지하게 받아들여지고 있다. 모든 예언이 원래 구두로 된 것은 아니었다. 예언서의 많은 부분이 기록된 형태만 존해했다.[139]

요엘, 요나, 말라기 같은 개별 예언서에 대해서 심지어 그 책이 완전히 필사 활동으로 저술한 것이라고 주장할 수도 있다. 이 책 배후에 어떤 예언자 개인이 존재해서 그의 선포가 기록되고 이를 근거로 추가적인 편집이 이루어진 것이 아니다.

마지막으로, 시편에 대한 최근 연구에서 발생한 격변을 직시하는 것이 도움된다. 문헌비평적 관점에서 보면 시편 연대 추정은 여전히 논란이 많은 것으로 악명 높다. 그러나 최근의 시편 연구는 시편이 한 권의 신학적인 책이 되기 위해 얼마나 철저하게 구성되었는지를 보여 줄 수 있었다.[140]

이는 원래 제1성전과(이나) 제2성전 예배에 사용된 과거의 개별 시편이 시편이라는 책으로 구성되었다는 개념을 배제하는 것이 아니다. 그러나 현존하는 형태의 시편은 주의 깊게 구성된 문헌 통일체로서, 그 **삶의 정황**(*Sitz im Leben*)을 예배가 아니라 서기관의 작업실에서 찾아야 한다. 이와 비교할 만한 것을 좁은 의미의 지혜 문학, 예컨대 잠언에서 관찰할 수 있다.[141]

요컨대 이처럼 표어와 비슷한 묘사에 대해 가져야 할 모든 의구심에도 불구하고 우리는 최근의 구약 연구, 특히 유럽의 논의에 초점을 맞출 때 다음과 같은 경향을 관찰할 수 있다.

---

[139] 예. 사 56-66장 (Steck 1991); 렘 30-33장 (Schmid 1996a; 렘 31-31에 대한 이견으로 Stipp 2011a).

[140] 참고. Wilson 1985; Hossfeld and Zenger 1993; 2000; Millard 1994; Zenger 1998; 같은 저자 2010; Hartenstein 2003b; 같은 저자 2010; Leuenberger 2004.

[141] 참고. 예. Krüger 1995; 1997; Scoralick 1995.

① 이스라엘 종교가 처음부터 구원사적으로 형성되었다는 가정의 고전적인 형태는 지지할 수 없다. 특히 그 근거로서 매우 중요한 "야훼주의자"(Yahwist)에 대한 가설은 이러한 무게를 지탱할 수 없다.[142]

② 성서의 이스라엘과 역사의 이스라엘 사이의 시대 순서에 근본적 일치를 바탕으로 한 구약에 대한 "신명기 사가에 종속된" 해석에 대해서는 비판적으로 의문을 제기해야 한다.[143]

③ 종교사적 관점에서 이스라엘 왕정 시대의 종교(들)와 이웃 종교에 대한 기술에 있어서 어느 정도 (새로운) 수렴 현상을 관찰할 수 있다.

④ 전통적인 개념과 대조적으로 포로기와 포로기 이후 시대는 구약 문헌의 형성에 있어서 분명히 중요한 국면으로 강조되고 있다.

⑤ 19세기와 20세기에 매우 부주의하게 제안된 "종교적 천재"는 더 이상 구약의 문헌 저술을 독점한 것으로 여겨지지 않는다. 그 대신 구약 문헌은 광범위하게 서기관의 해석 문헌인 것이 분명하다.[144]

---

142 Gertz, et al. 2002; Dozeman and Schmid 2006.
143 Weippert 1990/1997.
144 Schmid 2011a.

2. 고대 이스라엘의 언어, 글자, 책 및 문헌 저작

1) 언어와 글자

(에스라-느헤미야서와 다니엘서에서 발견되는 아람어 본문과 더불어) 히브리어 성서(참고. 렘 10:11)는 본질적으로 이른바 "고전/표준 성서 히브리어"와 "후기 성서 히브리어"로 나뉜다.[145] 여기서 "고전 성서 히브리어"라고 부르는 것은 본질적으로 토라와 창세기-열왕기하에 있는 제사장 및(또는) 신명기 사가가 편집한 문헌의 언어다. "후기 성서 히브리어"는 에스더서와 다니엘서뿐만 아니라 특히 역대기 문헌에서 (비록 이 책들은 몇 가지 구체적인 측면에서 나름의 특색이 있지만) 찾아볼 수 있다. "고전 성서 히브리어"와 "후기 성서 히브리어"의 구별은 본질적으로 성서 이외의 두 문헌 자료, 즉 왕실 비문 및 쿰란 문헌과 성서 본문과의 비교에 바탕을 두고 있다.[146]

"고전 성서 히브리어"는 왕정 시대의 "유다 히브리어"와 밀접하게 관련되어 있고 그것을 아람어를 점점 더 많이 사용하는 환경 속에서 보존하고 있는 식자층의 언어다.[147] "고전 성서 히브리어"는 학자의 언어라는 특성과 부합되게 비교적 균일한 형식을 지니고 있다. "후기 성서 히브리어"는 결과적으로 "고전 성서 히브리어"가 후대에 발전된 것으로 설명할 수 있다.

창세기-열왕기에 대한 보다 최신의 연구에 비추어 볼 때 고전 성서 히브리어에서 후기 성서 히브리어로의 이행이 포로기에 발생했다고 보는 흔한 견해[148]와 달리 오히려 "후기 성서 히브리어"와 관련된 가장 중요한 성서 본문을 주전

---

[145] 참고. Knauf 1990; 2006; Young 1993; 2003; Saénz Badillos 1993; Emerton 2000; Hurvitz 2000; Schwartz 2005; Young/Rezetko 2008.
[146] Young 2003, 277.
[147] Kottsieper 2007.
[148] Hurvitz 2000.

400년 이전에는 거의 찾아볼 수 없었다고 추정해야 한다.[149]

어쨌든 성서 본문의 히브리어는 본문의 연대기 순서로만 결정되는 것이 아니다. 그 대신 언어의 선택 또한 토라 안에 있는 규범적 핵심적 전승과의 개념적 근접성 내지 거리를 나타낸다. 즉, 욥기나 전도서는 토라와의 신학적 차이 때문에 토라와 일치하지 않는 반면 여호수아나 사사기의 후기 본문은 토라나 사사기 초기 본문의 고전 성서 히브리어와 면밀히 비교할 수 있다.[150]

히브리어는 아람어처럼 22개의 글자로 된 알파벳으로 기록된다. 히브리어 비문은 주전 9세기부터 (오른쪽에서 왼쪽으로) 글씨를 쓰는 방향이 확립되었다는 사실을 입증한다. 이는 마찬가지로 이러한 관습을 필요로 하는 보다 긴 본문이 이 시점에 와서 비로소 존재했다는 증거다. 주전 3세기까지는 (그 자체로 변화무쌍했던) 옛 히브리어 서체가 사용되었다. 옛 히브리어 서체는 후대에도 간혹 사마리아인 같은 경우 사용할 수 있었다.

일부 쿰란 사본도 오래된 히브리어로 기록되어 있지만 이 사본은 토라와 욥기에 나온 성서 사본일 뿐이며 욥기는 족장 시대에 기록된 것으로 이해되었다. 정방형 (아람어) 글자는 아마도 페르시아 시대에 정부 문서에 아람어를 사용한 결과 확산되기 시작했을 것이다. 이 사실에 대한 가장 오래된 증거는 요단강 동편의 '이라크 엘-에미르' 비문(주전 3세기)에 있다.

이 과정의 이전 단계는 엘레판티네에서 나온 문헌에서 관찰할 수 있다.[151] 쿰란에서는 몇몇 두루마리(토와 욥기)만 고서체로 기록되었고 "신성4문자"(YHWH)는 옛 히브리어 서체로 기록되기도 했다. 그 외의 경우에는 정방형 서체가 지배적이었다.

149　Knauf 2006, 338-39.
150　Joosten 1999.
151　참고. Porten 1996.

고대 히브리어 문헌에는 구두점이 찍히지 않았다. 몇 개의 **모음 문자**(*matres lectionis*)만 고대 히브리어 비문에서 주로 단어의 마지막 위치에 나타난다. 이와 대조적으로 쿰란에서는 모음 문자가 매우 일반적이며 단어 안에서 단모음을 나타낼 수도 있다. 오늘날 친숙한 모음 표기는 주후 5-7세기 마소라 학자의 작품이다. 관례적인 디베랴식 모음 표기가 본문의 행과 행 사이에 사용된 반면 19세기 이후로만 친숙한 바벨론식 모음 표기가 본문 위에 사용되었다.

2) 문헌 저작의 물질적 측면

구약을 이루는 글의 기원에 관한 역사적 고찰에 있어서 고대 세계에서 책과 문헌을 만들어낼 수 있는 가능성과 조건을 상상해 볼 필요가 있다. 이러한 고찰을 위한 자료에는 구약 시대의 비문헌적 증거뿐만 아니라 구약에 나오는 정보(예컨대 겔 1-3장; 렘 36장 등을 참고해 보라) 외에도 특히 중요한 쿰란 두루마리 사본이 있다.[152] 동시대 구약 문헌 증거가 없다는 사실 때문에 주의를 기울여야 함에도 불구하고 일반적으로 책이 두루마리 형태로 기록되었다고 말할 수 있다(참고. 사 34:4).[153] 제본된 필사본은 기독교 시대에 비로소 등장했다.

글은 파피루스나 양피지 위에 기록되었다. 파피루스는 값이 쌌고 그래서 가장 흔하게 사용되었다. 보다 긴 본문의 경우[154]에는 양피지만 적절했다. 파피루스는 잘 부러지는 특성 때문에 조금이라도 둘둘 말 수 없었기 때문이다. 순전히 기술적인 관점에서 보면 훨씬 더 긴 두루마리도 가능했고 두루마리는 어떤 경우에는 길이가 25미터까지 늘어날 수도 있었다.[155] 두루마리는 여러 낱장을

---

[152] 참고. Stegemann [9]1999; Tov 2004; Ulrich 2010.
[153] Welten 1981; Schmid 1996a, 35–43; Schmid 2006a.
[154] 쿰란 문헌에서 이사야서는 8m 길이의 두루마리를 가득 채운다.
[155] Tov 2004, 74–79; Schmid 2006a.

꿰매 이었고 글을 쓰기 전에 여러 단으로 구분하였다(참고. 렘 36:23). 두루마리를 읽을 때는 실제로 읽고 있는 단만 보면 되고 앞뒤 내용은 둘둘 말린 채로 두어도 상관없었다.

쿰란에서 발견된 문헌은 **빈 칸 없이 이어쓰기**(*scriptio continua*) 방식으로 기록된 것이 아니어서 단어와 단어 사이에 빈 칸이 있다. 행과 행 사이의 좀 더 긴 공백 같은 단락 구분 표시, 새로운 행이 시작되는 곳에 나타나는 들여쓰기(alinea), 행의 끝에 나타나는 여백, 빈 줄 등도 있는데 이는 모두 본문을 의미 단위로 구성하는 역할을 한다.[156]

3) 문헌 저작과 수용이 지닌 사회-문헌적 측면

구약의 문헌사적 출현을 이해하기 위해서는 그 상황을 상상해 보는 것이 필요하다. 즉, 구약 본문은 읽고 쓰는 일에 적절히 익숙했고 대체로 문맹인 사회 안에 존재했던 비교적 좁은 범위에 속한 계층 안에서 생성되고 수용되었다.[157] 그리스와 이집트의 비교 가능한 문헌도 같은 방향을 암시한다.[158] 읽고 쓸 수 있는 능력은 전체 인구 중 소수에 국한되었지만 전문적인 저술가 계층의 존재로 나머지 전부가 문맹은 아니었다는 사실이 입증된다.

오히려 우리는 문해력과 문맹 사이에 정확한 경계가 없다는 점을 분명히 인식해야 한다. 읽고 쓰기에 숙달하는 것은 지금과 마찬가지로 그 때도 점진적인 과정이었다. 예를 들어 사마리아 도편(陶片)에 나타나는 것 같은 제품 배달 사

---

156 Steck 1998; Korpel and Oesch 2000.
157 Niditch 1996; Ben Zvi 1997; Young 1998; 2005; Niemann 1998; van der Toorn 2007, 10-11; 후기에 대해서는 Alexander 2003; Hezser 2001, 매체 문제에 대해서는 Frevel 2005를 참고하라.
158 Baines 1983; Haran 1988; Harris 1989; 다른 견해로는 Lemaire 2001; Millard 1985; 1995; Hess 2002; 2006.

실을 알려 주는 작은 메모는 틀림없이 실로암 비문이나 예언서보다 더 넓은 계층에서 알아볼 수 있었을 것이다.

모세오경 일부 작은 단락을 모세가 기록했다고 단언하는 구약 자체의 중언(참고. 출 17:14; 24:4; 34:28; 민 33:2)과 달리 글쓰기와 필사 문화는 주전 9세기부터 (유다에서는 주전 8세기부터) 비로소 이스라엘에서 광범위한 문헌 저작의 산출로 간주할 수 있을 정도로 발전한 것으로 보인다.

그러나 히브리 문헌은 이 시기(즉, 850년부터 750년까지의 100년)에 비로소 처음으로 꽃을 피웠다.[159]

이 사실은 필사 문화와 관련시킬 수 있는 이스라엘과 유다의 문화-역사적 발전 과정에 대한 전반적인 발견 외에 옛 히브리어 비문의 역사적 분포를 통해서도 암시된다.[160] 이 가정의 근거가 될 통계적 근거는 없지만 그럼에도 불구하고 비문 분포는 문해력의 출현과 관련 있다.

이스라엘에 있는 비문의 수[161]	
10세기	4개
9세기	18개
8세기 전반	16개
8세기 후반	129개
7세기 전반	50개
7세기 후반	52개
6세기 초	65개

159　Wellhausen 1880/1965, 40.
160　Jamieson-Drake 1991.
161　Niemann 1998; 참고. Lemaire 2004.

텔 자이트(Tel Zayit)에서 새로 발견된 습자첩은 주전 10세기 말의 유물로 추정할 수 있으며 이 습자첩을 발굴해낸 이들은 유다가 점점 더 관료화되어간 결과 이 시기에 학교가 세워진 증거라고 주장한다.[162] 이러한 전반적인 묘사를 근본적인 방식으로 교정하면 그것으로 충분한지는 지금도 여전히 의심스럽다.

페르시아 시대에 히브리어 비문이 없다는 사실 때문에 우리는 구약이 본질적으로 포로기 이전에 만들어졌다고 생각해야 한다는 정반대되는 결론[163]에 앞의 결론과 상반되는 모든 역사적 가능성이 있다. 물론 페르시아 시대의 비문은 당대의 **국제 공용어**(*lingua franca*)인 아람어로 작성되었지만 그 수는 실질적으로 히브리어 비문의 수보다 많다.[164]

원칙적으로 페르시아 시대 비문 총 수는 구약 문헌의 기원과 관련한 페르시아 시대의 중요성을 그에 대한 반론보다 더 분명히 확증하는 증거다. 어쨌든 통계적 결과는 이 시기에 기록된 문헌 대부분이 그 사이의 여러 세기 동안 사라져 버린 자료(특히 파피루스)에 기록되었기 때문에 주의 깊게 해석해야 하며 남아 있는 비문, 특히 도편은 기록 문화를 단편적으로만 반영한다. 이와 동시에 전반적인 인상이 중요한데 이는 특히 다음 두 가지 추가적인 관찰 사실과 짝을 이루기 때문이다.

첫째, 이스라엘과 유다에서 기록된 예언이 어느 정도 문필 문화가 부상했을 때, 즉 주전 8세기에 비로소 등장한다는 사실을 언급하지 않을 수 없다.

벨하우젠은 엘리야의 책이 단 한 권도 전해지지 않았지만 이사야의 책이 한 권 있다는 점을 이미 언급했다.[165] 이 두 사람 사이에는 이 이사야뿐만 아니라

---

162 참고. www.zeitah.net.
163 Schniedewind 2004, 167–72.
164 참고. Lemaire 2002; 2007.
165 Wellhausen 1880/1965, 40.

아모스나 호세아, 그리고(또는) 그들의 말을 기록한 이도 포함하는 집필 문화가 나타났다.

둘째, 게다가 바로 이 시점에 와서야 이스라엘과 유다(조금 늦게라도)에서 고대 근동 자료가 기록되기 시작하는 가운데 여러 국가가 문헌 문화의 동시적 발전으로 하나가 되었다.[166]

이는 결과적으로 특별히 집필 문화의 발달을 포함하는 일정한 발전 단계가 있었다는 결론을 내리게 한다.

그러나 이와 반대되는 증거도 있다. 즉, 문제의 이 지역에서 나온 가장 광범위한 비문 중 두 비문인 메사 석비[167]와 텔 데이르 알라에서 나온 발람 비문[168]은 초기에 속한 것이며(주전 9세기와 8/7세기) 또한 지리적 관점에서 보면 주변부에서 나온 것이다. 이러한 사실은 발달된 국가 문화와 글쓰기를 편협하고 기계적으로 연결시키는 것에 대해 경고하지만 결과적으로 이런 사실을 유일하게 타당한 요인으로 간주해선 안 된다.

아마 구약 책이 원래 원칙적으로 별개의 독특한 작품이었다는 점은 문헌 생산에 더 중요하다. 교착적인 해석 문학이라는 특성은 다음의 방향을 갖는다. 즉, 성서 책의 수많은 사본이 유포되어 있었다면 그 책을 집필하는 다층적이고 연속적인 과정[169]이 단순히 기술적인 관점에서 실행되었을 가능성은 상상하기 어렵다.[170] 이런 가정은 구약성서 자체에서 나온 정보를 통해 더욱 뒷받침된다. 예를 들어 신명기 17:18의 명령은 의미심장하다.

---

166 참고. *TUAT* 1:367-409.
167 *TUAT* 1:646-50.
168 *TUAT* 2:138-48.
169 그리고 그 책들의 서로 다른 본문 증거는 그런 과정을 반박하려는 어떤 시도도 논파한다.
170 참고. Lohfink 1995; van der Toorn 2007, 146-47.

> 그[왕]가 왕위에 오르거든 이 율법서의 등사본을 레위 사람 제사장 앞에
> 서 책에 기록하여(신 17:18).

이 본문 때문에 왕이 신명기 율법의 등사본을 만들었어야 하는 것은 아니다. 더 정확히 말하면 이 본문은 왕이 만들게 할 등사본이 원본과 나란히 유일한 등사본으로 남을 것임을 전제로 한다. 마찬가지로 역대하 17:7-9, 느헤미야 8:1-2, 마카베오하 2:13-15도 이와 비슷하게 구약 시대 구약 책의 매우 제한적인 유포를 암시하는 것으로 해석할 수 있다.

마카베오하 2:15은 심지어 주전 2세기에도 알렉산드리아의 유대인 공동체가 성서 전권을 소유하지 못했음을 보여 준다.[171] 성서 책의 제한적인 유포는 그 책을 만들어내는 일이 힘든 과정이었고 그에 상응하여 두루마리도 고가(高價)였다는 점을 감안하면 놀라운 일이 아니다. 랍비 시대에 새 이사야서 두루마리 가격은 서기관 1년 수입의 절반에 해당했을 것이다.[172]

예루살렘 성전은 문에 창작에서 특별한 역할을 한 것으로 보인다. 우리는 성전에 표준 사본이 보존되어 있어서 지속적인 필사와 확대의 과정을 위한 근거를 형성했을 것으로 가정할 수도 있다.[173] 마카베오하 2:13-15은 느헤미야가 세운 예루살렘의 도서관에 대해 언급한다. 그러나 그 도서관의 소장 자료[174]는 (눈에 띄는 '토라'의 누락이 보여 주듯이) 분명 선별적으로만, 즉 "9경"[175]과 후기 예언서 및 시편이라는 의미에서 기술되었다.[176]

---

171 Van der Toorn 2007, 237-42; Lange 2007; 참고. Stemberger 1996.
172 Van der Toorn 2007, 16-20.
173 Klijn 1977; Beckwith 1988, 40-45; Sarna 1989; Schmid 1996a, 40-41과 n. 204; ben Zvi 1997; van der Kooij 1998.
174 여러 왕에 관한 책과 예언자와 다윗이 쓴 글과 제물을 드리는 일에 관해서 여러 왕이 쓴 편지.
175 이 경우 '토라'는 모세의 예언이 될 것이다.
176 Van der Toorn 2007, 237-40; Lange 2007.

이것은 예루살렘 성전 도서관이었을 것이다. 이와 비슷하게 사무엘상 10:25 뿐만 아니라 열왕기하 22장에서 제사장 힐기야가 성전에서 책을 발견한 이야기는 구약이 성전에 있는 책의 모음집을 상상했음을 암시한다. 그 규모는 밝히기 어렵다. 고대 근동 장서 대부분은 선집이었고 적당한 수의 문헌을 포함했다.[177] 에드푸에 있던 신전 도서관의 경우에는 서적이 35종가량 있었던 것으로 밝혀졌다.[178]

이 도서관은 공공 도서관은 아니었지만 신전과 신전 학교에서 사용하도록 두었으므로 고대 근동에서는 흔히 도서관과 기록 보관소 사이에 엄격한 구분이 없었다.

게다가 비록 훨씬 드물기는 했지만 수집할 수 있는 모든 문헌을 모아놓는 것이 목적인 도서관 장서도 존재했던 것으로 보인다. 이런 종류의 예로는 오스납발의 도서관, 알렉산드리아 도서관 등이 있고 아마도 쿰란에 있었던 도서관도 여기에 포함될 것이다.

예루살렘 도서관의 규모를 알아내기는 어렵다. 마카베오하 2:13-15은 이 도서관이 아마 단순히 훗날 구약성서가 될 문헌보다 더 많은 자료를 소장하고 있었을 것임을 암시한다. 이 점은 쿰란 문헌으로도 한층 뒷받침된다. 구약보다 훨씬 규모가 컸던 쿰란 도서관이 예루살렘 성전 도서관보다 더 방대했을 것이라고 상상하기가 어렵다.[179]

예루살렘 서기관 사이에 동질적인 분위기가 있었다고 가정할 이유는 없다. 구약에 담긴 책의 기원을 형성한 집단은 아마도 매우 제한적이고 주로 예루살렘에 거주했지만 최소한 페르시아 시대부터 비교적 큰 규모로 신학 사상을 대변한 것으로 보인다. 어쨌든 성서의 책에서 현재 나란히 존재하는 자료들이 간

---

177 Pedersén 1998; Michalowski 2003; Lange 2006; van der Toorn 2007, 240.
178 Wessetzky 1984.
179 Van der Toorn 2007, 241-42.

혹 거의 상반된 측면을 보이는 것은 이런 방향을 암시한다.

고대 이스라엘 서기관과 서기관 학파에 대한 역사적 지식은 매우 제한적이다.[180] 전문적인 서기관이 존재했다는 점은 성서 자체와 왕정 시대 이래로 남아 있는 인장 자국이 공히 입증한다.[181] 예를 들어 사무엘하 8:17, 열왕기상 4:3, 예레미야 32, 36, 43, 45장("서기관 바룩"), 스가랴 7:6, 12-26절("에스라 ⋯ 이스라엘의 하나님 여호와께서 주신 모세의 율법에 익숙한 학자"), 느헤미야 13:2-3, 집회서 38-39장, 마가복음 11:27-33, 마태복음 23장 등을 보라.

역사의 흐름 속에서 서기관의 역할은 점점 더 성서를 연구하는 역할 쪽으로 바뀌었고 서기관은 (본문을 전수하는 이들의 짧은 수명으로 인해 끊임없이 필요했던) 글을 기록하는 일뿐만 아니라 그들이 만들어내고 보존한 본문의 지속적인 해석에 관여하는 계층이 되었다(참고. 렘 36:32).[182]

아우구스트 클로스터만(August Klostermann) 이래로 서기관은 보통 성전이나 왕궁과 관련된 학교에서 교육받은 것으로 추정되었다.[183] 그러나 성서에는 이에 대한 언급이 거의 없다(집회서 51:23; 행 19:9에만 있다). 그런 학교의 존재는 문화-역사적 유추에서 추론된 것이며 이는 그 자체로 근본적으로 문제가 있는 것이 아니다.[184] 그러나 성전 학교와 왕궁 학교를 엄밀하게 구별하는 것이 좋은 생각은 아닌 것으로 보인다. 성전은 독립 기관이 아니라 왕실에 종속된 기관이었다.[185]

탈무드 전승에서는 예루살렘에 학교가 480개 있었다고 하는데 이는 아마도

---

180 Schmid 2004a.
181 Avigad 1976; Keel 1995; 그러나 Avigad가 수집한 인장 자국 중 다수가 가짜다. 참고. van der Toorn 2007, 84; 전반적인 문제에 대해서는 Uehlinger 1007a를 참고하라.
182 Van der Toorn 2007, 78-82.
183 Klostermann 1908; 참고. Lemaire 1981; Delkurt 1991, 43-48; Jamieson-Drake 1991; Heaton 1994; Davies 1995; Schams 1998; Knauf 2004.
184 Knauf, 1994, 225-37; Volk 2000; Gesche 2001; Vegge 2006.
185 Van der Toorn 2007, 82-89.

과장일 것이다.[186] 어쨌든 헬레니즘 시대 이후로 특히 예루살렘에 학교가 많이 있었을 것이다. 그런 학교마다 반드시 별도의 건물이 있었다고 생각할 필요는 없다. 학교에서 핵심적인 것은 교사와 학생의 관계였다(대상 25:8; 잠 5:12-14; 시 119:99). 학생에 대한 교육은 성전 안에 있는 방이나 교사의 사무실에서 이루어졌을 것이다.[187]

어떤 학자는 고대 이스라엘에 학교가 존재했다는 증거의 부재를 중요하게 여기고 서기관 교육을 서기관 "가문" 안에서 이루어진 지식 전수의 결과로 본다. 이 두 개념은 상호 배타적인 것이 아니므로 아마도 두 개념을 결합시켜야 할 것이다. 이 점은 예를 들어 예루살렘의 서기관 사반 가문의 존재를 통해 암시되며(참고. 왕하 22:3; 렘 36장) 이 가문은 왕궁 및 성전과 긴밀히 관련되어 있었다.

4) 저자와 편집자

초기 연구에서는 저자와 편집자를 구별하는 것이 구약의 기원을 식별하는 데 매우 중요했다. 구약 문헌의 내용은 야훼주의자나 이사야 같은 저자에게서 나온 것으로 여겨졌고, 그 내용은 본문 속에서 후대에 "본문을 확대시킨 이들"이나 "신학자"에 의해 지속되었으며, 그들은 전통적으로 부정적으로 인식되었다. 예컨대 베른하르트 둠(Bernhard Duhm)은 그들이 "저자로서 능력이 매우 부족하고" 전혀 "예언적 수준에 못 미치는" 사고를 이어나갔다는 신랄한 의견을 제시했다.[188] 이에도 불구하고 그들은 "이따금" "꽤 중요한 사상"을 제시했지만 그럼에도 불구하고 "이런 사상은 그것을 우리에게 제시하는 이가 창조한 것이 아니라" 그 사상의 창시자가 "수동적인 참여자"에 불과한 "위대한 지성사

---

186   *J. Meg.* 73b; 참고. van der Toorn 2007, 24.
187   Van der Toorn 2007, 89.
188   Duhm 1901, xviii–xix.

의 결과"인 점이 사실이었다.

헤르베르트 도너(Herbert Donner)의 중요한 설명조차 편집자를 단순히 기존 본문의 중간 편찬자로 정의한다.[189] 최근의 편집비평적 연구에 이르러 겨우 이러한 이미지에 결함이 있음을 보여 줄 수 있게 되었다. 물론 순전히 편집본에 불과한 구약의 수많은 본문 집합체를 감지할 수 있다. 그러나 구약 안의 본문 편집을 그런 과정으로만 제한한다면 잘못된 결론에 이르게 될 것이다. 이런 과정 외에 무엇보다 그 나름의 개념과 신학을 전개하는 폭넓은 편집 본문이 있으므로 저자와 편집자를 범주적으로 구별하는 것은 대체로 지지하기 어렵다.[190]

존 밴 세터스(John Van Seters)는 저자와 편집자의 관계에 대해 독창적인 논의를 제시했는데, 유익한 만큼 간혹 기묘해 보이기도 한다.

> 고대에는 편집자나 편찬자의 작업, 즉 '편집' 과정의 결과인 문학 작품의 '편집본' 같은 것은 결코 존재하지 않았다.[191]

밴 세터스의 결론은 지나친 것이며 구약 문헌의 "편집" 현상에 대한 객관적 관점에 대해 최근에 학자들이 논의한 것을 인정하지 않은 것이다.[192] 그렇더라도 밴 세터스는 소위 구약의 일부 "편집"을 더 분명히 기술하려는 양식비평 및 기타 역사적 시도의 결함과 문제점을 바르게 지적한다.

상황을 명확히 보자면 밴 세터스의 입장은 그가 반대하는 입장과 그리 크게 차이나는 것은 아니지만 밴 세터스는 성서 본문과 그 기원에 대해 전혀 다른 관점을 취한다. 밴 세터스가 공격하는 편집비평적 연구는 기본 층위와 후대의 편집을 구별하

---

189 Donner 1980/1994.
190 Kratz 1997a.
191 Van Seters 2006, 398.
192 Ska 2005.

지만 밴 세터스는 성서 안에서 이른바 고대 역사가로 묘사하는 저자의 저작("야훼주의자", "신명기적 역사" 등)으로 간주하는 저작과 그 저작이 포함되어 있지만 그가 보기에 본문에서는 더 이상 추출될 수 없고 "저자에 의해" 편집된 전승에 대해 살펴본다.

또한 밴 세터스가 창세기-열왕기하의 내러티브 전승과 역사서를 그가 제안하는 대로 거의 완전히 야훼주의자와 신명기 사가의 작품으로 간주한다는 사실도 고려해야 한다. 세터스는 예언과 시편의 문학적 관계를 좀처럼 자신의 사고 속에 포함시키지 않는다. 구약에 관한 (저자에 의한, 또는) 편집 작업이라는 현상은 사실 세분화되어야 한다.

첫째, 얼마나 오래된 자료가 특정 본문의 일부가 된 것인지 질문해야 한다.
더 오래되고 같은 구전 전승이나 본문 속에 있었지만 더 이상 이전 수준의 본문으로 재구성될 수 없는 전승 자료에 대한 기억이 현재의 본문에 보존되어 있는가?[193]

아니면 본문은 존재했던 자료를 편집한 것으로 현재의 상황에서도 여전히 같은 자료비평적 방법으로 추출해낼 수 있는 것인가?

둘째, 원칙적으로 편집상의 삽입과 편집을 개별 문헌의 지평에 따라 구별하는 것이 유익하다.
특정 편집 방법이 삽입된 부분의 주변 문맥만 겨냥한 것인가, 아니면 책의 일부, 책 전체, 혹은 심지어 책 여러 권에도 적용되는가?

어떤 경우든 다양한 가능성을 고려해야 한다. 어느 한 접근 방법이 일반적인 이론을 구성한다고 단언하는 것은 무익하다. 이 점에 있어서는 구약의 집필에 다양한 편집 방법이 적용되었음을 입증하기가 어렵지 않기 때문이다. 인접 문

---

193 참고. Schmid 2007f.

맥에만 영향을 준 본문 확대의 한 가지 사례는 사무엘상 9:9에 나오는데 거기서는 "선견자"(로에)를 "예언자"(나비)의 고어(古語)로 설명한다.

아모스 3:1과 5:1의 표제는 아모스서의 보다 큰 부분을 염두에 두고 있다. 이 표제는 아모스 3-6장을 하나의 전체로 구조화하는 역할을 한다.[194] 제1이사야와 제2이사야 사이의 가교 본문으로 삽입된 이사야 35장은 이사야서 전체에 대한 개정판으로 역할한다. 그것은 이사야서를 하나의 책으로 만들어내는 과정의 첫 번째 단계이며 당시에 이 과정은 진행 중이었다.[195]

아마도 몇 권의 책에 걸쳐 편집 단계를 보여 주는 가장 분명한 예는 창세기 50:25, 출애굽기 13:19, 여호수아 24:32에서 요셉의 뼈가 이집트에서 가나안으로 옮겨지는 과정을 추적하는 순차적 진술일 것이다. 이는 이 진술이 앞뒤의 진술을 참조하고 있는 덕분에 단일한 문헌 층위에 속한 것이 아니고서는 분명히 생각할 여지가 없는 것이다.[196]

5) 구약 문학의 당대 독자층

구약의 본문과 저작은 누구를 위해 집필되었는가?

이 질문은 답하기 매우 어렵고 대체로 확정적으로 대답하기 불가능한 질문으로 두어야 한다. 아마도 훗날 역사책, 예언서, 시편, 또는 잠언에 담긴 다양한 내러티브, 속담, 노래가 글로 기록되기 이전이나 기록될 시점에 다양한 청중 앞에 구전으로 전달되었을 것이다. 예를 들어 하박국 2:2은 낭독을 통한 말씀 선포를 가정한다.

194　Jeremias 1988.
195　Steck 1985.
196　Schmid 1999c, 111.

여호와께서 내게 대답하여 이르시되 너는 이 묵시를 기록하여 판에 명백히 새기되 달려가면서도 읽을 수 있게 하라(합 2:2).[197]

그러나 구약이 처음부터 또는 오로지, 구비 문학, 즉 큰 소리로 낭독하도록 의도된 것은 결코 아니다. 이 점은 특히 궁켈과 그의 추종자들의 고전적인 양식비평에 대해서 강조되어야 한다. 구전 단계가 존재했다고 가정할 만한 본문에 대해서 그런 단계가 존재했다는 것 이상으로는 거의 아무것도 말할 수 없다.

여기서 사용된 접근 방법은 구약 본문이 구전 단계 이전으로 거슬러 올라가든 그렇지 않든 누가 구약 본문을 기록된 형태로 읽었는가라는 문제에 국한할 수 있다.

다시 어떤 확실한 결론에도 이를 수 없더라도 우리는 구약 문헌을 오랜 기간에 걸쳐 (성전에서든 왕궁에서든) 서기관이 서기관을 위해 썼다고 개연성 있게 말할 수 있다. 다시 말해 독자는 본질적으로 저자 자신과 동일했다. 이는 구약 문헌 안에서의 극도로 높은 상호 텍스트성 때문에 특히 개연성이 높아 보이며 구약 문헌은 분명히 특별히 교육이 잘 된 수용자 집단을 대상으로 했다.[198]

고대 이스라엘 서기관 계층의 책을 읽는 과정을 우리는 어떻게 상상해야 하는가?

시편 1편 2절이 실마리를 줄 수 있다. 여기서 묘사된 서기관은 성서를 밤낮으로 "묵상"한다. 즉, 히브리어 동사 **하가**를 더 적절히 번역하자면, "중얼거리다"다. 물론 이는 과장된 묘사지만 여기서 명상적인 "중얼거림"으로 묘사된 읽는 과정은 이 문화-역사적 상황에서의 "읽기"는 단순히 처음부터 끝까지 한

---

197 Van der Toorn 2007, 14, 179.
198 Schmid 2011a.

본문을 한 번에 쭉 읽는 것을 의미하는 것이 아니라 본문을 낮은 목소리로 읽으면서 공부하는 것을 의미했다는 점을 고려해 보면 의미심장하다. 고대에 묵독은 매우 드문 일이었다.[199]

이러한 성서 연구는 서기관의 활동에 있어서 필수불가결한 전제 조건이었다. 문화-역사적 유비로 판단해 보건대 서기관은 전통에 매우 깊이 사로잡혀 있어서 글을 쓸 때 언제나(사실은 아마도 매우 드문 일이었을 것이다) 자신이 인용하고 언급하는 글로 기록된 작품을 가까이에 두고 있었던 것은 아니었다. 그 대신 고전 문헌에 몰입함으로써 서기관으로 훈련받았고 필수적인 본문은 암기했던 것으로 보인다.[200] 구약의 본문은 이처럼 고대 이스라엘의 서기관에게는 기억 속에 매우 생생했지만 반드시 물체 형태로 된 것은 아니었고 보다 본질적으로는 그들의 머릿속에 있었다.

서기관의 "짜깁기" 예언을 보여 주는 특히 분명한 한 예는 예레미야 49:7-22에 나오는데 이 본문은 여러 다른 예언서 본문의 조합으로 가장 쉽게 설명되며 (옵 8-9; 렘 49:30, 32; 렘 25:8-11, 15-29; 옵 1-4; 렘 50:13, 40, 44-46; 48:40-41) 이것을 예레미야 49: 7-22 저자가 기억을 되살려 재조합한 것이다.[201]

끝으로, 이스라엘의 글쓰기 문화에서 읽기와 암기의 상관 정도는 라기스에서 출토된 제3도편을 통해 예시할 수 있다. 거기에는 어느 군대 지휘관이 편지를 읽자마자 편지의 내용을 암송할 수 있는 능력을 자랑하는 내용이 나온다(ll. 10-13).

> 어떤 편지든 내게 오면 나는 그 편지를 한 번만 읽고도 편지 전체를 다시 암송할 수 있다.[202]

199　Knox 1968.
200　참고. Carr 2005; 2006; B. U. Schipper 2005.
201　Van der Toorn 2007, 194.
202　*TUAT* 1:621; 참고. van der Toorn 2007, 12.

6) 양식비평적 발전 요소

구약 문헌에 대한 문헌사적 묘사가 오늘날 궁켈이 이전에 했던 대로 이어질 수는 없더라도 문헌 장르의 기원과 역사에 대한 궁켈의 질문은 그 질문을 고대 이스라엘의 영적·지적인 삶에 대한 간접적인 통찰을 얻기 위한 수단으로 사용하려 하지만 않는다면 여전히 지속적인 가치를 지닌다.[203] 오늘날의 연구는 50년 전보다 구약 안에 있는 본문 자료에서 훨씬 더 많은 자료를 처음부터 글로 기록된 것으로 평가한다.

그럼에도 불구하고 구약은 본질적으로 기록된 구비 전승으로 이루어져 있다고 보는 궁켈과 20세기 전반 스칸디나비아 성서학을 따르는 전통적인 확신은 구약이 큰 규모의 본문에 걸쳐 그런 식으로 나타나는 것처럼 보인다는 점을 고려하면 여전히 구약에 충실하다.

이 점은 예언서와 시편에서 특히 분명하다. 학개, 요나, 말라기는 예외로 치더라도 예언서는 원래 독립적인 예언 신탁이었던 작은 단락의 모음집인 것처럼 보인다(비록 문헌사의 측면에서는 이것이 부분적으로만 사실이더라도). 심지어 이 "작은 단락"이 글쓰기의 산물이 아닌가 하는 추측도 할 수 있다. (신 앗수르 제국의 구원 신탁을 제외하면) 이 단락들은 분명히 성서 밖에서 그 존재가 입증되기 때문이다. 이런 단락은 예언자가 실제로 말한 방식보다 사람들이 예언자를 상상한 방식을 더 많이 표현한 것일 수도 있다.

게다가 우리는 시편을 읽자마자 이 본문은 노래와 기도라는 첫인상을 받는다. 이 또한 틀린 것은 아니지만 일반적인 문헌비평적 평가로서는 부정확하다.

히브리어 정경의 세 번째 부분에서 잠언, 애가, 아가서에 대해서도 이와 비슷한 말을 할 수 있다. 역사서를 살펴보면 창세기부터 열왕기하까지 다소 조화

---

[203] Wagner 1996; Blum 2006; Theissen 2007.

로운 연대기적·서사적 진행에도 불구하고 여기에 제시된 전승의 내용은 최소한 짧은 내러티브에 의존하고 있는 것처럼 보인다는 것을 분명히 알 수 있다. 즉, 개별적인 성구가 함께 이어져 있지만 성구 그 자체로는 흔히 인상적인 서사적 자족성 내지 반(半)자율성을 드러낸다.

무엇보다도 이 성구가 원래는 구전 자료였다고 결론짓는 것을 불가능하게 만드는 것은 바로 이런 개별 성구 중 많은 성구의 본문 상호간 뒤섞임에 대한 관찰이다. 그러나 역사적으로 부정확해 보이는 것은 확실히 정교한 문헌 표현의 결과일 수도 있다. 구약 스스로 서기관 문학보다는 본래 구비 문학으로 표현하려는 의도를 갖고 있던 것이다. 고대 세계에서 고대성에 대한 존중을 고려하면 이러한 선택의 이유는 분명해진다.[204] 구약은 혁신적인 문헌이 아니라 전통적인 문헌으로 의도되었고 구약이 혁신적이라면 그것은 전통적인 겉모습 안에서 그러하다.

전통을 좀 더 면밀히 살펴보면 우리는 이런 일반적인 관찰을 넘어설 수 있다. 성서 책은 실제로 분명히 작은 단락의 선집(選集)만이 아니다. 더 정확히 말하면 이 책들은 여전히 눈에 띄는 모음집의 성격을 더욱 발전시킨 철저한 형성 과정을 다양하게 거쳤다. 따라서 처음부터 문학 장르였던 혁신적인 장르의 구조화를 보여 주는 표지를 볼 수 있는 점도 있다.

따라서 예컨대 이사야 1-39장, 예레미야서나 에스겔서, 스바냐서의 70인경 같은 다양한 예언서(또는 그 일부)에서 이른바 "세 부분으로 이루어진 종말론적 개요"[205]에 따라 비교 가능한 책의 구성을 발견하는데, 이 개요는 작은 본문 단락을 더 큰 문맥 속에 품고 있고 "예언서"라는 장르를 확립하는 역할을 한다.

시편 전체는 철저히 역대기 기자의 역사관 측면에서 구조화되어 있다.[206] 족장의 역사 속에 있는 개별 내러티브와 내러티브 주기는 약속의 관점에서 확대

---

204 Pilhofer 1990.
205 Gertz 2006a, 337.
206 Kratz 1996.

된 작품으로 형성되었다.207 (최소한 구약에서) 새로운 주요 문학 장르의 구성을 가져오는 추진력 또한 외부에서 온 것으로 보인다. "충성 서약"의 형식으로 된 신명기는 신 앗수르 제국의 양식비평적 관습을 따른다.208 제사장 문서는 페르시아 시대의 왕실 비문에 영감을 받았을지도 모른다.

욥기는 사실상 '루들룰 벨 네메키'(*Ludlul bēl nēmeqi*)209와 바벨론 신정론(神正論)의 양식비평적 조합에 의존하고 있는 것처럼 보인다.210 요셉 이야기의 장르가 이집트의 두 형제 이야기에서 얼마나 크게 영향을 받았는지는 아직 말하기 어렵다.211 어쨌든 요셉 이야기가 균형 잡힌 작품으로서 창세기 12-36장과 분명히 별개로 존재한다는 점이 인상적이다. 요셉 이야기의 소설 형식은 에스더, 룻기, 유딧, 토비트 같은 책의 형성 과정에 영향을 끼친 것으로 보인다.

구약의 형식적인 문학 언어는 이처럼 대체로 전통적이면서도 문화 상호간의 영향도 매우 많이 받았다. 성서 책의 전반적인 형성 과정은 그 속에서 때때로 다양한 "책의 형식"이 중첩되었지만 본문의 외관에 대한 극적인 개입에 바탕을 둔 것은 아니었다.212 그러나 그 형식은 인지할 수 있으며 책과 책의 일부는 모두 신학적 진술의 수단이 될 수 있다는 구약 저자와 편집자 사이의 인식을 보여 준다.

마지막으로 비록 구약이 (훗날의 신약에 대해서는 예외이더라도) 고대 세계에서 여전히 진정한 비교 대상은 없지만 정경의 구성은 구약 문헌의 양식비평적 발전의 종점으로 볼 수 있다. 나중(8장—1과 2)에 살펴보겠지만 구약의 정경사와 문헌사는 분리할 수 없는 현상이며 연속적인 현상은 분명히 아니라는 점에는 의심의 여지가 없다. 그 대신 둘은 상호 작용한다. 구약 정경은 의미를 전달하

---

207 Blum 1984.
208 Otto 1996d; 1999a.
209 *TUAT* 3/1:110-35.
210 *TUAT* 3/1:143-57.
211 Wettengel 2003.
212 참고. Schmid 1996a.

는 실체이며 그 전반적인 신학적 관점은 의도적으로 정경에 주목하면서 본문 자체 안에 놓인 상응하는 실체에 기반을 두고 있다(예컨대 신 34:10-12; 수 1:7-8; 말 3:22-24; 시 1편을 참고하라).

3. 방법과 표현

1) 고대 근동 제국의 문화적 영향과 구약 문헌의 시대 구분

시대 구분 문제는 문헌 및 역사 이론 분야에서 광범위하게 논의되는 문제다.[213] 어쨌든 각 시대가 유사 본질적 실체로 양식화되어선 안 되며 또한 역사적 과정 내지 문헌사 과정을 광범위하게 이해하려면 시대라는 개념이 전혀 없는 상태로는 이해할 수 없다는 점을 분명히 해야 한다.

따라서 구약 문헌사에 있어서 시대라는 개념을 강조할 수도 없고 완전히 버릴 수도 없다. 더 정확히 말하면 시대 개념은 그 발전의 기본적인 구조화에 기여한다.[214]

구약 문헌사의 재구성된 묘사에 대한 기본 결정은 보통 그 전반적인 구조를 보면 알 수 있다. 예를 들어 궁켈이 택한 구별을 상기해 보라. 그는 구약 문헌을 초기의 통속 문학 시대, 위대한 저자의 개성 시대, 아류의 시대로 나누었다. 이는 궁켈이 이사야부터 제2이사야까지 문헌적 천재성을 자신이 제안한 문헌사 3부작의 중심으로 높이 평가하고 있음을 보여 준다.

오늘날 궁켈 접근 방식의 한계를 인식하기 쉬운 만큼 고대 이스라엘의 지적·

---

213 Von Bormann 1983; Gumbrecht and Link-Heer 1985.
214 Japhet 2003.

영적인 역사에 대해 새롭게 무리한 획일화를 낳지 않고 의미 있는 방식으로 그 한계를 뛰어넘기도 마찬가지로 어렵다. 그러나 다음 같은 고려 사항은 적절해 보인다. 즉, 최근에 구약 학자 사이에 나타나는 종교-역사적 요소에 대한 민감한 인식과 부합되게 구약 문헌을 근동 지역에서 동시대에 패권을 쥔 강대국과의 문화-역사적 비교를 근거로 분류하고 해석하는 것은 적절해 보인다.[215]

우선 구약은 고립된 실체가 아니라 고대 근동의 일부로 이해해야 한다. 이러한 통찰은 구약 문헌의 시대 구분에서 첫 단계를 이스라엘 역사에서 특히 앗수르 시대부터 매우 핵심적이었던 고대 근동 제국의 문화적 영향에서 출발하는 것으로 보려는 결정을 정당화한다.[216]

앗수르 제국부터 페르시아 제국까지 정치사를 살펴보면 앗수르 제국의 황제 권력을 보장하는 데 있어서 여전히 핵심적인 요소였던 군사적 압제가 점차적으로 대제국의 존재를 대안적인 방식으로 보장하는 권력의 문화적 영향력으로 대체되었다는 것이 분명해진다.[217]

이에 따라 예컨대 페르시아인에 의한 외세 지배는 구약에서 특히 앗수르인의 지배보다 훨씬 더 긍정적으로 간주되는데 이는 물론 페르시아 권력의 문화적 영향이 그 방향에 있어서 앗수르의 선전보다 본질적으로 더 다원주의적이었기 때문이다.

널리 흩어진 고고학 유물을 감안하면 고대 근동에서 지리적으로 광범위한 문화적 접촉이 있었을 근본적인 가능성에 대해서는 전혀 의심의 여지가 없다.[218] 바벨론의 아다파 신화는 이집트의 아마르나에서 그 존재가 입증된다. 우가릿(시리아 북

---

215 Younger 2002; Weisberg 2002; 참고. Goldstein 2002 and Smith 1952.
216 Donner ³2000/2001; 참고. Kuhrt 1994.
217 Münkler 2005, 87-88.
218 Rothenbusch 2000, 481-86; van der Toorn 2000; Horowitz et al. 2002; 고대의 운송과 정보의 보급에 대해서는 Kolb 2000을 참고하라.

부)에서는 사람들이 아트라하시스 서사시와 친숙했다. 길가메시 서사시는 이스라엘 북부의 므깃도에서 읽었다.

그리고 단편적인 증거가 보여 주듯이 이란 베히스툰 비문의 아람어 번역문이 나일 강의 엘레판티네 섬에 알려졌다. 고대 근동 내의 문화적 접촉은 매우 긴밀해서 이스라엘의 중심적 위치와 주전 8세기부터 이어진 (이른바 "비옥한 초승달 지대" 안에 있는) 유프라테스 강변과 나일 강변 여러 강대국에 대한 이스라엘의 거의 변함없는 정치적 의존은 당시에 통용된 기본 문화적·종교적 개념이 이스라엘 안에 잘 알려져 있고 거부를 통해서든 수용을 통해서든 상호 작용했을 가능성을 매우 크게 만들었다.

그러나 구약 문헌이 역사적으로 차례로 등장한 고대 근동 제국의 이데올로기에 대한 (긍정적이거나 부정적인) 반응을 중심으로 전개되지는 않는다는 점을 분명히 강조해야 한다. 따라서 어떤 형태든 "비교주의"는 피해야 한다.[219]

그러나 구약의 몇 가지 핵심적인 문헌적·신학적 개념은 그에 상응하는 고대 근동의 개념과 비교했을 때만 역사적 측면에서 적절히 기술할 수 있다.

이어지는 설명에서 몇 가지 예만 고르자면, 예를 들어 신명기와 신명기에 이어지는 전통의 기본적인 개념에서 특히 분명하게 드러나는 것처럼 분명히 속국에게 앗수르 왕에 대한 무조건적인 충성을 요구한 신 앗수르 제국의 언약 신학에서 차용하여 그것을 여호와를 향해 새롭게 표현한 것이다.[220] 출애굽기 2장에는 신 앗수르 제국의 전승에서 얻은 사르곤의 탄생 전설에 대한 반(反)군주제적 수용을 보여 주는 비교할 만한 사례가 나온다.[221]

모세오경의 율법 전승에 대한 포로기의 해석은 바벨론의 군주제적인 율법

---

219 참고. Sandmel 1962; Machinist 1991; Gordon 2005.
220 Steymans 1995a, b; Otto 1996d, 1999a; 보다 자세한 분석에 있어서는 Koch 2008을 참고하라.
221 Otto 2000b.

전승을 겨냥한 것일지도 모른다. 모세오경에서 율법은 여호와가 계시하고 모세가 전파한다.[222] 열왕기상 6-8장에 나오는 솔로몬의 성전 건축에 대한 긴 묘사는 앗수르[223]나 바벨론[224]을 배경으로 해석해야 한다. 일차적으로 왕이 성전 건축자라는 점은 특히 신 바벨론 제국의 왕실 비문에 중요한 주제(topos)다. 더구나 열왕기의 "그가 옳은 일을 했다"는 평가 관용구와 가장 유사한 관용구가 신 바벨론 제국 연대기에 나온다.[225]

평화롭지만 문화적으로 차별화된 세계 질서라는 페르시아의 개념을 받아들인 제사장 문서와 관련 문헌은 유사하게 시대 상황의 영향을 받아 이스라엘의 관점을 재현한다.[226] 페르시아의 영향은 다니엘서의 더 오래된 부분에서 잇따라 등장하는 세계 제국의 개념에서도 볼 수 있다.[227]

마지막으로 그리스의 대중 철학과 대화하는[228] 잠언 1-9장[229]이나 전도서의 지혜 본문은 헬레니즘 시대의 배경 없이 적절히 이해할 수 없다.

따라서 현재의 연구 상황은 "바벨-성서-논쟁"(Babel-Bibel-Streit)[230] 시대의 유사 신학적 한계에서 벗어나 고대 이스라엘 문학을 고대 근동이라는 배경 속에서 해석할 수 있는 가능성과 그 필요성을 함께 제기한다. 성서의 독창성은 자료가 유사한 것의 영향을 받지 않았다는 데 있는 것이 아니라 그런 유사 자료에 대한 해석과 변형에 있으며 그 중 어느 것도 성서 너머에 있는 것을 보지 않고는 적절히 이해할 수 없다.

---

222 참고. Van Seters 2003. 이 책에는 필요한 통시적 구분이 없다; Levinson 2004.
223 Finkelstein and Silberman 2006.
224 Hurowitz 1992.
225 Blanco Wissmann 2008.
226 이란 종교의 서구적 수용에 대해서는 Colpe 2003을 보라.
227 Koch 1991; Kratz 1991b.
228 Schwienhorst-Schönberger 1994 (²1996); 2004; 참고. Uehlinger 1997; Krüger 1999.
229 Baumann 1996, 26-27.
230 참고. Johanning 1988; Lehmann 1994.

2) 역사적 상황화

구약 문헌사는 문제 자체의 성격상 본문과 글을 이스라엘 역사를 배경으로 하여 고찰해야 한다. 그에 따라 구약 문헌 시대에 대한 개별 단락은 단지 그 시대의 경험을 형성하는 기본적인 몇 가지 상황을 지적하고자 하는 각 역사적 배경의 짧은 개관을 통해 시작할 것이다.

이러한 짧은 논평은 그 이상의 역할은 할 수 없다. 이 논평이 사회적이고 경제-역사적인 측면을 제거하지 않은 채 정치사에 일정한 강조점을 둔다는 사실은 전부는 아니더라도 적어도 구약 문헌의 핵심적인 신학적 입장이 "정치 신학"(예를 들어 야곱 전승, 신명기, 제사장 문서, 또는 예언서 문헌)으로 표현된다는 사실에 기인한다.[231] 즉, 이런 신학은 앗수르 시대부터 당대의 세계적 사건에 대한 관찰과 긴밀히 관련되어 있었고 이는 흔히 이스라엘과 유다에 있어서 근본적으로 중요했다.

이스라엘 역사의 재구성은 그 자체로는 최소한 부분적으로라도 그에 상응하는 구약의 글에 대한 비판적 분석에 의존하고 따라서 특정 시대의 역사와 문학의 상호 작용에 관한 일정한 순환 논리를 제기하는 것처럼 보인다는 방법론적인 문제를 염두에 두어야 하지만 과대평가해선 안 된다.

최근 연구에서 이스라엘 역사의 재구성은 성서 이외의 사료와 고고학에 의해, 특히 이스라엘 역사와 구약 문헌사의 역사적 중첩과 관련해서 비교적 든든하게 지지받고 있으며 구약 문헌사는 본질적으로 주전 8세기 이후에 비로소 시작되므로 여러 관점에서 독립적으로 입증할 수 있다.

---

231 참고. Oswald 2009.

3) 신학적 평가

　구약의 여러 문헌사 시대에 대한 이어지는 설명은 그 서론적 성격에 부합하게 그 구성에 있어 일관되게 분석적이거나 연역적인 것은 아니다. 그 대신 한 시대의 서로 다른 개별 문헌사적 입장에 대한 기술 이전에 역사적인 측면에서 그 시대의 문헌 증거에 대한 섬세한 신학적 묘사의 개요를 기술하려는 시도는 있다.

　이것은 **종교**-역사적 발견 성과에 관한 것이 아니라 구약 문헌과 그 가능한 맥락과 그에 대한 반대에서 재구성할 수 있는 **신학적** 입장에 관한 것이라는 점을 언급하지 않을 수 없다.

　구약의 개별 글이 갖는 신학적 성격이 지닌 몇 가지 기본적인 원리를 제시하면, 필연적으로 논증에서 예측되는 요소도 나오게 될 것이다. 그러나 이는 그에 대해 사전 결정이나 심지어 최종적인 결정도 이루어지지 않았다는 점을 암시하려는 것은 아니다.

　이 방법의 이점은 단일한 시대의 다양한 본문을 신속한 개요 제시를 통해 소개할 수 있다는 점이고, 그 결과 본문을 그것이 처한 문헌사적 맥락 안에서 해석할 수 있다.

4) 전승 영역 안에서 양식, 전승 및 사회비평적 구별

　한 본문의 기원에 관한 역사적 구별은 자연히 구약에 대한 문헌사적 묘사를 배경으로 둔다. 그러나 한 본문 안에 다양한 문헌 층위를 분리시키는 것은 가능하거나 중요하거나 필요한 많은 구별 중에서 구약을 문학으로 인식할 수 있는 많은 방식 중 오직 하나의 방식만을 제시한다는 점을 잊어선 안 된다.

　결국 이 본문과 책은 다양한 시기에 기록되고 확대되고 수정되고 편집되었을 뿐만 아니라 그 저자도 다양한 지적·사회적 분위기 속에서, 심지어 그런 분위기가 최소한 페르시아 시대부터 지리적으로 매우 밀접했을지도 모르는 때에도 살았다.

구약의 문헌 생산 작업에 가장 중요한 장소가 당시에는 예루살렘이었을 것이다. 바벨론뿐만 아니라 특히 이집트 알렉산드리아의 흩어진 유대인 공동체도 서기관 학문의 중요한 중심지로 발전했지만 그럼에도 불구하고 이들 공동체는 구약 자체의 기원에 있어서는 부차적인 중요성만을 가질 뿐이었다.

이어지는 설명은 본질적인 이해를 돕기 위해 개별 문헌사 시대마다 그에 속한 구약 본문을 다양한 전달 영역에 따라 분류하려는 시도다. 제의, 지혜, 내러티브, 예언 및 율법 전승은 서로 이상적으로 구별될 것이다. 이러한 구별은 우선 단순히 각 본문 "단위"에 의해 암시되고 따라서 넓은 의미에서 양식비평적 고려 사항에 의존한다. 그러나 고전적인 연구에서 이러한 노력과 관련 본문 유형의 '삶의 정황' 문제와 관련해서는 고도로 주의해야 한다.

많은 구약 본문을 (더 이상) 원래 구전 단락으로 기록한 것이라고 간주할 수 없으므로 특정한 종류의 본문(또는 "장르")에서 그 본문의 배후에 놓여있고 그 본문이 속해 있는 특정한 '삶의 정황'에 대해 내린 결론은 매우 불확실하다. 차라리 원칙적으로 많은 본문이 저자의 산물일 뿐이고 문헌 구성체로서 '삶의 정황'을 드러낼 뿐이며 특정 장르의 본래적인 '삶의 정황'은 가설적으로 상정할 수밖에 없다고 말하는 데 만족해야 한다.

그러나 전달 영역에 따른 구분은 다양한 전승사적 통로에 대한 최초의 분류를 허용한다.[232] 예배, 지혜, 연대기, 예언, 율법은 완벽하게 구분할 수 없지만 그 다양한 기본 지적 가정과 배경에 대해 여기저기서 살펴볼 수 있다.

그러나 일신론이 대두되는 동안 발생한 주전 7-5세기의 종교사적 변화의 과

---

232 참고. Steck 1978/1982.

정에서 이러한 전달 영역에 속한 자료가 점점 더 결합되었고 그 결과 우리는 종종 "신학화"의 과정에 대해 말해야 할 것이다.

이스라엘 왕정 시대에 제의는 아직 인간 세상과 인간의 행동에 있어서 절대 규범으로 인식되지 않았다. 정교한 지혜와 율법 체계는 이런 영역에서도 규범이 되었다. 제의적인 영향을 받은 전승이 영성을 부여하고 보편화하는 방식으로 지혜와 율법의 전통적인 영역으로도 확대된 것은 일신론으로의 전환과 함께 비로소 일어난 일이다.

마지막으로 사회-역사적 구별을 계속 염두에 두어야 한다.

논의되고 있는 본문은 공식적 종교를 반영하는가, 지역적 신앙을 반영하는가, 아니면 가족 종교의 상황에서만 이해될 수 있는가?[233]

필요한 부분만 약간 수정하면 당연히 여기서도 양식비평적 질문의 경우와 사정이 같다. 즉, 명백히 고대 이스라엘의 종교는 다양한 사회적 상황에서 다양한 방식으로 표현되었다. 그러나 구약 본문은 우리가 그 속에서 여전히 구별 가능한 사회적 상황의 흔적을 발견할 수 있더라도 이런 상황을 단편적인 형식으로 증언할 뿐이다. 지역 및 가족 종교의 영역에서 나온 종교적 표현은 구약에서 공식적으로 수용되거나 거부된 형식으로만 발견된다. 그런 표현에 대한 직접적인 접근은 종종 추구되고 발견된 것으로 여겨지지만 십중팔구 드물다.

---

[233] 참고. Albertz 1992; Kessler 2006.

5) 구약의 본문과 저작 사이의 "수평적", "수직적" 관계

구약에 대한 문헌사적 접근이 일반 개론서 체계에 비해 갖는 특별한 이점은 구약의 "수평적"이고 "수직적"인 연관성을 분명히 밝힐 수 있다는 점이다.[234] 이는 아마도 당대 문헌의 대화로 형성된 본문의 문제("수평적" 관계)뿐만 아니라 그럼에도 불구하고 똑같은 개념과 입장을 다루는 시간적으로 순차적인 저작의 문제("수직적" 관계)도 드러낸다.

따라서 구약의 책과 본문을 불연속적인 점만 아니라 그것과 구약의 대화 상대자와 고대 근동 안에 있는 기타 대상과의 문헌적·실질적 관련성 속에서도 바라보는 것이 중요할 것이다.

구약 본문이 다양한 방식으로 상호 작용하면서 서로 지지하거나 교정하거나 거부한다는 사실은 잘 알려져 있다. 그러나 이러한 상호 작용은 결코 남김없이 다루어진 적이 없으며 예측 가능한 미래에도 계속해서 학자의 임무가 될 것이다.

우리는 특히 문헌 암시나 대체로 문헌 인용구 속에서 성서 내의 참조 구절을 (비록 그런 참조 구절은 거의 한 번도 그런 구절로 입증될 수 없지만) 관찰할 수 있다. 소수의 명백한 사례 중에는 다니엘 9장이 있다.[235] 직접 도입되지는 않지만 단어와 주제의 선택을 통해 서기관인 독자가 식별할 수 있는 일반적인 암시 방법은 [236] 박식한 학자의 좁은 영역 안에서 다시 그 나름의 방식으로 본문의 산출과 수용 가능성을 입증한다.

게다가 고대 근동 문헌과의 기본적으로 실질적인 언어 관련성은 이 연구가 구약에만 제한될 수 없다는 점을 보여 준다. 구약 본문 내의 "수평적", "수직적"

---

[234] 참고. Japp 1980.
[235] 참고. Applegate 1997; Rigger 1997; Redditt 2000.
[236] 이에 대해서는 다음 책들을 참고하라. Fishbane 1985; Veijola 2000; Kratz et al. 2000b; Menn 2003; Schmid 2011a.

인 참조 구절은 자연히 정경의 경계에 멈추지 않으며 정경은 어쨌든 구약이 존재한 뒤에 만들어졌다.

6) 성서 내의 수용인 편집

구약 본문과 저작 사이의 다양한 상호 작용에 대한 논증은 더욱 더 예리하게 다듬을 수 있다. 구약 해석은 한편으로는 성서의 책 속에서 이전에는 무시된 "확대 부분"을 종종 성서 내적 성서 해석으로 간주하는 법을 배웠고 다른 한편으로는 이런 "확대 부분"이 상당히 규모 있는 본문이 될 수 있으며 많은 경우 어떤 책의 더 많은 부분을 구성한다는 점도 인정했다.

따라서 성서 책의 문헌상 증가는 단순히 주변적인 것이 아니라 그 책의 본질 자체를 형성했다는 사실이 점점 더 분명해졌다.[237]

성서 책에 대한 편집은 통제되지 않은 본문 증가 과정이 아니라 일반적으로 기존의 본문 자료에 대한 성서 내의 **수용과 해석**이라는 본문을 만들어내는 과정이었다.

구약성서에서 본문과 주석은 보통 결합된다. 정경이 완성된 이후에야 비로소 본문 밖에 해석이 놓이게 되었다. 따라서 편집비평은 성서 내부의 수용에 대한 고찰로 설명할 수 있으며 그 수용에 대한 재구성은 모든 역사적 구별에 있어서 성서 내부의 신학적 담론을 조명할 수 있다. 따라서 문헌사적 접근은 그 책과 이질적인 것은 전혀 도입하지 않는다. 오히려 그러한 접근은 책을 그 핵심을 통해 하나로 결합시키는 심오한 구조를 밝힌다.

---

[237] 참고. Fishbane 1985; O'Day 1999; Schmid 2000b; Tull 2000.

7) 전승과 기억

어떤 경우에도 전승 문헌으로서 구약 본문이 갖는 독특한 성격은 특정 본문과 그 내용을 분명히 특정 시기에만 속한 것으로 간주하는 것을 어렵게 만들며 심지어 대체로 불가능하게 만든다. 많은 본문이 그보다 오래되었지만 고정되거나 기록된 형태로 존재하지 않았던 수정 전승과 기억을 담고 있다.[238] 그런 전승과 기억을 글로 기록하는 것은 당시에는 그런 전승과 기억에 대한 단순한 성문화 이상의 작업이자 성문화와 구별되는 일이었다.

이와 달리 글로 쓰는 행위는 이미 최초의 해석 작업이었다. 그 결과 많은 본문이 사후 해석을 전제로 두었고 때때로 그 본문이 기원한 시기보다 훨씬 더 나중에 찾아야 할 시대에도 여전히 타당한 것으로 간주되었다. 따라서 구약 본문은 다양한 시기에 기억, 전승, 수용의 양식으로 "현존"할 수 있고 문헌사적으로 유의미할 수 있다.

최대주의자와 최소주의자 사이의 논쟁, "초기" 연대와 "후기" 연대 사이의 논쟁은 흔히 이런 구별에 주목하지 않은 채 이루어진다.[239] 이어지는 내용에서도 마찬가지로 이 내용은 어떤 학문적 관점에서는 "후기 연대설"로 보일 수도 있으므로 다루어진 자료는 통상적으로 그것이 현재 담겨 있는 본문 형태보다 전통적이고 더 오래된 자료라는 점을 명심해야 한다.

특정 본문과 본문 복합체를 각 문헌사적 위치에 배열하는 데 있어서 중요한 것은 아마도 가장 이른 시기의 문학적·개념적으로 확인 가능한 그에 대한 기록일 것이다.

---

238 Krüger 2006; 참고. Schmid 2007f.
239 Dever 2001; 이 문제에 대해서는 다음 책도 참고하라. Keel 2007, 153–54.

제1장 구약 문헌사의 목적, 역사 및 문제 105

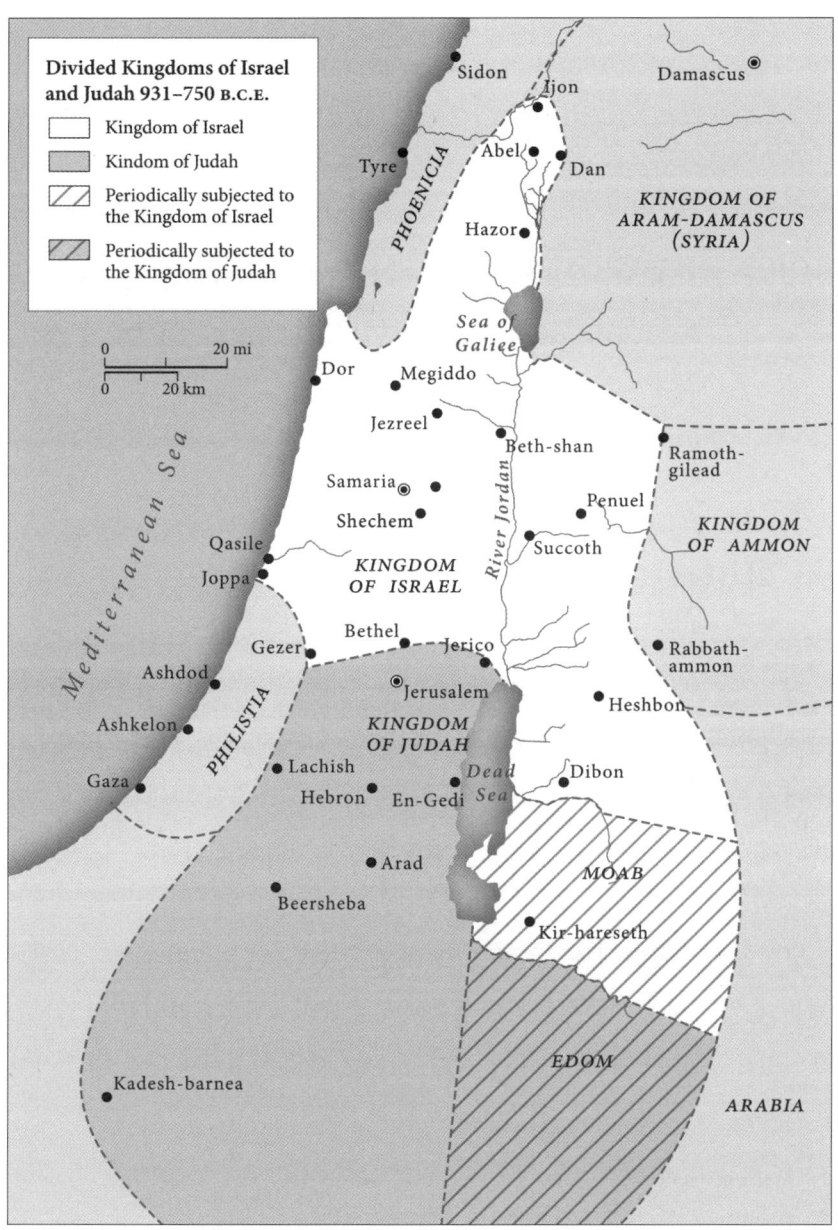

분열 왕국 시대의 이스라엘과 유다(주전 931-750년)

제 2 장

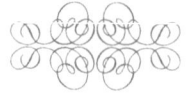

앗수르 출현 이전 고대 이스라엘 문헌의 시작
(주전 10-8세기)

1. 역사적 배경

청동기 시대 후기에는 이스라엘 남부[1]뿐만 아니라 북부도 이집트의 영향력 아래 놓였다.[2] 그에 따라 이집트의 우상이 어디에나 존재했고, 람세스 파라오의 시대에 이집트의 세력 확대가 주춤했음에도 불구하고[3] 주전 10세기와 9세기까지 계속 존재했다.[4] 이후 토착 북서 셈족의 종교 개념으로 회귀가 이루어지는 것을 관찰할 수 있다.

당시에 해안 평야에 정착하고 있던[5] 블레셋 족속과의 접촉이 있었다고 결론지을 수 있는 것은 성서가 다윗을 블레셋과 동맹한 용병으로 묘사한 것 때문일 뿐이지만[6] 사료의 애매한 상태로 인해 이러한 접촉의 성격에 대한 더 자세한

---

1 Keel 1993, 449-51, 457-60.
2 Weinstein 1981; Keel and Uehlinger, ⁵2001, 92-109.
3 Helck ²1971, 224-46; Görg 1997, 70-71; Schipper 2003.
4 Münger 2003.
5 Fritz 1996a; Ehrlich 1996.

묘사는 대체로 불가능하다.

이스라엘과 유다의 정치적 시초를 아마도 처음에는 "세습 왕국"[7]으로, 그 다음 주전 9/8세기 이후에는 국가[8]로 재구성하기는 어렵지만 그 문화적 배경과 관련해서 이스라엘과 유다가 처음부터 레반트 지역의 종교적 상징 체계에 통합되었다는 점은 오늘의 학계에 분명하다.

그것은 이스라엘과 유다가 레반트 지역의 지적이고 영적인 역사에 완전히 종속되었다는 의미가 아니다. 그러나 그것은 또한 20세기 구약 학계에서 명시적으로나 암시적으로 제안했듯이 이스라엘과 유다가 종교적·지적으로 독특한 실체로 발전했다는 의미도 아니다. 유다 역사는 이스라엘 역사보다 어느 정도 더 고립된 상태에서 시작되었지만 각각 지리적 상황으로 인해 두 나라 모두 "영광스러운 고립" 상태로 존재한 적은 없었다.

고전적인 연구에서 초기 철기 시대에[9] 고대 근동 강대국의 이러한 정치적 영향력의 축소는 다윗-솔로몬 제국이라는 개념을 발전시킬 수 있는 계기와 기초로 받아들여졌다. 그렇다면 구약 문헌의 주요 부분은 그 시대 속에 발견할 수 있고 특히 야훼주의적인 역사 저술, 다윗 전승의 많은 부분, 또한 지혜 본문과 이와 비슷하게 영향을 받은 요셉 이야기가 그렇다.

그러나 역사적으로 보면 우리는 구약에서 "황금시대"로 여겨지는 다윗-솔로몬 제국이라는 정치 개념, 그리고 그 시기에 만개한 문헌 산업이라는 개념과 거리를 두어야 한다.[10] 다윗은 의심할 여지없이 역사적 인물이었고 금석학적으로 "다윗의 집"[11]을 언급하고 있는 텔 단 비문에서 한 왕조를 세운 것으로 드러났

---

6 McKenzie 2003; Finkelstein and Silberman 2006; Dietrich 2006.
7 Keel 2007, 155.
8 참고. Knauf 1994, 121-25; Niemann 1998; Gertz 2004; Finkelstein and Silbermann 2006; Kessler 2006, 80-81.
9 Holloway 1997. 어떤 곳에서는 권력 공백으로 긍정적으로 묘사된다.
10 Gertz 2004; Fischer 2005; Finkelstein and Silberman 2006.

지만 고고학을 가지고서는 아직 다윗이 필요한 행정 기구와 더불어 세운 것으로 간주된 제국의 존재를 입증할 수 없었고 이런 상황이 앞으로도 크게 바뀌지 않을 것이라고 보는 것이 무리한 가정은 아니다.

기념물이나 그에 상응하는 수도의 사회 기반 시설이 있었다는 증거나 예측 가능한 넓은 영토 국가를 암시하는 표지는 존재하지 않는다.[12] 마찬가지로 성서 고고학에서 전통적으로 (왕상 9:15를 근거로) 솔로몬과 연관시키는 므깃도, 하솔, 게셀에 있는 기념비적인 건축 유적도 비록 이른바 "늦은 연대학"[13]에 관한 논의가 아직 해결되지는 않았지만 십중팔구 최소한 한 세기 이상 이른 시기의 것으로 추정되었다.

다윗과 솔로몬 시대의 이상화 작업은 이처럼 당대의 역사적 상황을 반영하는 것이 아니다. 오히려 그것은 이후에 특별히 역대기의 역사 서술과 다윗·솔로몬 시대에 이스라엘의 참된 토대가 되는 시대를 발견한 완성 시편에 영향을 준 후대의 심리적 투영(또는 더 정확히 말하면 회상)의 산물이다.

이러한 회상과 부합하게 구약 자체에 내재한 문헌사적 해석에서는 시편, 잠언, 아가서, 전도서 등 다양한 글을 다윗과 솔로몬의 저작으로 간주했다.[14] 이런 기록 문서는 다윗과 솔로몬의 지배 아래 만들어졌고 그들의 뒤를 이은 이스라엘과 유다의 초기 왕들은 개연성 있는 저자에 불과한 것으로 간주해야 한다.[15]

아마르나 서신[16]은 이미 수 세기 전에 예루살렘에 글로 쓴 서신이 존재했음을 입

---

11 *TUAT* Supplementary Volume, 176-78; Athas 2003; Keel 2007, 165-67.
12 참고. Niemann 1993; Steiner 1998a, b; Knauf 2000b; Finkelstein and Silberman 2002, 140-63; 같은 책 2006; 다른 견해로는 예를 들어 Avishur and Heltzer 2000; 다음 책은 상당한 분량으로 논의한다. Vaughn and Killebrew 2003; Keel 2007; Huber 2010.
13 Finkelstein 1996; Knauf 2000e.
14 일반적으로는 Kleer 1996을 참고하라; 전도서에 대해서는 Reinert 2010을 참고하라.
15 Keel 2007, 236.
16 *TUAT* 1:512-20.

중하지만, 극히 최근까지 이를 따라 성서학에서 단언할 정도로 과연 성서와 가깝게 발생했는지 의심이 생기는 것이 당연한 일이다.[17]

고대 이스라엘 문헌이 시작된 배경을 형성하는 문화적 상황은 이처럼 성서나 최소한 20세기 전반의 성서학에서 보여 주는 것보다 소박하다. 이스라엘과 유다는 우선 주전 9세기에 어느 정도 세력과 패권을 얻은 아람, 유다와 거의 비슷한 시기인 주전 8세기에 국가의 지위를 얻은 모압과 암몬 그리고 유다처럼 한 세기 뒤에야 비로소 국가의 지위를 얻은 남쪽의 에돔 같은 정치·사회적으로 비교할 만한 나라와 이웃해 있는 작은 "세습 왕국"이었다.[18]

이스라엘과 유다는 초기 전통에서 스스로를 이런 나라와 다양하게 친소 관계를 가진 나라로 보았다. 이런 작은 "나라들"의 정치적 독특성은 텔 단 비문처럼 "다윗의 집"이라는 유다의 호칭에도 기록되어 있다. 즉, 이 정치적 공동체는 영토 국가가 아니라 특정 지배 왕조에 충성하는 공동체로 간주된다(chiefdom).

최근 연구에서 일반화된 "군장 국가"라는 분류[19]는 이스라엘과 유다 모두 전통적인 청동기 시대 도시 문화를 구현했다는 점을 고려하면 오해의 소지가 있다.[20] 이와 동시에 주전 10세기에 이스라엘은 최소한 한 세기, 유다는 두 세기가 지나야 비로소 관련된 문화-배경적 지위를 바탕으로 광범위한 문헌 저작을 가능하게 할 정도로 국가의 지위에 도달할 수 있는 상황이었다.

---

17 참고. Jamieson-Drake 1991; Niemann 1998; Finkelstein and Silberman 2006.
18 Veenhof 2001, 212-15; Stern 2001, 236-94.
19 Jamieson-Drake 1991 이래로.
20 Keel 2007, 155, 157; Keel은 솔로몬의 정치 체제를 "이집트 국가에 대한 일종의 지역적 모방"으로 묘사한다(336).

2. 신학적 평가

따라서 주전 10-8세기에는 구약 문헌의 "시작" 외에 말할 것이 없다. 더구나 역사 재구성은 매우 불확실하므로 이러한 "시작"은 결과적으로 대체로 "자투리"에 불과하다.

여기서 표현한 판단이 원리적으로만 옳더라도 여전히 이런 본문에서 대체로 일차 종교 문헌이라고 부를 수 있는 것의 영역 안에 있다는 점을 인정해야 한다.

따라서 여기서 다룰 본문을 바로 **신학** 문헌으로 묘사해선 안 된다. 여기서는 종교적 행위와 개념에 관한 일종의 문헌 고찰로 이해되는 "신학"은 한편으로는 그 당시에 기껏해야 가장 기초적인 방식으로만 존재했던 학문 문화를 가정하고 다른 한편으로 그 속에서 이전에는 당연한 일이었던 것이 이제는 **신학적인** 이차 문헌을 만들어내기 위해 설명, 발전, 숙고를 필요로 하는 풍부한 경험을 가정한다.

크라츠(Kratz)가 제안하는 것처럼 포로기 이전 이스라엘과 포로기 이후 유대교의 전통을 근본적으로 이원론적인 방식으로 분리하는 것을 경계해야 한다.[21] 이러한 이원화에도 어느 정도 발견적 가치가 있는 것은 사실이지만 그런 범주를 적용하는 데 난점은 특히 "세속적"이라는 말의 이중적인 용법에서 분명히 드러나며 이는 순전히 시대착오를 나타내는 것이다.

구약에서 "신학적인" 것의 반대는 "세속적인" 것이 아니며 훗날 "신학적인" 것이 된 개념의 초기 단계라는 의미도 확실히 아니다. "암묵적 신학

---

21 Kratz 2006c, 468: "구원의 예언자에서 재앙의 예언자로"; 471: "세속 국가에서 하나님의 백성으로"; 477: "신적인 왕권에서 하나님의 왕국으로"; 474: "세속의 법에서 신적인 법으로"; 479: "지혜에서 경건으로"

에 대해 말하는 것이 더 좋다.

여러 가지로 재구성된 구약의 지나치게 대담한 문헌사적 발전 과정과 달리 우리는 어떤 경우에도 편집과 재해석의 여러 과정이 동시에 완전히 새로운 해석을 의미하지는 않았다는 점을 고려해야 한다. 그런 해석이 설명 역할을 한 것은 대체로 이전 내용에 함축되어 있었다.[22]

구약 문헌에서 페르시아 시대와 헬레니즘 시대부터 자주 발생한 것으로 인식할 수 있는 왕정 시대의 자료에 대한 수용 및 개정 과정은 연속성과 불연속성의 측면에서 기술되어야 한다.[23]

우선 신학적 비평을 위해 타당한 "문헌"이라는 제한된 측면에서만 다루어야 할 이 시대에 기록된 작품의 구체적인 내용을 살펴보면 그것이 표현하는 질서의 다양한 개념 속에서 공통분모를 관찰할 수 있으며 이는 결코 고대 이스라엘과 유다만의 특징이 아니라 고대 근동 전역에 걸쳐 인식된 특징이다.[24]

이 시대의 제의 문헌과 지혜 문헌은 아직 대부분이 구전이었을 가능성이 있는데, 이들이 포함하고 있는 상징 체계 기저에 있는 기본적이고 모범적인 차이를 통해 구별할 수 있다.[25] 이 상징 체계는 질서와 혼돈, 정확히 말해 생명을 지지하는 세력과 생명을 약화시키는 세력을 구별하고 이 둘이 계속되는 투쟁 가운데 존재하는 것으로 보게 된다.[26]

정치와 경제뿐만 아니라 제의 및 의식상의 행동도 혼돈을 막고 질서를 뒷받침하며 확대하기 위해 존재한다.

---

22 Hartenstein 1997; Schmid 2006c.
23 참고. Brettler 1999.
24 Schmid 1968; Keel ⁴1984; Assmann 1990a; Maul 1998.
25 Stola 1983b; 1988, 234-36.
26 Keel ⁴1984; Bauks 2001.

일부 고대 이스라엘 비문에서 아세라가 여호와의 배우자로 언급된다.[27] 물론 이것으로 왕정 시대 이스라엘에 다신교가 존재했다는 사실을 뒷받침한다고 바로 결론 내릴 수는 없다. 여호와와 아세라는 여러 신이 아니라 두 신일 뿐이며 그들의 이원성은 신적 행동이라는 개념의 증가에서 비롯된 것이 아니라 그 개념의 분화에서 비롯된 것이다.[28]

그럼에도 불구하고 이웃 민족 모압, 암몬, 에돔 족속의 신들이 지닌 의심할 수 없는 신성을 늘 염두에 두어야 한다. 즉, **어느 땅에서든 그 땅의 종교를 믿어야 했던 것이다**(cuius regio, eius religio).

제의 전승과 유사하게 지혜 전승에서도 일상생활을 질서 대 혼돈이라는 기준 좌표에 따라 구성하고자 했다. 마찬가지로 정치적 의도가 있지만 집안 사정이라는 외피를 두르고 있는 창세기의 이야기는 궁극적으로 비교할 만한 질서 개념의 지배를 받는다. 즉, 이 이야기는 서로 다른 정치 공동체를 작은 나라로 이루어진 세계를 구성하는 계보학적으로 정돈된 관계 안에서 체계화한다.

---

27 *TUAT* 2: 556-57; 561-64.
28 Schmid 2003.

3. 전승 영역

1) 제의 전승과 지혜 전승

(1) 북왕국 성소 문헌

성서적 관점에서 보면 특이해 보이지만 북왕국 이스라엘의 멸망에 이르기까지 왕정 시대의 최전면에는 다음과 같은 내용이 있어야 한다. 북왕국은 비가 거의 없는 지역에서 가능한 수준보다 더 나은 농업 생산량을 가능케 한 기후 조건[29]뿐만 아니라 보다 중요한 지정학적 상황 때문에 처음에 더 빠르게 발전했고 더 중요한 나라였다. 북왕국은 또한 유다나 요단강 동편보다 인구 밀도도 더 높았던 것으로 보인다.[30]

따라서 우리는 아마 (남왕국에서 아마도 더 상당한 정도로 발전한 것처럼) 처음에는 문예 창작도 북왕국에서 발전하기 시작했으며 두 곳 모두 사마리아의 수도에서 오므리 왕조부터 시작하여 왕궁뿐만 아니라 성소에서도 문예 창작이 이루어졌다고 가정해야 한다.[31]

우리는 분명 오랫동안 이런 일반적인 명제에 만족해야 한다. 일단 이스라엘의 멸망으로 많은 것이 유실되었고 남아 있는 것은 북왕국의 난민이 구해낼 수 있으며[32] 유다와 예루살렘의 분위기에서 받아들여진 정도로만 존재할 수 있었는데 후자가 결정적인 요소였기 때문이다. 고대 유대교 성서는 예루살렘 외에 다른 곳에서 드린 **진정으로** 합당한 예배를 인정하는 어떤 성소 문헌도 몰랐다.

---

29 Stolz 1997, 587.
30 Broshi and Finkelstein 1992.
31 수도 또는 거주지로서의 사마리아라는 문제에 대해서는 Niemann 2005를 참고하라. 고고학에 대해서는 Tappy 1992/2001; Mazar 1992, 406-9를 보라.
32 그러나 Knauf 2006, 293-94를 참고하라.

이와 동시에 주의 깊게 살펴보면 북이스라엘의 문헌이 그 지역의 성소에서 전달되었을 수도 있으므로 우리는 북이스라엘 문헌에 대한 정보를 약간 얻을 수 있다.

확실히 벧엘과 단에 있는 두 성소를 여로보암 1세가 세웠다고 간주하는 성서의 관점에 의문을 가져야 한다. 우선 르호보암 왕부터 아사 왕 때까지 베냐민 영토는 벧엘을 포함하여 이스라엘과 유다 사이의 국경 분쟁 지역이었고(참고. 왕상 14:30; 15:7, 16, 32) 따라서 왕실의 성소가 위치하기에는 꽤 부적합했다.

게다가 주전 10세기와 9세기에 벧엘이 경제 중심지였다는 고고학적 증거의 부재와 그 시기에 황소 우상이 있었다는 증거의 부재는 이 성소가 여로보암 2세 시대에 처음 세워졌을지도 모른다는 점을 암시한다. 그렇다면 여로보암 1세로 거슬러 올라가는 벧엘에 대한 성서의 회고에 따르면 벧엘과 단에 있는 황소 형상에 대한 성서적 설명의 결과로 벧엘이 북왕국과 주전 7-5세기 예루살렘과 벧엘 사이의 경쟁의 "원죄"로 간주되었을 것이다.[33]

우리는 아직 야곱 전승의 문헌 기원이 앗수르 시대 이전의 벧엘에서 전수되고 발전되었다는 점에 주목해야 한다. 훗날 예루살렘에서 받아들여진 각 시편, 예를 들면 고라 시편이나 시편 29편과 68편이 단에서 기원했다는 주장이 제기되어 왔다.[34]

그러나 이 시편들은 벧엘에서 기원한 시편이었을 가능성이 더 크다. 단에서 발견된 비문헌적 증거가 거의 페니키아어와 아람어로 되어 있다는 점을 고려하면 이스라엘 내에서 생겨난 문헌이 단에서 비롯되었을 가능성은 거의 없기 때문이다.

마지막으로, 성서에서 바알 신전으로 부정적으로 묘사된 사마리아 성소에는 제의적인 신상이 있었을지 모르지만[35] 그곳은 사실 "사마리아의 여호와"를 언

---

33 Knauf 2004b; 2006; Pakkala 2008의 다른 설명을 참고하라.
34 Goulder 1982; Jeremias 1987.

급하는 비문이 암시하듯이 여호와에게 봉헌된 성소였을 것이다.

그러므로 우리는 사마리아 성소에 나름의 제의 문헌이 있었을 것이라고 가정할 수 있다. 제왕시인 시편 45편*이 여기에 속할 수도 있다. 이 시편은 왕과 이방 왕의 딸들과 결혼을 축하하고 있고 이는 페니키아와 통혼한 오므리 왕조의 혼인 정책에 잘 들어맞기 때문이다.

우리는 매우 불확실한 본문을 근거로 해서가 아니라 지리적 고려 사항에 비추어 볼 때 벧엘과 단의 제의 문헌에 담긴 신학이 예루살렘과 다른 경로를 취했다고 가정할 수 있다. 예루살렘에서는 왕의 거처와 왕궁 성소가 일치했다.

(지역적 관념에서는) 온 세상을 다스린 여호와는 유다 왕조와 그 왕조의 물리적인 유다 통치를 합법화했다. 여호와는 북쪽에서 지역 신이었고(참고. 왕하 1장)[36] 북왕국 이스라엘을 단과 벧엘의 국경 성소에 의해 유다, 아람, 앗수르와 분리된 자신만의 영토로 합법화했다.[37]

(2) 예루살렘 성전 예배 문헌

북왕국 성소의 경우와 달리 예루살렘 성전은 역사를 견뎌냈고 그 역사는 두 번의 파괴(주전 587년 바벨론에 의한 파괴와 주후 70년 로마에 의한 파괴)에도 불구하고 제의적 서정시와 그 밖의 전승 자료의 상당한 요소가 보존되는 것을 가능케 했다.

시편은 상당한 증거를 가지고 제1성전과 제2성전의 예배 범주에 넣을 수 있는 일단의 본문을 포함하고 있다.[38] 제의 기능이 아예 없는 시편도 있다(예컨대 시 1; 49; 73; 78; 104; 119; 136).[39] 현재 형태에서는 베른하르트 둠이 오래 전에 관

---

35 참고. *TUAT* 1:382; Uehlinger 1998; Becking 2001; Timm 2002.
36 Köckert 2006a.
37 Niemann 1993, 206 이하.
38 Seybold 1986. 하지만 모든 시편이 그런 상황과 목적으로 남김없이 설명되는 것은 아니라는 점도 강조해야 하겠다.
39 참고. Stolz 1983a.

찰한 대로 전례서("포로기 이후 공동체의 찬송가")가 아닌 토라를 추종하는 이들의 묵상 책(참고. 첫머리의 시 1편)인 것으로 간주해야 한다.[40]

> 많은 시편이 확실히 어디서도 노래로 불리지 않았다.
> 아무리 열심히 애를 쓴들 어느 유대인이 시편 119편을 끝까지 노래로 부를 수 있었겠는가?
> 마찬가지로 다른 알파벳 시편 대부분이나 시편 178편 같은 경우도 글로 읽히고 아마 암송도 했겠지만 노래로 불리지는 않았다. 그런 시편은 개인적인 교화와 교훈의 목적에 기여했고 그 중 일부는 솔로몬의 잠언과 매우 비슷했다. 시편 102편의 표제는 마치 이 시편 자체가 기도서에서 발췌된 시편인 것처럼 들린다.[41]

시편이 매우 다양한 시대의 시적인 본문을 담고 있다는 점이 자주 논란이 되는 것은 아니지만 심지어 본문의 시험적인 역사 배열에 대해서도 불확실성이 크게 존재한다. 이는 결코 우연이 아니다. 그것은 시편 자체가 다루는 주제와 관련이 있다.

즉, 찬미가뿐만 아니라 탄식과 감사의 노래도 반드시 당대의 역사적 상황을 구체화할 수 있는 몇 가지 언급을 담고 있다. 사실 이런 본문이 갖는 예전적 신앙 고백의 성격은 이 본문이 여러 기도하는 사람이 스스로 다양한 상황 속에서 발견할 수 있도록 일정한 개방성을 유지할 것을 요구한다.

원칙적으로 역사적 평가의 여지가 있는 배경적 암시가 담긴 시편이 딱 한 편 있는데 곧 시편 137편이며, 따라서 이 시편의 출발점(terminus a quo)은 포로기다.

---

40 Zenger 1998; 1999; 2010.
41 Duhm ²1922, xxvii.

> 우리가 바벨론의 여러 강변 거기에 앉아서 시온을 기억하며 울었도다(시 137:1).

그러나 이 시편의 연대를 추정하는 제안이 다양한 것은 엥그넬에게 이 시편이 가장 최신의 시편일지 모르지만 둠에게는 이 시편이 가장 오래된 시편일 수도 있다는 사실에서 분명히 드러난다.[42]

따라서 본문 자체에서 끌어낸 연대 추정은 대체로 근거가 없다. 논의할 가치가 있는 역사적 배열은 개별 시편 자료의 개요에 대한 고찰을 바탕으로 이루어질 수밖에 없다. 그런 관점에서 논의한다면 제왕시인 시편 2*:1-9, 18*:33-46, 21:2-7, 9-13절, 72*:1-7, 12-14절*, 16-17절?, 110*:1-3?의 초기 문헌 단계를 포로기 이전으로 가정할 수 있을지라도[43] 앗수르 시대 본문인 시편 *2편과 *72편을 주전 10세기나 9세기에 속한 것으로 간주해선 안 된다.

나머지 이른바 제왕시에 관해 말하자면 이 시편은 비록 아직은 이상적인 상황에 대한 투영으로 수용되고 전승될 수 있었지만 유다가 더 이상 독립 왕국이 아닌 시대에 창작되었을 것 같지는 않다. 고대 근동의 배경에서 성전 예배가 초기 왕국을 합법화하고 변호한 것은 예상할 만한 일이었으므로 그에 상응하는 본문은 충분히 그런 배경을 예상할 수 있었다.

이른바 개인적인 탄식의 노래(그 중에서도 시 6편과 13편을 참고하라) 중 일부는 원래 왕실 문헌이었을 가능성도 있다. 아마도 왕정 시대에는 제사장을 제외하고 성전 예배에 대한 완전한 접근 권한이 왕에게만 있었을 것이기 때문이다.[44]

결국 최소한 예루살렘에 있는 성전은 완벽하게 왕궁 경내에 위치해 있었고 그만큼 벧엘에 있었던 성소처럼 "왕의 성소요 나라의 궁궐"이었다(암 7:13; 참고. 왕상 12:26-27).[45]

---

42 Engnell 1943/²1967, 176 n. 2; Duhm ²1922, xx–xxi.
43 세부 내용에 있어서 다른 한계 설정과 배열을 가진 글로는 다음 글들을 참고하라. Spieckermann 1989, 211–12; Adam 2001; Janowski 2002a; 2003a; Saur 2004; Day 2004.
44 Day 2004, 228.

어쨌든 시편 56:8(암밈)과 59편 6, 9절(고임)에서는 이방 민족을 탄원자의 원수로 간주하므로 왕과 관련된 해석에 개연성이 없지는 않아 보인다.[46] 근본적으로 첫 번째 예루살렘 성전 전승에 관해서 성전은 (최소한 건축학적으로 말하자면) 왕궁의 부속 건물에 불과했다는 점을 명심해야 한다.[47]

더구나 종교-역사적인 이유에서 (시편 밖에서 전해진) 솔로몬의 성전 봉헌식 연설은 열왕기상 8:12-13(70인경[왕상 8:53])을 가지고 재구성할 수 있다. 이 연설의 기원은 앗수르 시대 이전에서 찾아야 한다.[48]

> 그 때에 솔로몬이 이르되 여호와께서 캄캄한 데 계시겠다 말씀하셨사오
> 나 내가 참으로 주를 위하여 계실 성전을 건축하였사오니 주께서 영원히
> 계실 처소로소이다 하고(왕상 8:12-13[70인경 왕상 8:53]).

이 본문은 아마도 야훼주의 이전에 태양신에게 봉헌되었을 예루살렘 성소를 여호와가 소유하게 되었음을 기록한 것이다. 그 과정에서 여호와는 태양의 속성을 띠었다.[49]

포로기 이전 다양한 성전 예배 본문을 예루살렘의 통일된 제의 전승을 가리키는 것으로 간주해야 하는지는 논쟁거리다.

예루살렘 제의 전승은 시편 대부분의 밑바탕에 깔려 있고 그 본질적인 요소는 예배 의식적으로 표현되어 있으며 특히 시온 시편, 창조 시편, '왕이

45　Keel 2007, 247-48.
46　그러나 다음 글을 참고하라. Janowski 2003b, 103 n. 14.
47　Zwickel 1999; Keel 2007, 247-48, 286-330.
48　참고. Keel 2002; 2007, 267-72; Rösel 2009의 논의.
49　Janowski 1995/1999; Keel 2007, 189-98, 267-72; Leuenberger 2011.

신 여호와'에 관한 시편, 왕의 시편에서 주제를 상호 확대하며 서로 참조하고 전포괄적이며 의도적으로 폐쇄된 개념을 포함하는 것으로 이해된다.[50]

예루살렘 제의 전승의 개념은 일반적으로 시편 본문 중 더 많은 부분을 포로기 이전 예배 의식에서 비롯된 것으로 해석하는 학자에게서 발전되었다. 그러나 이러한 가정이 오늘날에도 불가능한 것은 아니다.[51] 예전 문헌은 통상 전승과 관련해서 보수적이며 그 기원이 후대여도 과거의 전승을 반영할 수 있기 때문이다.

아마도 이에 대한 가장 좋은 예는 제2이사야의 예언일 것이며 이 예언은 의심할 여지없이 이미 존재했던 예전 전승 안에 속해 있다.

왕정 시대 시편의 종교적인 개념이 질서-혼돈이라는 기반의 측면에서 해석될 수 있는 일종의 수렴 현상을 드러낸다는 말은 아마도 맞는 말일 것이다. 그러나 스텍(Steck)의 전통적 해석과 달리 우리는 통시적 차원을 강조해야 할 것이다. 즉, 예루살렘 제의 전승은 일정 정도의 역사적 발전을 경험했다. 그와 동시에 예루살렘 제의 전승에서 주제 간 상호 의존은 여전히 현저한 사실이다. 그것은 자체로 분화되고 그 내용과 관련해서 다른 가나안 성읍의 신학과 일정한 유사성을 띠고 존재하는 개념 체계로 묘사할 수 있다.[52]

---

50   Steck 1972, 9; 이와 반대되는 논의로는 Niehr 1990, 167-97.
51   Keel 2007, 111-13.
52   Keel 1993.

(3) 지혜 전승

구약학에서는 "지혜"라는 용어를 특정 종류의 영성[53]과 (흔히 그 차이를 규정하지 않고) 그런 영성에 의해 형성된 특정 도서군이나 문헌을 지칭하는 데 사용한다. 이러한 융합의 위험성은 "지혜"를 실제보다 더 뚜렷한 실체로 인식하게 된다는 점이다. "지혜"의 말 중 많은 것은 이스라엘 밖에서도 존재했던 "상식"을 반영하며 그것은 단순히 이스라엘의 지적·영적 역사에서 별도의 부분으로 정의할 수 없다.[54]

고대 이스라엘의 지혜 **문헌**은 아마도 **탁월한** 교육 문헌으로서 학생을 가르치는 도구였을 것이다.[55] 이른바 "통속적인 속담"이 지혜 문헌 바깥, 예를 들어 창세기 10:9, 사사기 8:21, 사무엘상 10:12, 24:14, 에스겔 16:44에서 전해져 내려온 것처럼 지혜 문헌 속으로 들어왔다는 것에는 의문의 여지가 없다.[56]

그러나 이런 속담이 단순히 지체 없이 지혜 문헌으로 한 데 뭉뚱그려진 것은 아니었다는 점에 주목해야 한다. 그보다 이런 속담은 나름의 의미를 지닌 더 큰 작품 속에 결합되었고 그 글귀도 아마 다르게 표현되었을 것이다.[57]

잠언 10:1-5은 반드시 잠언의 가장 이른 문헌사적 층위에 속하는 것은 아니지만 속담의 특정 배열에서 비롯될 수 있는 그런 종류의 유의미한 관계의 사례를 보여 줄 수 있을 것이다.

> 1절 지혜로운 아들은 아비를 기쁘게 하거니와 미련한 아들은 어미의 근심이니라.

---

53 Kaiser 1993, 264 n. 3; 1994, 49-50; Hermisson ⁵1996.
54 Preuss 1987; Lang 1990, 179; Dell 2004.
55 지혜와 왕실과의 관계에 대해서는 다음 글을 참고하라. Keel 2007, 258-59.
56 참고. Köhlmoos 2003, 487; Keel 2007, 261.
57 Scoralick 1995; Krüger 1995/1997.

2절 불의의 재물은 무익하여도 공의는 죽음에서 건지느니라.

3절 여호와께서 의인의 영혼은 주리지 않게 하시나 악인의 소욕은 물리치시느니라.

4절 손을 게으르게 놀리는 자는 가난하게 되고 손이 부지런한 자는 부하게 되느니라.

5절 여름에 거두는 자는 지혜로운 아들이나 추수 때에 자는 자는 부끄러움을 끼치는 아들이니라(잠 10:1-5).

잠언 10장의 이 다섯 절은 처음에는 서로 독립적으로 보일 수도 있지만 사실은 정교하게 하나의 작품으로 배열된 속담의 한 단락을 구성한다. 10:1의 "지혜로운"과 "미련한" 사이의 주제 대립은 10:5에서 분명해진다. 여름에 거두는 자는 "지혜로운" 사람이지만 부끄럽게 행동하지 않는 사람이다. 2절은 이러한 설명과 실제적으로 연결되며 경제적 효율성에만 주의를 기울이는 것은 위험할 수 있다고 경고한다. 2절은 바르게 행동하는 것의 필요성을 강조한다. 정직하게 얻은 재산만이 가치 있기 때문이다. 다음으로 3절은 2절에서 취한 입장에서 발생할 수 있는 한 가지 문제를 다룬다.

도덕적으로 칭찬할 만한 행동이 경제적 어려움을 초래할 때 무슨 일이 일어나는가?

이 시점에서 10:3은 하나님을 이 논의 속에 끌어들인다. 하나님이 의인을 만족시키실 것이다.'

마지막으로 4절은 하나님의 돌보심이 5절에 요구된 개인적 진취성을 불필요하게 만드는 것은 아니라는 점을 분명히 밝힌다. 일하지 않는 자는 누구든 가난한 상태에 머물 것이다. 그러므로 우리는 잠언 10:1-5이 어떻게 지혜로운 행동을 구체적으로 묘사할 수 있는지의 문제와 관련한 하나의 절묘한 입장을 표현하며 이 입장을 가능한 주변 문제로부터 보호해 준다는 것을 알 수 있다.[58]

잠언 10:1-5이 이미 존재했던 속담을 모아놓은 것일 가능성도 있고 심지어 그럴 가능성이 높기도 하지만 문헌 조합 그 자체가 거기에 본질적으로 새로운 의미의 차원을 전해 준다.

문헌사적 관점에서 예배 속의 질서에 관한 신학이 어떻게 지혜 학파의 신학과 관련되어 있는지를 질문할 수 있다.[59] 둘 사이에는 근본적인 일치가 있다. 예배와 지혜 모두 생명에 전념하는 세상을 만드는 일과 관련되어 있기 때문이다. 그러나 우리는 몇 가지 본질적인 차이점을 인식할 수 있다.[60]

예배는 세상 질서의 "수직적" 보존에 기여한 반면 지혜는 세상 질서의 "수평적 구조"와 더 관련이 있었다. 그러나 지혜는 결코 사람들이 이른바 "인과"관계 내지 "행위와 결과"의 관계에 대한 고전적인 정의에 기초하여 그렇게 생각하기 좋아하는 만큼 안정적인 것이 아니었고 인과관계는 선한 행위와 악한 행위를 각기 그에 합당하게 대접받아야 하는 것으로 인정하는 일종의 자연 법칙적인 체제의 역할을 하는 것으로 생각되었다.[61]

그 대신 "행위와 결과의 관계"라는 개념 속에 포함된 현상에 의해 보호받는 사회 질서는 손상되기 쉽고 취약한 체계여서 구체적으로 문화적인 밑받침이 있어야 유지되는 것이었다. 인간의 행위를 통해 창조된 것은 아니지만 사람이 이에 따라 행동할 수도 있고 사회적 실재가 되게 하거나 장애를 일으킬 수도 있다.

---

58 Krüger 1995/1997.
59 Perdue 1977; Ernst 1994, 1–8.
60 Assmann 2000, 64–66.
61 Janowski 1994/1999.

2) 연대기와 내러티브 전승

이 주제에 관한 구약 연구는 20세기 중엽에 이르러 규모가 매우 커졌다. 다윗과 솔로몬 시대는 고대 이스라엘 문헌 창작의 시작점이자 최초의 전성기로 간주되었다. 고전적 견해에 따르면 이스라엘의 민족 서사시인 야훼주의 저작이 창작된 때가 바로 이 시대였다. 요셉 이야기나 사무엘서에 현재 존재하는 전승의 많은 부분을 비롯하여 여러 작품이 이 시기에 나왔다.

그러나 모세오경의 문헌사에 대한 재평가뿐만 아니라 다윗-솔로몬 제국에 대한 고고학적 해체도 이런 견해를 주장하기 불가능하게 만들었다.[62]

이러한 문헌이 구성되던 초기에 존재했던 것은 야훼주의자의 역사적 저작에 존재하는 것으로 여겨진 것 같은 커다란 내러티브의 종합이 아니라 개별 내러티브와 내러티브 주기였을 가능성이 훨씬 크다. 이런 것은 결과적으로 (고전적 가정과 달리) 아마도 다윗·솔로몬 시대와 최소한 한 세기는 떨어져 있었다. 이렇게 된 이유는 문화-역사적 상황과 구약 그 자체 안에 있는 문헌 발견 속에 있으며 이는 우리로 하여금 다양한 전승 덩어리가 처음부터가 아니라 이차적으로만 서로 섞였다는 점을 깨닫게 한다.

그에 따라 전통적으로 위대한 문학 작품인 모세오경과 전기 예언서(여호수아-열왕기하)는 이어지는 설명에서 가장 중요한 자료 단위로 분리되어 나타난다. 이 작품, 즉 족장 이야기, 모세-출애굽 내러티브, 사사기 전승은 그 내용만 아니라 문헌적 성격에 있어서도 (대체로, 즉 편집적 연결 고리를 제외하고는) 독자적이다.[63]

게다가, 이 작품들은 더 큰 문맥 속에 문헌으로 통합된 정도에 따라 통시적으로

---

62 다음 글들의 논의를 보라. Huber 2010; Dozeman, Schmid, and Schwartz 2011.
63 Schmid 199c; Kratz 2000a; Gertz 2000a, b; 2002b; 2006a; Witte et al. 2006.

전승이 만들어지기 시작한 때부터 완성된 때까지 오랜 기간에 걸쳐 나타난다.

(1) 북왕국 전승

시편의 경우처럼 북왕국 연대기의 전승 상태도 몹시 열악하다. "이스라엘 왕 역대지략"(참고. 왕상 14:19-왕하 15:26)에 대한 반복되는 언급 외에는 별다른 증거가 없다.

> 그[아합] 시대에 벧엘 사람 히엘이 여리고를 건축하였는데(왕상 16:34).[64]

> 모압 왕 메사는 양을 치는 자라 새끼 양 십만 마리의 털과 숫양 십만 마리의 털을 이스라엘 왕에게 바치더니(왕하 3:4).

이런 기록은 아마도 그 책에서 인용했을 것이다. 어쨌든 그에 상응하는 문헌이 북왕국에서 작성되고 전해졌을 가능성은 개연성에 불과하다. 이런 문헌은 우연히 사라졌거나 고의적으로 누락되었을 것이다. 어쨌든 지금은 이런 문헌에 대해 알려진 것이 거의 없다.

예를 들어 여호수아 *18-19장에 있는 납달리, 스불론, 잇사갈, 아마도 아셀에 관한 목록 같은 것을 생각해 볼 수 있을 것이고 그것은 여로보암 2세 시대에 나왔을지도 모른다.[65] 신학적으로 신명기에서 예루살렘을 유일하게 합법적인 예배 장소로 지정한 이후 북왕국에서 나온 전승은 대체로 유다의 관점에 합치되는 한에서만 살아남았고 따라서 유다에 전해질 수 있었다.

그러나 창세기의 족장 이야기는 북왕국에서 나온 눈에 띄는 내러티브 단락,

---

64 본문 자체의 상태에 대해서는 다음 책을 참고하라. Tov 1997, 288.
65 Knauf 2000c.

즉 창세기 25-35장의 야곱 전승을 간직하고 있다.[66] 이 전승에서 언급된 장소는 그 지리적 기원에 대한 정보가 충분하다. 벧엘, 세겜, 브니엘, 마하나임, 숙곳, 길르앗은 모두 북왕국에 있었다. 메소보다미아의 하란(27:43; 28:10; 29:4)이 세 번 언급된 것은 아마도 주전 7세기에 아람의 중심지로 부상한 하란과 라반을 관련시키려는 의도를 지닌 특정 본문 개정에서 비롯된 일일 것이다.[67] 그러나 위치 언급과 관련해서 특별히 눈에 띄는 것은 전승 전체와 벧엘과의 긴밀한 관련성이다.

벧엘은 성소에서 드리는 제사의 제정(28:20-22)을 포함해서 야곱의 방랑 생활의 시작 지점이자 끝 지점이다(28*:10-22; 35:6-7). 따라서 야곱 전승이 그곳에서 전해 내려온 것으로 보인다. 그러나 북이스라엘의 야곱 전승이 문헌으로 잔존하게 된 것은 일차적으로 후대에 편집상 유다의 아브라함 및 이삭 전승과 관련된 덕분일 것이다.

창세기 *25-35장에 걸쳐 있는 야곱 전승은 그 기록 형태가 이후에 확장되었다. 일반적으로 그 핵심은 야곱-라반 내러티브(창 *29-31장)에 있는 것으로 보이며 이 내러티브는 야곱-에서 내러티브(창 *25; *27; *32-33장)로 둘러싸여 있다.

이러한 구조 속에 벧엘에 성소가 생겨난 원인에 대한 탐구(*28:10-22)가 삽입되어 있고 창세기 *32:23-33도 더 이상 문헌으로 재구성할 수는 없지만 브니엘이 성소가 된 원인에 대한 또 다른 회상을 포함하고 있을 것이다.[68]

특별히 중요한 것은 문헌비평 수단으로는 우리가 현재 갖고 있는 야곱 전승의 민족-역사적 형태를 해명하는 것이 더 이상 가능해 보이지 않는다는 판단이며 야곱 전승은 야곱을 이스라엘과 에서를 에돔과 동일시하기 위한 의도를 가

---

66 다양한 한계 설정과 관련해서는 다음 책들을 참고하라. Blum 1984; de Pury 1991; 2001; Macchi and Römer 2001.
67 Blum 1984 164-67; 343-44 n. 11.
68 다음 책을 매우 비판적으로 참고하라. Köckert 2003b.

졌고 그 결과 라반은 아람을 상징한다.[69] 이는 일차적으로 창세기 27:29, 39-40절의 정치적 축복이 그 정황과 분리될 수 없다는 사실로 볼 때 명백하다.

> 만민이 너를 섬기고 열국이 네게 굴복하리니 네가 형제들의 주가 되고 네 어머니의 아들들이 네게 굴복하며 너를 저주하는 자는 저주를 받고 너를 축복하는 자는 복을 받기를 원하노라(창 27:29).

> 그 아버지 이삭이 그[에서]에게 대답하여 이르되 네 주소는 땅의 기름짐에서 멀고 내리는 하늘 이슬에서 멀 것이며 너는 칼을 믿고 생활하겠고 네 아우를 섬길 것이며 네가 매임을 벗을 때에는 그 멍에를 네 목에서 떨쳐버리리라 하였더라(창 27:39-40).

여기에 더하여 이 이야기의 발전 과정에서 중요한 한 가지 특징인 에서의 많은 털(사이르, 27:11)도 에돔/세일(세이르)의 지형을 암시한다. 이는 야곱 전승 자료에 아직 정치적으로 편향되지 않은 역사가 있었을 가능성을 배제하지는 않지만[70] 과거 문헌 단계를 구체적으로 재구성할 수 있을 만큼 충분히 확실한 근거는 없다.

따라서 민족사적 관점은 이스라엘, 아람, 에돔을 서로 관련시키지만 왕에 대해서는 전혀 언급이 없다. 역사적 관점에서 보면 **두 가지 설명**이 가능하다.

첫째, 하나는 야곱 전승을 주전 720년의 북왕국 멸망 이전에 위치시켜야 한다는 것이다.

그럴 경우 왕 같은 인물의 부재는 한편으로는 야곱 전승이 왕의 거처는 아니었던 벧엘의 성소에 기반을 두고 있다는 사실로 설명될 것이다.

69　Blum 1984.
70　Kratz 2000a, 263-79; Otto 2001b.

둘째, 다른 한편으로 북 왕국에는 북쪽 왕정에 유다 왕정이 누린 지위를 부여했을 만큼 지속된 왕조가 한 번도 없었다는 사실 또한 여기서 하나의 요인이 될 수 있을 것이다.

그렇지 않으면 처음부터 야곱 전승은 주전 720년 이후에 왕정 이후 이스라엘을 그 이웃 나라와 관련시키는 이스라엘의 비국가적 인과관계론을 표현하고 있다고 주장할 수도 있다.

어쨌든 에서와 야곱이 쌍둥이였다는 야곱 전승의 개념은 주전 587년 이전 시대를 암시한다. 그것은 명백히 예언 전승에 있는 여러 부정적인 에돔 관련 본문에 반영된 에돔과의 충돌 이전 시대에 속한다. 에돔에 대한 관점의 변화는 아마도 주전 597년 내지 587년 사이에 일어난 사건의 여파로 에돔이 유다 남쪽 영토를 헤브론까지 병합한 일과 관련되었을 것이다.[71]

전통적으로 열왕기상 17-19, 21장, 열왕기하 1-9, 13장에 있는 예언자 엘리야와 엘리사를 중심으로 하는 내러티브는 주전 9세기나 8세기의 것으로 간주된다. 그러나 최근에 이런 본문에 대한 평가가 극적으로 바뀌었다.[72] 즉, 열왕기상 17-19장의 배경이 "신명기 사가적인" 군주제의 틀 속에 들어간다는 관찰은 주인공인 엘리야의 이름("여호와[야훼]는 나의 하나님이다")이 이미 전해진 "일신론"을 선택한 본문의 종교사적 측면과 더불어 이런 전승이 문헌으로서는 신명기 사가 이전이 아니라 이후의 것일 가능성이 더 크지 않은가 하는 의구심을 불러일으킨다.

---

71 Donner ³2001, 405와 nn. 23-24; 407 n. 35.
72 참고. Köckert 1998; 2003a; 2006a; Beck 1999.

(2) 예루살렘 궁정 문헌

이스라엘처럼 유다에서도 왕의 연대기가 존재했을 가능성을 추정할 수 있다. (성전 기능이 궁정에 종속되었다는 사실에 맞게) 원래 성전 문헌보다 궁정 문헌이 더 중요했다. 열왕기는 "이스라엘 왕 역대지략"을 말한다.[73] 르호보암의 통치에 대한 기술부터 여호야김의 통치에 대한 기술에 이르기까지 이 책에 대한 언급이 등장한다(참고. 왕상 14:29 및 왕하 24:5).[74] 이런 언급과 더불어 "솔로몬 실록"에 대한 언급도 나온다(왕상 11:41).

그러나 이런 "책"이 실제로 존재했는지는 의심스럽다. 유다는 주전 8세기 이전에는 "다윗의 집"으로서 이데올로기적으로 구두 전승의 공통 기반에 뒷받침되고 이에 의해 왕족과 기타 영향력 있는 가문이 상호 합의에 이른 부족 국가였다. 진정한 관료 집단과 정부 기구의 발전과 더불어 비로소 상황을 기록할 만한 동기가 생겼을 것이다.

또한 대체로 이름으로 된 목록(삼상 7:16; 14:47, 49-51; 30:27-31; 삼하 2:9; 3:2-5; 5:13-16; 8:16-18; 20:23-26; 23:24-39; 왕상 4:1-6; 왕상 9:17-18)과 아마도 각 문맥 속에 삽입된 기존 문헌 단락도 언급해야 할 것이다.[75]

이스라엘과 유다의 연대 비교 및 신학적 평가[76]와 더불어 필수적으로 왕들의 즉위 연도를 포함하고 있는 열왕기의 "신명기 사가적" 틀 뒤에서 별도의 연대기를 재구성할 수 있는지는 여전히 논쟁거리다.[77]

열왕기의 역사적 사건에 대한 재구성은 사건 그 자체와 일정한 거리를 드러

---

73   Grabbe 2007.
74   왕하 *11장에 대해서는 Levin 1982를 보라.
75   Keel 2007, 156-57.
76   "여호와 보시기에 정직하게/악을 행하여"
77   참고. Hardmeier 1990; Kratz 2000a, 164; Parker 2000; Dijkstra 2005; Grabbe 2007; Adam 2007; Köhlmoos 2007; Blanco Wissmann 2008; "동시대 역사"의 동시성에 대해서는 TUAT n.s. 2:42-44를 참고하라.

낸다. 따라서 북왕국에 영향을 끼친 외국의 정치 사건은 저자에게는 유다 역사와 관련된 이들만큼 친숙하지는 않았던 것으로 보인다. 인상적이게도 금석학적으로 중요한 용어인 **베트 다위드**("다윗의 집")는 열왕기 역사 서술에 아무런 역할도 없다.[78]

그러나 어쨌든 현존하는 틀은 솔로몬 이후 이스라엘과 유다의 왕정 시대에 관한 연대와 더불어 역사적으로 오랜 기간 신뢰할 만하고 따라서 오늘날 본문에서도 여전히 연대기적 사료를 감지할 수 있든 없든 아마도 연대기적 사료를 가지고 편찬하였을 것이다. 이 점은 성서 사료와 앗수르 연대기 사이의 상호 참조를 입증할 수 있는 가능성을 볼 때 특히 분명하다.

앗수르 연대기에 관한 절대 연대는 주전 763년 일식에 대한 언급으로 결정할 수 있고 앗수르의 연대기는 또 이스라엘과 유다의 왕에 대한 언급도 여러 가지 담고 있다. 이스라엘과 유다의 왕과 앗수르 통치자 사이의 연대순에 따른 관계는 세부적인 몇 가지 문제만 제외하면 꽤 정확하다.[79]

이따금 여호수아 15장에 나오는 유다 영토 기술과 열왕기상 4장에 나오는 솔로몬 관리 명단에 이보다 더 오래된 문헌이 포함된 것일지도 모른다는 주장이 제기되지만, 이 문제에서는 어떤 확실한 것도 얻을 수 없다.[80] 게다가 구약학자들은 자주 사무엘상 16장과 열왕기상 2장 본문 사이의 내러티브 관련성을 전제하고 양자의 시기를 다윗과 솔로몬 시대에서 찾았다.

사무엘상 16장에서 사무엘하 5장(7-8장?)까지 다윗이 부상한 역사를 재구성하려는 시도가 있었다. 또한 (삼하 6장/7장 또는 9장에서 왕상 2장까지; 왕상 1:20, 27의 "누가 내 주 왕을 이어 그 왕위에 앉을지"라는 주제와 관련된 질문과 더불어) 레온하르트 로스트 이래로 왕위 계승의 역사라는 개념이 구약 학계에서 전통적으로 다

---

78 Na'aman 1999b, 12-13.
79 Galil 1996; 2004.
80 De Vos 2003.

루는 주제 가운데 속하게 되었다.[81] 사무엘상 4-6장과 사무엘하 6장에서 전해진 언약궤의 역사에 대해 고찰하는 것도 인기 있는 주제였다.[82]

그러나 상당히 최근에 이러한 구도는 날카롭게 비판받아 왔다.[83] 우선 문화-역사적 측면에서 이런 광범위한 저작이 왕정 초기에 완성될 수 있었을 것 같지 않다. 게다가 문헌 차원에서 문제가 발견되었다. 원래 독립적인 것으로 여겨진 이런 내러티브의 시작과/또는 결말이 만족스러울 만큼 한정적이지 않으며 재구성된 내러티브도 전체가 뒤섞임을 보여 주는데 이는 이 세 가지 큰 원전이 그동안 주장되어 온 독립적인 경계를 지닌 채 존재했다는 주장을 뒷받침하지 않는 것이다.

존 밴 세터스는 5-9절의 "궁정 역사"에 나온 구절이 1-4, 10-12절에 나오는 주변의 신명기 사가적 배경을 가정하고 있는 열왕기상 2장과의 본문상의 관계를 바탕으로 (그가 "궁정 역사"라고 부르는) 계승 역사를 가장 근본적으로 비판해 왔다. 그는 "궁정 역사"는 신명기 사가 이후의 것이며 십중팔구 다윗 가문의 왕권 회복을 위해 메시야적 소망과 싸우려는 포로기 이후의 노력이라는 배경 속에서 봐야 한다는 결론을 내릴 수 있다고 주장한다.[84]

발터 디트리히(Walter Dietrich)와 라인하르트 크라츠(Reinhard Kratz)는 왕위에 오르는 것과 왕위 계승의 문제를 이와 다르게 다룬다.[85] 디트리히는 두 문제를 분리하지 않는 대신 이스라엘 멸망에서 유다 멸망 사이의 시대에

---

81 Rost 1926/1965; 참고. Seiler 1998; 이견으로는 de Pury and Römer 2000; Kratz 2000a; Rudnig 2006; Adam 2007.
82 이 문제 전체에 대해서는 다음을 참고하라. Dietrich and Naumann 1995; Keel 2007, 152-53, 158-59.
83 참고. Adam 2007.
84 Van Seters 1981; 1983; 2000; 참고. Keel 2007, 160-61의 비판.
85 Dietrich 1997; 2006; Kratz 2000a.

나온, 사무엘상 16장부터 열왕기상 2장까지 (또는 아마도 멀리는 열왕기상 12장까지) 걸쳐 있는 "궁정 내러티브"를 제안하지만, 그럼에도 불구하고 이 내러티브는 보다 오래된 자료를 포함할 수 있는 내러티브다.[86]

크라츠가 보기에는 여전히 문헌비평적 수단으로 재구성할 수 있고 사울 왕권의 기원을 다루는 개별 전승(삼상 1:1-20 + 9:1-10, 16 + 11:1-15 + 13-14) 뿐만 아니라 유다의 궁정 내러티브(삼하 11:1-27; 12:24b + 13:13 + 15:1-6, 13; 18:1-19, 9a; 20:1-22 + 왕상 1-2장)에도 이 문제의 해결책이 있다.[87] 개념적으로 사울과 다윗은 처음에는 이웃 나라의 통치자 사이에 별 관계가 없는 것과 마찬가지로 서로 별 관계가 없었다. 주전 720년 이후에야 비로소 다윗과 솔로몬은 "그들" 전승의 문헌 조합을 통해 사울의 계승자로 선포되었으므로 그 이후에야 비로소 유다는 이스라엘의 유일한 합법적 계승자로 제시되었다.

즉위, 왕위 계승, 언약궤 내러티브같이 제안된 당대 문헌 자료의 존재는 이처럼 사무엘서의 문헌사적 문제에 대한 충분한 설명으로는 별로 만족스럽지 못하다. 이 이론은 사무엘서의 실제 내용을 고려했다기보다 모세오경에 대한 자료비평에서 영감을 받은 것처럼 보인다.

보다 적당한 전승의 단편을 감안하지 않을 수 없을 것이다. 그러한 단편의 재구성에 있어서 특정 방법론의 선호 때문에 이렇게 짧은 본문을 문헌비평적 관점에서 식별하고 논의하는 것이 가능한지,[88] 또는 이런 본문이 반복적으로 수정되는 기억으로만 인식 가능한지가 결정될 것이다.[89]

86　Dietrich 1997, 259-73; 2006, 27-28.
87　Kratz 2000a, 190-91; 추가 참고. Fischer 2004, 316; Rudnig 2006, 330-31.
88　같은 견해로 Kratz 2000a; Rudnig 2006.
89　Finkelstein and Silberman 2006.

사무엘서 문헌, 특히 그 기원을 평가하는 일에 직면한 기원 역사 문제의 복잡성은 다윗과 골리앗 이야기(삼상 17장)에서도 분명히 드러난다. 이 이야기의 헬라어 본문과 히브리어 본문 사이에는 본문비평적 차이점이 꽤 있다.[90] 그러나 특히 놀라운 것은 사무엘하 21:19에 가드 골리앗의 죽음을 언급하는 짧은 기록이 있다는 점이며 골리앗의 창에 대한 묘사는 사무엘상 17:7과 축자적으로 일치한다("베틀 채 같았더라").

> 또 다시 블레셋 사람과 곱에서 전쟁할 때에 베들레헴 사람 야레오르김의 아들 엘하난은 가드 골리앗의 아우 라흐미를 죽였는데 그 자의 창 자루는 베틀 채 같았더라(삼하 21:19).

그러면 누가 골리앗을 죽였는가?

다윗인가, 엘하난인가?

아니면 "베들레헴 사람" 엘하난은 사무엘하 21:19과 룻기 2:2의 타르굼 역이 가정하듯이 다윗의 또 다른 이름인가?

어느 경우에든 이 상이한 전승은 사무엘하 21:25-22, 23:8-39의 여러 작은 요약적 기록과 더불어 사무엘서 저자가 분명히 사건에 관련된 짧은 서술 모음 속에 있는 요약적 기록으로든, 아니면 사무엘상 17장의 이야기처럼 길고 극적인 이야기로든 분명히 서로 다른 형태로 구체화될 수 있는 수많은 기억을 마음대로 사용했음을 보여 준다.[91]

어쨌든 다윗 내러티브를 문헌적인 측면에서 그것이 서술하는 사건보다 명백히 더 최근의 것으로 간주해야 하지만 당대의 기억을 보존해 왔다는 점에는 거

---

90 Pisano 2005.
91 Finkelstein and Silberman 2006, 50-54.

의 의심의 여지가 있을 수 없다. 특별히 분명한 한 가지 예는 다윗이 블레셋의 가드 왕 아기스를 섬긴 일에 관한 이야기에서 발견된다(삼상 27장). 가드('텔 에츠 차피')가 주전 9세기 말 무렵에 파괴되었다는 사실이 고고학적으로 입증되었다.

이 경우에는 충분히 확실하게 연대를 추정할 수 있는 상응하는 역사 기억이 없었다면 이 모티프는 거의 전승에 이르지 못했을 것이다.[92] "분위기와의 일관성"[93]이라는 기준은 이렇게 다수의 다윗 전승에 대한 당대의 배경을 암시한다. 그러나 사회-문화적 고려 사항은 그 전승이 후대보다 광범위한 문헌 배경 속에서 수정되었음을 암시하므로 우리는 그 자료의 시대와 그것이 글로 기록되던 시대를 구별하는 것이 유익할 것이다.

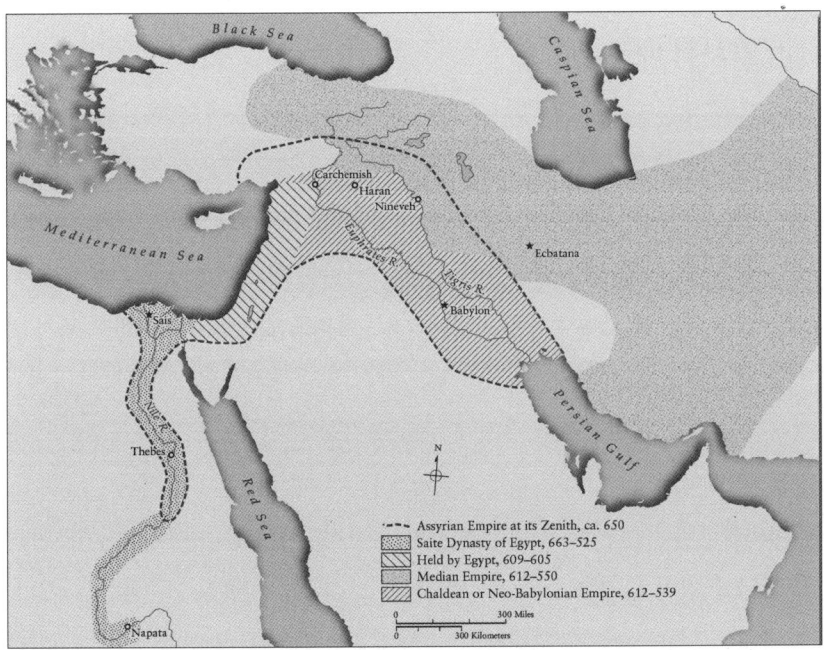

주전 660-605년의 근동 지역

---

92 Finkelstein and Silberman 2006, 38-39.
93 Keel 2007, 159.

제 3 장

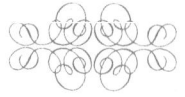

앗수르 시대 문헌(주전 8-7세기)

1. 역사적 배경

앗수르 왕 디글랏 빌레셀 시대로 추정할 수 있는 앗수르의 레반트 지역 지배의 시작과 더불어 비록 주전 745년에 있었던 빌레셀 3세의 즉위를 고려하면[1] 이스라엘과 유다의 정치적이고 지적-영적인 상황이 근본적으로 바뀌었지만 사회-역사적 관점에서 빈부 격차는 극적으로 벌어졌다.[2] 여전히 초기 상태인 유다와 이스라엘의 국가 구조는 생산성이 증가하는 가운데 분리되기 시작해서 새로운 빈곤층이 과거에 부자로 간주된 이들만큼 부유해졌다고 추정할 수 있다.

이스라엘과 유다는 또한 비상한 정치·군사적인 압력뿐만 아니라 종교·문화적 압력도 점점 더 많이 가하는 패권적인 강대국의 영향권 안으로 들어갔다. 그 시대착오적인 함의를 고려하면 이 새로운 사회 질서에 대해 "계급 사회"라

---

1 Tadmor 1994.
2 참고. Spieckermann 1982; Knauf 1994, 132-41.

는 용어를 사용하고자 하는 사람이 있을지 의문스럽다.[3] 그렇게 하려면 우리는 이스라엘과 유다에 도매업, 제조업, 광업이 존재했음을 입증할 수 있어야 하겠지만 이 시기는 그에 해당하지 않는다.

앗수르의 조공 정책은 주전 8세기와 7세기 이스라엘과 유다의 정치사에 중요한 요소였다. 이 정책은 "잉여 생산에 대한 군사적 착취"로 묘사할 수 있다.[4] 고가의 군사 장비와 제국 중심부의 건설을 위한 재원을 조달하려면 매년 정기적으로 제국 주변부 원정을 나가야 했다.

조공을 바쳐야 하는 이에게는 두 가지 선택지가 있었다. 군대가 당도하자마자 조공을 바치고 대왕에게 충성을 맹세하거나 그렇지 않으면 군사력에 의해 약탈의 형태로 공물을 빼앗겨야 했다. 고대 근동의 기준으로도 소름끼치는 앗수르의 전쟁 방식은 자발적으로 조공을 바치는 것을 군대에 의해 약탈당하는 것보다 더 매력적으로 보이게 하려는 목적에 기여했다.

아람과 이스라엘의 지리적 상황은 이 두 나라를 근동 지역의 새로운 상황에 유다보다 더 많이 노출되게 했고 두 나라는 매우 신속하게 앗수르 제국에 조공을 바치는 속국의 지위로 전락했다. 지불해야 할 액수가 고통스러울 만큼 컸던 것이 분명하다. 그래서 열왕기하 15:20에 따르면 이스라엘에 인두세도 도입되었다. 고통스런 조공은 작은 두 나라가 앗수르 세력에 맞서 재빨리 동맹을 맺고(주전 734/733년에) 위험에 처한 상황에서 유다에게 자신들의 동맹에 합류하도록 강요하려 했다는 사실을 설명할 수 있는 유일한 이유다.

유다는 앗수르의 도움으로 이 압력에 저항했다. 그 직접적인 결과는 아람의 병합과 이스라엘의 지위가 속국으로 전락하는 것이었고(주전 732년) 이후 북왕국 이스라엘의 병합과 정치적 멸망이 뒤따랐다(주전 720년). 우리는 두 번의 사마리아 정복을 추정할 수 있다.

---

3 Kessler 2006, 114-26.
4 Münkler 2005, 88.

살만에셀 5세와 그의 계승자 사르곤 2세가 이 업적을 자랑했기 때문이다.[5] 그러나 사건의 복잡한 순서가 이러한 인상을 준 원인일 가능성도 있다. 724년에 호세아 왕은 포로로 끌려갔고 어떤 후계자도 지명되지 않았다. 따라서 사마리아는 "정복된" 것으로 간주될 수 있지만 실제 군사 정복은 720년에 발생했다.[6] 문헌사적 관점에서 특별히 중요한 것은 이러한 국가의 멸망이 즉시로 그 모든 전승의 상실을 수반하지 않았음이 분명하다는 점이다.

그 대신 어떤 전승[7]은 유다로 도망친 피난민에 의해 보존된 것으로 보인다. 유다로의 이주는 고고학적으로 주전 7세기에 예루살렘의 남서쪽 언덕(열왕기하 22장의 "둘째 구역")의 최초 거류지와 관련이 있을지도 모른다.[8]

그러나 이런 사건이 발생하는 과정에서 유다는 무사하지 못했다. 705년에 아스글론과 에그론에서 반란이 일어난 후이면서, 유다가 이집트와 협정을 맺기 시작한 뒤인 701년에 산헤립이 유다에 나타나 결국 예루살렘을 포위했다.[9] 산헤립의 연대기[10]와 열왕기(왕하 18:13-16)를 통해 이 사건이 알려졌다.

산헤립은 결정적으로 라기스에 결정적으로 군사적 타격을 입혔다.[11] 이 사건의 중요성은 니느웨의 산헤립 궁전에 있는 부조 속에 이 승리가 표현되어 있는 것을 통해 헤아려 볼 수 있다. 유다 왕 히스기야(주전 725-697년)는 엄청난 조공을 바치고 (라기스의 함락과 관련해서) 셰펠라 지역을 양도함으로써 겨우 앗수르의 예루살렘 포위를 해제시킬 수 있었던 것으로 보인다.[12]

---

5 Fuchs 1994, 457; Becking 1992.
6 Na'aman 1990.
7 예를 들어 야곱, 사사기, 호세아의 전승은 비록 모두 유다로 옮겨진 여파로 (특히 호세아서에서) 본문 속의 삽입에 의해서든 (특히 창세기와 사사기에서) 더 큰 본문상의 배경 속으로의 통합에 의해서든 유다적 관점에서 재해석되긴 했다.
8 Otto 1980, 64-76; Fischer 2005, 281 및 n. 23; Steiner 2007; 그러나 다음을 참고하라. Knauf 2006, 293-94; Na'aman 2009.
9 Knauf 2003; 참고. Keel 2007, 463.
10 *TUAT* 1:388-91; *TUAT* n.s. 2:71-72.
11 Mazar 1992, 427-34.

그러나 이는 구약에서 주전 701년에 앗수르 군대가 예루살렘에서 철수한 것을 여호와에 의한 강력한 구원의 행위로 간주하는 것을 막지 못했다.[13] 이 점은 이사야 전승에서 특히 분명한데 이 전승에서는 이사야 36:1에 있는 열왕기하 18:13-16과의 평행 본문에서 14-16절을 생략하고 그렇게 해서 히스기야가 조공을 바친 일을 은폐한다.

히스기야의 뒤를 이어 유다의 왕이 된 므낫세(주전 696-642년)는 자신이 앗수르의 주군에게 충성하는 봉신임을 입증했다.[14] 그 결과 그는 55년 동안이나 다스렸다. 열왕기의 묘사에서 그 기간은 이스라엘 역사에서 무척 수치스런 시대로 다루어진다. 편집자 측에서 이 시대를 혐오하는 역사적 배경은 당시 유다가 앗수르의 강력한 문화적 압력에 동화되었다는 점이며[15] 이 점은 작은 수공예품에서도 볼 수 있다.[16]

그러나 역사적으로 므낫세 시대는 구약 문헌이 처음 꽃을 피운 시대였을지도 모른다. 결국 그 시대는 니느웨에 25,000점 이상의 점토판을 포함하는 광범위한 설형 문자 도서관을 세우려는 앗수르 왕 오스납발(주전 669-631/627년)의 기념비적인 계획이 있던 바로 그 시대였다.[17] 따라서 당대의 앗수르에 영감을 받은 왕정은 문예 창작물의 진흥과 수집을 수행했을 것이다.

역대기 평행 본문도 므낫세가 바벨론에서 한 동안 옥에 갇혀 지낸 결과로 회개했다는 사실을 전하지만 이 모티프는 오로지 므낫세의 긴 통치 기간에 대한 적절한 신학적 근거를 만들어내려는 노력에서 영감을 받은 것이다.

경건한 왕만이 므낫세만큼 오래 통치할 수 있었을 것이다!

12　Grabbe 2003.
13　참고. Steiner 2007.
14　Knauf 2005b; Steymans 2006, 344-49; Keel 2007, 471-74.
15　Schmid 1997.
16　참고. Keel and Uehlinger ⁵2001; Morrow 2005, 209-10.
17　Van der Toorn 2007, 240-41, 356.

지정학적으로 주전 7세기 후반은 주전 612년에 니느웨가 함락되고 주전 610년에 마지막 보루인 하란이 함락됨으로써 확증된 앗수르 세력의 쇠퇴가 특징이었다. 주전 640년경부터 이러한 쇠퇴에는 이집트의 세력권이 상응하여 시리아와 팔레스타인 방향으로 팽창하는 결과가 수반되었지만[18] 이러한 팽창은 그 자체로 전혀 안정적이지 않았다. 결국 이집트인은 신 바벨론이 갈그미스에서 거둔 승리(주전 605년)로 인해 후퇴하지 않을 수 없었다.

유다가 일정 정도의 번영을 이룬 요시야 시대(주전 639-609년)가 이 시기에 속한다. 그 당시 예루살렘은 여러 나라와 왕래하면서 번성하는 대도시였을 것이다.[19] 심지어 유다가 과거 북왕국 영토로 팽창하여 (이는 문헌사와 관련해서 특별히 중요한 사실인데) 벧엘과 야곱 전승과 사사기 내러티브를 포함하여 이곳에 전해 내려온 전승을 하나로 흡수했을 수도 있다.[20]

성서는 요시야에게 신명기의 핵심적인 근본 원리와 일치하게 예배의 통일성과 순수성에 유의하는 포괄적인 예배 개혁의 공을 돌린다. 그러나 다양하게 통시적 단계로 구성된 열왕기하 23장의 이른바 개혁 기사는 그 대신 이 기사의 기초가 성전에서 이루어진 정화 조치에 대한 묘사에 있는 반면 예배의 중앙 집중화는 훗날 더해진 것임을 암시한다. 그렇더라도 우리가 이 기사의 역사성에 대해 근본적으로 부정적인 판단을 내려야 하는지는 여전히 해결되지 않은 문제다.[21]

---

18 Schipper 1999, 236-39; Vanderhooft 1999, 69-81.
19 Sass 1990; Steiner 2007.
20 Na'aman 1991; 그러나 다음을 참고하라. de Vos 2003.
21 Uehlinger 1995; Keel 2007, 545-55; 다음 책들의 논의를 보라. Gieselmann 1994; Schmid 2006b, 42 n. 90; Noll 2007, 330-31; 신명기 12장을 제의적 중앙 집중화에 관한 본문이 아니라 제의적 정당화에 대한 본문으로 보는 다음 책의 대안적 해석도 함께 참고하라. Knauf 2005b, 184-88.

2. 신학적 평가

앞장에서 앗수르 시대 이전 구약 문헌의 "시작"을 다루었을 때 그 함의는 성서 문헌사의 진정한 출발점을 앗수르 시대에서 찾아야 한다는 것이었다. 이는 경험적으로 그에 상응하는 문화-역사적 연구 결과에 근거를 둘 수 있으며 연구 결과는 앗수르 시대 이전에는 이스라엘과 특히 유다가 독창적인 문학이 가능할 정도의 수준을 갖춘 국가가 아니었음을 암시한다.

이스라엘과 유다에서 국가적 지위의 발전을 북돋운 것은 아마도 앗수르의 문화-역사적 영향이었을 것이며 그 결과 이스라엘과 유다는 "2차 국가"로 간주될 수 있었다.[22] 물론 이스라엘의 경우 이 초창기 국가를 겨우 몇 십 년 뒤에 종말에 이르게 한 것도 바로 앗수르의 군사적 압력이었다.

그러나 바로 이 재앙이 문헌사적 관점에서는 큰 의미를 지녔을 수 있다. 이 사건에 대한 숙고가 여러 방면에서 강한 전통의 발전으로 이어졌기 때문이다. 다음으로 유다에서 주전 7세기 말에 당대 문헌에 그 흔적을 남긴 것은 무엇보다도 전통적으로 매우 강력한 선전 기관이었으나 이제는 쇠퇴일로에 있는 앗수르 세력과 대비되는 자기 나름의 문화·종교적 정체성의 확립이었다.

문헌사 전체의 추동력에 대해 말할 수 있는 것은 문헌사의 신학적 관점에 대해서도 필요한 수정만 거치면 마찬가지로 사실이 된다. 종주권 조약을 통해 제국 전체에 "공표되고" 부과된 앗수르 국가 종교에 물든 앗수르의 선전을 담은 전형적인 문헌과의 접촉과 갈등은 북왕국이 멸망한 경험에 대한 영적이고 지적인 흡수와 더불어 고대 이스라엘과 유다에서 처음으로 "신학"의 구성을 초래했다(구약에 "신학들"과 비슷한 것이 있다는 점을 받아들일 준비가 되어 있다면).[23]

---

22 Knauf 1994, 80.
23 참고. Smend 1982; Gerstenberger 2001; Kratz 2002.

혹자는 앗수르에 이와 비슷한 것이 있다면 그것도 "신학"으로 묘사할 수 있을 것이다.[24] 이는 여기에 유다와 이스라엘이 국가로서 사상 최초로 엄청난 신학적 도전을 겪었던 제국 개념과 문화 접촉이 있었던 상황에서 이스라엘과 유다의 지적 발전 과정에 있어서 중요했다.

앗수르 시대에 발전한 구약 문헌의 구체적인 개념을 고려한다면 우리는 다음과 같이 네 가지 규모 있는 기본 신학적 흐름을 구별할 수 있다.

첫째, 처음으로 거론해야 할 것은 앗수르의 위협과 이후 북왕국의 멸망에 대해 하나님이 아니라 왕과 백성을 비난하는 것으로 대응하는 전승(예언서, 열왕기)이다.

이런 전승은 북왕국을 다루는 것에 한정하지 않는 것으로 보인다. 오히려 문헌 창작을 통해 **다시 훈계하는** 과정은 (만약 그것이 처음부터 유다에게 적용되지 않았다면) 이 비난을 동시에 똑같이 하나님을 예배한 유다에 대한 경고로 확대시킨다.

바로 이런 비판적 입장 때문에 이런 전승이 앗수르 시대에는 별다른 의미를 갖지 못했을 것이다. 바벨론 시대에 유다가 멸망한 뒤에야 비로소 이 전승이 "확증"되고 "정통"이 되었다. 이런 측면에서 아모스 전승이 특별히 중요성을 갖는 것처럼 보인다. 아모스 전승은 하나님을 자기 백성에 대해 강력하고 결정적으로 행동하시는 분으로 간주하는 가장 오래된 예언 개념이기 때문이다.

이사야 전승의 첫머리는 아모스 전승을 암묵적이지만 충분히 분명하게 인용하며(예. 사 9:7) 아모스서의 심판 예언에 유다를 포함하도록 확대시킨다. 이사야 전승의 유다에 대한 심판 메시지가 주전 701년에 있었던 구원 경험에 의해 거짓으로 밝혀진 것처럼 보였다는 사실을 아는 것은 앗수르 시대 이사야 전승을 이해하는 데 특별히 중요하며 이사야 전승은 (최소한 그 심판의 측면과 관련해서) 미가서의 핵심 부분과 더불어 바벨론 시대까지 어느 정도는 "거짓 예언"에 머물러 있어야 했다.

---

24 Oeming et al. 2004.

둘째, 모세-출애굽 내러티브나 사사 전승같이 "왕이 없는" 이스라엘의 기원에 대한 전설의 창작 문헌이 존재한다.

이런 전설은 난데없이 나타난 것이 아니며 기존의 전승과 기억을 왕과 독립적인 이스라엘이라는 당시로서는 새로운 문헌25 개념으로 압축한 것이다.

셋째, 지혜와 시편 전승의 자료는 서로 다른 방향으로 왕정의 이상을 계속해서 지지하는 것처럼 보인다.

이 선택지는 해석하기 쉽지 않다. 그것은 유다에 계속해서 존재한 왕권을 찬미하는 순전히 유다적인 관점을 표현하거나 아니면 이미 경험한 이웃한 나라의 멸망에 사실과 상반되게 관련되어 있고 바로 그 이유 때문에 왕정 제도에 집착하는 입장이다. 이런 대안이 상호 배타적인 것은 아니다.

넷째, 마지막으로 (아마도 주전 7세기 말에 이르러서야 신 앗수르 제국의 멸망이라는 역사적 배경에서) 앗수르가 요구한 충성의 관계를 이스라엘과 이스라엘의 하나님과의 관계로 전환시키는 결정적으로 반-앗수르적인 개념을 감지할 수 있다.

여기서는 특히 신명기를 언급해야 하며 신명기는 신 앗수르 제국의 언약 신학에 대한 반체제적인 수용으로 접근할 수 있다.

---

25 사사 전승의 경우에는 보다 친 앗수르적이고 모세-출애굽 내러티브의 경우에는 보다 반앗수르적이다.

3. 전승의 영역

1) 제의 및 지혜 전승

(1) 시편

(시편이 묘사하는 개인적·집단적 상황은 장르 그 자체로 인해 시간이 흐르면서 일정한 불변성을 드러내므로) 시편에서 연대 추정 문제는 자료의 성격 자체로 인해 어려워지지만 몇몇 시편은 상당히 개연성 있게 신 앗수르 시대의 범주에 넣을 수 있다. (만일 우리가 이러한 집단적 개념을 기꺼이 왕정 시대의 민족적인 종교적 정통에 대한 묘사로 계속해서 받아들인다면) 그 시대의 시편 전승은 아마도 언제나 전통적인 예루살렘 예배 전승 안에 위치해 있었을 것이다.

야훼의 임재에 기초한 시온의 안전에 대한 신학적 약속은 예루살렘이 주전 701년 앗수르의 포위에서 구원받은 경험에서 강력한 추동력을 얻었다. 따라서 시온에 관한 시인 시편 *46편과 *48편의 기본적인 형태는 아마도 앗수르 시대에 속했을 것이다.[26]

우선 전승의 역사와 창작비평의 관점에서 이사야와 예레미야의 본문은 이 시편을 기반으로 삼고 있는 것으로 보인다. 더구나 시온의 견고함에 대한 이 두 시편의 실질적인 신학적 진술은 주후 587년 이후로는 (어쨌든 새로 만들어진 약속으로서는) 설명하기 어려울 것이다. 이 시편의 문헌 형성은 최소한 주전 701년의 여러 사건을 전제로 하고 있는 것으로 보인다.[27]

이 시편을 포로기 이후 소망에 찬 종말론적 본문으로 해석하려는 시도는 최소한 시편 48편에 대해서는 일차적으로 과거 시제 형태로 인해 실패한다.[28] 그 대신 시편 46편과 48편은 므낫세 시대를 배경으로 삼으면 더 쉽게 이해된다.[29]

---

26 참고. Spiekermann 1992; 시편 48편에 대해서는 Körting 2006b, 177도 참고하라.
27 Keel 2007, 447.

게다가 시편 *24편이나 *93편 같은 찬가는 흔히 시편에서도 오래된 자료에 속한 것으로 간주된다.[30] 이 시편은 아마도 그에 상응하는 예배 활동을 반영한 시편일 것이다.

주로 스칸디나비아 학자들이 대표하는 시편에 대한 제의-역사적 해석에 따르면 이러한 접근 방식은 억지처럼 보인다. 이런 접근 방식은 거의 모든 시편의 배후에서 그에 상응하는 축제를 찾아 발견하기 때문이다. 이러한 해석이 지닌 근본적인 문제는 이런 축제의 존재를 다른 식으로는 입증할 수 없다는 점이었다.

반면 사실 시편에 축제를 고려한 몇 가지 제의적인 본문이 존재할 가능성도 있다. 시편 *24편의 경우 특히 분명한 한 가지 사례를 보여 준다. 행동을 요구하는 적절한 지시("들지어다")가 들어있기 때문이다. 문답식 대화도 마찬가지로 여러 사람들에 의한 제의적 낭독을 암시한다.

> 문들아 너희 머리를 들지어다
>   영원한 문들아 들릴지어다
>   영광의 왕이 들어가시리로다
> 영광의 왕이 누구시냐
>   강하고 능한 여호와시오
>   전쟁에 능한 여호와시로다
> 문들아 너희 머리를 들지어다
>   영원한 문들아 들릴지어다
>   영광의 왕이 들어가시리로다
> 영광의 왕이 누구시냐

---

28 Wankee 1966; 시편 46편에 대해서는 다음 책들도 참고하라. Uehlinger and Grandy 2005; Körting 2006b, 186.
29 Knauf 2005b; 참고. Keel 2007, 733-39.
30 Jeremias 1987; Kratz 2003a.

만군의 여호와께서

곧 영광의 왕이시로다(시 24:7-10).

이 본문의 배후에 있는 "행진의 신학"은 아마도 신 앗수르 제국의 **아키투 축제**와 문화적 접촉을 전제로 한 듯하며 이는 이 시편 연대가 주전 8세기나 7세기임을 암시한다.[31]

시편 29편이나 68편 같은 북왕국 시편이 예루살렘에서 수용된 것도 주전 720년 이후의 시기에 속하는 일일 것이다.[32] 그러나 우리가 이런 본문이 북왕국에서 기원했다는 점을 받아들인다면 이 본문은 주전 587년의 재앙을 입지 않은 벧엘의 도서관을 통해서 바벨론 시대나 페르시아 시대에 수용되었을 것이다.

마지막으로 제왕시인 시편 72편에서 추정되는 기본적인 형태는 분명히 신 앗수르 시대의 배경을 드러낸다. 시편 *72편이 그 문헌 형태에 있어서 오스납발의 대관식 찬가(주전 669년)에 직접적으로 의존하고 있고 원래는 요시야의 대관식 찬가(주전 639년)로 창작되었다는 논지[33]는 너무 대담해 보인다.[34] 그러나 신 앗수르 시대의 제왕적 이념과의 전승사적 유사성은 정확히 확인된다.[35] 왕은 이상적인 통치자, 지혜로운 재판관, 백성의 운명을 결정하는 행위자로 묘사된다. 그의 왕국은 앗수르 제국을 직접 반영하는 것으로 묘사된다.

그가 바다에서부터 바다까지와 [유브라데] 강에서부터 땅 끝까지 다스리리니(시 72:8).

---

31 Pongratz-Leisten 1994.
32 Jeremias 1987.
33 Arneth 2000.
34 Hossfeld and Zenger 2000, 308 (English 205); Janowski 2002a; 2003a; Morrow 2005.
35 따라서 시편 2편에 대해서는 Otto 2003을 참고하라. 세부 내용에 있어서 다른 견해를 보려면 Hartenstein 2004를 보라.

그러나 그 모든 유사점에도 불구하고 시편 72편의 신학적 반전이 결정적이다. 여기서 율법과 공의는 하나님에게서 말미암는 것이지("주의 판단력 … 주의 공의", 1절)[36] 고대 근동에서 전통적으로 그랬던 것처럼 입법자인 왕이 이루는 것이 아니다.[37]

따라서 공의의 영역은 "사회적·정치적 영역에서 신학적 영역"으로 옮겨지며 "하나님의 뜻에 직접적으로 종속된다."[38] 그런 의미에서 시편 *72편은 신학적으로 신명기의 기본적 의도와 매우 가까우며 그 의도는 신 앗수르 제국의 충성에 대한 개념을 대왕에 대한 충성에서 여호와에 대한 충성으로 전환시키려는 것이었다.

시편 *60편도 에돔에 대한 표현을 고려하면 그 시기를 어느 정도 개연성 있게 추정할 수 있다.[39] 이 본문은 아마도 주전 600년에서 598년 사이에 창작되었을 것이고 따라서 신 앗수르 시대의 작품이다.[40]

1절에서 솔로몬의 시편으로 묘사되는 시편 72편과 내용에서 짝을 이루는 것은 열왕기상 3-10장에 나오는 솔로몬의 통치 체제와 통치에 대한 광범위한 기술에서 발견되는데 이 본문에서는 솔로몬을 유브라데 강부터 가사까지 다스리며 온 세상에서 가장 위대하고 가장 지혜로우며 가장 부유한 왕으로 묘사한다(왕상 5:14; 10:23-24).

비록 열왕기상 6-7장에 나오는 성전에 대한 묘사는 제2성전에서 거꾸로 투영된 후대의 요소를 담고 있지만 이러한 묘사는 솔로몬의 왕권을 앗수르의 모델에 따라 표현한 것에서 유래했을 것이다.[41]

---

36   참고. Hossfeld and Zenger 2000, 319-20 (English 212-13).
37   Otto 1998c, 123: "모든 법은 바벨론과 고대 근동 전체에서 왕의 법이었다."
38   Assmann 1992, 65.
39   Knauf 200d.
40   이와 다른 견해로는 Emmendörffer 1998, 162-73.
41   Finkelstein and Silberman 2006, 157-58.

신 앗수르 시대의 시편이 이미 시편의 "초기 단계"를 구성했는지, 즉 이미 한 권의 책을 구성했는지 여부는 수용된 형태의 시편이 지닌 기존의 매우 복잡한 구조를 고려하면 말하기 어렵다.

쿰란에서 발견한 유물을 바탕으로 보면 주전 2세기에도 시편의 전반적인 구조가 아직 최종적으로 확립되지 않았다는 것을 알 수 있다. 그럼에도 불구하고 앗수르 시대에 개별 시편이 주제에 따라 수집되었을 가능성은 없지 않다. 그렇지만 시편이 수집된 방법을 재구성하기는 여전히 어렵다.

(2) 보다 오래된 지혜 문헌

구약의 지혜 문헌은 상당히 전통적이다. 아마도 많은 경우 그 격언으로서의 성격을 고려할 때 지혜 문헌 자료는 기록된 형태로 만들어지지 않더라도 비교적 안정된 구두 전승이었을 것이다.

잠언의 신학-역사적 개요를 근거로 볼 때 잠언 본문의 가장 오래된 부분은 10-29장에서 찾을 수 있을 것으로 추정된다.[42] 최소한 몇몇 부분을 왕정 시대(최소한 유다 왕국 시대), 즉 앗수르 시대에 수집했을 것이라는 점은 왕에 대한 일련의 진술이 포함됨으로써 이 부분의 편집적 일관성을 얻게 된다는 사실에서 발견되며 그런 진술은 최소한 유다에 왕정이 존재함을 전제로 하는 것처럼 보인다(참고. 잠 14:28, 35; 16:10-15; 20:24-28; 21:1-2, 30-31; 25:6-7 등).[43]

이것이 사실이라면 이런 격언을 수집하고 기록하는 일은 아마도 궁정에서 이루어졌을 것이다. 이는 또한 잠언 25:1의 자기 증거와 일치하는데 이 구절은 그 자체로 (그리고 무비판적으로 읽으면) 아무런 역사적 신빙성도 없다.

---

42 Meinhold 1991.
43 다음 책들을 보라. Scherer 1999; Fox 1996.

이것도 솔로몬의 잠언이요 유다 왕 히스기야의 신하들이 편집한 것이니라 (잠 25:1).[44]

그러나 우리는 많은 본문에서 "왕"이라는 단어가 통치나 리더십을 가리키는 암호로만 사용된다는 점을 고려해야 하므로 제도사적 관점의 평가는 전혀 설득력이 없다. 왕권을 이상화하는 본문이 그와 반대되는 경험에 대한 반응으로 창작되었거나 전수되었을 가능성도 있다.

잠언의 신학적 개요와 관련해서 과거에 학자들이 했던 시도와 달리[45] 모든 "여호와" 잠언을 전부 묶어 부수적인 잠언으로 평가해선 안 된다.[46] 고대의 지혜는 결코 "부수적인" 것이 아니었다. 오히려 그것은 최소한 암묵적으로나마 "신학적인" 것, 후대의 "신학화"를 개념적으로 배제하지 않는 것이었다.

그 대신 우리는 잠언에 있는 특정 개념에 주의를 기울여야 한다. 여호와는 이른바 원인과 결과, 또는 행동과 결과의 관계의 기원이자 보증자로 볼 수 있지만 체계적으로 고정된 방식으로 그렇게 볼 수 있는 것은 아니다.[47]

우리는 잠언 22:17-24:22에서 잠언 안에 있는 부분적인 모음집의 기원과 창작에 대한 특별히 흥미로운 통찰을 몇 가지 얻을 수 있다.[48] 여기서 발견되는 본문은 이집트 전승에서 비롯된 것으로 보이며 이집트 전승의 수용은 십중팔구 페니키아인을 통해 이루어졌을 것이기 때문이다.

이 본문은 람세스 시대 아메네모페의 가르침과 가까운 관계를 드러내며[49] 아메네모페의 가르침은 다시 보다 오래된 격언 모음집에서 비롯되었기 때문

44　Clifford 1999, 3, 7.
45　Whybray 1965; McKane 1970.
46　Wilson 1987; Ernst 1994, 68-79.
47　Hausmann 1995, 237-43.
48　Römheld 1999; Bernd U. Schipper 2004; 2005.
49　*TUAT* 3: 222-50.

이다. 부분적 인용 과정과 잠언 22:17-24:22에서 아메네모페의 가르침을 받아들였음을 알 수 있게 하는 모티프, 주제, 또는 개념의 차용이 이미 아메네모페의 가르침 그 자체의 창작에 속했다는 점은 주목할 만하다.

따라서 잠언 22:17-24:22의 기원은 아마도 페니키아인에 의해 레반트 지역에 전해졌을 이집트 학교의 관습을 반영한다.

문헌사의 측면에서 이스라엘 지혜 문헌의 기원을 윤리와 법을 구별하는 과정과 결부시킬 수 있는지를 질문해 볼 수 있을 것이다.[50] 주전 7세기 고대 이스라엘에서는 지혜 문헌뿐만 아니라 나름 법률 문헌(언약의 책)도 생겨나기 시작했다. 율법이 독자적으로 기록된 실체로 공고화되자마자 윤리도 우리가 지혜 문헌의 첫머리에서 발견하는 것과 같은 기록 형태를 가졌을 가능성이 있다.

2) 내러티브 전승

(1) 신명기 사가적인 "열왕기"의 기원

사무엘서와 열왕기를 종합하면 그 내용이 암시하는 대로, 또 70인경에서 실제로 그렇듯이[51] 이 두 책은 독특한 문헌 실체를 표현한다는 점이 분명해진다. 사무엘서 1장의 첫머리는 이미 앞의 내용과 대조적으로 무언가 새로운 일이 시작되고 있음을 보여 주며 그것이 반드시 현재 정경상 그 앞의 책에서 묘사된 내용과 관련이 있는 것은 아니다.

> 에브라임 산지 라마다임소빔에 에브라임 사람 엘가나라 하는 사람이 있었으니 그는 여로함의 아들이요 엘리후의 손자요 도후의 증손이요 숩의 현손이더라(삼상 1:1).

---

50 Otto 1987/1996c.
51 그러나 다음 책을 참고하라. Hutzli 2007, 238-45.

주제상으로나 신학적으로나 사무엘상 1장의 첫머리는 역사적 상황의 분위기를 바꾼다. 이제부터 관심의 초점은 일차적으로 개별 인물에게 있지 더 이상 백성 전체에 있는 것이 아니다. 하나님의 역사 개입은 신학적으로 규범적인 방식으로 발생한다. 그것은 백성에게도 영향을 미치지만 왕의 "바른 행동"에 좌우된다. 왕에 대한 특정 관점은 이미 사무엘서 첫머리에서 이스라엘 내의 왕정 수립에 관한 사무엘과 백성의 대립 속에서 확립된다(삼상 8-12장).

열왕기, 그 중에 특히 심판 본문에서 눈에 띄지만 사무엘서의 설명과 실질적으로 관련된 사무엘서-열왕기 전체의 문헌 형식을 학자들은 아마도 주전 7세기 말엽 요시야 시대에 생겨났을 신학적 사고의 방향과 자주 연관시킨다. 이러한 사고는 신명기 문헌 핵심부의 창작에 반영되어 있지만 그 대상이 왕정 시대와 그 전역사이며 현재는 문헌적으로 전기 예언서(여호수아-열왕기하)와 결합되어 있는 역사적 자료에 대한 집단적 해석의 원인이 되기도 한다.

학자들은 신명기와 실질적이고 언어학적인 관련성을 고려하여 "신명기 및 신명기 사가 전승"에 대해 이야기하면서 "신명기적"이라는 형용사는 신명기 문헌 핵심부의 신학에, "신명기 사가적"이라는 형용사는 신명기의 틀과 특히 여호수아-열왕기하에서 볼 수 있는 것 같은 이후의 신학 발전에 적용한다. 신명기와 여호수아-열왕기 외에 "신명기주의"(Deuteronomism)는 구약의 다른 책에서도 발견되며 특히 예레미야서와 출애굽기-민수기에서도 발견된다.

이러한 사상의 기원을 요시야 시대로 추정하는 것은 대개 충분한 근거가 있다. 이러한 사상은 그 기본적 구조의 측면에서 앗수르에서 비롯된 것이기 때문이다. 이것은 앗수르의 충성에 대한 개념과 부합되게 무제한적인 충성, 이 경우에는 앗수르 왕에 대한 충성이 아니라 이스라엘의 하나님인 야훼에 대한 충성을 요구한다.[52]

---

[52] Steymans 1995a, b; Otto 1997b; 1999a.

이 요구는 신명기에서 긍정적인 의미로 제기되는 반면 여호수아-열왕기하에서는 (예레미야서에서도) 이스라엘과 지도자들이 이 의무를 다하지 않아서 필연적인 신학적 결과로 처음에는 북왕국의 멸망, 다음에는 남왕국의 멸망을 초래했다고 단언한다.

신명기 본문과 신명기 사가의 본문은 질서라는 전반적인 개념의 틀 안에서 죄와 형벌을 연결시키면서 분명한 지혜의 영향을 드러낸다.[53] 더구나 이 두 본문은 심판 예언에 대한 실질적 평행 본문을 보여 주며 심판 예언은 불행의 원인을 죄에서 찾는다.

과거에는 신명기 사가의 본문이 기원한 때를 신명기의 집필과 열왕기하의 마지막 장면(주전 562년의 여호야긴의 석방) 사이의 시기로 더욱 좁히는 것이 나아 보였지만 이제는 이러한 신학적 관점이 구약 문헌사에서 훨씬 더 긴 시간 동안 통용되었다는 점이 분명해졌다.[54] 심지어 다니엘 9장, 바룩서 같은 후대 문헌과 마태복음 및 누가복음의 특정 본문도 신명기 사가의 사고에 의해 형성된 것이 분명하다.

따라서 신명기주의는 몇몇 기본적인 신학적 신조와 눈에 띄게 독특한 언어를 통해 그 정체성을 획득한 장기적인 현상이다. 그러나 이러한 두 가지 구성 요소는 자연히 어느 정도의 변화를 겪었다. 특히 신명기주의의 신학은 우리가 이후 더 깊이 논의할 발전 과정을 드러낸다.

우리는 포로기 초기에 매우 제한된 초점을 가지고 활동한 어느 학파의 이미지와 결정적으로 거리를 두어야 한다. 마찬가지로 이른바 언어를 통한 증명도 오해를 초래할 소지가 있다. 신명기 사가의 본문은 이전에는 그 언어의 성격으로 인해 상당히 확실하게 인식할 수 있는 것으로 여겨졌다.[55] 그와 달리 우리는

---

53 Weinfeld 1972, 244–319.
54 Steck 1967; Römer 2005; Person 2007.
55 다음 책의 견해도 이와 같다. Thiel 1973; 1981.

전혀 신명기 사가답지 않은 내용을 포함한 "신명기 사가"적으로 보이는 본문도 있다고 주장해야 한다(예. 렘 24장이나 31:31-34). 언어학적 용법은 신명기 사가적인 본문을 정의하기에 충분한 특징이 아니며 신명기 사가적인 본문은 그 대신 개념적으로 그러한 본문으로 입증 가능해야 한다.

그렇다면 열왕기에서 신명기의 기원을 어떻게 정의해야 하는가?[56]

벨하우젠조차 "열왕기의 실제 저작은 바벨론 유수 이전에 이루어졌고 그 뒤에야 비로소 포로기 내지 포로기 이후의 개정이 이루어졌다"는 의견을 갖고 있었다.[57] 왕에 대한 심판이 실질적으로 절정에 달하는 지점은 열왕기하 22-23장이다. "열왕기의 이러한 얼개를 구성한 저자는 요시야의 개혁에 온전히 충실했다."[58]

벨하우젠, 그리고 다음에는 프랭크 무어 크로스(Frank Moore Cross)[59]를 비롯한 학계의 큰 흐름과 더불어, 그리고 노트(Noth)에게 크게 영향을 받은 독일어권의 20세기 고전적인 "신명기 사가적 역사" 연구[60]에는 반대하는 가운데, 어쨌든 우리는 왕들에 대한 심판의 틀이 포로기 이전 형태의 (*사무엘서-)*열왕기에서 만들어졌는지 검증해 봐야 한다.

그러면 (어떤 형태로든 이 입장을 고수할 경우) 그 기원은 주전 587년의 참화를 설명할 필요성에 의존하지 않을 것이고 그 대신 요시야의 개혁이 필요한 근거를 북왕국의 모든 왕(과 남왕국의 일부 왕들)에 대한 부정적인 평가와 북왕국의 멸망에 두게 할 것이다.

---

56 특히 Noth 1943의 고전적 입장과 달리 다음 책들의 보다 차별화된 접근 방식을 참고하라. Weippert 1972; Lemaire 1986; Halpern and Vanderhooft 1991.
57 Wellhausen ³1899, 298; 참고. Schmid 2006b; Stipp 2011b.
58 Wellhausen ³1899, 295.
59 Cross 1973; 참고. 예컨대 Nelson 1981; 2005; Halpern and Vanderhooft 1991; Knoppers 1994; Eynikel 1996; Sweeney 2001; Römer 2005; Stipp 2011b.
60 Noth 1943; 다음 책들의 개관을 참고하라. Preuss 1993; Dietrich 1999.

심판 본문의 문헌 표현과 역사적 내용을 분리해야 하는지도 질문해 봐야 한다. 그러면 요시야와 그의 (역사적으로 논란이 된) 개혁은 최종 목표가 아니라 페르시아에 의해 예루살렘이 회복된 시대에 그 둘의 이상화된 이미지로 상정될 것이다.

어쨌든 이 틀에 대한 기본적인 진술은 언뜻 봐도 요시야를 향한[61] 실질적 방향을 잘 보여 준다. 북쪽의 왕은 모두 부정적인 책망을 받는다. 그들은 모두 "여로보암의 죄"를 고수하기 때문이다.

> 나답이 … 여호와 보시기에 악을 행하되 그의 아버지의 길로 행하며 그가 이스라엘에게 범하게 한 그 죄 중에 행한지라(왕상 15:25-26).

> 바아사가 … 여호와 보시기에 악을 행하되 여로보암의 길로 행하며 그가 이스라엘에게 범하게 한 그 죄 중에 행하였더라(왕상 15:33-34).

> 시므리가 … 죽었으니 이는 그가 여호와 보시기에 악을 행하여 범죄하였기 때문이니라 그가 여로보암의 길로 행하며 그가 이스라엘에게 죄를 범하게 한 그 죄 중에 행하였더라(왕상 16:18-19).

> 오므리가 여호와 보시기에 악을 행하되 그 전의 모든 사람보다 더욱 악하게 행하여 느밧의 아들 여로보암의 모든 길로 행하며 그가 이스라엘에게 죄를 범하게 한 그 죄 중에 행하여 그들의 헛된 것들로 이스라엘의 하나님 여호와를 노하시게 하였더라(왕상 16:25-26).

---

61 또는 왕하 22-23장에 대한 회의적인 관점을 취한다면, 이른바 "요시야"를 향한 것이다.

아합이 … 그의 이전의 모든 사람보다 여호와 보시기에 악을 더욱 행하여 느밧의 아들 여로보암의 죄를 따라 행하는 것을 오히려 가볍게 여기며 시돈 사람의 왕 엣바알의 딸 이세벨을 아내로 삼고 가서 바알을 섬겨 예배하고(왕상 16:29-31).

아하시야가 … 여호와 앞에서 악을 행하여 그의 아버지의 길과 그의 어머니의 길과 이스라엘에게 범죄하게 한 느밧의 아들 여로보암의 길로 행하며(왕상 22:51-52).

여호람이 … 여호와 보시기에 악을 행하였으나 그의 부모와 같이 하지는 아니하였으니 이는 그가 그의 아버지가 만든 바알의 주상을 없이하였음이라 그러나 그가 느밧의 아들 여로보암이 이스라엘에게 범하게 한 그 죄를 따라 행하고 떠나지 아니하였더라(왕하 3:1-3).

예후가 이와 같이 이스라엘 중에서 바알을 멸하였으나 이스라엘에게 범죄하게 한 느밧의 아들 여로보암의 죄 곧 벧엘과 단에 있는 금송아지를 섬기는 죄에서는 떠나지 아니하였더라 … 그러나 예후가 전심으로 이스라엘 하나님 여호와의 율법을 지켜 행하지 아니하며 여로보암이 이스라엘에게 범하게 한 그 죄에서 떠나지 아니하였더라(왕하 10:28-31).

여호아하스가 … 여호와 보시기에 악을 행하여 이스라엘에게 범죄하게 한 느밧의 아들 여로보암의 죄를 따라가고 거기서 떠나지 아니하였으므로(왕하 13:1-2).

여로보암이 … 여호와 보시기에 악을 행하여 이스라엘에게 범죄하게 한 느밧의 아들 여로보암의 모든 죄에서 떠나지 아니하였더라(왕하 14:23-24).

스가랴가 … 그의 조상들의 행위대로 여호와 보시기에 악을 행하여 이스라엘로 범죄하게 한 느밧의 아들 여로보암의 죄에서 떠나지 아니한지라(왕하 15:8-9).

브가히야 … 여호와께서 보시기에 악을 행하여 이스라엘로 범죄하게 한 느밧의 아들 여로보암의 죄에서 떠나지 아니한지라(왕하 15:23-24).

베가가 … 여호와께서 보시기에 악을 행하여 이스라엘로 범죄하게 한 느밧의 아들 여로보암의 죄에서 떠나지 아니하였더라 (왕하 15:27-28).

므나헴이 … 여호와 보시기에 악을 행하여 이스라엘로 범죄하게 한 느밧의 아들 여로보암의 죄에서 평생 떠나지 아니하였더라(왕하 15:17-18).

호세아가 … 여호와께서 보시기에 악을 행하였으나 다만 그 전 이스라엘 여러 왕들과 같이 하지는 아니하였더라(왕하 17:1-2).

마지막 왕 호세아(왕하 17:1-2)는 무언가 예외적인 왕이다. 아마도 이러한 차이는 7절부터 시작해서 이스라엘이 죄의 주체로 소개되고 있다는 사실에서 기인했을 것이고 따라서 호세아는 정상이 참작된다.

반면 르호보암 이후 요시야까지 남쪽의 왕 열세 명 중에서(왕상 14:22의 칠십인경 번역을 참고하라) 일곱 명은 전반적으로 긍정적인 판단을 받지만 이들은 (아사, 히스기야, 요시야의 경우를 제외하면) 모두 "다만 산당들을 제거하지 아니하였으므로 백성이 여전히 산당에서 제사하며 분향하였더라"라는 제한 조건이 붙는다.

(이어지는 내용에서 이탤릭체로 표시된) 역대 왕 중에 예외는 아비얌(왕상 15:1-3), 여호람과 아하시야(왕하 8:16-9:22-25), 아하스(왕하 16:1-4), 므낫세와 아몬(왕하 21:1-2, 19-22)의 여섯 가지 대조 사례다. 이들은 모두 정죄받는다.

긍정적 평가와 부정적 평가가 이처럼 수적으로 거의 대등하다. 이와 동시에 문맥에 비추어 부정적 판단은 명백히 확인할 수 있는 상황에 의존하기 때문에 "예외"라고 말할 수 있다. 즉, 여호람과 아하시야는 북왕국의 아합 집안과 관련되어 있다. 그리고 아합은 시돈의 이세벨과의 결혼으로 인해 특별히 혹독한 정죄를 받는다. 따라서 여호람과 아하시야는 친척 관계 때문에 북왕국에 대한 일반적인 판결을 받는다.

(르호보암뿐만 아니라) 아비얌, 아하스, 므낫세, 아몬은 특정한 제의적 악행을 저지르며 그 이유 때문에 긍정적인 평가를 받을 수 없다.

> 아비얌이 … 그의 아버지가 이미 행한 모든 죄를 행하고 그의 마음이 그의 조상 다윗의 마음과 같지 아니하여 그의 하나님 여호와 앞에 온전하지 못하였으나(왕하 15:1-3).

> 아사가 그의 조상 다윗 같이 여호와 보시기에 정직하게 행하여 … 다만 산당은 없애지 아니하니라 그러나 아사의 마음이 일평생 여호와 앞에 온전하였으며(왕상 15:11-14).

> 여호사밧이 … 그의 아버지 아사의 모든 길로 행하며 돌이키지 아니하고 여호와 앞에서 정직히 행하였으나 산당은 폐하지 아니하였으므로 백성이 아직도 산당에서 제사를 드리며 분향하였더라(왕상 22:41-43).

여호람이 … 이스라엘 왕들의 길을 가서 아합의 집과 같이 하였으니 이는 아합의 딸이 그의 아내가 되었음이라 그가 여호와 보시기에 악을 행하였으나 여호와께서 그의 종 다윗을 위하여 유다 멸하기를 즐겨하지 아니하셨으니 이는 그와 그의 자손에게 항상 등불을 주겠다고 말씀하셨음이더라 (왕하 8:16-19).

아하시야가 … 아합의 집 길로 행하여 아합의 집과 같이 여호와 보시기에 악을 행하였으니 그는 아합의 집의 사위가 되었음이러라 (왕하 8:25-27).

요아스는 제사장 여호야다가 그를 교훈하는 모든 날 동안에는 여호와 보시기에 정직히 행하였으되 다만 산당들을 제거하지 아니하였으므로 백성이 여전히 산당에서 제사하며 분향하였더라(왕하 12:2-3).

아마샤가 … 여호와 보시기에 정직히 행하였으나 그의 조상 다윗과는 같지 아니하였으며 그의 아버지 요아스가 행한 대로 다 행하였어도 오직 산당들을 제거하지 아니하였으므로 백성이 여전히 산당에서 제사를 드리며 분향하였더라(왕하 14:1-4).

아사랴가 … 그의 아버지 아마샤의 모든 행위대로 여호와 보시기에 정직히 행하였으나 오직 산당은 제거하지 아니하였으므로 백성이 여전히 그 산당에서 제사를 드리며 분향하였고(왕하 15:1-4).

요담이 … 그의 아버지 웃시야의 모든 행위대로 여호와께서 보시기에 정직히 행하였으나 오직 산당을 제거하지 아니하였으므로 백성이 여전히 그 산당에서 제사를 드리며 분향하였더라(왕하 15:32-35).

아하스가 … 이스라엘의 여러 왕의 길로 행하며 또 여호와께서 이스라엘 자손 앞에서 쫓아내신 이방 사람의 가증한 일을 따라 자기 아들을 불 가운데로 지나가게 하며 또 산당들과 작은 산 위와 모든 푸른 나무 아래에서 제사를 드리며 분향하였더라(왕하 16:1-4).

히스기야가 … 그의 조상 다윗의 모든 행위와 같이 여호와께서 보시기에 정직하게 행하여 그가 여러 산당들을 제거하며 주상을 깨뜨리며 아세라 목상을 찍으며 모세가 만들었던 놋뱀을 이스라엘 자손이 이때까지 향하여 분향하므로 그것을 부수고 … 히스기야가 이스라엘 하나님 여호와를 의지하였는데 그의 전후 유다 여러 왕 중에 그러한 자가 없었으니 곧 그가 여호와께 연합하여 그에게서 떠나지 아니하고 여호와께서 모세에게 명령하신 계명을 지켰더라(왕하 18:1-6).

므낫세가 … 여호와 보시기에 악을 행하여 여호와께서 이스라엘 자손 앞에서 쫓아내신 이방 사람의 가증한 일을 따라서 그의 아버지 히스기야가 헐어 버린 산당들을 다시 세우며 이스라엘의 왕 아합의 행위를 따라 바알을 위하여 제단을 쌓으며 아세라 목상을 만들며 하늘의 일월 성신을 경배하여 섬기며 (왕하 21:1-3).

아몬이 … 그의 아버지 므낫세의 행함 같이 여호와 보시기에 악을 행하되 그의 아버지가 행한 모든 길로 행하여 그의 아버지가 섬기던 우상을 섬겨 그것들에게 경배하고 그의 조상들의 하나님 여호와를 버리고 (왕하 21:19-22).

요시야가 … 여호와 보시기에 정직히 행하여 그의 조상 다윗의 모든 길로 행하고 좌우로 치우치지 아니하였더라(왕하 22:1-2).

열왕기상 12장-열왕기하 23장에 나오는 왕에 대한 판단을 이처럼 전반적으로 살펴보면 히스기야 시대에 산당을 파괴한 사건(왕하 18:4)부터 므낫세에 의해 산당이 재도입된 사건(왕하 21:2)을 거쳐 요시야 시대에 산당을 지속적으로 더럽힌 사건(왕하 23:8)에 이르기까지 주제에서 하나의 흐름이 있음을 알 수 있다.

우리는 이러한 틀의 연대를 어떻게 추정해야 하는가?

열왕기상 8:8, 9:21, 10:12, 19:19, 열왕기하 8:22같이 아마 혹은 분명히 여전히 왕정 시대의 상황을 전제로 한 "오늘까지"라는 눈에 띄는 표현[62] 외에도 포로기 이전의 기원을 뒷받침하는 것은 다음과 같은 주요 논거다.

① 열왕기에 열왕기하 17장 같은 식의 유다의 멸망에 대한 특별한 반성이 결여된 주목할 만한 상황(또한 눈에 띄게도 이 부분은 왕하 17장에서 19절에 삽입되었다).

② 열왕기하 23:26, 24:3[63]의 므낫세에 대한 본문과 열왕기하 23:32, 37(참고. 왕하 24:9, 19)에 나오는 요시야 이후의 왕에게 내려진 평가 속에서 모든 왕에 대한 요약적 비난에서 요시야 개혁의 공로를 신학적으로 무효화하려는 부차적으로 보이는 시도들.[64]

유다가 멸망한 뒤 (그에 따라 국가의 행복과 불행에 대한 책임이 왕에게 지워진) 고대 근동의 제왕 사상과 부합되게 왕에 대한 평가는 그 왕을 대재

62　Wellhausen ³1899, 298; Moenikes 1992, 335-36; Geoghegan 2003; 2006; 그러나 Becking 2007, 12-18을 참고하라.
63　Schmid 1997.
64　Vanoni 1985; Schmid 2004b; 2006b; 이와 다른 견해로는 Aurelius 2003b, 45-47.

앙의 원인으로 받아들인 이에 의해 해석되었다. 그에 따라 사무엘서-열왕기하 23장은 열왕기하의 마지막 두 장으로 계속 이어지면서 사후적으로 유다의 모든 왕에 대한 전반적인 비판도 시도했을 것이다.[65]

그러나 왕에 대한 평가가 요시야를 그 치세가 이스라엘과 유다 왕국의 역사에서 비교적 정점을 나타낸 이상적인 군주로 제시하려는 포로기(이후)의 노력에서 비롯되었을 가능성도 있다.[66] 그럴 경우 열왕기하 21장과 23-24장의 사후 해석과 재해석은 즉각적으로 당대의 것으로 간주해선 안 되는 역사화된 대상에 대한 서기관의 신학적 논쟁이 될 것이다.

어쨌든 사무엘서-열왕기의 신명기 사가적 편집은 아마도 사무엘서에서 주전 7세기에 해당될 수 있는 다윗에 대한 철저한 묘사에 의지했을 것이지만[67] 열왕기에서는 편집 작업 자체가 그 나름의 전승을 창조하는 데 있어서 훨씬 더 영향력이 컸다.

(2) 사사기 전승(삿 3-9장)

현존 구약성서는 우리에게 그 땅에 있는 국가 이전 이스라엘에 대한 내러티브를 제공하는 두 영역의 전승, 즉 창세기에 나오는 족장 이야기와 사사기에 나오는 사사 내러티브를 제시한다.

성서적 관점에서 이 두 시대는 이집트로의 이주, 출애굽, 광야 방랑, 땅의 점령을 포함하는, 몇 백 년의 간격을 두고 떨어져 있는 시대다. 그러나 역사적으로 이 내러티브는 국가가 조직되지 않은 곳의 생활에 대한 다른 관점을 반영하는 것일 가능성이 훨씬 더 크고, 국가 조직이라는 것은 원칙적으로 국가 이전이

---

65 아래 4장—3—2)—(2)를 참고하라.
66 Blanco Wissmann 2008.
67 Kratz 2000a; Fischer 2004; Dietrich 2006.

나 국가 이후도 대표하는 것으로 충분히 해석할 수 있는 것이다.

사사기 3-9장에 나오는 사사 이야기의 문헌 양식은 곧 분명해지겠지만 앗수르 시대에 속한 것일 수도 있다.[68] 옷니엘(삿 3:7-11)[69]을 제외하고 모든 사사(에훗, 삼갈, 드보라,[70] 바락, 기드온, 아비멜렉)가 북왕국 영토에서 배출되었다는 사실은 우리로 하여금 사사기 3-9장이 구체적으로 북왕국 전승을 보존하고 있다는 결론에 이르게 한다. 이 전승은 그 비국가적 배경 가운데 이스라엘이 앗수르의 패권 아래서 나름 왕(가시나무의 이미지로 조롱받는 인물, 삿 9장)이 없는 상태로 존재했을 가능성을 제시하고 뒷받침한다.

특히 아비멜렉이 세겜에서 시도한 제도화의 실패 에피소드(삿 9장)는 역사적으로 주전 722년 세겜 멸망을 전제로 한 것으로 보이며 이스라엘에 스스로 왕을 갖는 행위에 대해 경고한다.

사사기 9장에서 세겜 왕국의 수립을 둘러싼 상황은 직접적으로 북왕국의 통치자가 행한 최악의 악행에 대한 요약으로 해석될 수 있다. 세겜의 아비멜렉 이야기는 두 세기에 걸친 이스라엘 왕의 통치를 단 하나의 문헌에 집약한 것이라고 말할 수도 있을 것이다.[71] 심지어 사사기 3-9장에 나오는 이스라엘의 적도 앗수르 시대를 암시한다.

모압은 메사 왕(삿 3:12-14) 시대인 주전 845년에 처음으로 이스라엘을 위협할 수 있는 국가로 등장한다.[72] 미디안 족속과의 충돌에 대한 묘사에 대해서도 이와 비슷한 사실이 적용되는데 미디안 족속은 주전 7세기에 시작되는 아랍과 관련된 이스라엘의 경험을 반영하는 것으로 보인다.[73]

---

68 Guillaume 2004, 5-74; Richter 2009: 82-85의 논의를 참고하라.
69 참고. Guillaume 2004, 75-78.
70 참고. Waltisberg 1999; Neef 2002.
71 Guillaume 2004, 69-70.
72 Knauf 1992, 49-50; Na'aman 1997.
73 Knauf 1988b.

따라서 사사기 3-9장은 이스라엘 내의 제도화된 왕권에 반대하고 카리스마 있는 구원자적 인물이 이끄는 하나님의 인도를 받는 통치 체제를 선호하는 왕정 이후의 계획에 따른 저작으로 접근해야 한다. 이 이스라엘 내부의 리더십이 반드시 중요한 정치-조직적 구조와 갈등을 빚을 필요는 없다는 인상을 받는다.

따라서 사사기 3-9장의 정치적 프로그램은 질서정연한 제국의 틀 속에 배치될 수 있고 그런 한에서 (문화적 배경 속에서 볼 때) 그 성향에 있어서 친 앗수르적이라고 생각하는 것도 충분히 가능하다. 사실 적(모압 족속과 미디안 족속)이 앞에 있음에도 불구하고 왕이 없는 이스라엘의 평온한 삶은 이스라엘에 대한 당시의 앗수르의 선전을 고려할 때 우리가 예상할 만한 수준에 완벽하게 부합된다.[74]

이러한 프로그램은 사사기 3-9장에서 이 개념의 신화적 특성을 그 기원에 속하는 것으로 보증하기 위해 이스라엘의 국가 이전 시대에 대한 묘사로 가장하여 나타난다. 사사기 3-9장은 신학적·정치적으로 동시대의 야곱 전승과 크게 떨어져 있지 않다. 이스라엘 왕도 아니었고 하란에서 라반을 섬겼던 야곱도 앗수르의 패권에 대한 요구와 충돌하는 인물이 아니다.

(3) 모세-출애굽 이야기

모세-출애굽 이야기는 모세오경의 현재 내러티브 순서상 창세기의 뒤를 이어가는 역할을 하며 마찬가지로 그 자연스런 결말인 여호수아서의 땅 점령에 대한 묘사와 더불어 모세오경 이후를 암시하는 가운데 원래 (구전으로도 기록 문서로도) 별도의 전승 복합체였다.[75]

이 점은 우선 모세-출애굽 내러티브가 주제적·신학적으로 독립적이라는 사실을 볼 때 분명하지만 (문헌상으로 고정된) 족장 역사 자체는 결코 유기적으로 모세-출애굽 내러티브로 이어지지 않기 때문으로도 분명하다. 이로 인해 우리

---

74 Reade 1979, 329-44; Guillaume 2004, 71, 74.
75 Schmid 1999c; Gertz 2000b; 2002a; Otto 2000b.

는 족장 이야기와 출애굽기가 이차적 문헌상의 조치로 서로 연결되어 이전에는 독립적이었던 두 전승 복합체를 나타낸다고 결론짓지 않을 수 없다.

이런 관점에서 출애굽기 1:6-8이 특히 눈에 띈다.

> 요셉과 그의 모든 형제와 그 시대의 사람은 다 죽었고 이스라엘 자손은 생육하고 불어나 번성하고 매우 강하여 온 땅에 가득하게 되었더라. 요셉을 알지 못하는 새 왕이 일어나 애굽을 다스리더니(출 1:6-8).

이 세 절은 앞서 말한 요셉 이야기와 이제 시작되는 출애굽 이야기 사이에 분명하고 직접적인 가교를 놓는다. 압제라는 주제를 그럴 듯하게 소개하기 위해서는 요셉의 성공과 요셉이 이집트를 위해 행한 이로운 일에 대한 모든 기억이 근절되어야 한다.

출애굽기 1:8은 이러한 사건 순서를 그럴 듯하게 만들기 위해 안간힘을 쓴다. 새로운 바로는 이집트의 선왕 아래서 2인자로 군림했던 요셉을 잊어버린 것으로 전제된다. 이러한 난점은 족장과 출애굽을 가능한 한 하나로 긴밀히 엮으려는 노력으로 설명된다.

또한 출애굽기 1:6-8에서 이러한 연결 고리가 매우 늦게, 즉 제사장 문서에 의해 만들어졌으며,[76] 이 점은 출애굽기 1장의 제사장 문서가 아닌 본문을 통해 추정된다는 것도 알 수 있다.

이스라엘이 한 민족으로 출현한 것은 제사장 문서에 속하는 것으로 누구나 인정하는 본문인 출애굽기 1:7에만 전해지며(창 1:28; 9:6; 17:2와의 본문 상호간의 관련성을 참고하라) 이는 결국 이어지는 본문의 표현과 내용으로 추정된다(출 1:9; 참고. 1:20).

---

[76] 아래 5장—3—1)—(1)을 참고하라.

> 그가 그 백성에게 이르되 이 백성 이스라엘 자손이 우리보다 많고 강하
> 도다(출 1:9).

그러나 이는 또한 출애굽기 1장의 제사장 문서가 아닌 본문 전체가 제사장 문서에 의존하고 있고 따라서 제사장 문서보다 후대의 것으로 추정해야 한다는 것을 의미하기도 한다. 이스라엘이 번성하고 강해진다는 모티프는 출애굽기 1장 전체에 걸쳐 나타나기 때문이다.

따라서 모세-출애굽 내러티브는 원래 족장 역사에서 분리되어 독립적으로 전해져 내려왔고 둘은 제사장 문서의 영향으로 비로소 연결되었다. 문헌상 모세-출애굽 내러티브는 원래 모세의 탄생 이야기인 출애굽기 2장과 함께 시작되었고 이 이야기는 아직도 이곳저곳에 출애굽기 1장의 대학살에 대한 지식없이 만들어졌다는 사실을 드러낸다.

> 레위 가족 중 한 사람이 가서 레위 여자에게 장가들어(출 2:1).

> 너는 가서 음란한 여자를 맞이하여 음란한 자식들을 낳으라(호 1:2).

출애굽기 2:1의 명확한 표현이 이 구절과 가장 가까운 성서의 평행 어구인 호세아서 1:2과의 비교를 통해 보여 주듯이, 아마도 우연히 무명인 상태로 남은 것은 아니었을 부모의 결합은 혼외 관계였던 것으로 보인다.[77]

출애굽기 2:1은 (NRSV, NAB의 "결혼하여"와 달리) "아내를 취하여"라고 말하지 않고 "여자를 취하여"라고만 말한다. 아이를 숨긴 진짜 이유는 종족 학살의 위협이 아니라 바로 이것이었던 것으로 보인다. 이는 특히 바로의 딸이 아버지

---

[77] 아므람과 요게벳이라는 이름은 그 뒤에 출 6:20에서 제사장적 해석에 의해 덧붙여진다.

의 종족 학살 명령에 대해 아무것도 모르는 것처럼 보이고 아무 거리낌 없이 아이가 "히브리 사람의 아기"(출 2:6)임을 확인하고 있기 때문이다.

이러한 해석은 출애굽기 2장과 가장 가까운 고대 근동 문헌,[78] 즉 앗수르에서 전해 내려온 위대한 왕위 찬탈자 사르곤 1세(주전 2350-2294년)에 관한 사르곤 전설의 내용과도 일치한다.[79]

나는 강한 왕, 아카드의 왕 샤루킨[사르곤]이다. 나의 어머니는 대제사장이었고 나의 아버지는 누구인지 알지 못한다. 나의 아버지 쪽 친척은 산악 지역에 거주한다. 나의 [태어난] 성읍은 아주피라누이며 그곳은 유프라테스 강 기슭에 있다. 대제사장이었던 나의 어머니는 나를 임신하고 은밀하게 나를 낳았다. 어머니는 나를 갈대 바구니 안에 두었고 역청으로 덮개의 틈을 메웠다. 어머니는 나를 강에 버렸고 나는 강에서 빠져나올 수 없었다. 강은 나를 물을 퍼 올리는 자인 아키에게로 데려갔다. 물을 퍼 올리는 자인 아키는 나를 그의 양동이에서 꺼냈다. 물을 퍼 올리는 자인 아키는 나를 자신의 양아들로 길렀다. 물을 퍼 올리는 자인 아키는 내게 자신의 정원 관리하는 일을 시켰다. 내가 정원을 관리하는 동안 이쉬타르가 나를 사랑했고 [그래서] 나는 [5]4년 동안 왕권을 휘둘렀다.[80]

사르곤은 자신의 어머니가 **에니투** 여성 대제사장이었다고 말하는데 여성 대제사장은 결혼이 금지되었다. 사르곤은 자기 아버지가 누구인지 알지 못했다. 그러나 미심쩍은 혈통에도 불구하고 사르곤은 신들에게 선택받았다. 출애굽기

---

78 Otto 200b를 참고하라. 버려진 아이라는 전체 모티프에 대해서는 Redford 1967의 내용을 참고하라.
79 Galter 2006.
80 *TUAT* supplementary volume, 56; 참고. Brian Lewis, *The Sargon Legend*, ASOR 1978.

2장의 실질적인 개요는 이와 매우 유사하다. 하나님이 모세를 보호한 것은 모세의 서자 혈통을 보완해 준다.

그러나 무엇보다도 이 전승의 신 앗수르적 배경은 사사기 3-9장과 뚜렷이 대비되는 모세-출애굽 내러티브의 비판적이고 반 앗수르적인 성향을 드러낸다. 앗수르의 큰 왕과 달리 군주답지 않은 모세라는 인물이 이스라엘을 제국의 예속에서 해방시키기 위해 하나님이 택하신 자로 나타난다. 이는 모세-출애굽 내러티브와 아마도 조금 더 오래되었겠지만 보다 친 앗수르적인 사사기 전승과의 실질적 유사성에 대한 주목할 만한 관점을 드러낸다.

모세 전승은 "사사"나 마찬가지로 이스라엘의 구원자지만 앗수르의 사상 체계와 분명한 경쟁 관계에 있다. 이런 관점에서 모세-출애굽 내러티브는 보다 친 앗수르적인 사사 전승을 반 앗수르적으로 압축한 것으로 해석할 수 있다.

구약 문헌의 구성에 있어서 이 단계의 중요성을 아무리 크게 봐도 지나치지 않다. 우리가 가진 모세-출애굽 내러티브와 함께 이스라엘에서 처음으로 명백히 반(反)제국주의적이지만 그와 동시에 하나님을 절대적인 "제국적" 권세로 인정하는 문헌이 등장한 것이다.

하나님의 백성과 하나님 사이의 근본적인 친밀함과 일치하며 하나님을 절대적 주권자로 묘사하는 이 기본적인 모티프는 신학 역사 내내 특히 일신론의 구성에 있어서 지속적으로 핵심적인 중요성을 지닐 것이다. 그것은 당시에 반 앗수르적인 방향으로 바뀐 앗수르적인 원형의 수용에 달려 있다.

모세-출애굽 내러티브는 다음으로[81] 이스라엘 자손이 이집트를 떠나는 것을 암시했다. 그 최초의 절정은 바다에서 일어난 **기적**에 대한 묘사였다. 고전적인 문서 가설에서 재앙 내러티브는 고대의 J자료에서 배제되었다. 전반적으로 재앙 내러티브는 내러티브의 흐름(장자를 죽이는 것만이 효과적이다)을 진척시

---

81 아직 발달된 재앙 내러티브는 아마도 없겠지만 이집트인의 재물을 빼앗는 모티프(출 11:1-3; 12:35-36)는 십중팔구 포함한다.

키지 않기 때문이다.

　게다가 재앙 내러티브는 그 초자연적 특성으로 인해 근본적으로 갈대 바다에서 구원받는 시점을 하나의 기적으로 예고하고 그 결과 어떤 의미에서 그 기적과 한 쌍이 되며 이는 구성비평적 관점에서 타당한 관찰이다.

　출애굽기 3-4장에 나오는 하나님의 산에서 모세가 받은 소명에 대한 긴 묘사는 전체적으로 출애굽기 3:1-4:18의 문맥 속에 삽입된 것이다. 기존 출애굽 내러티브 맥락이 출애굽기 2:23aα부터 출애굽기 4:19까지 직접적으로 이어진다(출 2:23aα은 70인경에서 출 4:19 앞에서 반복된다). 출애굽기 3-4장이 전체적으로, 또는 최소한 부분적으로 이미 제사장 문서를 전제하고 있다는 점은 다음과 같은 여러 관찰에 의해 암시된다.

① 출애굽기 3:7, 9에서 이스라엘이 "부르짖는" 것은 본질적으로 앞의 출애굽기 1-2장을 환기시키지만 그 표현은 분명히 "P" 문서인 출애굽기 2:23a과 관련되어 있다.

② 더구나 출애굽기 3-4장은 제사장 문서에 나오는 모세의 소명(출 6장)을 전제로 하며 후자에서 비롯되는 문제(이스라엘이 "듣기를 거부함")를 소명 장면에 포함시키는 것으로 보인다. 하나님은 출애굽기 6:2-8에서 모세에게 말씀하시고 모세는 이스라엘 백성에게 말하지만(6:9a) 백성은 모세의 말을 듣지 않는다(6:9b).

이와 대조적으로 출애굽기 3:1-4:17에서 하나님은 모세에게 이스라엘이 모세의 말을 "듣지" 않을 것이라고 미리 말씀하시지만(3:18) 모세는 즉시 응답하여 메시지를 전혀 전하지 않고도 이스라엘이 자신을 "믿지" 않을 것이고 자기 말을 "듣지" 않을 것이라고 대답하며 자신의 두려움을 표현한다(4:1).

③ 출애굽기 6장은 기대한 대로 전승에 부합하여(참고. 겔 20장) 이집트에서 발생하는 반면 출애굽기 3-4장은 부차적으로 "하나님의 산 호렙"에 국한된다. 출애굽기 6장을 인용하면서도 이와 거리를 두는 것처럼 보이는 출애굽기 3-4장에 따르면 정당한 계시는 오직 하나님의 산에서만 발생하며 계시의 본질적인 내용은 육경의 구원 역사다(3:7-10, 16-18).

④ 출애굽기 4:1-9은 재앙 전승을 "P"(4:1-5; 7:8-13 "P"; 지팡이의 변화)로 시작하여 "P"(4:9; 7:14-24, 나일 강의 물이 피로 변함["J", 물고기가 죽음)로 확장된 형태로 수용한다.

현재의 배경에서 모세-출애굽 내러티브는 출애굽기 15장에서 최초의 종결 찬양에 이른다. 그러나 이 시(시편 외에는 낭독 순서에 있어서 첫 번째 시)에는 어떤 전승 자료도 없는 것처럼 보인다. 이와 상반되는 내용을 암시하는 것은 본문의 제2이사야 색채다.

더구나 바다의 기적에 대한 출애굽기 15:8, 13절의 묘사와 해석은 아마도 제사장 문서를 전제로 한 것 같다.[82] 출애굽기 15장은 시편을 이스라엘의 첫 번째 결정적인 구원사적 경험과 전형적으로 연결시키려는 시편 외의 문헌 수단으로 간주되어야 한다.

그러나 아마도 출애굽기 15:21b의 미리암의 노래는 비록 위엄 있는 찬가라는 예전적 형식으로 인해 우리가 여기서 어떤 역사적 배경을 부여하든 갈대 바다의 구원 경험에 대한 당대의 문헌을 볼 수 있다고 말할 수는 없지만 출애굽기 15장을 창작하는 데 바탕이 된 고대의 전승 자료를 표현한 것으로 보인다.

그러므로 모세-출애굽 내러티브의 위치는 아마도 바다의 기적, 광야를 지나는 여행, 땅의 점령(아마도 수 *6장; *9-10장) 등이었을 것이며 마지막 사건이 이 이야기

---

[82] Schmid 1999c, 238-41.

의 자연스런 목표였다.[83] 땅의 점령에 대한 묘사는 또한 신 앗수르 시대의 모티프로 강화된다.[84] 그러나 모세-출애굽 내러티브 전체의 정확한 문헌사를 재구성하는 데 방법론적으로 설득력 있는 시도는 아직 전혀 존재하지 않았다.

문헌사적으로 모세-출애굽 내러티브를 어떻게 묘사해야 하는가?

가장 기본적인 지표는 우선 이 내러티브가 이스라엘이 존재하기 위한 외생적 기반(allochthonous basis)을 형성한다는 점에서 나타난다. 그것은 이집트에서 비롯된 이스라엘이며 고대 팔레스타인에 뿌리를 둔 것이 아니다. 따라서 이 이야기에는 이스라엘인 왕이 없고 모세에게 명백히 제왕적인 특징도 전혀 없다는 점이 눈에 띈다.

마지막으로, 반 앗수르적인 궤적을 언급해야 한다. 이것은 출애굽기 2장 첫머리에서 특히 눈에 띈다. 이는 모세-출애굽 내러티브가 그 안에서 반영되고 고쳐진 정치적·지리적 배경에 관한 고고학적 발견도 암시하듯이 주전 7세기 이후 가장 오래되었지만 여전히 인식할 수 있는 문헌 양식을 얻었을 것임을 암시한다.[85]

문헌사적 관점에서 모세-출애굽 내러티브의 형성은 우선 주전 8세기 심판 예언의 영향을 받았을 것이다. 심판 예언은 예언적으로 선포된 북왕국의 멸망을 전제로 하며 비국가적 기초에 기반을 둔 이스라엘의 기원에 대한 전설을 표현하기 때문이다. 그러나 이것이 당시에 심판 예언이 만들어졌음을 의미하는 것은 아니다.

출애굽기의 신조가 다양한 전승 흐름에 기반을 두고 있다는 사실이 보여 주듯 심판 예언은 아마도 이보다 오래된 구전에 바탕을 둔 것 같다.[86] 우리는 또한

---

83 이와 다른 견해로는 Oswald 2009.
84 Van Seters 1990; 참고. Younger 1990; Arnold 2002, 346-47; Römer 2005, 105.
85 Redford 1987; 1992 408-69; Finkelstein and Silberman 2002, 78-82.
86 Zenger 1994; Becker 2005a.

모세와 여로보암을 가리켜 말하는 눈에 띄게 비슷한 내용(노예 노동, 죽이려는 의도, 도망)이 암시하듯이 모세 내러티브가 어떤 의미에서 북왕국의 창건 설화 역할을 했다는 것도 알 수 있다.[87]

나아가 성서의 출애굽에는 약간의 역사적 배경이 있다는 점에 의문의 여지가 없다. 그러나 사람들은 오랫동안 마치 성서 기록 배후에 있는 사건의 순서를 역사-합리적 의역이라는 방법을 사용하여 거의 직선적인 방식으로 재구성할 수 있다는 듯이 일정한 배타적 순진성을 가지고 이 문제에 접근해 왔다.

하지만 모세-출애굽 내러티브는 역사 기록이 아니다. 그것은 기원에 대한 집단 내러티브다.[88] 그것만으로도 많은 사건이 하나로 집약된 전승의 축적이 가능해진다. 여러 세대에 걸쳐 이집트를 다스린 셈족 계통의 이방인 통치자(주전 1730-1580년경)인 이른바 힉소스의 축출이 성서 출애굽 내러티브의 배경을 형성한다는 주장이 제기되어 왔다.[89]

이에 대한 대안으로 (엘레판티네의 세트나크테 석비와 커다란 "해리스" 파피루스 1번에서 보고된) 제19왕조부터 제21왕조까지의 전환기에 바로 세트나크테(주전 1186-1184년)에 의해 이 땅에서 쫓겨나기 전에 이집트의 지배권을 쥔 시리아 총리 바이를 둘러싼 사건은 모세-출애굽 내러티브의 역사적 배경을 표현한 것일지도 모른다는 주장도 제기되어 왔다.[90]

게다가 오랫동안 나일 강 삼각주에서 아시아인의 다양한 "유입"과 "유출"이 있었음을 보여 주는 이집트의 문헌도 알아왔다. 그 중 특히 인상적인 것은 이집트의 국경 관리가 자기 상관에게 보내는 편지를 담고 있는 "아나스타시" 파피루스 6번 53-60행이다.

---

87 참고. Knauf 1988b; Albertz 1992, 218-19; Särkiö 1998; 2000; Schmid 199c, 140-41; Blanco Wissmann 2001.
88 참고. Finkelstein and Silberman 2002, 61-85; Becker 2005a.
89 Redford 1992, 412; Assmann 1996, 314-15.
90 Knauf 1988b, 124-41; de Moor 1996; Donner ³2000; 참고. Drenkhahn 1980, 64-65.

나의 (주)에게 보내는 또 다른 전언.
우리는 에돔의 (샤수) 종족으로 하여금 메르-(네)-프타 호텝-히르-마앗(의) 페르-아툼 연못 쪽으로 테이쿠(에) 있는 메르-네-프타 호텝-히르-마앗―생명, 번영, 건강!―(의) 요새를 통과하게 하는 일을 끝마쳤습니다(56행).
이 요새는 그들을 살려주고 그들의 소 떼를 살려주기 위해 세트(의 탄생) 제8년 다섯 윤일에 모든 땅의 좋은 태양이신 파라오의 혼(생명, 번영, 건강!)을 통해 테이쿠(에) 있습니다. 저는 테이쿠(에) 있는 메르-네-프타 호텝-히르-마앗(생명, 번영, 건강!)의 요새를 통과할 수 있는 (60행) 날들의 나머지 이 름들뿐만 아니라 그들로 하여금 이 보고서의 등사본을 나의 주가 (계신 곳)으로 가져가게 했습니다. …[91]

이 문헌은 역사적 출애굽에 대한 성서학자의 논의에서 중요한 역할을 하는 이름(테이쿠, 페르-아툼[=비돔], 샤수[베두인])을 포함하고 있지만 본문은 유목민("샤수 종족")의 이동이 외견상 매우 자주 주시의 대상이 되고 있었음을 매우 분명하게 보여 준다.

마지막으로, 주전 12세기와 11세기에 가나안에서 이집트의 세력이 쇠퇴한 사실과 더불어 이후 이집트의 지배권 주장에서 해방되기 위한 다양한 움직임도 언급해야 하며 그런 움직임 중 어느 것이라도 "출애굽"으로 해석할 수 있을 것이다.[92]

기원에 대한 고대의 전승이 생겨나게 된 조건을 고려하면 이러한 접촉점을 상호 배타적인 것으로 해석해서 그 중 하나를 선택하여 "출애굽의 **유일한** 역사적 배경은 무엇인가?"라고 묻지 않는 것이 좋다. 그 대신 배후에 있는 모든 경

---

91 *TGI*, 40–41; *ANET*, 259.
92 Gertz 2006a, 92–94; 참고. Na'aman 2011.

험이 출애굽 사건의 현재 문헌 양식 속으로 들어간 것으로 보이며 그와 같은 출애굽 사건은 어느 특정 역사적 배경이 아닌 여러 배경을 갖고 있다.

요점만 말하자면 출애굽에 대한 묘사는 역사적이면서 동시에 역사적이지 않다고 말할 수 있다. 모세가 역사적 인물이었다는 점은 그의 이집트식 이름(참고. 투트모세, 람[오]세스 등)과 모세가 이방인 여자와 결혼했다는 다양한 전승을 통해 암시된다. 모세가 단순히 전설의 산물이었다면 그런 것은 기대할 수 없을 것이다.[93]

그러나 여기서 또 너무나 많은 후대의 요소가 모세라는 성서의 인물 속에 집약되어서 역사적 인물이었다고 주장함으로써 얻을 수 있는 것에 한계가 있다고도 주장해야 한다.

(4) 아브라함-롯 전승

창세기의 족장 이야기에서 이 드라마의 다양한 지리적 위치에서 세 족장 중에 야곱이 원래 팔레스타인 중부(벧엘, 세겜 등)에 속해 있었던 반면 아브라함(헤브론, 마므레 등)과 이삭(브엘세바, 그랄)은 유다 남부에 속해 있었다는 사실을 분명히 알 수 있다.

족장 역사가 아브라함을 이삭의 아버지로 묘사하는 것이 사실이며 이로 인해 19세기 구약 학계에서는 아브라함을 전승사의 관점에서도 손 위의 인물로 간주하게 되었다.

그러나 이미 벨하우젠이 언급했듯이 이와 반대일 가능성이 훨씬 더 크다.[94] 현재 "아버지"와 함께 있는 이삭의 희미한 존재와 아브라함과 이삭이 등장하는 비슷한 전승이 이삭보다 아브라함을 더 중요한 인물로 선호하는 경향에서 나온 것으로 더 간단히 설명된다.

---

93 Zenger 1994; Smend 1995; Otto 2006.
94 Wellhausen 1883/⁶1927, 332–33 n. 1.

이야기 진술 역사에서 모티프는 대체로 중요하지 않은 인물에서 중요한 인물로 옮겨 간다. 게다가 족장 역사 밖에 있는 아브라함과 이삭에 대한 증언을 고려해야 한다. 이삭에 대해서는 왕정 시대에 "이삭의 집"이 남왕국과 동의어로 간주될 수 있음을 보여 주는 아모스서 본문 둘을 인용할 수 있다.

> 이삭의 산당들이 황폐되며 이스라엘의 성소들이 파괴될 것이라 내가 일어나 칼로 여로보암의 집을 치리라(암 7:9).

> 이제 너는 여호와의 말씀을 들을지니라 네가 이르기를 이스라엘에 대하여 예언하지 말며 이삭의 집을 향하여 경고하지 말라 하므로(암 7:16).

이와 대조적으로 아브라함에 대해서는 창세기 밖에서는 왕정 시대에 아브라함을 언급한 것으로 입증할 만한 것이 없다는 사실이 곧바로 분명해진다. 이사야 29:22, 41:8, 51:2, 63:16, 에스겔 33:24, 예레미야 33:26, 미가 7:20, 시편 47:10, 105:6, 9, 42, 역대하 20:7, 다니엘 3:35의 "아브라함"에 대한 언급 중 어느 것도 그 시기를 포로기 이전으로 추정할 수 없다.

이 사실에서 아브라함 내러티브가 순전히 주전 7세기나 6세기의 편집적 재구성이라거나[95] 그 전체 내용이 제사장 문서에 의존하고 있다고[96] 바로 결론지어선 안 된다. 오히려 우리는 우선 아브라함이 비교적 늦은 시기에 구약 전승에서 중요한 인물이 되었다는 가정은 할 수 있을 것이다.[97]

아브라함, 이삭, 야곱을 할아버지, 아버지, 아들로 보는 현재의 계보학적 순서는 아마도 기본적으로 이러한 인물의 정치적 중요성의 변화를 반영한 것

---

95 Carr 1996b 203-4; Kratz 2000a, 279.
96 De Pury 2000, 178-81; 2007.
97 Blum 1998.

같다. 북왕국 멸망과 벧엘 성소 해체와 더불어 원래 팔레스타인 중부에서 중요했던 인물인 야곱은 유다 지역 인물인 아브라함, 이삭과 대조적으로 그 중요성이 점점 줄어들었고 그래서 야곱은 궁극적으로 관계 순서에서 마지막 자리를 차지하게 되었다.

즉, 창세기 18장에서 아직 아브라함 내러티브가 단순히 이삭과 롯 내러티브의 편집적 추론이 아니라는 것을 알 수 있다. 마므레 상수리나무 성소의 **신성한 이야기**(hieros logos)에서 유래한 것이 분명한 이 이야기는 영웅담 장르에서 나온 고전적인 모티프, 즉 융숭한 대접을 받고 주인에게 선물, 즉 이 경우에는 아들에 대한 약속으로 보상하는 신의 방문을 보여 준다.

10b-15절에서 이삭("그가 웃었다")의 이름을 얻게 된 이유(사라가 "웃었다")는 이야기의 하이라이트와 대조적으로 부차적인 정점으로 삽입된다. 내러티브의 가장 초기 층위에서 이야기의 수준에서만 명백해진 신적인 방문자와 여호와의 동일성을 이제 마치 당연지사인 것처럼 내러티브 속의 행위자와 공유할 수 있다는 사실뿐만 아니라 이 부분이 내러티브 안에서 부차적이라는 사실은 11절의 사실 뒤에 소개된 아브라함과 사라의 고령이라는 모티프를 더욱 분명히 한다.

> 사라가 그 뒤 장막 문에서 들었더라 아브라함과 사라는 나이가 많아 늙었고 사라에게는 여성의 생리가 끊어졌는지라 사라가 속으로 웃고 이르되 내가 노쇠하였고 내 주인도 늙었으니 내게 무슨 즐거움이 있으리요 여호와께서 아브라함에게 이르시되 사라가 왜 웃으며 이르기를 내가 늙었거늘 어떻게 아들을 낳으리요 하느냐 여호와께 능하지 못한 일이 있겠느냐 기한이 이를 때에 내가 네게로 돌아오리니 사라에게 아들이 있으리라 사라가 두려워서 부인하여 이르되 내가 웃지 아니하였나이다 이르시되 아니라 네가 웃었느니라(창 18:10b-15).

그러나 이는 창세기 18장에 원래 이삭에 대한 어떤 언급도 없는 아브라함 내러티브가 있었음을 의미한다. 따라서 이삭 전승과 아브라함 전승은 아마도 원래 기본적인 층위와 그 확장이 아니라 서로 나란히 두 자료로 관련되어 있었고 그래서 아브라함 내러티브는 이삭 전승에서 나온 모티프를 조금씩 택하여 그것을 더욱 확대시킨 것이다.

아브라함 내러티브와 이삭 내러티브의 조합은 아마 왕정 시대에 완성되었을 것이다. 어쨌든 이 점은 창세기 *13장과 *18-19장(+21장)에서 유사한 요소 두 개로 구성되었으며 형식적으로 일관된 국가 지향적 전승을 인식할 수 있다는 사실로 쉽게 드러난다.

아브라함이라는 인물과 함께 시작되는 이 두 요소 중 하나(13:2, 18)는 약속된(18절) 아들인 이삭의 출생으로 이어진다(창 21:2).[98] 다른 하나는 롯(13:5, 10-13)부터 그의 아들인 모압과 암몬의 출생까지 연결되며 모압과 암몬은 롯의 친딸과 근친상간에서 나온다(창 18:30-38).

따라서 유다(참고. 암 7:9, 16의 "이삭")와 이웃 나라인 모압, 암몬과의 관계는 신학적으로 아브라함-롯 전승에 근거를 두고 있고 이 전승으로 설명된다.[99]

창세기 *13장과 *18-19장(및 *21장)에 대한 대중적인 역사적 관점은 아브라함-롯 전승도 가족 내러티브로 해석해선 안 되며 이 전승은 정치적 신학을 표현한다는 점을 분명히 한다. 이 전승에 선행하는 자료는 창세기 *18장의 예가 보여 주듯이 이미 정치적인 동기가 있다.

마므레 성소와 관련된 아들에 대한 약속은 원래 아브라함에게 전가되기 전에 바로 인접한 성읍 왕국인 헤브론을 합법화하는 역할을 했을지도 모른다.

야곱 전승처럼 아브라함-롯 전승에는 군주다운 인물이 존재하지 않는다. 우

---

98 그러나 Jericke 1997을 참고하라.
99 Stern 2001, 236-67.

리가 아브라함-롯 전승을 왕정 시대 유다에서 발견한다면 이러한 발견은 궁정이 아니라 유다에서 독립적인 세력 요소였던 유다인 지주층과 관련 계층에서 이 전승이 전해진 것과 관련있을지도 모른다.[100]

그러나 이는 또한 실제 문헌으로서 여호야긴 시대의 첫 번째 강제 이주를 전제로 하고 주전 597년에 유다 궁정이 바벨론으로 옮겨진 뒤에 전면에 등장한 땅이 있는 유다인 엘리트 계층의 주도권에 대한 요구를 기록한 것일 수도 있다.

그 땅에 남아 있는 주민의 태도는 에스겔 33:24에 언급된 것처럼 그들이 아브라함을 자신들의 수호신으로 여겼음을 암시하며 이는 그에 상응하는 기원에 대한 내러티브를 그럴 듯하게 만드는 요소였다.

> 인자야 이 이스라엘의 이 황폐한 땅에 거주하는 자들이 말하여 이르기를 아브라함은 오직 한 사람이라도 이 땅을 기업으로 얻었나니 우리가 많은즉 더욱 이 땅을 우리에게 기업으로 주신 것이 되느니라 하는도다(겔 33:24).

어쨌든 에스겔 33:24은 아브라함 전승과 출애굽 전승 사이에 문헌상으로 어떤 관련성도 전제하지 않는 것처럼 보인다. 오히려 둘 중 하나가 다른 하나를 반박하는 데 사용될 수 있다.

---

100 Knauf 1994, 236.

3) 예언 전승

예언은 고대 이스라엘에만 국한된 현상이 아니었다.[101] 이와 비교할 만한 현상이 마리(주전 18세기)와 신 앗수르 제국(주전 7세기)을 통해 알려져 있다.[102] 마찬가지로 어떤 신이 자신을 경배하는 자의 죄와 죄악의 역사로 인해 그들에게 등을 돌린다는 심판 예언이라는 지배적인 개념은 비록 그 신이 예언적 선포를 통해 미리 그런 징벌을 표현하고 명한다는 개념이 고대 이스라엘에 한정된 것처럼 보인다 하더라도 독특한 것은 아니다.[103]

문화적-역사적 측면에서 기록된 예언은 왕정 제도를 전제로 한다. 예언자는 스스로 그 형식에 있어서 칙령의 선포를 상기시키는 신적인 명령의 전달자로 묘사하기 때문이다. 또한 예언자는 왕의 사자라는 직무를 하나님과 예언자 사이의 관계로 바꾼다.

그러나 유비 관계가 없는 것은 구약에 의해 알려지고 실제로 그 존재가 입증되어 계속 진행 중인 구체적 기록 예언[104] 형태다(렘 36:32).[105] 신 앗수르 제국의 영토 안에 다양한 시대의 예언이 적힌 문집 점토판이 있었던 것은 사실이지만[106] 이러한 문집 점토판을 만들어낸 편찬 과정은 편집에 한정되었고 따라서 그 자체가 문학 창작은 아니었다.[107]

편찬 과정에 이와 같은 발전을 위한 잠재력이 있었는지는 주전 7세기 말 신 앗수르 제국과 관련 학문 전통의 몰락으로 인해 더 이상 경험적으로 입증되거나 반증될 수 없다.

101　Nissinen 2004.
102　*TUAT* 2: 83–93; *TUAT* 2: 56–82.
103　예를 들어 Nissinen 1998을 참고하라.
104　Jeremias 1994; Steck 1996.
105　참고. Becker 2006.
106　Nissinen et al. 2003.
107　Parpola 1997, lxvii–lxxi.

그럼에도 불구하고 시간이 흐르면서 편찬 과정에 (비록 비교적 짧은 기간에 국한되기는 하지만) 의미가 부여된다. 오스납발(주전 668-631/627?년) 시대에 오스납발의 통치를 합리화하기 위해 그의 아버지 에살핫돈(주전 680-669년)에 대한 긍정적인 신탁이 수집되고 정리되었는데 오스납발은 에살핫돈의 경우처럼 장자가 아니었고 따라서 왕위 계승의 측면에 문제가 있었다.

그러나 예언이 특정 역사 시점에서만 타당한 것으로 이해되지 않은 곳은 주로 고대 이스라엘이었다. 예언은 다양한 시기를 통해 전해졌고 새 시대의 관점에서 새롭게 해석되었으며 이는 성서 그 자체 안에 있는 예언 본문의 지속적인 확장을 통해 이루어졌다. 그에 따라 예언서 문헌사는 구약 문헌사 전체에 걸쳐 발생하며 단순히 특정한 책마다 자신의 이름을 부여한 주인공의 시대에서만 다룰 수는 없다.

이러한 관점이 **원리상** 그 이름으로 예언서가 살아남은 성서의 예언자적 인물의 역사성을 부인할 이유는 전혀 아니다. 이 책들을 문헌 증거를 바탕으로 순전히 문학적 산물이라고 추정할 수 있는 경우는 오직 요엘, 요나, 말라기뿐이다. 그러나 예언자와 예언자 최초의 말씀 선포를 어떻게 구체적으로 상상해야 하는가의 문제는 크게 논쟁이 될 만하다. 그러한 논의는 분석적인 편집비평과 종합적인 문헌비평의 관점에서만 수행될 수 있다.

이에 상응하는 예언서의 본문에 대한 면밀한 분석은 소급적인 결론을 도출함으로써 합리적으로 예언서의 가장 초기 형태로 가정할 수 있는 것이 무엇인지를 밝히는 일을 가능하게 한다.

예언서에 자신의 이름을 부여한 예언자가 어느 정도나 자신의 책의 저자이자 편집자로 활동했는지는 밝히기 어렵지만 일반적으로 그랬을 가능성은 상당히 작다. 아마도 그들의 말은 처음부터 익명의 저자나 편집자에 의해 수집되어 책으로 정리되었을 것이다.[108]

구약의 예언서를 살펴보면 예언 전승이 형성된 시작점은 그 주인공이 성서적으로나 역사적으로 앗수르 시대에 속해 있는 호세아서, 아모스서, 미가서, 이사야서 등의 책에 있는 것이 분명하다는 점이 곧 명백해진다. 이하의 고찰은 호세아서, 아모스서, 이사야서에만 국한될 것이다.

(1) 호세아서와 아모스서에서의 예언 전승 시작

기록 예언은 호세아서, 아모스서와 더불어 시작되며[109] 그러한 "기록된" 예언은 북왕국의 멸망 경험에서 비롯되었을지도 모른다.[110] 참사 이전의 추적 가능한 구전 단계가 무엇이든 그것이 기록으로 옮겨지는 데 결정적인 동기를 부여하는 요소는 그 과거에 대한 해석에서 사후적으로 볼 수 있다.

포로기 이전 시대에 기록 예언이 문헌으로 시작되었다는 것을 의심하는 것은 아무런 가치가 없다. 이사야 8:1, 16-18, 예레미야 29:1 또는 라기스 도편 III, 20-21과 같은 증거는 주전 587년 이전의 예언적 저자를 가정한다.[111]

게다가 (아마도 미가 전승의 문헌상 핵심으로 추정할 수 있는 부분의 시작과 끝을 택한 것이 우연이 아닌 듯한) 열왕기상 22:28에 나오는 미가 1:2 인용구와 예레미야 26:17-19에 나오는 미가 3:12 인용구는 역사적인 면에서 평가되어야 한다.

아모스가 호세아 이전에 예언자로 등장했을지도 모른다는 점은 사실이지만 호세아 전승은 그 고정된 형태를 부여받은 최초의 전승이었던 것으로 보이며 아모스의 예언은 호세아의 영향 아래서만 그 문헌 형태로 정리되었다.

결과적으로 아모스서는 호세아 4:15, 7:10, 8:14, 11:10 같은 본문이 아모스서의 언어와 주제를 사용하고 그렇게 해서 두 책을 모두 하나님의 동일하고 단

---

108 Van der Toorn 2004.
109 Jeremias 1983; 1995; 1996; Wöhrle 2006; Rudnig-Zelt 2006; Vielhauer 2007.
110 Kratz 1997b; 2003b.
111 Van der Toorn 2007, 179.

일한 뜻을 선포하는 것으로 해석하면서 보여 주는 것처럼 호세아서에 소급적인 영향을 끼쳤다.[112]

호세아 전승이 문헌적 관점에서 일정한 우선성이 있다는 점은 제의적인 면보다 강조된 호세아의 고발을 후대에 전해준 이들이 이를 그 성향에 있어서 사회적인 면이 더 강한 아모스서의 비판보다 앞에 놓기를 원했다는 사실과 관련이 있을지 모른다.

호세아에서 후대 독자에게 많은 불분명한 점을 남긴 그 암시적인 문체 때문에 호세아서에 있는 얼마나 많은 개별 본문이 아직 기록된 전승의 시작 단계에 속하는지 알 수 있다. 즉, 그런 본문은 독자 편의 상당한 지식을 전제하고 있다.[113] 그와 동시에 호세아의 핵심인 4-9장은 처음부터 연속된 본문으로 형성된 것으로 보인다.[114] 표제나 결말 관용구가 없고 책 전체가 전달자(messenger) 관용구를 전혀 사용하지 않는다.

신적 연설의 관용구는 2:15, 18, 23과 11:1에만 나온다. 호세아의 현재 형태는 이처럼 원래의 더 작은 단락에 아무런 가치를 부여하지 않는다. 그 대신 그 구조를 제시하는 4:1, 5:1, 8, 8:1, 9:1의 명령은 심판의 접근과 개입과 결과를 보여 주는 극적인 순서를 나타낸다. 이런 종류의 작품은 주전 720년 이전에는 거의 상상할 수 없다.

> 호세아서의 두 번째 부분인 4-9장과 달리 호세아 1-3장의 세 장은 서로 독립하여 유래한 것으로 보이며 심지어 처음에는 따로 전해져 내려왔을 지도 모르지만 그것이 상호 참조나 영향을 배제하지는 않았을 것이다.
> 이 점은 우선 이 세 장이 각기 나름의 이차적인 긍정적 결론(2:1-3; 2:16-25;

---

112 Jeremias 1996.
113 Crüsemann 2002.
114 Jeremias 1983; Rudnig-Zelt 2006과 다른 Vielhauer 2007을 참고하라.

3:5)을 담고 있다는 뚜렷한 사실로 드러나며 이는 원래 이 장들이 서로 독립적으로 존재했음을 암시한다.

이 점 외에도 주목할 만한 양식비평적 차이점이 있다.

호세아 1:2-9은 또 다른 목소리에 의한 이야기다. 그 핵심은 일차적으로 호세아가 창녀 고멜과 결혼해서 얻은 자녀의 이름을 "이스르엘", "긍휼히 여김을 받지 못하는 자", "내 백성이 아니라"고 짓는 과정에 있다.

호세아 2:4-15은 계속되는 하나님의 말씀인 반면 호세아 3:1-4은 하나님과 이스라엘의 관계를 표현하는 어느(다른?) 간음한 여자와의 결혼에 대해 호세아가 설명한 것이다.[115]

호세아 전승은 아마도 처음에는 북왕국 이스라엘에 전해졌겠지만[116] 한편으로 에스겔서의 표제 속에 있는 유다 왕의 이름을 언급함으로써, 다른 한편으로는 일련의 유다에 대한 진술의 분명한 삽입을 통해 나타나는 것처럼 주전 7세기와 6세기 유다 독자에게 다시 전해진 것으로 보인다. 유다 사람들은 우선 주전 7세기 당시 상황을 암시하는 것 같은 경고를 받는다.

이스라엘아 너는 음행하여도 유다는 죄를 범하지 못하게 할 것이라 너희는 길갈로 가지 말며 벧아웬으로 올라가지 말며 여호와의 사심을 두고 맹세하지 말지어다(호 4:15).

그러나 다른 호세아서 본문은 이미 유다의 멸망을 알고 있고 이를 북왕국 멸망과 비교하는 것처럼 보인다.

---

115 Vielhauer 2007, 127-58은 호세아서의 틀 안에서 호 1-3장이 서기관에게서 유래했다고 가정하며 호 2:4-15을 그 문헌의 핵심으로 지목한다.

116 Rudnig-Zelt 2006. 하지만 이 점은 최근 논란의 대상이 되어 왔다.

이스라엘의 교만이 그 얼굴에 드러났나니 그 죄악으로 말미암아 이스라
엘과 에브라임이 넘어지고 유다도 그들과 함께 넘어지리라(호 5:5).

따라서 호세아의 메시지는 유다의 독자가 본문을 역사화하는 것을 불가능하
게 만들고 그들로 하여금 호세아의 전승을 자신에게도 적용하도록 만들기 위해
유다와 관련해서 문자적으로 개정된 것이 분명해 보인다.
아모스서는 이스라엘에서 가장 오래된 예언, 기록된 예언 전승의 초석이 된
예언을 담고 있다. 아모스서의 사회 비판적인 신랄함과 아모스가 모든 제도적
인 궁정 내지 제의 예언자 집단과 독립되어 있다는 점 때문에(아모스에게 그들은
"예언자들"이다; 참고. 암 7:14) 처음에는 이 예언이 신학적으로 영향력을 얻게 될
가능성이 거의 없었다고 추정할 수 있다.
아마도 아모스 전승의 영향력과 관련해서 중요했던 아모스 전승 내의 역사
적 반향에 두 가지 중요한 순간이 있었을 것이다.

첫째, 문자적으로 여러 단계[117]로 구성되어 있는 아모스서의 표제는 스가랴
14:5과 플라비우스 요세푸스에게도 알려져 있는 웃시야 시대에 일어난 지진이
아모스 예언의 진실성에 대한 초기의 확증으로 이해되었을지도 모른다는 점을
보여 준다.[118]

유다 왕 웃시야의 시대 곧 이스라엘 왕 요아스의 아들 여로보암의 시대
지진 전 이년에 드고아 목자 중 아모스가 이스라엘에 대하여 이상으로 받
은 말씀이라(암 1:1).

---

117 이스라엘과 유다 왕들의 이름을 통한 연대 기입은 지진에 대한 정확한 언급과 충돌한다.
118 Ambraseys 2005, 330-34.

그래서 아모스서에 담긴 말씀 선포에서 지진 모티프가 중요해진다.

> 보라 곡식 단을 가득히 실은 수레가 흙을 누름 같이 내가 너희를 누르리니 (암 2:13).

> 내가 보니 주께서 제단 곁에 서서 이르시되 기둥 머리를 쳐서 문지방이 움직이게 하며 그것으로 부서져서 무리의 머리에 떨어지게 하라 내가 그 남은 자를 칼로 죽이리니 그 중에서 한 사람도 도망하지 못하며 그 중에서 한 사람도 피하지 못하리라(암 9:1).

둘째, 주전 720년 북왕국의 멸망도 아모스 전승이 그 돌파구를 통해 수용되어 유다를 포함하도록 확대되는 데 도움이 되었을 것이다.[119]

아모스서 자체가 7-9장에 나오는 환상 속에 있는 이러한 문제를 반영하고 있는 것처럼 보인다.[120]

어떤 의미에서 여호와와 아모스 사이의 개인적인 의사소통 속에서 유발되었고 그 환상을 선포하라는 어떤 종류의 명령도 받지 않은 그 환상은 절정을 지향하는 구조와 더불어 아모스의 심판 예언이 하나님이 아모스에게 강권적으로 내려주신 것이지 아모스 자신의 의지에서 나온 것이 아님을 보여 주는 역할을 하고 있는 것으로 보인다.

아모스는 처음에는 변호자의 역할을 하지만 세 번째 환상을 통해서는 "내[즉, 하나님의] 백성 이스라엘의 끝"을 의미할 심판의 필연성을 인정했다(암 8:2-3). 우리는 하나님의 백성이라는 이스라엘을 구체적으로 가리키는 용어가 이

---

[119] Blum 1994.
[120] Jeremias 1995; Gertz 2003; 다른 견해로는 Becker 2001.

미 한 국가로서 북왕국의 멸망을 전제로 하며 북왕국 국가 이후의 존재를 반영하는 것인지를 추론할 수 있다.[121]

아마도 좀 더 오래된 듯한 아모스서의 중간 부분 3-6장은 어쨌든 상이한 언어상의 어법을 드러낸다.

> **이스라엘 자손들아 여호와께서 너희에 대하여 이르시는 이 말씀을 들으라**
> (암 3:1).

> **이스라엘 족속아 내가 너희에게 대하여 애가로 지은 이 말을 들으라**
> (암 5:1).

그러나 이 두 절은 또 다른 관점에서 중요하다. 외관상 이 두 명령문은 아모스 3-6장의 전체 덩어리를 나누는 역할을 한다. 아모스 3:1은 "이스라엘 자손"에게 과거에 이스라엘에게 선포된 하나님의 말씀을 전한다. 아모스 5:1에 따르면 여기에 이제 현 시기의 정치적 실체인 "이스라엘 족속"(=북왕국 이스라엘)을 겨냥하고 있고 그와 동시에 "애가"로 선포된 예언의 말씀이 뒤따른다.

따라서 아모스 3-6장 전체는 아모스 5:1에서 제시된 개념을 표현하며 아모스 5:1은 하나님의 백성이 예외 없이 하나님의 뜻을 실행하는 데 실패했기 때문에 북왕국이라는 국가의 멸망에 애통한다.

아모스 5:1은 또한 구약 예언에 다소 전형적인 한 가지 특징을 보여 준다. 심판 선포는 시체에 대한 전통적 애가에서 유래했지만 독특하게 변형된 언어로 표현된다. 우선, 애가는 한 개인이 아닌 집단, 이스라엘 족속을 대상으로 한다. 또 한 가지 점은, 이 집단이 아직 최소한 책 안에서 제시된 대로 존재한다는 것

---

[121] Kratz 2003c.

이다. 애가는 이스라엘을 마치 이미 죽은 것처럼 다룬다. 따라서 아모스 5:1은 전통적인 발화 양식을 낯설게 만들고 그렇게 해서 예언적 언어를 창출한다.

문헌사적 관점에서 호세아 전승과 아모스 전승의 기원은 이 두 전승이 앗수르의 위협을 예루살렘 제의 전승의 전통적인 사고방식의 측면에서 피해야 할 혼돈으로 해석하지 않는다는 점을 고려하면 특별한 의미를 지닌다. 그 대신 이 두 전승은 이 위협을 자기 하나님의 우주 창조 행위와 관련시킨다. 앗수르의 군사력을 통해 초래된 이스라엘의 멸망은 하나님이 이스라엘 안의 악한 제의적·사회적 상황에 대해 대응하시는 수단이며 이러한 상황은 결과적으로 국내 정책의 측면에서 성장하는 국가 자본주의에 바탕을 둔 구별과 차별의 사회-역사적 과정에 뿌리를 두고 있다.

호세아와 아모스는 국내 정치적 관점과 국외 정치적 관점을 원인과 결과로 연결시킨다. 그러나 이들이 선포하는 이스라엘의 멸망에 담긴 신학적 정당성은 앗수르에게 유리한 입장을 취하는 문제가 아니다. 앗수르 제국은 앗수르에 적용된 이미지가 보여 주듯이 여전히 대재앙을 초래하는 강대국이지만 앗수르의 힘은 시간적으로 하나님의 심판의 도구라는 앗수르의 용도에 암묵적으로 국한되어 있다.

> 아모스서는 그리 큰 규모는 아니지만 후대에 여전히 명확한 신명기 사가의 수정을 거친 것으로 보인다(예. 1:1, 9-12; 2:4-5, 10-12; 3:1, 7; 5:25-26).[122] 아모스서는 아모스가 (남왕국이 참화를 겪을 때의 예레미야처럼) 북왕국이 멸망하던 시대에 활동한 예언자였으므로 "신명기 사가적인" 의미에서 수정하기에 알맞았다.

122　참고. Schmidt 1965.

(2) 최초의 이사야 전승과 그 전승의 요시야적 수용

현대 성서 연구 최초의 발견 중 하나는, 이사야 66장이 모두 이사야서에 자신의 이름을 부여한 주전 8세기 이사야에게서 나온 것이 아니고 1-39장에서만 이사야가 한 말을 기대할 수 있다는 점이었다.[123]

이사야 1-39장 안에서 오래된 문헌상 핵심 부분은 특히 이사야 1-11, 28-32장에서 발견되며[124] 이는 배제의 원리에 의해 가능해진 과정이다. 이사야 12장은 종말론적인 감사의 노래이며 이사야 13-23장에서는 이방 민족에 대한 말씀이 나오는데 그 중 일부인 이사야 17장에 있는 내용만 주전 8세기로 거슬러 올라갈 수 있다.

이사야 24-27장은 심지어 아마도 페르시아 시대 이후의 것으로 추정해야 할 세계 심판에 대한 원시 묵시 환상을 포함하고 있으며 이사야 33-35장에서는 이후 제2이사야 전승과의 가교 역할을 하는 다양한 요소가 나온다. 이사야 36-39장은 열왕기하 18-20장에서 취한 이사야 이야기를 담고 있다.

이사야서에서 가장 오래된 본문을 정확히 어디서 찾아야 하는지는 논쟁거리다.[125] 판단에 일차적으로 중요한 것은 "6-8장에 있는 이른바 이사야 "비망록"에 대한 해석이다.[126] 무엇보다도 이사야 8:1-4, 5-8절의 순차적인 기원은 이사야가 처음에는 시리아-에브라임 동맹에 대한 심판만 선포했다는 점을 밝혀 주는 반면(참고. 사 17:1-6) 8:5-8에서 신학적으로 다룬 유다에 대한 심판 선언은 부차적이다.[127]

---

123 아래 3장-3-3)을 참고하라.
124 사 28-32장의 해석적 성격에 대해서는 Kratz 2010b를 참고하라.
125 참고. Köckert, Becker, and Barthel 2003.
126 이 가운데 한 쪽 입장에 대해서는 Becker 1997, 다른 쪽 입장에 대해서는 Stipp 2003을 참고하라. Hartenstein 2011; Schmid 2011d의 자세한 논의를 참고하라.
127 참고. Becker 1997.

여호와께서 내게 이르시되 너는 큰 서판을 가지고 그 위에 통용 문자로
마헬살랄하스바스(노략이 속함)라 쓰라 내가 진실한 증인 제사장 우리야와
여베레기야의 아들 스가랴를 불러 증언하게 하리라 하시더니
내가 내 아내를 가까이 하매 그가 임신하여 아들을 낳은지라 여호와께서
내게 이르시되 그의 이름을 마헬살랄하스바스라 하라 이는 이 아이가 내
아빠, 내 엄마라 부를 줄 알기 전에 다메섹의 재물과 사마리아의 노략물
이 앗수르 왕 앞에 옮겨질 것임이라 하시니라 (사 8:1-4)

여호와께서 다시 내게 말씀하여 이르시되 이 백성이 천천히 흐르는 실로
아 물을 버리고 르신과 르말리야의 아들을 기뻐하느니라
그러므로 주 내가 흉용하고 창일한 큰 하수 곧 앗수르 왕과 그의 모든 위
력으로 그들을 뒤덮을 것이라 그 모든 골짜기에 차고 모든 언덕에 넘쳐
흘러 유다에 들어와서 가득하여 목에까지 미치리라 임마누엘이여 그가
펴는 날개가 네 땅에 가득하리라 하셨느니라(사 8:5-8).

    이사야 8:5-8의 심판 선언이 주전 701년 사건의 배경에 속한 것이라면 이사야가 직접 유다를 대적하는 심판의 예언자가 된 것이다. 그것이 주전 587년 유다와 예루살렘의 멸망에 대한 회고로 창작된 것이라면 "이사야"는 후대에 전승을 전해 준 이들이 덧붙인 내용 속에서 최초로 유다에 맞선 인물이 되었을 것이다.
    그러나 이와 어긋나는 것은 아마도 대부분 왕정 시대에 나왔을 이사야 6장의 소명 환상이 지닌 비유적 특성이며 이 환상은 처음부터 심판의 신학[128]을 통해 형성된다.[129]

---

[128]   Hartenstein 1997.
[129]   일례로 Becker 1997. 비록 사 6:9-10의 완고함을 촉발시키라는 명령을 부차적인 것으로 믿더라도.

이사야 6장은 오직 하나님이 (하늘이 아닌) 성전에 거하신다는 사상 때문에라도 포로기나 포로기 이후 문헌일 리가 없다.[130] 마찬가지로 동심원 구조로 되어 있고 따라서 문헌적으로 명백히 통일된 단락인 이사야 1:21-26은 1:27-28에 나오는 포로기의 후대 해석에 비추어 볼 때 그 자체로는 십중팔구 포로기 이전 본문인데 이사야를 심판의 예언자로 여기지만 이사야 또한 심판 이후의 관점을 전개한다.[131]

신실하던 성읍이 어찌하여 창기가 되었는고 정의가 거기에 충만하였고 공의가 그 가운데에 거하였더니 이제는 살인자들뿐이로다
네 은은 찌꺼기가 되었고 네 포도주에는 물이 섞였도다
네 고관들은 패역하여 도둑과 짝하며 다 뇌물을 사랑하며 예물을 구하며 고아를 위하여 신원하지 아니하며 과부의 송사를 수리하지 아니하는도다
그러므로 주 만군의 여호와 이스라엘의 전능자가 말씀하시되 슬프다 내가 장차 내 대적에게 보응하여 내 마음을 편하게 하겠고 내 원수에게 보복하리라
내가 또 내 손을 네게 돌려 네 찌꺼기를 잿물로 씻듯이 녹여 청결하게 하며 네 혼잡물을 다 제하여 버리고
내가 네 재판관들을 처음과 같이, 네 모사들을 본래와 같이 회복할 것이라 그리한 후에야 네가 의의 성읍이라, 신실한 고을이라 불리리라 하셨나니(사 1:21-26).

시온은 정의로 구속함을 받고
그 돌아온 자들은 공의로 구속함을 받으리라

---

130 Schmid 2006c.
131 Steck 2003.

그러나 패역한 자와 죄인은 함께 패망하고
여호와를 버린 자도 멸망할 것이라(사 1:27-28).

그러므로 이사야 1-11장의 심판 선포는 이사야 전승부터 전해 내려온 자료를 포함하고 있다는 전통적 견해에는 (비록 이 장의 동심원적 배열이 아직 포로기 이전 시대라도 이사야 이후 시대에 속한 것이지만) 그럴 만한 충분한 이유가 있다.[132]

1:21-26	정의에 대한 환상
5:8-24	유다에 닥칠 화
5:25-30	후렴구 시
6-8장	비망록
9:7-20 (10:4)	후렴구 시
10:1-4	유다에 닥칠 화
11:1-5	정의에 대한 환상

왕정 시대에 속하는 것으로 추정되는 연대는 한편으로는 요시야 시대에 기원을 둔 부분인 8:23, 9:1-6이 이 구조에서 아무런 역할을 하지 않는 것처럼 보이고 따라서 아마도 이 시점에는 존재하지 않았을 것이라는 사실로 암시된다.[133]

다른 한편으로 11:1-5에 나오는 "메시야적 약속"의 개요가 지닌 국내 정치적 성향은 그 회고적 강조점과 더불어 이와 같이 예레미야서와 에스겔서에서 그에 상응하는 포로기 본문과 명백히 다르다.

"후렴구 시"는 이사야 5:25, 9:11, 16, 20절, 10:4에서 반복해서 등장하는 후렴구 때문에 그렇게 불린다.

---

132 Blum 1996; 1997; Hardmeier 2007; Williamson 2004.
133 Barth 1977; 아래를 보라.

그럴지라도 그의 노가 돌아서지 아니하였고 그의 손이 여전히 펼쳐져 있
느니라(사 5:25 등).

이사야 1-11장이 주전 7세기에 창작되었다는 입장을 뒷받침하는 것은 한편으로는 이사야 6:9-10의 완고함을 유발시키라는 명령의 모티프인데 이 모티프는 명백히 이사야의 말씀 선포 효과를 그 내용과 동일시하며("듣기는 들어도 깨닫지 못할 것이요 보기는 보아도 알지 못하리라") 따라서 심지어 주전 701년에 예루살렘에 별다른 영향을 주지 않은 앗수르의 봉쇄 해제와의 거리까지는 아니라 하더라도 이사야의 예언 활동과 일정한 거리를 전제로 한다.[134]

이 사건은 이사야의 심판 예언이 한 세기 또는 그 이상 동안 거짓 예언처럼 보이게 했으나 이사야의 예언은 마침내 주전 587년에 바벨론에 의한 예루살렘 멸망으로 입증되었다.

이사야 전승의 기원을 문헌사적인 측면에서 어떻게 해석해야 하는가?

우리가 이사야 1-11장 내부의 이 일관성을 주장한다면 이사야 전승은 새로운 예언을 시작하는 것이 아니라 그보다 오래된 아모스 전승과 인용을 통해 연결된다는 블룸의 관찰이 결정적인 것으로 보인다.[135] 핵심 진술은 이사야 9:8-10의 이른바 후렴구 시에 나온다.

주께서 야곱에게 말씀을 보내시며 그것을 이스라엘에게 임하게 하셨은즉 모든 백성 곧 에브라임과 사마리아 주민이 알 것이어늘 그들이 교만하고 완악한 마음으로 말하기를 벽돌이 무너졌으나 우리는 다듬은 돌로 쌓고 뽕나무들이 찍혔으나 우리는 백향목으로 그것을 대신하리라 하는도다(사 9:8-10).

---

[134] 참고. Keel 2007, 463.
[135] Blum 1992/1993; 1997; 참고. Keel 2007, 374-75. 이는 결국 예루살렘을 포함하도록 확대되었다; Blum 1994를 보라.

여러 성서 번역과 달리 이 구절은 분명히 완료 시제로 표현되어 있다. 즉, 하나님의 말씀은 북왕국에 대해 이미 성취되었다. 이것은 미래 예언의 문제가 아니라 과거에 대한 해석 문제다. 이 말씀이 아모스의 예언에 관한 것이라는 점은 명시적으로 진술되지는 않았지만 문맥을 통해 분명히 알아낼 수 있다.

북왕국에 대한 심판은 이사야 5:25에서도 암시되듯이 후렴구 시의 첫 부분에서 지진("벽돌이 무너졌으나")으로 묘사되고 있다.

> 그러므로 여호와께서 자기 백성에게 노를 발하시고 그들 위에 손을 들어 그들을 치신지라 산들은 진동하며 그들의 시체는 거리 가운데에 분토 같이 되었도다 그럴지라도 그의 노가 돌아서지 아니하였고 그의 손이 여전히 펼쳐져 있느니라(사 5:25).

심판 지진은 아모스의 예언이 지닌 기본 요소다(참고. 암 1:1; 2:13; 9:1). 게다가 이 후렴구 시는 그 특성상(참고. 암 4:6-12의 양식과 일치) 아모스서와 또 다른 연결고리를 드러낸다. 특히 주목할 만한 것은 "돌아오지 않음"(참고. 암 4:6, 8, 9, 10, 11), "치심"(암 4:9), "찾지 않음"(암 5:4, 5, 6, 14)이라는 모티프를 지닌 이사야 9:13이다.

> 그리하여도 그 백성이 자기들을 치시는 이에게로 돌아오지 아니하며 만군의 여호와를 찾지 아니하도다(사 9:13).

이러한 유사성을 고려할 때 이사야 5, 9-10장은 아모스서를 암시하고 있다고 결론지을 필요가 있어 보인다. 내용과 관련해서 이는 이사야서의 경우에 유다에 대한 심판 위협은 하나님에 의한 새로운 심판의 신탁이 아니라 원래 북왕국에 임한 심판의 연장임을 의미한다.

따라서 이사야는 아모스가 예언한 것과 다른 어떤 것을 선포하고 있는 것이 아닙니다. 유일한 차이점은 이사야서가 지금 아모스의 메시지를 유다로 확장하고 있다는 점이다.

후렴구 시에 관한 이러한 관찰이 정확하다면 6장에 나오는 이사야의 소명 환상을 아모스 7-9장에 나오는 아모스의 환상과 연결시킬 가능성도 매우 높다. 아모스가 환상을 이야기하는 과정 속에서 무엇보다 먼저 심판이 불가피하다는 점을 받아들여야 하는 것처럼[136] 이사야도 6장에서 하나님이 자신에게 주신 임무는 그 내용 때문에 그 사명을 자발적으로 받아들이는 자는 누구든 가능한 가장 강력한 방식으로 배척을 당할 것을 예상해야 한다는 점을 배워야 한다.

포로기 이전 시대, 아마도 요시야 시대에 이사야 전승은 특히 바르트가 이해한 대로 중요한 재해석을 거쳤고 바르트는 이를 "앗수르의" 편집이라고 불렀다.[137] 이 재해석은 우선 아모스와 이사야 9:7에 따라 북왕국에 이미 임했고 그 후에는 이사야 전승에 따라 유다에 영향을 준 심판을 이제 신적인 도구인 앗수르를 포함하도록 확대시킨다.

> 만군의 여호와께서 맹세하여 이르시되 내가 생각한 것이 반드시 되며 내가 경영한 것을 반드시 이루리라 내가 앗수르를 나의 땅에서 파하며 나의 산에서 그것을 짓밟으리니 그 때에 그의 멍에가 이스라엘에게서 떠나고 그의 짐이 그들의 어깨에서 벗어질 것이라 이것이 온 세계를 향하여 정한 경영이며 이것이 열방을 향하여 편 손이라 하셨나니 만군의 여호와께서 경영하셨은즉 누가 능히 그것을 폐하며 그의 손을 펴셨은즉 누가 능히 그것을 돌이키랴(사 14:24-27).

---

[136] Jeremias 1995.
[137] Barth 1977; Becker 1997은 비판적이다.

앗수르에 임할 심판이 이스라엘과 유다에 임한 심판의 연장이라는 사실은 14:26-27에서 이사야 5:25, 9:11, 16, 20절, 10:4의 후렴구("그의 손을 펴셨은즉")를 인용한 것을 보면 명백하다. 이와 동시에 앗수르의 멸망은 유다에게 있어서 형통했던 요시야 시대에 경험한 것과 같은 구원의 때의 시작이 된다.

> … 옛적에는 여호와께서 스불론 땅과 납달리 땅이 멸시를 당하게 하셨더니 후에는 해변 길과 요단 저쪽 이방의 갈릴리를 영화롭게 하셨느니라 흑암에 행하던 백성이 큰 빛을 보고 사망의 그늘진 땅에 거주하던 자에게 빛이 비치도다 주께서 이 나라를 창성하게 하시며 그 즐거움을 더하게 하셨으므로 추수하는 즐거움과 탈취물을 나눌 때의 즐거움 같이 그들이 주 앞에서 즐거워하오니 이는 그들이 무겁게 멘 멍에와 그들의 어깨의 채찍과 그 압제자의 막대기를 주께서 꺾으시되 미디안의 날과 같이 하셨음이니이다 어지러이 싸우는 군인들의 신과 피 묻은 겉옷이 불에 섶 같이 살라지리니 이는 한 아기가 우리에게 났고 한 아들을 우리에게 주신 바 되었는데 그의 어깨에는 정사를 메었고 그의 이름은 기묘자라, 모사라, 전능하신 하나님이라, 영존하시는 아버지라, 평강의 왕이라 할 것임이라 그 정사와 평강의 더함이 무궁하며 또 다윗의 왕좌와 그의 나라에 군림하여 그 나라를 굳게 세우고 지금 이후로 영원히 정의와 공의로 그것을 보존하실 것이라(사 9:1-7).

이사야 9:1-6의 위풍당당한 아기 탄생에 대한 감사의 회고[138]는 십중팔구 요시야와 관련이 있으며 그는 여덟 살 때 유다 왕으로 즉위했다(왕하 22:1-2). 따라

---

[138] 후대에 교회에서 받아들인 것과 달리 이 단락은 완료 시제로 표현되어 있기 때문에 분명히 메시야에 관한 약속이 아니다.

서 이사야 9:5은 이사야 7:14에 나오는 진술의 성취로 표현되어 있으며 이사야 7:14은 결국 원래의 의미와 달리 메시야적으로 이해되었다.

9:5 이는 한 아기가 우리에게 났고 한 아들을 우리에게 주신 바 되었는데	7:14 보라 처녀가 잉태하여 아들을 낳을 것이요 그의 이름을 임마누엘[하나님이 우리와 같이 계심]이라 하리라

앗수르 세력의 몰락은 이처럼 유다에 대한 구원과 앗수르에 대한 심판의 전망으로 설명된다.

이사야서는 눈에 띄게 "비-신명기 사가적"(un-Deuteronomistic)인 예언서다.[139] 아마도 나중에 이사야서를 예를 들어 아모스서와 예레미야서에 영향을 준 해석 같은 신명기 사가적인 재해석에 흔들리지 않게 만든 것은 무엇보다도 강한 전통적 시온 신학에 경도된 이사야서의 성향이었을 것이다.

4) 율법 전승

모세오경은 세 가지 큰 법 체계(언약서[출 20-23장], 성결 법전[레 17-26장], 신명기)를 담고 있다. 물론 언약서가 가장 오래된 것으로 간주되어야 마땅하다. 이 세 법전(물론 셋 다 문헌상의 확대를 거쳤다) 사이의 관계는 내적인 성서 해석상의 관계를 바탕으로 꽤 분명하게 밝힐 수 있다. 신명기는 언약서에 대한 재해석으로 이해할 수 있는 반면[140] 성결 법전은 결과적으로 신명기에 나온 자료를 제사장 문서에 맞춘 것이다.[141]

---

139   이 문제에 대해서는 Perlitt 1989/1994를 참고하라.
140   Morrow 1995; Levinson 1997; Otto 1999a, c.
141   참고. Otto 2000a.

(1) 언약서

(모세가) 언약서를 가져다가 백성에게 낭독하여 듣게 하니(출 24:7).

출애굽기 20:22-23:33은 출애굽기 24:7로 인해 "언약서"로 알려진 법적 진술의 체계를 담고 있다. 이 법전이 실재했던 문헌으로서 시간이 흐르면서 성장했을 가능성에 대해 무척 광범위하게 합의가 존재한다. 그러나 지난 10년간 언약서의 기본적인 경향에 대한 신학-비평적 평가는 극적으로 바뀌었다.

할베(Halbe)는 언약서의 핵심 부분이 출애굽기 34장과의 관련에서 유래한 종교적 특권에 대한 법의 선언으로 이루어져 있다고 밝힌 반면[142] 오토(Otto), 슈빈호어스트-쇤베르거(Schwienhorst-Schönberger), 오수미(Osumi), 로텐부쉬(Rothenbusch), 크라츠(Kratz), 알베르츠(Albertz)의 최신 저술은 이와 반대로 고대 근동의 법적 전통에서 유래된 "세속법"(**미슈파팀**)의 구성 요소가 이보다 오래된 것이라는 데 동의하며 이 자료의 "신학화"를 부차적인 것으로 간주한다.[143]

이러한 결론은 부분적으로 출애굽기 20-23장의 문헌 발전에 대한 새로운 평가뿐만 아니라 알트(Alt) 이후 율법의 역사에 대한 고전적인 접근을 불가능하게 만든 구약에 대한 변화된 종교사적 관점에도 근거를 두고 있다.[144]

알트와 그의 추종자들은 일반적으로 필연적인 법적 진술(apodictic legal statements)과 결의론적인 법적 진술(casuistic legal statements)을 구별했고 서로 다른 경우에 차별적인 형벌 없이 무조건적인 금지를 표현하는 필연적인 법("너는 … 하지 말라")에서 이스라엘의 진정한 유목민적 유산을 발견한 반면 특정한 형벌

---

[142] Halbe 1975, 319-505.
[143] Otto 1988; 1998b, 1991; Schwienhorst-Schönberger 1990; Osumi 1991; Rothenbusch 2000; Kratz 2000a, 145-50; Albertz 2003; "신학적 논의"의 역사와 개념에 대해서는 Albertz 2003b, 187 n. 1을 참고하라.
[144] Alt 1934.

을 특정한 범죄와 결부시키는 결의론적인 규정("…하면 …하라")은 가나안에서 받아들인 것으로 여겨졌다.

그러나 이제는 이스라엘과 가나안 사이에 필연적인 법과 결의론적인 규정을 구분하는 것도, 오로지 유목민적인 이스라엘의 기원에 대한 명제도 유지될 수 없다는 것이 분명해졌다.

율법의 신학화에는 완벽하게 변경된 율법 개념이 수반되었다. 우리는 전통적인 고대 근동의 법률 모음집은 (기존의 명칭과 달리) "법전"이 아니라 법률 모음집이라는 점을 분명히 해야 한다.[145] 즉, 이 법률 모음집은 규범적인 문헌이 아니라 "규칙이 아닌 법을 발견하기 위한 보조 수단"을 나타내는 기술적인 문헌이다.[146]

고대 근동에서 입법권은 기록된 법의 규칙이 아니라 군주에게 있었다.[147] 헬레니즘 시대 이전의 이집트에서 18왕조의 호렘헤브 왕이 내린 칙령[148] 외에는 기록된 법전이 없었다는 사실은 따라서 예외가 아니라 이런 상황과 조화를 이루는 한 실례일 뿐이며 그러한 상황은 왕을 **노모스 엠프쉬코스**(*nomos empsychos*) 또는 **렉스 아니마타**(*lex animata*)[149]로 보는 그리스와 로마의 사상에서 구체적으로 표현되었다.[150]

그에 따라 언약서의 더 오래된 "세속법" 규칙을 법학자에게 도움은 되지만 규칙으로서 구속력을 갖지는 않는 모범 사례로 보아야 한다. 3인칭으로 표현된 이런 종류의 법적 진술 사례는 출애굽기 22:5-6에서 발견된다.

---

145 이에 대해서는 다음 책들을 참고하라. Assmann 2000, 178-89; Lohfink 1995, 366; Houtman 1997, 18; Rothenbusch 2000, 408-73.
146 Assmann 2000, 179.
147 Rothenbusch 2000, 410 and n. 61.
148 Otto 2004, 105.
149 역주—각기 헬라어, 라틴어로 "살아 있는 법"이라는 뜻이다.
150 Assmann 2006, 321.

사람이 밭에서나 포도원에서 짐승을 먹이다가 자기의 짐승을 놓아 남의 밭에서 먹게 하면 자기 밭의 가장 좋은 것과 자기 포도원의 가장 좋은 것으로 배상할지니라 불이 나서 가시나무에 댕겨 낟가리나 거두지 못한 곡식이나 밭을 태우면 불 놓은 자가 반드시 배상할지니라(출 22:5-6).

이런 종류의 진술이 "세속"법의 문제가 아니라는 점은 이어지는 구절 출애굽기 22:7-9을 보면 분명하다.

사람이 돈이나 물품을 이웃에게 맡겨 지키게 하였다가 그 이웃 집에서 도둑을 맞았는데 그 도둑이 잡히면 갑절을 배상할 것이요 도둑이 잡히지 아니하면 그 집 주인이 재판장 앞에 가서 자기가 그 이웃의 물품에 손 댄 여부의 조사를 받을 것이며 어떤 잃은 물건 즉 소나 나귀나 양이나 의복이나 또는 다른 잃은 물건에 대하여 어떤 사람이 이르기를 이것이 그것이라 하면 양편이 재판장 앞에 나아갈 것이요 재판장이 죄 있다고 하는 자가 그 상대편에게 갑절을 배상할지니라(출 22:7-9).

판결할 수 없는 경우에는 결정을 내리기 위해 시죄법(試罪法, ordeal)을 규정할 수 있다. 어쨌든 이 본문에서 하나님은 입법자가 아니라 기껏해야 재판장임이 분명하다.

이는 언약서가 특별히 출애굽기 20:22-21:1의 서론과 2인칭 삽입을 통해 "신적인 법"(divine law)이 되고 그래서 그와 동시에 구약 율법의 나머지 추가 역사에 대해 표준이 되는 순간을 바꾸어 놓으며 그 결과 이 역사는 필연적으로 가장 고대의 신적인 법에 대한 해석의 역사가 된다.

율법은 전통적인 왕의 권위에서 분리된다. 말하자면 기록된 형태로 "살이 제거된다."¹⁵¹ 그런 이유로 구약의 법에 대한 모든 진술 중 약 절반이 그 법의 기원에 대한 설명, 이 법을 지키는 자를 위한 약속, 그에 대한 이유, 경고, 또는 그 법의 의미에 대한 설명을 포함하는 서론을 갖추고 있다.

이 점은 이 법들이 확실히 시행될 정도로 (더 이상의) 권위를 갖지 못했다는 사실을 통해 설명할 수 있다. 그 대신 이 법들은 그 권위를 신적인 법에만 의존한 것으로 보인다.¹⁵² 이는 예컨대 출애굽기 22:21-24에서 분명히 드러난다.

> 너는 이방 나그네를 압제하지 말며 그들을 학대하지 말라 너희도 애굽 땅에서 나그네였음이라 너는 과부나 고아를 해롭게 하지 말라 네가 만일 그들을 해롭게 하므로 그들이 내게 부르짖으면 내가 반드시 그 부르짖음을 들으리라 나의 노가 맹렬하므로 내가 칼로 너희를 죽이니 너희의 아내는 과부가 되고 너희 자녀는 고아가 되리라(출 22:21-24).

지금은 신적인 법이 된 이 언약서의 내용과 관련해서 언약서는 더 이상 전승을 형성하는 복잡한 법률 상황의 본보기 사례가 아니라 오히려 법, 정의, 자비에 대한 핵심적인 신학 진술이라는 점이 눈에 띄며¹⁵³ 이런 진술은 호세아, 아모스, 미가, 이사야의 예언 말씀 선포 전면에 등장한다.¹⁵⁴

> 언약서는 주전 8세기 말과 9세기 초의 예언자들이 탄식하며 훗날 불성실한 백성에 대한 신적인 심판이라고 선언한 모든 분명한 것의 파괴를 명확한 하나님의 법이 예언자의 탄식과 고발에서 비롯된 것인 양 다룬다.¹⁵⁵

---

151 참고. Otto 1999d.
152 Frymer-Kenski 2003, 979.
153 Assmann et al. 1998.
154 사회-역사적 배경에 대해서는 Kessler 1992; 2006을 참고하라.
155 Kratz 2000a, 147-48; 참고. Albertz 2003b, 193.

사실 예언 전승과 언약서 사이에는 눈에 띄는 관계가 있어 해석의 준거가 된다.[156] 예를 들어 아모스 2:6-8을 출애굽기 22:24-26의 (이인칭으로 된) 신적인 법에 대한 진술과 비교해 보라.

아모스 2:6-8	출애굽기 22:25-27
여호와께서 이와 같이 말씀하시되 이스라엘의 서너 가지 죄로 말미암아 내가 그 벌을 돌이키지 아니하리니 이는 그들이 은을 받고 의인을 팔며 신 한 켤레를 받고 가난한 자를 팔며 힘 없는 자의 머리를 티끌 먼지 속에 발로 밟고 연약한 자의 길을 굽게 하며 … 모든 제단 옆에서 전당 잡은 옷 위에 누우며 그들의 신전에서 벌금으로 얻은 포도주를 마심이니라	네가 만일 너와 함께 한 내 백성 중에서 가난한 자에게 돈을 꾸어 주면 너는 그에게 채권자 같이 하지 말며 이자를 받지 말 것이며 네가 만일 이웃의 옷을 전당 잡거든 해가 지기 전에 그에게 돌려보내라 그것이 유일한 옷이라 그것이 그의 알몸을 가릴 옷인즉 그가 무엇을 입고 자겠느냐 그가 내게 부르짖으면 내가 들으리니 나는 자비로운 자임이니라

내용만 수용한 것이든 문헌 수용이든[157] 예언 전승의 수용 외에도 우리는 언약서의 2인칭으로 된 신적인 법에 대한 해석에서 두 번째 요소를 식별할 수 있다. 즉, 그러한 해석은 눈에 띄게 출애굽 전승에 의해 형성되었다는 사실을 드러낸다. 언약서의 편집적 기원은 출애굽기 20:23에 나오는 우상에 대한 금지와 출애굽기 21:2의 노예 해방이라는 모티프와 더불어 이미 출애굽 전승과 강한 관련성을 일깨워준다.

> 너희는 나를 비겨서 은으로나 금으로나 너희를 위하여 신상을 만들지 말고(출 20;23; 참고. 23:13b).

> 네가 히브리 종을 사면 그는 여섯 해 동안 섬길 것이요 일곱째 해에는 몸

---

156 참고. Dearman 1988, 58-59.
157 참고. Levinson 2004, 297 n. 41.

값을 물지 않고 나가 자유인이 될 것이며(출 21:2).

출애굽기 21-23장 안의 역사적 사실을 통해 해석하는 본문과 언약서의 맺음말에 대해서도 이와 비슷하게 말할 수 있다.

> 내가 … 그 땅의 주민을 네 손에 넘기리니 네가 그들을 네 앞에서 쫓아낼 지라 너는 그들과 그들의 신들과 언약하지 말라 그들이 네 땅에 머무르지 못할 것은 그들이 너를 내게 범죄하게 할까 두려움이라 네가 그 신들을 섬기면 그것이 너의 올무가 되리라(출 23:31b-33).

이러한 출애굽기의 복합 모티프는 이런 모티프가 먼저 신적인 법인 언약서라는 해석의 틀 안에서 그것이 현재 속해 있는 내러티브의 문맥 속에 삽입되었다는 점을 보여 준다. 하지만 2인칭으로 된 신적인 법에 대한 본문을 모두 똑같은 문헌 단계에 속한 것으로 간주하는 것은 별로 그럴듯하지 않다.

(2) 신명기

모세오경의 마지막 책을 가리키는 "신명기"라는 이름은 신명기 17:18을 헬라어 번역자가 ("율법서의 등사본"이 아니라 "두 번째 율법"으로) 오해한 데서 비롯되었지만 그 기원의 역사와 그 내러티브적 배경이라는 면에서 모두 적절하다.

즉, 신명기의 상당 부분은 제사 중앙 집중화의 진척을 위해 이용된 언약서의 신판으로 창작되었다.[158] 신명기는 모세오경 가운데 현재 위치 속에서 모세가 시내산에서 받은 율법을 요단강 동쪽 땅에서 선포한 것으로 읽히도록 의도되었다.[159]

신명기 12:13-14에 나오는 중앙 집중화 그 자체에 대한 율법 문헌의 핵심은

---

[158] Morrow 1995; Levinson 1997; Otto 1999a, c; Kratz 2000a; 이와 다른 견해로는 Van Seters 1996; 2003 (이에 대해서는 Levinson 2004를 보라).

[159] 참고. Schmid 2004b.

문자적으로 출애굽기 20:24에 나오는 언약서 내의 제단에 대한 율법에 의존하고 있고 그 구절을 직접 인용한다.[160]

신명기 12:13-14	출애굽기 20:24
너는 삼가서 네게 보이는 <u>아무 곳에서나</u> 번제를 드리지 말고 오직 너희의 한 지파 중에 여호와께서 택하실 그 곳에서 번제를 드리고 또 내가 네게 명령하는 모든 것을 거기서 행할지니라	내게 토단을 쌓고 그 위에 네 양과 소로 네 번제와 화목제를 드리라 내가 내 이름을 기념하게 하는 <u>모든 곳에서</u> 네게 임하여 복을 주리라

그러나 개별 법 또한 제의 중앙 집중화에 도움이 되도록 다르게 표현된다.

신명기 15:12-18	출애굽기 21:2-7
네 동족 히브리 남자나 히브리 여자가 네게 팔렸다 하자 만일 여섯 해 동안 너를 섬겼거든 일곱째 해에 너는 그를 놓아 자유롭게 할 것이요 그를 놓아 자유하게 할 때에는 빈 손으로 가게 하지 말고 … 종이 만일 너와 네 집을 사랑하므로 너와 동거하기를 좋게 여겨 네게 향하여 내가 주인을 떠나지 아니하겠노라 하거든 송곳을 가져다가 그의 귀를 문에 대고 뚫으라 그리하면 그가 영구히 네 종이 되리라 네 여종에게도 그같이 할지니라. 그가 여섯 해 동안에 품꾼의 삯의 배나 받을 만큼 너를 섬겼은즉 너는 그를 놓아 자유하게 하기를 어렵게 여기지 말라 그리하면 네 하나님 여호와께서 네 범사에 네게 복을 주시리라	네가 히브리 종을 사면 그는 여섯 해 동안 섬길 것이요 일곱째 해에는 몸값을 물지 않고 나가 자유인이 될 것이며 … 만일 종이 분명히 말하기를 내가 상전과 내 처자를 사랑하니 나가서 자유인이 되지 않겠노라 하면 상전이 그를 데리고 <mark>재판장에게로</mark> 갈 것이요 또 그를 문이나 문설주 앞으로 데리고 가서 그것에다가 송곳으로 그의 귀를 뚫을 것이라 그는 종신토록 그 상전을 섬기리라

160　Levinson 1997.

신명기 15:12-18에서 출애굽기 21:2-7에 나오는 노예에 대한 법을 다르게 표현한 것은 이 일련의 새로운 해석 전체를 본보기로 잘 보여 준다.

이와 같이 출애굽기 21장에서는 노예제가 당연한 일로 간주된다("네가 히브리 종을 사면"). 신명기에서는 노예제가 용인되기는 하지만 비판적으로 평가된다("네 동족[직역. '형제'] 히브리 남자나 히브리 여자가 네게 팔렸다 하자"). 신명기 15장에서는 종을 풀어줄 때 과거의 종이 독립적인 생계를 꾸릴 수 있고 바로 종살이로 되돌아가지 않을 만큼 그에게 넉넉한 품삯이 지불된다. 그러나 출애굽기 21장에서는 종이 주인의 집에서 평생 섬기기를 원하면 본질상 명백히 신성한 의식을 통해("하나님 앞으로") 그 사실을 확증하는 반면 신명기 15장에서는 그 의식이 세속적인 형태로 나타난다.

마지막으로 특히 눈에 띄는 것은 신명기 15장의 마지막 구절인데 이 구절은 한편으로는 노예 해방의 동기를 표현하고 다른 한편으로는 이 계명을 지킴으로써 누리게 될 하나님의 축복을 보여 준다. 외관상 신명기의 율법은 집행권이 아닌 감정 이입을 통해 자신의 정당성을 입증하려 한다.

어쨌든 신명기의 기본적인 형태를 요시야 시대에서 찾는 근거는 통상적으로 W. M. L. 데 베테(de Wette)의 『비평론』(*Dissertatio Critica*)[161] 이래로 명백한 열왕기하 22-23장의 요시야의 개혁에 대한 묘사와 신명기의 주요 목표와의 관계에 바탕을 두고 있었다. 요시야의 개혁은 "예배의 통일"과 "예배의 순수성"이라는 격언과 더불어 신명기의 기본적인 요구를 구체화했고 그 결과 학자들은 신명기를 이 개혁의 밑바탕을 이루는 문헌으로 묘사해 왔다.

그러나 요시야 개혁의 역사성은 논란의 대상이다.[162] 게다가 신명기와 요시야 개혁의 관계는 신명기와 열왕기하 22-23장에 대한 논란의 여지가 있는 문

---

161 De Wette 1805.
162 앞의 3장–1을 보라.

헌비평에서 적절하게 확실한 역사적 근거를 별로 발견할 수 없다. 문헌비평을 통해 먼저 입증되어야 할 이 관계가 이미 전제되어 있다면 우리는 순환 논리에 빠질 위험이 있다.[163]

이와 동시에 신명기의 기본적인 내용의 소재를 역사적으로 앗수르 시대 후기에서 찾는 것은 비록 이것이 학문적 논의의 과정에서 다시 유동적으로 되더라도 정확한 시도일지 모른다.[164] 그 핵심적인 논거는 신명기가 비록 앗수르 왕이 아닌 여호와에 대한 무조건적인 충성을 요구하지만 전적으로 앗수르의 충성 맹세('아데')의 형식으로 구성되어 있다는 관찰에 있다.

우리는 (신 13장과 28장을 포함하고 있는) 원-신명기(Ur-Dtn)가 *VTE* ∫10.56과 그 외의 추가적인 요소를 번역한 것에 불과하다는 지나친 명제를 고수할 필요는 없다.[165] 이에 대한 반론은 다음과 같다.

① 신명기에 대한 내적 문헌비평은 신명기 *13장이 문헌 핵심을 대표할 가능성이 전혀 없는 것으로 확인했다.

② 뿐만 아니라 *VTE*를 언급된 본문으로 자구적으로 전치시켰을 가능성도 배제한다.[166]

신명기의 신 앗수르 배경은 전승비평적 관점에서만 충분히 명백하게 파악할 수 있다. 신명기는 신 앗수르 제국의 종주권 조약 신학을 반제제적으로 수용한

163　Otto 1997b; 1999a.
164　참고. 1920년대의 "신명기에 관한 논쟁"(Holscher 1922; Baumgartner 1929); 보다 최근에는 Kaiser 1992, 90–99; Clements 1996; Sacchi 1999, 114; Kratz 2000a, 118–38; Kratz 2010a; Aurelius 2003a; Noll 2007, 331–32; Pakkala 2009는 신명기의 기원을 포로기나 포로기 이후 시대에서 찾는다. MacDonald 2010은 Pakkala 2009에 대한 자세한 반론을 제시한다.
165　Otto 1999a, 57–90.
166　참고. Rüterswörden 2002; Pakkala 2006a; 또한 Morrow 2005; Steymans 2006, 332 n. 5.

것이다.[167] 마찬가지로 제의적 중앙 집중화의 기획은 독특해 보이지만 신 앗수르 제국의 영토 안에서 앗수르의 신을 앗수르의 수도와 결합시키는 것에서 비슷한 사례를 찾을 수 있고 최소한 그런 비슷한 사례에서 동기를 얻었을지도 모른다.[168]

요시야 시대의 원-신명기 개념을 계속 유지한다면 그 문헌사적 연결 고리에 대해 알아보아야 한다. 신 앗수르 제국의 조약 신학이 여러 문화에 수용되었다는 점은 방금 언급했고 이 신학은 신명기에 가장 강력한 영향력을 발휘했던 것으로 보인다. 따라서 "하나님 사랑"이라는 신명기의 신학은 알트를 추종한 이들이 일반적으로 가정했듯이 호세아서에서 나온 것이 아니라 국제 조약법에서 정치적 충성을 언급하는 고대 근동의 발언 형식이다.

> 네가 너의 주 앗수르 왕 아사르핫돈[에살핫돈]의 왕위를 이을 황태자 아슈르바니팔[오스납발]을 네 자신처럼 사랑하지 않는다면 … (이하의 저주 단락에 열거된 처벌이 발생할 것이다. *VTE* 24, 266-68).[169]

하지만 신명기는 또한 이스라엘의 전통적인 자료와의 강한 유대 관계도 드러낸다. 우리는 신명기가 언약서의 "중앙 집중화된" 갱신을 나타낸다는 사실을 이미 언급했다. 신명기는 언약서를 다시 표현하면서 중앙 집중화된 제사와 관련해서 일상생활에 대한 해결책을 찾으려고 노력한다.

따라서 예를 들어 신명기 12장에서는 각 지역에서 세속적인 용도로 짐승을 도살하는 것이 허용되며 집이나 지역별 성소에서 종을 영구적으로 바치는 것(출 21:6)도 세속화된다(신 15:17). 마지막으로, 도피성 제도(신 19:1-13)는 이전에 지역 성소가 지녔던 피난처의 기능을 대신한다(출 21:12-14).

---

167 Otto 1997b; 1999a; 참고. Keel 2007, 578.
168 Maul 1997, 122; Otto 1999a, 350-51; 참고. Keel 2007, 555-56.
169 Moran 1963; Olyan 1996; 참고. Rüterswörden 2006.

단일 혈족 의식의 형성도 신명기에 분명히 나타난다.[170] 이는 신학적으로는 신명기의 언약 신학에서 확립된 하나님과 백성의 상호 관계를 통해서, 역사적으로는 주전 7세기에 북왕국에서 유다로 피난민이 유입된 것으로 설명할 수 있다. 우리는 아마도 북왕국 멸망 이후에야 비로소 북쪽의 이스라엘과 유다를 포함하는 단일 민족의 통일성과 존재에 대한 의식이라는 개념이 완전히 확립되었을 가능성을 감안해야 할 것이다.[171]

어쨌든 여전히 두 왕국이 있었던 시기의 문헌은 "이스라엘 족속"과 "유다 족속"을 분명히 구분하는 반면 "하나님의 백성"에 대한 신학적으로 논의된 담론은 최소한 북왕국의 독립 국가로서의 지위 상실에 바탕을 둔 것으로 보인다.

이러한 고찰이 정확하다면 **셰마**(신 6:4)에 대한 특정한 종교-정치적 해석의 가능성이 생겨난다. **셰마**의 요구는 이것이다.

이스라엘아 들으라 우리 하나님 여호와는 오직 유일한 여호와이시니(신 6:4).

이 명령의 원래 의미에 대한 가장 그럴 듯한 번역과 해석은 예배의 중앙 집중화에 대한 신명기 12장의 요구가 그에 따른 제의적 실천을 요구하므로 정당한 여호와의 현현을 예루살렘의 여호와에만 한정한다는 의미에서 여호와의 유일성에 대한 이유가 제시된다는 것이다.[172]

때때로 주장되는 제1계명이라는 의미에서 신명기 6:4에 대한 해석은 오히려 때때로 제1계명의 원래 의미로서가 아니라 제1계명과 동시대의 "셰마"가 수용

---

[170] 참고. 출 21:2, 7 및 신 15:12; Köckert 2004를 보라.
[171] Kratz 2000b; 2006.
[172] Höffken 1984; Jeremias/Hartenstein 1999, 113 n. 135; Kratz 2000a, 130-33; Pakkala 1999, 73-84; Keel 2007, 583-84; 참고. 그 이전로 Bade 1910.

된 첫 번째 형식으로 다루어져야 한다.[173]

　게다가 신명기는 명백히 지혜 전승을 통해 형성되었다.[174] 개별적인 몇몇 접촉점 외에도 우리는 무엇보다 행동-결과의 모델을 신적인 법의 영역으로 옮긴 신명기의 모든 해석을 언급해야 한다. 이스라엘이 자신에게 주어진 계명을 지킨다면 복을 받게 될 것이다. 그렇지 않으면 이스라엘에 저주가 임할 것이다. 오늘날 예언이 우리가 갖고 있는 신명기[175]에 미친 영향은 이후 예언 문헌사의 산물로 보인다.[176]

　문헌사적 관점에서 신명기의 중요성은 아무리 많이 언급해도 지나치지 않다. 언약서와 앗수르의 조약 신학을 절묘한 방식으로 취하고 재해석한 신명기의 국내적, 다문화적 해석학은 신명기에 전통과 혁신 모두를 통해 구별되는 독특한 특징을 부여한다.[177]

　이러한 전통과 혁신의 해석학적 매개와 상호 결합은 형식적인 관점에서 볼 때 구약 문헌사, 심지어 다른 문헌에서도 근본적인 자극으로 반복적으로 관찰할 수 있다. 내용적 관점에서 신명기의 영향은 형성적인 동시에 도발적이었다. 신명기 전승 및 신명기 사가적 전승은 구약 문헌의 성장을 이루고 이후로도 계속 동반했고 그 기간 동안 이러한 전승 요소는 반복적으로 이와 반대되는 개념을 유발하였는데 그 중에 가장 눈에 띄는 것은 제사장 문서에 표현되었다.[178]

173　Veijola 1992a; 1992b; van Oorschot 2002, 125; Aurelius 2003a.
174　Weinfeld 1972, 244-319; Brekelmans 1979; Braulik 1996/1997; 2003.
175　Zobel 1992.
176　Otto 1998a.
177　Levinson 1997.
178　Knauf 2000a.

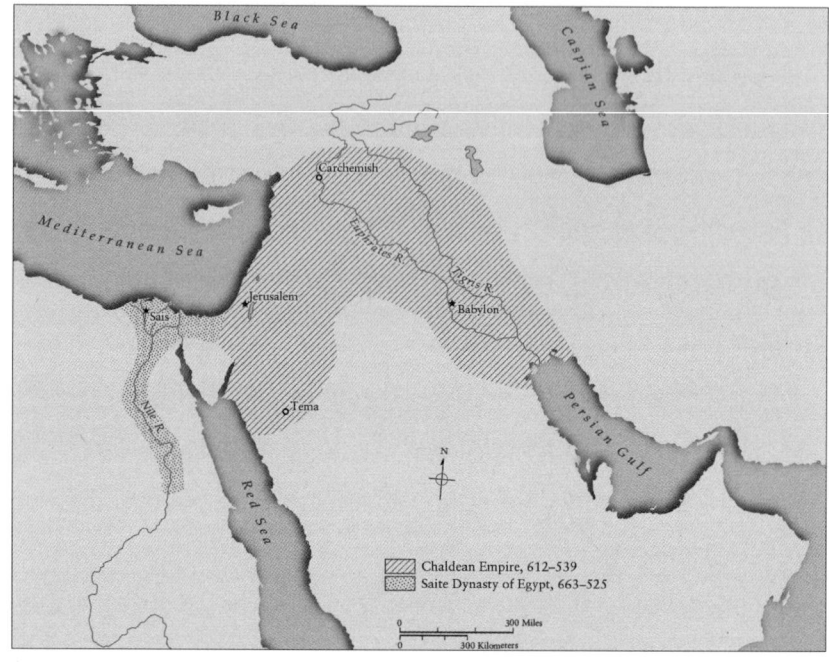

주전 580년의 근동 지역

제4장

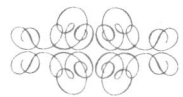

바벨론 시대 문헌(주전 6세기)

1. 역사적 배경

아마도 주전 612년에 니느웨가 함락되고 주전 610년에 하란에서 앗수르의 잔존 세력이 몰락하기 전부터, 그러나 결정적으로 주전 609년에 요시야가 므깃도에서 죽거나 아니면 그 전에 다른 곳에서 죽은 뒤에[1] 유다는 이집트의 지배를 받았다.[2] 앗수르인은 레반트 지역에 대한 지배권을 과거의 속국과 새 동맹국에게 넘겨주었다. 이집트의 바로 느고 2세는 유다의 지주 계층이 요시야가 죽은 직후에 즉위시킨 요시야의 아들 여호아하스를 폐위시키고 그의 형 엘리야김/여호야김(주전 608-598년)을 즉위시켰다.

그러나 이집트의 지배는 오래가지 않았다. 당시 아직 바벨론의 왕세자였던 느부갓네살 2세가 갈그미스 전투(주전 605년)에서 이집트에 승리하면서 고대 근동 지역의 "70년"에 걸친 바벨론의 패권(참고. 렘 25:12; 29:10)이 시작되었다. 이

---

1 참고. Na'aman 1991.
2 전통적이지만 문제가 있는 "권력 공백"에 대한 가정에 대해서는 Keel 2007, 512-17을 참고하라.

시기는 이처럼 비교적 적당한 기간을 포함하지만 정치적·신학적으로 특히 예루살렘과 유다(또는 어쨌든 문헌 생산자와 엘리트 계층에 속한 그들의 청중)에게는 종교와 문화의 생존으로 인해 왕정, 국가, 성전의 몰락에도 불구하고 매우 중요했다.

주전 605년 이후 유다는 여호야김 아래 3년 동안 바벨론의 속국이 되었다. 주전 601년에 비참한 결과를 가져온 느부갓네살의 이집트 정벌 여파로 여호야김에게는 속국의 지위를 끝낼 때가 온 것처럼 보였다.

바벨론의 보복 조치는 몇 년 뒤인 주전 597년에 찾아왔고 여호야김의 후계자인 그의 아들 여호야긴에게 닥쳤다.[3] 바벨론 군대는 예루살렘을 점령하고 상류층과 (무기를 만들 수 있는) 장인을 끌고 갔으며 요시야의 또 다른 아들인 꼭두각시 왕 맛다냐/시드기야를 세웠다(왕하 24:14에 따르면 "지도자" "10,000"). "10,000"이라는 숫자는 아마도 과장일 것이다.

예레미야 52:28-30은 주전 597년에 3,023명의 강제 이주가 있었다고 말한다. 시드기야가 바벨론에서 분리 독립한 것은 그 정치적 동기를 분명히 식별할 수 없으나 이집트에서 프삼메티코스 2세에게서 아프리에스에게로 권력이 넘어간 것과 관련 있어 보인다.[4]

어쨌든 바벨론 군대는 이번에는 외견상 대왕의 직접 지휘 아래 유다에 다시 나타났고 주전 587년에 예루살렘을 정복했다. 바벨론의 정치적 동기는 아마도 레반트 지역에서 이집트 영향력이 미치는 통로인 유다를 제거하려는 욕구에서 찾아야 할 것이다.[5]

성읍과 성전은 파괴되었고 왕은 강제로 끌려가고 왕의 아들들은 살해되었다.[6] 다시 한 번 강제 이주가 벌어졌고 열왕기는 이 강제 이주가 인구 중 상당히 많은 수를 포함했다는 인상을 자아낸다.

---

3 참고. Noth 1971.
4 Keel 2007, 613.
5 Keel 2007, 775.
6 참고. Pakkala 2006b.

바벨론 왕 느부갓네살의 열아홉째 해 오월 칠일에 바벨론 왕의 신복 시위
대장 느부사라단이 예루살렘에 이르러 여호와의 성전과 왕궁을 불사르고
예루살렘의 모든 집을 귀인의 집까지 불살랐으며 시위대장에게 속한 갈
대아 온 군대가 예루살렘 주위의 성벽을 헐었으며 성 중에 남아 있는 백
성과 바벨론 왕에게 항복한 자들과 무리 중 남은 자는 시위대장 느부사라
단이 모두 사로잡아 가고 시위대장이 그 땅의 비천한 자를 남겨 두어 포
도원을 다스리는 자와 농부가 되게 하였더라(왕하 25:8-12).

역대기의 묘사는 훨씬 더 자세하며 그 땅이 완전히 비게 될 것이라고 말한다.

하나님이 갈대아 왕의 손에 그들을 다 넘기시매 그가 와서 그들의 성전에
서 칼로 청년들을 죽이며 청년 남녀와 노인과 병약한 사람을 긍휼히 여기
지 아니하였으며 또 하나님의 전의 대소 그릇들과 여호와의 전의 보물과
왕과 방백들의 보물을 다 바벨론으로 가져가고 또 하나님의 전을 불사르
며 예루살렘 성벽을 헐며 그들의 모든 궁실을 불사르며 그들의 모든 귀한
그릇들을 부수고 칼에서 살아 남은 자를 그가 바벨론으로 사로잡아가매
무리가 거기서 갈대아 왕과 그의 자손의 노예가 되어 바사국이 통치할 때
까지 이르니라 이에 토지가 황폐하여 땅이 안식년을 누림 같이 안식하여
칠십 년을 지냈으니 여호와께서 예레미야의 입으로 하신 말씀이 이루어
졌더라(대하 36:17-21).

그러나 역사적 관점에서 이 두 가지 유사 기록은 유다의 거주지 구조에 대한
고고학적 발견과 세 단계의 강제 이주(주전 597년 유다인 3,023명; 주전 587년 유다
인 832명; 주전 582년 유다인 745명)를 언급하는 예레미야 52:28-30이 모두 사뭇
다른 상황을 암시하고 있기 때문에 별로 신뢰할 만하지 않다.

그 땅에 더 많은 수의 인구가 남아 있었지만 강제 이주로 인한 인구 감소는 그 효과가 분명히 큰 규모였을 것이다.[7] 특별히 역대기로 표현되었지만 부차적으로 예레미야와 에스겔 전승뿐만 아니라 열왕기에도 근거를 둔[8] "빈 땅" 이론은 포로 공동체의 관점에서 유래한 것이며 특히 자신을 왕정 이스라엘의 합법적인 상속자로 간주하고 포로기의 땅을 "진공 상태", 다른 누구도 아닌 그들만을 기다리는 곳으로 상상한 특권층에게서 나온 것이다.

유다 왕의 강제 이주와 예루살렘 파괴 이후 느부갓네살은 미스바를 근거지로 삼아 그다랴가 이끄는 행정부(또는 이보다는 덜 그럴듯하지만 계승자의 왕권)[9]를 세운 것으로 보인다. 그러나 그다랴는 이후 곧 암살되었다. 이 유혈 사태가 벌어진 이유는 다윗 가문의 인물이 아닌 그다랴가 왕의 지위를 요구했다는 사실에서 찾을 수 있을 것이다. 그러나 이는 논쟁거리다.[10] 그 후 유다는 더 이상 독립된 정치적 실체로 존재하지 않았고 아마도 사마리아 지방에 편입되었을 것이다.[11]

문헌적 생활과 신학적 생활이 이 땅과 바벨론 포로지에서 계속되었다.[12] 앗수르인의 강제 이주 관습과 달리 바벨론 사람들은 끌려간 유다인을 별도의 식민지에 정착시켰고 그래서 유다인은 자신들의 독특성을 유지할 뿐만 아니라 그 독특성을 상당히 발전시킬 수 있었다.[13]

그러나 바벨론의 세계 패권은 짧게 끝났다. 그 기간은 느부갓네살 2세가 죽은 뒤(주전 562년)로 오래가지 않았다. 아멜-마르둑(주전 562-560년)과 네리글리

---

7 Knauf 2000f; Barstad 2003; 이와 약간 다른 견해로는 Lipshits 2003b; Stern 2004; 이 모든 견해를 중시하는 견해로는 Keel 2007, 614-19, 773-75.
8 Schmid 1997.
9 참고. Oswald 1998, 132-33; 이와 반대되는 견해로는 Keel 2007, 778-79.
10 Stipp 2000; Albertz 2001, 82 n. 153; 참고. Keel 2007, 776-83.
11 페르시아 시대 독립 예후드 지방의 회복에 대해서는 Keel 2007, 967-92를 보라.
12 Barkay 1993.
13 Pohlmann 1996, 13-18; Becking 1998; Joannès and Lemaire 1999; Pearce 2006; 참고. Zadok 1979.

사르(주전 560-556년)의 뒤를 이어 나보니두스(주전 556-539년)가 즉위했는데[14] 그의 독특한 종교적·제의적 기호로 인해 바벨론의 영향력 있는 마르둑 제사장들은 그를 매우 경멸하게 된 나머지 페르시아 왕 고레스의 등장을 환영했다.

고레스의 등장은 주전 546년에 리디아가 멸망한 이래로 눈에 띄었고 바벨론의 제사장들은 주전 539년에 고레스가 전투 한 번 없이 바벨론 성을 점령했을 때 그를 바벨론 해방자로 영접하기까지 했다.[15]

2. 신학적 평가

구약 신학의 역사에서 바벨론 시대는 몇 번의 근본적인 붕괴로 특징지어지지만 처음에 중요한 구별을 해야 한다. 구약의 관점은 역사적 경험에 대한 반응만이 아니라 더 장기적인 지적·영적·문화적 발전의 틀 안에서 해석해야 하며 그 나름의 역사적 영향력이라는 면에서 살펴봐야 한다.

주전 7세기의 지적-역사적 발전은 유다의 종교 또한 고대 근동의 비교 가능한 상황의 표준적인 결과처럼 유다와 예루살렘을 강타한 재난의 여파로 사라지지 않았다는 사실과 관련해서 중요한 의미가 있었던 것이 분명하다.

이 시기에 만들어진 문헌과 저작은 북왕국의 멸망이라는 경험을 결코 사소하지 않은 방식으로 다루어야 했고 따라서 국가의 지위와 정치적 주권으로 결정되는 것이 아니라 약속(족장 역사의 예비 형태), 선택(모세-출애굽 내러티브, 사사 이야기, "열왕기"), 언약 신학(신명기)이라는 강조점을 지닌 "이스라엘"에 대한 개념을 전개하기 시작했다.

---

14 Beaulieu 1989; Kratz 2004a; Keel 2007, 848-49를 보라.
15 Keel 2007, 849-50.

그 정체성이 땅에 의해 결정되는 백성이 아니라 하나님의 백성인 이스라엘이라는 지적 개념은 아마도 최소한 한 세기 전에 생각할 수 있는 개념이었을 것이다.[16]

고대 근동에서 어떤 신이 자신을 숭배하는 자에게서 돌아선다는 개념이 이스라엘에만 국한된 것은 아니라는 점이 지적되어 온 것은 당연하다.[17] 메사 석비에 그러한 실례가 있고[18] 램버트(Lambert)가 편집한 바벨론 문헌에는 바벨론이 엘람 족속에 의해 멸망한 원인을 바벨론에 대한 마르둑의 분노에서 찾는 실례가 있다.[19]

또한 예를 들어 "아카드의 저주"[20]나 웨이드너(Weidner) 연대기[21]도 언급할 수 있다. 마지막으로 신전이 파괴된 원인을 각 신이 자신의 신전을 버렸다는 사실에서 찾는 고대 근동의 해석 문헌을 지적해야 한다.[22] 그럼에도 불구하고 고대 이스라엘에서 하나님의 백성에 대한 완전한 신적 심판이라는 개념은 고대 근동에서는 실제로 유사한 사례가 아직까지는 없다.

사실 나름의 대재앙을 경험한 뒤에 예레미야서 50-51장, 이사야서 47장 같은 본문은 예루살렘 성전을 파괴한 강대국 바벨론에 대한 상응하는 심판에 대한 기대를 나타냈다. 이러한 본문은 바벨론 성이 파괴될 것이라는 희망을 계속 유지했지만 이는 역사적으로 실현되지 못한 일이었다.[23] 그래서 예레미야

---

16 Kratz 2000b.
17 White 1980, 183, 192 nn. 22-23.
18 *RTAT* 255-56, 4-5행: "오므리는 이스라엘의 왕이었고 그는 여러 날 동안 모압을 압제했다. 카모시가 그의 땅에 대해 분노했기 때문이다."
19 Lambert 1967.
20 Falkenstein 1965, 특히 68-69.
21 Arnold 1994.
22 일례로 '에르라 서사시'(*TUAT* 3: 781-801)나 '아다드-구피' 비문(*TUAT* 2: 479-85); Rudnig 2007, 276을 참고하라.
23 Herodotus III.159에 대해서는 Schmid 1996a, 253을 참고하라.

50-51장과 이사야 47장은 어느 정도 개연성 있게 아직 바벨론 시대의 문헌으로 추정할 수 있다.

바벨론에 대해 기대된 심판은 예레미야 50-51장에서 이미 발생했고 바벨론에 의해 실행된 유다에 대한 심판의 연장으로 해석된다. 그에 따라 예레미야 50-51장의 개별 단락은 예레미야서 첫 부분에 나오는 유다에 대한 심판의 말씀을 축자적으로 취하여 바벨론에 다시 적용했다(그러나 렘 10:12-16; 51:15-19를 참고하라).[24]

예레미야 6:22-24	예레미야 50:41-43
여호와께서 이와 같이 말씀하시되 보라 한 민족이 북방에서 오며 큰 나라가 땅 끝에서부터 떨쳐 일어나나니 그들은 활과 창을 잡았고 잔인하여 사랑이 없으며 그 목소리는 바다처럼 포효하는 소리라 그들이 말을 타고 전사 같이 다 대열을 벌이고 시온의 딸인 너를 치려 하느니라 하시도다 우리가 그 소문을 들었으므로 손이 약하여졌고 고통이 우리를 잡았으므로 그 아픔이 해산하는 여인 같도다	보라 한 민족이 북쪽에서 오고 큰 나라와 여러 왕이 충동을 받아 땅 끝에서 일어나리니 그들은 활과 투창을 가진 자라 잔인하여 불쌍히 여기지 아니하며 그들의 목소리는 바다가 설레임 같도다 딸 바벨론아 그들이 말을 타고 무사 같이 각기 네 앞에서 대열을 갖추었도다 바벨론의 왕이 그 소문을 듣고 손이 약하여지며 고통에 사로잡혀 해산하는 여인처럼 진통하는도다

물론 이전 주전 7세기의 이스라엘과 유다의 지적이고 영적인 역사가 그 자체로 이 참화에 대한 지속적인 신학적 해석의 도구를 제공한 것은 아니다. 오히려 그 순간에 존재했던 것은 그런 해석을 발견하는 것을 가능하게 한 조건이었다.

---

24 Van der Toorn 2007, 193-94.

바벨론 시대의 문헌이 보여 주는 것처럼 이런 해석은 한편으로는 전통적인 개념에서 벗어났지만 다른 한편으로는 대립되는 개념과도 대결해야 했던 고통스런 과정에서 얻어졌다.

처음에는 십중팔구 애가 문헌이 창작되었을 것이다. 이런 문헌은 단순히 직관적인 종교적 표현이 아니라 신학적인 입장에 대한 표현을 수반했다는 점에 주목해야 한다.

예를 들어 예레미야애가와 예레미야서 4-10장의 애가는 성서 내적 해석이라는 방법으로 이전의 정통 신앙 붕괴에 대해 성찰하는 포로기 이전 시온 신학과의 지적 대결이다.

대체로 이와 동시에, 또는 아마 약간 늦게 국가의 붕괴를 왕들에 대한 구체적인 비판과 관련시킨 입장이 진술되었다. 이런 입장은 예레미야 본문(21-23장) 같은 군주에 대해 비판적인 예언서 본문에서 발견할 수 있지만 주로 이스라엘과 유다의 왕정 시대에 대한 과거의 묘사에 덧붙여진 모든 왕을 요약적으로 정죄하는 열왕기하 24-25장, 그리고 마지막으로 왕정에 대해 비판적이며 어떤 의미에서 결말에 대한 전주곡 역할을 하는, 즉 성소의 핵심인 법궤가 블레셋 족속에게 빼앗기고(삼상 4-6장) 왕정 제도가 시작되기도 전에 정죄되는(삼상 8, 12장) 사무엘상의 첫머리에 나오는 본문에서도 발견할 수 있다.

그러나 왕에게 죄의 책임을 지우는 이러한 관점은 이제 비난이 백성 전체로 옮겨졌다는 점에서 즉시 변형되고 확대되었다. 이 과정은 왕정이 돌이킬 수 없이 파괴되었다는 굳은 확신을 전제로 한다. 이러한 대중적인 관점은 열왕기하 17:9-20과 금송아지 사건(출애굽기 32장)에서 여로보암 1세가 두 송아지 형상을 만든 이야기(열왕기상 12장)를 재해석한 데서 특히 분명하다.

사무엘서-열왕기에서 신학적 역사를 기술하려는 노력은 신 바벨론 제국 문헌, 예를 들면 산헤립에 의한 바벨론 멸망(주전 689년)과 마르둑의 신상이 앗수르로 옮겨진 사건의 원인을 마르둑의 자기 백성에 대한 진노에서 찾는 문헌 등

에 나타난 과거에 대한 해석에서 어느 정도 유사한 예를 찾을 수 있다.[25]

그러나 바벨론 시대에 그 중요한 변화를 가져온 것은 역사 신학의 재해석이라는 영역만이 아니었다. 하나님에 대한 이해에 관해서도 마찬가지였다. 많은 문헌에서 관찰할 수 있는[26] 하나님이 성소에서 하늘의 처소로 물러나는 사건은 우리가 인식할 수 있고 여러 결정적으로 달라진 표현 중 하나일 뿐이며 그것은 (이 경우에) 성전 파괴의 경험에서 핵심적인 추진력을 끌어온 것이다.

그러나 미묘한 구별의 필요성도 있다. 하나님은 땅에서 하늘로 이동하지 않는다. 왕정 시대의 문헌조차 하나님은 성전에 자기 보좌가 있음에도 불구하고 하늘에서 활동하실 수 있다. 그러나 신적인 보좌를 명시적으로 언급하는 천상의 성소라는 개념을 처음으로 발전시킨 시기는 포로기다.

열왕기상 8장의 문헌 발전은 문헌사적으로 하나님의 보좌가 하늘로 물러갔다는 면에서 본보기적인 방식으로 해석할 수 있다. 열왕기상 8:22에서 시작하는 (외관상 14-21절에서 더 오래된 전통적 개념의 발전 속에서) 지배적인 관점은 하나님의 임재가 성전에 매여 있지 않다는 것이다. 하나님은 하늘에 좌정해 계신다. 22절에서 기도가 새로 시작되면서 솔로몬은 "하늘을 향해" 손을 펴며 이어지는 구절에서 하나님의 하늘 보좌에 대해 명시적으로 말한다.

주께서 계신 곳 하늘에서 들으시고 들으시사 사하여 주옵소서(왕상 8:30). 한 사람이나 혹 주의 온 백성 이스라엘이 다 각각 자기의 마음에 재앙을 깨닫고 이 성전을 향하여 손을 펴고 무슨 기도나 무슨 간구를 하거든 주는 계신 곳 하늘에서 들으시고 …(왕상 8:38-39).

---

25 Veenhof 2001, 264-65; Blanco Wissmann 2007, 220.
26 Schmid 2006c; Keel 2007, 799-800.

> 주의 백성이 그들의 적국과 더불어 싸우고자 하여 주께서 보내신 길로 나
> 갈 때에 그들이 … 여호와께 기도하거든 주는 하늘에서 그들의 기도와 간
> 구를 들으시고 그들의 일을 돌아보옵소서(왕상 8:44-45).

이보다 훨씬 더 기본적인 것은 제2이사야 전승에서 일신론적인 기획에 대한 명시적인 표현이 시작되는 것이다. 바벨론 시대에 처음으로 구약에서 명시적으로 일신론적인 진술을 발견할 수 있다.

> 나는 여호와라 나 외에 다른 이가 없나니 나 밖에 신이 없느니라(사 45:5).

물론 성서적 일신론은 포로기에 아무런 사전 준비 없이 태어난 것이 아니라 앗수르 시대 이래로 이스라엘에서 점진적으로 발달해 왔다.[27] 이 과정에서 이사야서와 신명기의 정치 신학이 특별히 중요했을 것이다. 앗수르는 신적인 진노, 이스라엘 하나님의 진노의 막대기라는 이사야 10장에 나오는 개념과 같은 것은 앗수르 시대의 여파로 처음 표현된 것이 아니며 신명기 6:4을 강령적인 서론적 진술로 삼는 (앗수르의 군주가 아닌) 하나님에 대한 배타적인 충성 맹세인 신명기의 형성은 우리가 보기에 포로기의 일신론적인 문헌, 특히 제2이사야 전승에서 개념화된 것 같은 보편적이고 정치적으로 결정된 하나님에 대한 개념의 기초적인 특징을 드러낸다.

물론 우리는 여기서 이미 후대 천사학의 형성(다니엘서), 사탄적 인물의 발전(역대기, 스가랴서, 욥기), 또는 선재하는 지혜 형상의 인격화를 통한 일신론적 신학의 확립이 어떤 의미에서 일신론의 발전에 "역효과를 낳았다"는 점을 언급해야 한다.[28]

---

27 Stolz 1996; Oeming and Schmid 2003; Zenger 2003; Lemaire 2007; Keel 2007.
28 Mach 1992; Koch 1994; Stuckenbruck 2004.

구약의 지적·영적인 역사에서 바벨론 시대는 바벨론의 지적인 문화로부터 과학적이고 우주론적인 자료를 수용한 것으로 특징지어지기도 한다. 포로로 끌려간 유다의 제사장과 바벨론 학자 사이의 문화적 접촉을 통해 매개된 것으로 보이는 세상의 기원에 대한 관념은 이후로 세상은 바벨론에서는 **티아마트**,[29] 성서에서는 (관사 없이) **테홈**(창 1:2)이라고 불린 고대 홍수의 갈라짐을 통해 생겨났다는 바벨론적인 개념에 대한 차용과 비판적 논의를 통해 형성되었을 것이다.

세상의 기원에 대한 이러한 새로운 관점은 처음에는 페르시아 시대 초기에 원시 역사에 대한 문헌, 특히 제사장 문서에서 당대의 학문적 논의 가운데 충분히 표현된 것이 사실이다.[30] 그러나 이러한 자료의 차용은 그 기원을 고려하면 바벨론에서 시작된 것으로 보아야 한다.

마지막으로 왕정의 상실이라는 경험은 광범위한 결과를 가져왔고 "인간의 조건"(conditio humana)에 대한 문학적 성찰을 불러일으킨 것으로 보인다. 우리는 고대 이스라엘의 왕정 시대와 관련해서 전통적으로 고대 근동 전체에서 사실로 여겨진 점, 즉 오직 왕만이 "후대의" 완전한 의미에서의 인간이었다는 점을 전제해야 한다. 왕만이 영혼과 책임과 자기 결정권을 소유했고 이런 선물을 통해 왕은 신민을 인도했다. 따라서 우리는 앞에서 개인적인 애가에 대해 논의하면서 이런 노래를 원래 왕정 시대의 문헌이라고 주장했다.

유다에서 왕정이 사라지면서 이스라엘의 지적·영적인 생존을 수반한 반성적인 인간론이 왕실의 이데올로기를 대신하여 등장하기 시작했다. 이 과정은 우주론적 성찰 과정같이 바벨론 시대에 그 기원이 있었고 페르시아 시대와 헬레니즘 시대에 발전하여 광범위한 전승을 형성했다.

---

29 *TUAT* 3: 565-602.
30 아래 5장-3-1)-(1)을 보라.

3. 전승의 영역

1) 제의 및 지혜 전승

(1) 반(反)시편인 애가

예루살렘 성전은 주전 587년에 파괴되었지만 그것이 곧 모든 제의적 활동이 중단되었음을 의미하는 것은 아니었다. 우리는 예레미야 41:5에서 과거 성전이 있던 곳에서 이전처럼 제사를 드릴 수 있었다는 사실을 유추할 수 있다.[31] 게다가 (요시야 시대 제사 중앙 집중화의 역사성을 어떻게 평가하느냐에 따라) 우리는 예배가 그 땅 안에 있는 벧엘 같은 다른 성소에서도 드려졌다고 주장할 수 있다. 이와 동시에 자연히 성전의 상실에서 비롯된 단절은 특히 전승 전달자였던 예루살렘 엘리트 집단에게는 막대한 것이었다.

이 점은 그 최초의 형태에 있어서 주전 587년 참화의 여파나, 아마 그 직후에, 그러나 어쨌든 제2이사야 이전에 가장 분명하게 그 기원을 찾을 수 있는 구약 문헌 애가서에서 특히 분명히 나타난다.[32] 애가서는 70인경에서 (아마도 대하 35:25와 애가서 3장에 대한 미드라시의 해석을 근거로 하여) 예레미야의 저작으로 간주된 애가로 이루어져 있다. 이러한 결론은 히브리어 본문을 근거로 해서는 뒷받침될 수 없다. 형식적으로 이 애가는 이합체 시다(acrostics; 이는 애 1-4장에만 적용된다). 즉, 시의 각 행들이 히브리어 알파벳을 따른다. 애가서 5장은 이합체 구조에 속하지 않지만 행의 수가 히브리어 알파벳의 글자 수, 즉 스물두 자와 같은 22행으로 되어 있다.

내용의 구조라는 면에서 애가서는 애가, 간구, 찬양의 요소를 포함하는 전형

---

[31] Japhet 1991; Willi-Plein 1999; Keel 2007, 779, 785; 그러나 Knauf는 렘 41:5이 예루살렘이 아닌 벧엘을 가리킨다고 주장한다(구두에 의한 정보).

[32] Keel 2007, 786-800.

적인 탄식시의 3부 구조(예를 들어 시편 6편과 13편을 참고하라)를 차용했지만 각 부분에 특징적인 변화를 주었다.

예레미야애가 5장

애가

여호와여 우리가 당한 것을 기억하시고 우리가 받은 치욕을 살펴보옵소서
　우리의 기업이 외인들에게, 우리의 집들도 이방인들에게 돌아갔나이다
　우리는 아버지 없는 고아들이오며 우리의 어머니는 과부들 같으니 …
　종들이 우리를 지배함이여 그들의 손에서 건져낼 자가 없나이다
　광야에는 칼이 있으므로 죽기를 무릅써야 양식을 얻사오니
　굶주림의 열기로 말미암아 우리의 피부가 아궁이처럼 검으니이다
　대적들이 시온에서 부녀들을, 유다 각 성읍에서 처녀들을 욕보였나이다
　지도자들은 그들의 손에 매달리고 장로들의 얼굴도 존경을 받지 못하나이다 청년들이 맷돌을 지며 아이들이 나무를 지다가 엎드러지오며
　…
　오호라 우리의 범죄 때문이니이다
　이러므로 우리의 마음이 피곤하고 이러므로 우리 눈들이 어두우며 시온 산이 황폐하여 여우가 그 안에서 노나이다. (애 5:1-18)

간구

여호와여 주는 영원히 계시오며 주의 보좌는 대대에 이르나이다
　주께서 어찌하여 우리를 영원히 잊으시오며 우리를 이같이 오래 버리시나이까

여호와여 우리를 주께로 돌이키소서 그리하시면 우리가 주께로 돌아 가겠사오니 우리의 날들을 다시 새롭게 하사 … (애 5:19-21)

찬양
주께서 우리를 아주 버리셨사오며 우리에게 진노하심이 참으로 크시니이다.

여기서 가장 눈에 띄는 것은 "개인 탄식시" 장르의 전통적인 마무리 찬양이 하나님의 버리심은 최종적인 것이며 이 상황이 도대체 달라질 것인가라는 근심어린 질문으로 대체되었다는 사실이다. 그 결과 간구 부분에서 하나님의 개입에 동기를 부여하도록 의도된 일종의 송영적인 요소가 나타난다.

마지막으로 애가 부분도 죄악성에 대한 표현을 담고 있다는 점에 주목해야 한다. 그래서 이전의 탄식시와 달리 백성에게 닥친 불행은 자신들의 죄에 대한 엄한 형벌이라는 주장이 나온다. 간구는 이미 너무 오래 지속된 심판을 끝내기 위한 것이다.

애가서의 신학에 있어서 일차적으로 중요한 것은 애가서가 예루살렘의 죄를 눈에 띄게 전면에 배치하고 있다는 점이다.

슬프다 이 성이여!
전에는 사람들이 많더니 이제는 어찌 그리 적막하게 앉았는고
전에는 열국 중에 크던 자가 이제는 과부 같이 되었고
전에는 열방 중에 공주였던 자가 이제는 강제 노동을 하는 자가 되었도다
밤에는 슬피 우니 눈물이 뺨에 흐름이여
　사랑하던 자들 중에 그에게 위로하는 자가 없고
　친구들도 다 배반하여 원수들이 되었도다 …

그의 대적들이 머리가 되고 그의 원수들이 형통함은
그의 죄가 많으므로 여호와께서 그를 곤고하게 하셨음이라
어린 자녀들이 대적에게 사로잡혔도다
…
예루살렘이 크게 범죄함으로 조소거리가 되었으니
전에 그에게 영광을 돌리던 모든 사람이 그의 벗었음을 보고 업신여김이여
그는 탄식하며 물러가는도다(애 1:1-8).

예루살렘 성의 죄를 단순히 예루살렘 주민의 죄와 동일시해선 안 된다는 점이 최근 연구에서 분명해졌다. 여기서는 하나의 실체로서 성 자체를 염두에 두고 있다.[33] 예레미야 4-10장과 같이(이하의 내용을 보라) 시온-예루살렘 이미지는 더 이상 예루살렘 제의 전승에서 흔히 나타나는 이미지처럼(참고. 시 48편) 난공불락의 산이 아니라 남편을 배신한 여자다("모든 사람이 그의 벗었음을 보고").

이는 고대 근동의 비유적 언어와 일맥상통하게 외국 세력과 (따라서 이방 신들과도) 조약을 맺는 것을 가리킨다. 예루살렘과 관련해서 이것은 아마도 바벨론과 동맹을 맺고 함락되기 전 마지막 시기에는 이집트와 동맹을 맺는 정책의 변화를 가리키는 듯하며 이는 신학적으로 "간음"과 "음행"으로 해석된다.

제2이사야는 겨우 몇 년 뒤에 특히 예레미야애가에 나오는 죄에 대한 진술에 반발하여 예루살렘의 "죄악이 사함을" 받았고 "그의 모든 죄로 말미암아 여호와의 손에서 벌을 배나" 받았다는 사상(사 40:2)에서 그 문헌적·실질적 출발점을 취한다.

---

33 Fitzgerald 1972; 1975; Schmitt 1985; 1991; Steck 1989/1992c; Wischnowsky 2001; Maier 2003; Keel 2007, 787-90.

(2) 백성의 애가와 개인 시편의 집단화

제사의 상황을 고려할 때 원래는 오직 왕을 위해 구상되었을 것으로 여겨지는 친숙한 개인 애가 외에 시편에는 시편 44, 90 또는 137편 같은 이른바 온 백성의 애가도 포함되어 있다.[34] 양식비평적 논리의 측면에서 이런 애가의 "삶의 정황"(Sitz im Leben)은 집단 애도 의식에서 발견되었다.

그러나 구약 본문의 많은 부분이 지닌 문헌적 특성에 대한 통찰이 깊어질수록 우리는 아마도 이런 대중적인 애가에는 직접 제의적 기능이 없다고 가정해야 할 것이다. 포로기 이전의 개인 탄식시가 왕실 문헌일 수 있다면 대중적인 애가 장르의 형성은 왕실 이데올로기의 변형으로 이해할 수 있다.

예를 들어 시편 90편에서는 본문이 인간의 삶의 한계와 무상함에 대한 일반화된 불만을 제시하는 것만 관련된 것이 아님을 알 수 있다. 오히려 집단적인 고난의 상황이 인간의 일생보다 더 오래 지속되어 고난을 받는 이들이 구원을 경험하지 못할 수도 있다는 문제가 신학적으로 고찰된다.[35] 따라서 시편 90편은 단순히 제의 본문처럼 보이지 않는다. 그것은 신학 성찰 문학이다.[36] 역사적 관점에서 또 고찰할 만한 가치가 있는 것은 통속적인 애가와 애가서의 주된 차이점이다.

통속적인 애가는 탄식하는 것이 아니라 요구한다.[37]

아마도 이런 애가는 참화에 대해 이미 발전된 상태의 성찰을 반영하며 의도적으로 애도를 넘어 하나님에 대한 비난으로 바뀌고 있는 듯하며 이는 예레미

---

34 참고. Emmendörffer 1998; Keel 2007, 800-32; 연대 추정의 문제에 대해서는 같은 책, 831을 보라.
35 Krüger 1994/1997.
36 시편 137편에 대해서는 다음을 참고하라. Krüger 2001; Keel 2007, 833-35.
37 Keel 2007, 946.

야서에서도 감지할 수 있는 것이다.

(무너진 왕정의 그림자 아래서) 바벨론 시대에 시편에 대한 다른 집단화 과정이 시작된 듯하다. 이 과정은 보다 오래된 개인 시편에 담긴 상응하는 수정 내용이나 구성상의 조합을 통해 이루어졌다.[38]

이는 물론 시편의 모든 집단적인 발화가 이렇게 후대의 것으로 간주되어야 함을 의미하는 것은 아니다. 대신에 여러 대목에서 왕정이 사라진 여파로 한 개인(왕?)과 관련된 기존의 진술이 이차적으로 확대된 것으로 보인다.

예를 들어 시편 3-14편의 구성상 배열은 특히 그 내용에 따라 개인 시편을 집단화하려는 목표를 추구하고 있는 것처럼 보인다.[39]

시편 3-7편	시편 8편	시편 9-14편
애가/한 개인의 간구	찬양	애가/집단들의 간구
3:6 아침		9/10 (이합체 시)
4:9 저녁		11
5:4 아침		12
6:7 밤		13
7:12 낮		14

이 점은 한편으로는 (한 집단으로 묘사된) "가난"하고 "궁핍"한 자들에 대해 진술하는 시편 9-14편과 3-7편과 개인으로 지칭된 탄원자의 결합에서 분명히 드러난다. 이는 개인과 집단이 비슷한 운명에 희생되었을 것이라는 점을 분명히 드러낸다.

---

[38] 참고. Marttila 2006.
[39] 참고. Hartenstein 2010.

다른 한편으로 이스라엘에 대한 도움이라는 모티프를 지닌 시편 3:9과 시편 14:7에 의해 입증되는 명백한 **수미 상관**(*inclusio*) 구조는 집단적 관점이 이 구성 전체의 해석적인 틀이라는 점을 보여 준다. 이와 동시에 우리에게 전제되어 있는 고난 상황의 시기를 추정할 수 있는 준거점을 제시한다. 유다와 예루살렘의 참화는 개연성 있는 출발점이 된다.

> 구원은 여호와께 있사오니
> 주의 복을 주의 백성에게 내리소서(시 3:8)
> 이스라엘의 구원이 시온에서 나오기를 원하도다.
> 여호와께서 그의 백성을 포로된 곳에서 돌이키실 때에
> 야곱이 즐거워하고 이스라엘이 기뻐하리로다(시 14:7).

개인화와 집단화의 상호 작용은 이 구성의 중심에 있는 시편 8편에서도 다루어지는데 이 시편은 "인간"에 대한 하나님의 돌보심[40]과 관련이 있다.

2) 내러티브 전승

(1) 히스기야-이사야 내러티브

이사야 36-39장에 평행 본문이 있는 열왕기하 18-20장의 히스기야-이사야 내러티브는[41] 주전 701년에 앗수르 군대가 예루살렘을 위협한 일을 둘러싼 사건을 진술하고 있다. 앗수르 사람의 도발적인 발언은 앗수르 군대의 철수를 야기하는 유다의 하나님 권능에 대한 찬미, 곧 예루살렘 편에 선 이사야의 신탁과 대조된다.

---

40 인류 전체와 각 개인에게 모두 적용되는 것으로 해석할 수 있다.
41 사 36장의 문맥에서는 왕하 18:14-16의 누락 같은 몇 가지 특징적인 편차가 있기는 하다.

열왕기하 18-20장과 이사야 36-39장의 평행 본문은 앗수르 시대에 발생한 일이지만 그 표현에 있어서 몇 가지 요소가 이 내러티브들이 주전 597년 이후 시대의 경험을 수정해서 히스기야 시대에 예루살렘이 포위된 상황 속에 투영시킨 것처럼 보이기도 한다는 사실을 드러낸다.

무엇보다도 열왕기하 18:13-19에 나오는 사건 순서가 앗수르 왕 산헤립의 연대기에 나오는 표현과 일치하지 않는다는 점이 눈에 띈다.[42]

>산헤립의 연대기 순서
>① 유다 성읍 포위
>② 예루살렘 포위
>③ 조공

반면 구약에서는 조공(왕하 18:14-16)이 예루살렘 포위(왕하 18:17-19) 이전에 등장한다.

더구나 열왕기하 19:9에서는 주전 701년에 발생한 사건 가운데 "구스 왕조"의 바로 디르하가가 언급된다. 그는 유다를 도우러 오는 것으로 여겨진다. 그러나 사실 디르하가는 당시 겨우 아홉 살이었고 주전 690년에 와서야 비로소 즉위한다.[43]

마지막으로, 열왕기하 19:36은 산헤립의 살해와 그의 아들 에살핫돈이 앗수르의 왕위를 이은 일이 주전 701년 직후에 일어났다고 진술한다. 그러나 역사적으로 이 사건들은 주전 681년에 발생했다.[44]

이런 차이점은 특히 하르트마이어(Hardmeier)가 주장한 것처럼 주전 6세기

---

42 *TUAT* 1: 388-91.
43 참고. Schipper 1999, 215-16.
44 *TUAT* 1: 391-92.

초 신 바벨론 제국이 예루살렘을 포위했을 때의 사건으로 설명할 수 있다.[45] 포위 이전에 조공을 바쳤다는 점은 이후에 있을 예루살렘 포위 이전인 주전 597년에 성전과 왕궁의 곳간에서 조공을 바친 일과 일치한다.

이집트의 도움에 대한 기대 또한 그 시대와 관련해서 예레미야 37:3-10로 입증되며 열왕기하 19:9에서 이집트의 바로 디르하가가 언급된 사실을 설명해 준다. 마지막으로, 열왕기하 19:39의 묘사에서 20년 후 산헤립의 죽음을 예상하는 것은 바벨론 대왕의 예상되는 죽음이 그 동기가 되었을지도 모른다.

따라서 하르트마이어는 열왕기하 18:9-19:9, 32-37절에 나오는 히스기야-이사야 내러티브를 주전 588년에 포위 공격이 잠시 멈춘 시기(참고. 렘 37:5)에 예루살렘의 민족적 종파가 히스기야 시대에 있었던 예루살렘 포위를 회고함으로써 바벨론에 대항하려는 자신들의 욕구를 정당화하고자 했고 그에 따라 예레미야 전승과 에스겔 전승의 심판 선포에 대해 반론을 제기하며 그들을 패배주의자로 낙인찍었던 때의 선동적 표현으로 해석한다.[46]

우리는 히스기야-이사야 내러티브에서 다른 방식으로 주로 예언 전승을 통해 알려진 한 가지 특별한 특징을 볼 수 있다. 즉, 예언의 경우처럼 심판의 말씀도 역사 속에서 한 번 이상 성취될 수 있다. 따라서 열왕기하 18-20장과 그 평행 본문인 이사야 36-39장의 저자는 유다의 역사를 서로 다른 시대에 비교할 만한 일이 발생할 수 있는 반복적인 연속체로 간주하는 것으로 보인다.

---

45 Hardmeier 1990; 참고. Keel 1994, 91; 2007, 741-53.
46 Hardmeier 1990, 287 이하; 참고. Albertz 2001, 215.

(2) 열왕기하 24-25장에 의한 사무엘서-열왕기하의 연장

요시야 시대부터 열왕기하 23장과 함께 끝나는 (앞의 내용을 보라) 왕정 시대에 대한 "신명기 사가적인" 묘사를 가정한다면 열왕기에서 요시야 이후의 왕정 역사도 포함하는 현재의 확대된 문맥을 고려할 때 우리는 요시야 시대에 대한 이러한 묘사가 그 이후로 유다의 마지막 네 왕을 포함하도록 확대되었다는 결론을 내려야 한다. 여기서 포로기의 "신명기 사가" 신학의 첫 번째 속편이 등장한다. 바노니(Vanoni)가 입증했듯이 요시야 이후의 왕들에 대한 전적으로 부정적인 판단은 그 이전의 군주들에게 적용된 접근 방식과는 뚜렷이 다른 성향을 드러낸다.[47]

이 점은 마지막 네 번의 평가가 모두 "그의 조상들의 모든 행위대로"라는 반복 어구로 끝난다는 사실에서 명백히 드러난다(왕하 23:32, 37; 참고. 24:9, 19, "그의 아버지의 모든 행위를 따라서"). 이로 인해 유다 왕들의 왕조는 북왕국의 통치자들에 대한 기존의 전적인 거부와 동시에 완전히 자격을 상실했다. 모든 왕이 죄를 지었다. 그러므로 열왕기에서 묘사된 대로 유다 왕들은 이스라엘 왕들에게 닥친 운명과 똑같은 운명에 직면해 있다. 그들은 평판에 있어서 왕정 제도에 속해 있음으로 해서 비난을 받는다.[48]

> 열왕기하 23:32, 37을 총체적인 정죄로 해석해야 할지는 논쟁거리다.[49] 그러나 열왕기하 23:32, 37에서 사용된 "그의 조상들의 모든 행위대로"라는 표현의 열왕기상 15:9에 있는 유일한 유사 표현은 이 표현의 포괄적인 지평을 확인시켜준다. 열왕기하 15:9에서는 스가랴가 예후 왕조의 마지막 대표자로 등장하기 때문이다. 따라서 열왕기하 23:32, 37은 다윗 왕조 전

---

47 Vanoni 1985.
48 Vanoni 1985.
49 Aurelius 2003b, 45-47.

체를 고려하고 있다. 이는 아마도 느부갓네살의 세계 지배가 도래한 이후 더 이상 전적으로 정당한 다윗 왕조의 대표자로 간주될 수 없었던 여호야긴("그의 아버지", 24:9)과 시드기야("여호야김", 24:19)의 경우의 서로 다른 표현도 설명해줄 것이다.⁵⁰

따라서 고대 근동의 왕실 이데올로기와 전적으로 일맥상통하게 유다의 마지막 네 왕을 비난하는 본문들은 국가적 참화에 대한 책임을 일차적으로 책임이 있는 사람들인 왕들에게 돌린다. 그 표현의 신학적 논리는 이처럼 지성적으로 과거에 경험한 사건들을 그에 상응하는 왕들의 자질과 결부시킨다.

유다가 무너졌기 때문에 그 결과로 왕들이 실패한 것이라고 생각해야지 그 반대가 아니라는 것이다. 처음부터 평가적인 본문을 포함한 열왕기의 틀에 담긴 왕정 시대 이후의 기원을 더 선호하는 사람이 보기에는, 열왕기하 24-25장의 상응하는 관점들은 회복된 왕권에 대한 포로기의 소망을 반박하기 위해 기록되었을 것이다. 이런 본문들에 따르면 왕권은 **그 자체로** 무너진 것이 당연한 제도다.

우리는 분명 모든 왕들에 대한 부정적 평가의 관점도 편집상 왕정 시대에 대한 묘사의 첫머리에 기반을 두고 있을 것으로 예상해야 한다. 어쨌든 우리가 하나의 제도로서의 왕정을 거부하는 사무엘상 8, 12장 본문을 읽고 사무엘상 9-11장의 더 오래된 긍정적인 관점⁵¹을 우리가 열왕기하 24-25장에서 묘사한 관점과 함께 표현할 가능성은 충분히 있다. 게다가 우리는 사무엘상 4-6장에 나오는 법궤의 상실⁵²도 (최소한 확실한 주제상의 강조점에 있어서) 열왕기하 24-25장과 연결되어 있다고 제안할 수 있을 것이다. 법궤의 운명은 어떤 의미에서

---

50 참고. Schmid 1996a, 226; 2006d.
51 Römer 2005, 143.
52 Römer 2005, 144-45.

성전의 몰락을 예표한다. 따라서 예를 들어 이스라엘 왕들의 역사의 첫머리에서 사무엘상 4:22는 이렇게 진술한다.

영광이 이스라엘에서 떠났다(삼상 4:22).

또한 사무엘상 5:3-4에 기록된 블레셋 족속의 신 다곤의 신상의 목이 부러진 사건은 제2이사야에 나오는 우상들에 대한 논박을 강하게 상기시킨다.

놀랍게도 사무엘하 7장에서 다윗에게 주어진 왕조에 대한 약속은 전적으로 포로기에 기원을 둔 것이 아니라면[53] 어떤 조건적인 진술을 통한 방식을 제외하고는 근본적으로 수정되지 않았다. 그 약속은 무조건적인 약속으로 계속해서 전해 내려왔고 이는 "신명기 사가" 운동이 바벨론 시대에 다윗 왕조의 왕권 연장에 꽤 관심이 있었음을 암시한다.[54] 학개의 입장(학 2:21-23)은 개념적으로 이런 입장을 따른다.

(3) 주요 역사서인 출애굽기 2장-열왕기하 25장의 기원

사무엘서에서 열왕기하 25장까지 포괄하기 위해 열왕기하 24-25장을 중심으로 점차 확대된 "신명기 사가 역사서"는[55] 아마도 역시 바벨론 시대에서 그 기원을 찾아야 할 또 다른 단계에서 출애굽기-여호수아의 출애굽과 땅 점령에 대한 묘사와 함께 엮였다. 그 결과는 출애굽기 2장에서 열왕기하 25장까지 (하지만 아마도 아직 독립적이었던 사사기 없이) 이어지는 주요 역사서의 창작이었다.[56]

요셉 이야기(창 37-50장)의 요소와 함께 눈에 띄는 **수미 상관 구조**를 구성하며

---

53 Veijola 1975; 이와 다른 견해로는 Pietsch 2003; Römer 2005, 97.
54 Römer 2005, 143.
55 왕하 25장에 나오는 "페르시아적" 결론이 아닌 "바벨론적" 결론을 근거로. 이와 상반되는 대하 36장을 참고하라.
56 Guillaume 2004.

아마도 그 이전의 창세기 배치를 이미 잘 알고 있었을 마지막 네 절인 열왕기하 25:27-30은 십중팔구 아직 이러한 제시 방법은 아니었다.[57]

출애굽기 2장-열왕기하 25장으로 이루어진 포로기 주요 역사서가 있었다는 징표는 무엇인가?

첫째, 출애굽기-열왕기하에는 이 자료를 창세기와 함께 결합시키는, 언어를 명백히 뛰어넘는 주제적·언어학적 일관성이 있다.

우리는 출애굽기-열왕기하의 역사서에서 이른바 "신명기적 사관"에 대해 이야기한다. 이런 사관은 창세기에 부재한 것은 아니지만 아마도 모세오경의 제사장 문서 이후 편집의 영역 안에 속했을 후대의 문헌사적 층위에 귀속시켜야 할 것이다.[58]

둘째, 게다가 출애굽기-열왕기하는 분명히 이스라엘을 (족장들에게서 비롯된 민족이 아니라) 이집트에서 나온 민족으로 생각한다.

셋째, 무엇보다도 여로보암 1세가 송아지 신앙과 더불어 두 곳의 왕실 성소를 만든 일에 대한 기록(열왕기하 12장)이 금송아지 이야기(출애굽기 32장) 속에 수용된 것[59]은 하나의 문헌 전체로서 출애굽기-열왕기하가 편집상 수정을 거쳤고 주요 역사서로 여겨졌음을 보여 준다.

출애굽기 32:4b은 명백히 열왕기상 12:28b을 차용하고 있다. 출애굽기 32장에서도 발견되는 복수형 표현("이스라엘아 이는 너희를 애굽 땅에서 인도하여 낸 너

---

57 Schmid 2004b, 209-10.
58 참고. Blum 2002.
59 참고. Gertz 2001.

희의 신(들)이로다")은 출애굽기 32장과 대조적으로 실제로 두 개의 송아지 형상을 만든 일과 관련된 열왕기상 12장을 고려해야만 이해될 수 있다.

출애굽기 32장은 이처럼 이스라엘의 멸망을 초래한 고전적인 근원적 죄, 즉 여로보암의 모든 계승자가 계속 지은 북왕국 최초의 왕 여로보암의 죄를 백성에게 옮기고 있는 것이 분명하다. 죄를 지은 자는 왕이 아니다. 백성이 이 참화에 대해 책임이 있다.

> 그)(아론)가 그들의 손에서 금 고리를 받아 부어서 조각칼로 새겨 송아지 형상을 만드니 그들이 말하되 이스라엘아 이는 너희를 애굽 땅에서 인도하여 낸 너희의 신이로다 하는지라(출 32:4).
> 이에 계획하고 두 금송아지를 만들고 무리에게 말하기를 너희가 다시는 예루살렘에 올라갈 것이 없도다 이스라엘아 이는 너희를 애굽 땅에서 인도하여 올린 너희의 신들이라 하고(왕상 12:28).

그러나 출애굽기 32장은 열왕기상 12장만 고려한 것이 아니라 열왕기하 17장에 나오는 북왕국의 멸망에 대해 고찰하는 더 오래된 문헌 자료에도 영향을 받은 것으로 보인다. 이 점은 특히 구약에서 거의 전적으로 출애굽기 32:21, 30-31절과 열왕기하 17:21에서만 (다른 곳에서는 오직 창 20:9에서만) 나타나는 "큰 죄"라는 모티프를 볼 때 분명하다.

> 이튿날 모세가 백성에게 이르되 너희가 큰 죄를 범하였도다 내가 이제 여호와께로 올라가노니 혹 너희를 위하여 속죄가 될까 하노라 하고 모세가 여호와께로 다시 나아가 여짜오되 슬프도소이다 이 백성이 자기들을 위하여 금 신을 만들었사오니 큰 죄를 범하였나이다(출 32:30-31).

이스라엘을 다윗의 집에서 찢어 나누시매 그들이 느밧의 아들 여로보암을 왕으로 삼았더니 여로보암이 이스라엘을 몰아 여호와를 떠나고 큰 죄를 범하게 하매(왕하 17:21).

일례로 출애굽기 32장은 열왕기상 12장을 수용하면서 했던 것처럼 열왕기하 17장에서 여로보암이라는 인물에게 속한 한 가지 모티프를 취해서 그것을 백성에게 적용한다.

외견상 신학적으로 부정적인 왕의 역사는 전체가 이미 그것을 예표하는 민족의 역사에 대한 부록으로만 나타나야 한다. 따라서 출애굽기 32장의 상응하는 해석적 본문이 사실 역시 왕의 역사를 포함한 문헌 복합체 속에 삽입되었다고 결론짓는 것은 그럴 듯해 보인다.

그래서 출애굽기 32장에 발견되는 백성에 대한 관점은 흥미롭게도 열왕기하 17장의 편집 역사에도 그 흔적을 남겼다.[60] 열왕기하 17:21-23의 상대적으로 오래된 진술은 이스라엘의 죄악이 여로보암의 죄에 뿌리를 두고 있다고 주장하는 반면 7-20절의 길고 부차적으로 보이는 서론은 백성 스스로가 일차적으로 책임이 있는 자라는 점을 분명히 한다.

이 일은 이스라엘 자손이 자기를 애굽 땅에서 인도하여 내사 애굽의 왕 바로의 손에서 벗어나게 하신 그 하나님 여호와께 죄를 범하고 또 다른 신들을 경외하며 여호와께서 이스라엘 자손 앞에서 쫓아내신 이방 사람의 규례와 이스라엘 여러 왕이 세운 율례를 행하였음이라(왕하 17:7-8).
이스라엘을 다윗의 집에서 찢어 나누시매 그들이 느밧의 아들 여로보암을 왕으로 삼았더니 여로보암이 이스라엘을 몰아 여호와를 떠나고 큰 죄

---

[60] 참고. Brettler 1989; Becking 2007, 88-122.

를 범하게 하매 이스라엘 자손이 여로보암이 행한 모든 죄를 따라 행하여 거기서 떠나지 아니하므로 여호와께서 그의 종 모든 예언자를 통하여 하신 말씀대로 드디어 이스라엘을 그 앞에서 내쫓으신지라 이스라엘이 고향에서 앗수르에 사로잡혀 가서 오늘까지 이르렀더라(왕하 17:21-23).

따라서 출애굽기-열왕기하에는 (아마도 아직은 사사기를 제외하고) 죄와 죄책에 대한 발전된 고찰이 나타나며 이는 백성에 대한 고발과 더불어 이미 자신의 왕국 상실과 분명한 거리를 드러낸다.

이 중요한 역사적 설명은 "신명기 사가적인" 글의 지적·영적 환경 안에 놓여 있다. 이러한 글은 구조적으로 이스라엘이 이집트에서 나온 것을 그 근본적인 신학적 논거로 언급하며, 여호와와 이스라엘을 연결시키고(여호와는 이스라엘의 하나님이고 이스라엘은 여호와의 백성이다) 하나님과 하나님의 백성 사이의 관계를 배타적인 관계로 만드는 언약 신학을 강조한다.

이집트는 이와 대조적으로 열방의 이교적인 세계를 보여 주는 전형적인 본보기다. 재앙을 불러오는 이집트 바로의 범죄는 정확히 그가 여호와를 경배하는 자가 아니며 경배하는 자가 되기를 원하지도 않는다는 사실에 있다(출 5:2-3). 이러한 세계는 이스라엘을 위협하지만 여호와의 힘에 대해 무력하며 여호와는 이스라엘의 편이다.

아마도 출애굽기 7-12장의 기저에 있는 듯한 일련의 재앙은 여호와의 표적과 기사를 고려할 때 "이는 하나님의 권능이니이다"(출 8:19)라고 하나님을 찬양하며 항복하는 것 외에는 다른 선택의 여지가 없는 자가 바로 이집트 "신학자"임을 보여 준다.

이스라엘과 열방 사이의 대립은 땅의 이전과 땅의 점령에 대한 묘사에 있어서 비슷한 정도로 맹렬하게 계속된다. 구약의 율법 자료는 이스라엘이 광야를 방황하던 시기에 위치해 있고 중요한 대목에서 그 땅 주민과의 모든 동맹을 금지하며(출 23:32; 출 34:12; 참고. 신 12:29-31) 그 주민은 "원수"로 간주된다(예. 신 25:19). 그들의 제사 의식은 파괴해야 하며(출 34:13-15) 그들을 죽여야 한다(신 20:16-17; 참고. 출 23:33).

신학적으로 이러한 배타주의적인 종교-정치적 특성은 배타적인 여호와 예배 논증과 어울린다. 이런 특성이 문헌상으로 이 거대한 출애굽 전승 속에 간직되어 있는 것이 결코 우연이 아니다. 비록 다른 신의 존재가 (아직) 논쟁거리가 되는 것은 아니지만 여호와는 이스라엘을 열방의 세상 속에서 선택하고 구원하는 행위의 결과로 자신을 다른 신에 대한 어떤 예배도 허용하지 않는 "질투하시는" 하나님으로 제시하신다(출 20:5; 신 5:7).

이스라엘을 붕괴시키고 무너지게 하는 것은 이스라엘이 열방의 세상 안에서 특별한 위치를 차지하게 하는 이러한 요구다. 이스라엘은 왕정 시대에 금지된 열방의 길을 택했고 자신들의 하나님 대신 열방의 신을 숭배했기 때문이다.

출애굽기-열왕기하에서 이스라엘과 열방 사이에 현저한 대조가 나타나는 데는 국가, 땅, 왕권의 부재 속에서 "이스라엘"의 정체성을 정의하려는 중대된 압력이라는 당대의 문화적 배경이 있다. 여호수아서에 나오는 열방에 대한 냉혹한 말씀과 강력한 정복의 이미지는 그 배후의 역사적 경험과 일치하는 것이 아니라 사실에 반한다.

(4) 요셉 내러티브

요셉 내러티브(창 37-50장)는 느슨하게 연결된 개별 장면이 아니라 성서 열네 장에 걸친 이야기를 제시하기 때문에 선행하는 장의 족장 전승과 근본적으로 다르다. 따라서 요셉 이야기를 "단편 소설"이라고 부르는 것이 일반적인 일이 되었다.

요셉 이야기는 요셉과 그의 형제 사이의 갈등, 이집트에서 요셉의 출세, 요셉과 그의 형제 사이의 화해에 대해 말해 준다.

창세기 12-36장에 나오는 족장 내러티브와 달리(이하의 내용을 보라) 우리는 요셉 내러티브가 여러 단위의 자료에서 현재 형태로 서서히 확대되었다고 추정할 수 없다. 그 대신 요셉 내러티브는 처음부터 극적인 일련의 이야기로 구상된 뒤 편집에 의해 창세기 12-36장에 덧붙여진 것으로 보인다.[61]

이 내러티브가 모세오경 안에서 현재 담당하는 역할은 훗날 이스라엘이 된 민족의 조상이 어떻게 이집트에 도착해서 그 백성이 이후 이집트를 떠날 수 있었는지를 설명하는 것이다. 그러나 요셉 내러티브는 단순히 창세기 50장에서 이스라엘이 야곱을 장사하기 위해 가나안으로 가고 겨우 단 한 구절(창 50:14)에서 이집트로 돌아오게 된다는 사실에서 분명히 드러나듯이 그런 목적으로 기록된 것이 아니었다.

여기에 요셉 내러티브는 바로와 이스라엘에 대한 묘사에 실질적으로 영향을 끼치는 이후 출애굽기의 표현과 약간의 긴장 관계를 포함하고 있으므로 출애굽기 1장의 첫 번째 임무는 요셉 이야기를 한쪽으로 제쳐 놓는 것이라는 사실(출 1:6-8)을 덧붙여 보라.

문서 가설의 틀 안에서 사람들은 요셉 내러티브의 최초 층위가 J문서와 E문서로 구성된 6경의 전체적인 기획 속에 간직되어 있었다고 확신했다.

> 이 저작[창세기]은 여기서[창세기 37-40장에서] 다른 곳과 마찬가지로 J문서와 E문서로 이루어져 있다고 추정해야 한다. 과거의 결과는 우리로 하여금 이러한 입장을 취하지 않을 수 없게 하며 그 입장을 입증할 수 없다면 심각하게 흔들릴 것이다.[62]

---

61 예를 들어 Donner 1976을 참고하라. 요셉 이야기를 족장 내러티브의 연장으로 정의할 것을 제안하는 Kratz 2000a, 281-86에 대해서는 Schmid 2002를 참고하라.
62 Wellhausen ³1899, 52.

이 진술은 사실 그 자료 모델의 타당성이 상당한 정도로 요셉 내러티브의 해석에 달려 있는 한에 있어서는 정확하다.[63]

고대 육경의 J자료와 E자료가 창세기 37-50장에 존재한다는 것을 입증할 수 없다면 그 자료의 재구성에는 족장 전승과 출애굽 전승 사이의 어떤 연결고리도 없으며 결과적으로 문헌비평에서는 이 두 전승을 서로 분리시켜야 할 것이다.

오늘날 사실로 입증된 것은 주로 벨하우젠 진술의 두 번째 부분이다. 많은 학자가 현재 J자료와 E자료를 언급하지 않고 요셉 내러티브를 해석한다. 확실히 문서 가설의 "동요"는 특히 요셉 내러티브 내의 문헌 발견에서 비롯되었다.[64]

그러나 요셉 내러티브가 가진 출애굽 사건으로의 가교 역할이 부차적인 것이라면 이 내러티브의 실질적인 진술은 무엇인가?

우리는 여기서 여러 관점을 언급할 수 있다.

첫째, 요셉 이야기에 묘사된 이집트에 대한 긍정적인 이미지가 눈에 띈다.
바로는 지혜로운 통치자이고 이집트 사람이 아닌 요셉은 이집트의 궁정에 신속히 나아갈 수 있으며 심지어 이집트 여자와 결혼할 수도 있다. 이처럼 요셉 이야기는 (출애굽기-열왕기하의 큰 본문 덩어리에 의해 구상된 목표와 달리) 해외에 흩어진 공동체에서의 삶을 대재앙이 아니라 신학적으로 정당한 하나의 가능성으로 제시하는 일종의 "반신명기 사가적"(anti-Deuteronomistic) 역사 저술로 나타난다.[65] 요셉 내러티브는 죄에 대한 신학에 있어서도 신명기적 사관과 거리를 둔다. 형제들의 죄는 처벌받는 것이 아니라 용서받는다(창 50:19-20).

---

[63] Whybray 1968.
[64] 특히 Donner 1976을 참고하라.
[65] Meinhold 1975; Römer 1992.

둘째, 요셉 내러티브는 요셉에 대한 이야기일 뿐만 아니라 아버지 야곱과 관련해서 요셉과 그의 형제들에 대한 이야기이기도 하다는 점에도 주목해야 한다.

창세기 37-50장을 너무 성급하게 역사적 알레고리로 만들어서는 안 되지만 이렇듯 일단의 사람들과 이스라엘의 정체성 사이의 관계를 조사하는 것은 아직 매력적이다. 외견상 요셉 이야기는 흩어진 공동체의 관점에서 보면[66] 온 이스라엘에 하나의 대안을 제시하며 이스라엘이 주권 국가의 지위를 상실한 뒤에는 이를 재정의해야 한다. 이 이야기의 이스라엘에 대한 정의는 독립된 영토 국가라는 의미가 아니라 공통의 목적으로 결합된 나라, "야곱"의 "죽음" 이후에도 여전히 통일된 나라로서의 이스라엘이다.

셋째, 마지막으로 요셉 내러티브의 계몽된 신학을 고려해야 한다.

폰 라트 이래로 요셉 이야기의 지혜의 특성에 대해 말하는 것이 일반적인 일이 됐지만[67] 확실한 것은 폰 라트가 그 기원의 때로 가정한 "솔로몬 시대의 계몽주의"를 암시하지는 않는다.

한편으로 우리는 이야기 속에서 요셉에 대해 비판적인 특징을 식별할 수 있다(참고. 창 37:10: 이 꿈은 아버지가 절하는 것으로 입증되지 않는다).[68] 따라서 요셉은 단순히 지혜로운 사람의 이상적인 이미지를 충족시키지 않는다.

다른 한편으로 형제들의 행동과 그 결과와 관련해서(형제들은 요셉에게 저지른 범죄에 대한 형벌을 피한다) 우리는 여기서 행위와 결과의 관련성에 대해 전통적인 지혜 개념의 기본 요소 하나에 근본적인 단절을 발견한다. 이스라엘의

---

66 Beyerle 2000. 이러한 관점에 대해서는 이스라엘인 요셉이 외국의 궁정에서 출세한 사실을 고려하면 의심의 여지가 있을 수 없다.
67 Von Rad 1953/1958; 1954/1974.
68 47:31에 대해서는 Levin 1993, 307-8을 참고하라.

행복과 생존을 위한 하나님의 은밀한 인도하심은 악을 행하는 자에 대한 형벌보다 우월하다.

어쨌든 요셉 내러티브와 이집트 두 형제 이야기[69] 사이의 접촉을 본질적으로 문헌을 통한 것으로 보기 어렵지만, 이로 인해 이집트의 전승 자료와 소설 사이에 특별한 친화성이 있다고 결론지을 수 있을지는 여전히 답을 찾지 못한 상태로 남겨두어야 할 질문이다. 장면의 배경을 고려하면 창세기 37-50장의 저자가 이집트에 흩어진 유대인 공동체에 그 뿌리를 두고 있을 가능성이 없는 것은 아니다.

(5) 창세기 족장 내러티브

지난 10년간 모세오경 연구의 변화와 일맥상통하게, 그리고 특히 블룸(Blum)의 획기적인 저작 이래로,[70] 족장 내러티브 창작의 가장 중요한 문헌 층위를 포로기 시대에서 찾는 것은 더 이상 지나친 일처럼 보이지 않는다.[71]

이러한 층위에는 요셉을 다룬 단편(novella)뿐만 아니라 기존에 아브라함-롯과 야곱에 대한 주요 내러티브 사이클을 상호 결합시키는 것도 포함된다. 그러나 족장 내러티브에 대한 전통적 해석과의 단절은 근본적이다. 문서 가설의 이론적 틀 안에서 이루어지는 족장 내러티브 해석은 전적으로 육경의 구원사라는 측면에서 이루어졌고 육경은 "짧은 역사적 신앙 고백"(신 26:5-9)에 따라 전승 구조를 제공해 주었다. 이처럼 족장 내러티브는 처음부터 출애굽에서 시작하여 광야 방랑을 거쳐 땅의 점령에 이르기까지 이스라엘과 함께 하신 하나님의 위대한 역사에 대한 전주곡일 뿐이었다.

---

69 *TUAT* Supplementary Volume, 147–65; Wettengel 2008.
70 Blum 1984.
71 참고. Albertz 2001; Otto 2007, 187–89.

그러나 신명기 26:5-9의 신앙 고백 본문은 그 표현에 있어서나 내용에 있어서나 고대의 것이 아니며[72] 표현과 관련해서는 폰 라트 자신조차 그 점을 인정했다.[73] 이 본문은 심지어 제사장 문서에서 차용한 언어도 포함하고 있다. 렌토르프(Rendtorff), 블룸, 쾨케르트(Köckert)의 저작과 더불어 육경의 역사적 묘사는 처음에 만들어진 것이 아니라 성서의 첫 여섯 책에 담긴 전승의 수정 편집 과정 끝에 만들어졌으며 문헌사적 관점에서 족장 내러티브에 대한 해석의 일차적 지평이 될 수 없다는 확신이 확고해졌다.[74]

이는 족장 내러티브가 원래 전주곡이 아니라 이스라엘의 기원을 다룬 독립 전승이었음을 의미한다. 그런데 이 전승은 언제나 출애굽에 대한 묘사를 향해 진행되고 거기서 계속 이어지는 것은 아니었다.

족장 내러티브의 독립성은 전통적 접근 방식에서도 명백했다. 조상들이 섬긴 신들의 종교에 대한 알트의 영향력 있는 재구성을 근거로 이 내러티브는 이스라엘의 희미한 유목 선사시대에서 탐구되었다.[75] 그러나 족장 내러티브의 특이한 성격은 멀리 떨어진 선사 시대보다는[76] 내러티브의 독립적인 문헌사와 더 관계가 있고 그 속에서 포로기 시대까지 독립적인 전승 체계로 계속 이어졌다.

현재 상태의 족장 역사의 핵심은 야곱 내러티브(창 *25-35장)에서 찾을 수 있다. 그러나 아브라함 전승(창 *13장 + *18-19장)과 이삭 전승(창 *26장)도 각기 나름의 독립적인 기초를 지니고 있다. 요셉 내러티브(창 *37-50장)도 그 나름의 특성을 지닌 또 다른 주요 구성 요소다.

창세기 *12-50장을 포함하는 전체적인 족장 내러티브는 포로기 시대에 이

---

72 Gertz 2000a.
73 von Rad 1938/1958, 12.
74 Rendtorff 1977; Blum 1984; Köckert 1988.
75 Alt 1929/1959.
76 이와 약간 다른 견해로는 Otto 2007, 188을 참고하라.

러한 기존의 전승과 요셉 내러티브의 편집적 결합을 통해 처음 만들어졌을 것이다.[77] 한편으로는 이미 창세기 *13장과 *18-19장에서 아브라함과 (남왕국의 시조가 된) 이삭에 대해 암시되었지만 아마도 그 자체로는 편집으로 보이는 족보상의 결합[78]뿐만 아니라 약속을 통해서도 전승의 각 단위가 서로 결합된다.

> 아브라함의 소명부터 요셉의 죽음까지를 다루고 있는 커다란 내러티브 복합체는 매우 다양한 전승 자료의 융합으로 이루어지지만 그럼에도 불구하고 전체에 그것을 뒷받침하고 연결하는 발판, 즉 이른바 족장을 향한 약속이 있다. 최소한 이 다양한 종류로 이루어진 이야기의 모자이크 전체에 … 끊임없이 반복되는 하나님의 약속을 통해 … 주제의 응집력이 부여되었다고 말할 수 있을 것이다(von Rad 1957, 171 [영역본, 167]).

그러나 이런 약속은 그 내용에 있어서나 기원사의 측면에 있어서도 본질적으로 상이하다. 이 약속은 전승의 역사에 있어서 두 가지 원천이 있다. 즉, 하나는 (아들에 대한, 14b절) 필수적인 약속이 담긴 제사장 문서 이전의 유일한 족장 이야기인 창세기 18장 아브라함 내러티브이고 다른 하나는 야곱 이야기의 축복이라는 주제다.

족장 내러티브의 창작적 통일성에 있어서 특히 중요한 것은 창세기 12:1-3, 13:14-17, 28:13-15, 46:2-4의 약속이다.[79] 이 약속은 자손과 땅에 대한 보증을 담고 있다. 이 두 주제는 주전 7세기부터 5세기까지 사이에 앗수르와 바벨론에 의한 강제 이주가 경제적인 문제와 더불어 더 이상 군주에 의한 통치를 받지 않게 된 지역에 대규모 인구 감소를 가져왔을 때 이스라엘과 유다에게도 엄청나

---

[77] Blum 1984를 수정한 Blum 1990, 214 n. 35를 참고하라.
[78] 주인공인 아브라함, 이삭, 야곱, 요셉이 할아버지, 아버지, 아들, 손자가 되는 족보상의 결합.
[79] Blum 1984, 300; Carr 1996b, 178.

게 중요한 것이었다.[80] 이 약속은 그 사실과 반대되는 배경에 비추어 문맥상으로 이해해야 한다. 우리는 창세기 12:1-3의 신학-역사적 개요에서 또 다른 중요한 요소를 인식할 수 있다.

창세기 12:1-3	시편 72:17
여호와께서 아브람에게 이르시되 … 내가 너로 큰 민족을 이루고 네게 복을 주어 네 이름을 창대하게 하리니 너는 복이 될지라 … 땅의 모든 족속이 너로 말미암아 복을 얻을 것이라 하신지라	그의[왕의] 이름이 영구함이여 그의 이름이 해와 같이 장구하리로다 사람들이 그그의 이름로 말미암아 복을 받으리니 모든 민족이 다 그를 복되다 하리로다

창세기 12:1-3은 "큰 이름"이라는 모티프와 그 구원의 매개자로서의 역할을 통해 예를 들어 시편 72:17에 표현된 것과 같은 왕실 이데올로기의 중요한 요소를 흡수하여 그것을 백성의 조상 아브라함에게 전가한다.

이러한 "민주화하는" 경향은 아직 국가가 존재하던 시기에는 거의 상상하기 어렵다. 대신에 창세기 12:1-3은 이사야 40-55장의 상응하는 관점과 가까운데 거기서는 포로로 끌려간 이스라엘이 "아브라함"이나 "야곱"으로 불리며 왕의 위엄을 지닌 상태로 묘사될 수도 있다.

우리는 창세기 12:1-3, 13:14-17, 28:13-15, 46:2-4에 나오는 약속의 체계가 "너는 너의 고향 … 을 떠나"(12:1), "애굽으로 내려가기를 두려워하지 말라"(46:2) 등 이주에 대한 통보와 관련되어 있다는 점에도 주목해야 한다. 이것은 하나님의 백성은 지리와 무관하다는 징표다. 이스라엘은 하나님과의 관계 때문에 이스라엘이지 그 땅에 정착했기 때문에 이스라엘이 아니다.

---

80 Knoppers 2006, 268; Carter 1999, 235-36.

창세기 12:1-3과 46:2-4에 관해서 최근에 사실 훨씬 더 후대의 연대가 제안되었고 거기에는 그럴 만한 이유가 있다. 이러한 제안은 본문을 그 문헌사에 있어서 제사장 문서보다 이후의 것으로 간주한다.[81] 그러나 여기서 제시된 "P" 문서와의 접촉을 "P" 문서가 이미 존재했던 약속의 신학을 차용했다는 사실로 설명하는 것도 가능하다.

이는 족장 역사에 대한 "P" 문서의 새로운 신학적 강조도 설명해 줄 것이다. 특히 창세기 12:1-3과 창세기 10:5, 20, 31-32의 국가 목록에 담긴 제사장 문서의 반복 어구("나라", "종족", "땅")[82] 사이의 관계는 통시적으로 그럴 듯하게 배열할 수 있으므로 창세기 10장에서 세상에 대한 제사장적 관점은 아브라함에게 축복으로 약속된 기업을 통해 결정된다.[83]

출애굽 전승의 공격적이고 배타적인 성향은 창세기 족장 내러티브에는 존재하지 않는다. 그 대신 정치적인 관점에서 족장 내러티브의 평화주의는 인상적이다. 조상들은 그 땅의 다른 **민족**, 집단과 평화롭게 공존하며 그들과 협정을 맺는데 이는 출애굽 내러티브에 따르면 엄격히 금지된 일이다.

그들의 포용주의도 인상적이다. 족장들은 방랑할 때와 여정 중에 스스로 다양한 이름으로 드러내는 일단의 귀인과 접촉하고 다양한 장소에서 그들에게 바치는 제의 사당을 세운다. 물론 족장 내러티브를 읽는 독자에게는 이런 신의 배후에는 항상 동일하신 한 하나님, 즉 여호와가 있다는 점이 분명히 보인다. 하지만 내러티브 속의 행위자에게도 이것이 그렇게 분명한 것은 아니며 그들의 반신반의에는 분명히 역사적 배경이 있다.

조상 내러티브의 배후에는 원래 여호와만이 아니라 더 많은 다른 신과 그 신

---

81 창 12:1-3에 대해서는 Ska 1997; 창 46:2-4에 대해서는 Gertz 2000b, 273-77, 382-83.
82 참고. Crüsemann 1981, 29; Ska 1997, 369-70; Schmid 1999c, 168.
83 Kratz 2000a, 239.

의 성소에 대해 말하는 기억 내지 구두 전승이 있다. 조상들은 자신들의 여행 길에서 전승 과정이 낳은 것과 똑같은 것, 즉 다양한 지역 신과 이스라엘의 한 하나님과의 동일시를 선언한다. 조상 내러티브는 이스라엘의 기원을 이집트에서 찾고 그에 따라 다른 민족-종교적 정체성에 맞서 이스라엘의 민족적 정체성을 격렬하고 배타적으로 옹호한 출애굽 전승과 함께 이스라엘의 동화적이고 토착적인 그 땅에서의 기원이라는 독립적·대안적 개념을 반영한다.[84]

(6) 비(非)제사장적인 시내산 전승

모세오경의 현 내러티브 순서에서 이야기의 진행이 출애굽기 19장부터 민수기 10장까지 대체로 지지부진하다는 점이 눈에 띈다. 이스라엘은 시내산에 머물러 있고 본문 자료는 대부분 모세가 하나님께 받은 명령으로 이루어져 있다. 이른바 시내산 단락(출애굽기 19장–민수기 10장)에 있는 자료 대부분이 아직 독립된 자료 문헌으로든 제사장 문서가 아닌 모세오경과 결합한 이후로든 제사장 문서나 확대된 제사장 문서의 역사적 범위 안에 속한다는 점을 오랫동안 인정해 왔다. 이는 "회막" 건축과 그 실행(출 25-31; 35-40장), 레위기의 제사법 자료, 민수기 1-10장의 이른바 진영의 순서에 대한 지시에 특별히 사실이다.

이 자료에서 제외시켜야 하는 것은 출애굽기 19-24, 32-34장의 본문이다. 학자들은 이 본문의 문헌사적 배경에 대해 의견이 일치하지 않는다. 분명한 것은 이 본문이 제사장 문서를 전제로 하거나 그에 대해 반응하고 있다는 사실뿐이지만 이 본문을 제사장 문서와 직접적이나 간접적으로 연결시킬 수는 없다.[85]

우리가 제사장 문서 이전의 시내산 단락을 출애굽기 19-24, 32-34장을 구성하는 본문 단락과 함께 고려한다면[86](이는 타당한 이유가 있다) 여러 기초적

---

84 참고. de Pury 1991; Schmid 1999c; Gertz 2000b; Kratz 2000a.
85 Schmid 2001.
86 고전적인 모델에 대해서는 Schmidt 1983, 또는 새로운 접근 방식을 취하는 책으로는 Os-

인 관찰은 시내산 단락의 기반을 더 이상 포로기 이전 시대에서 찾아서는 안된다는 점을 암시한다.

하나님의 산에 대한 전승은 모세오경 밖에서 그 존재가 매우 드물게 입증된다. 출애굽과 시내산을 함께 언급하는 가장 오래된 모세오경 외의 본문은 느헤미야 9장에 나온다. 게다가 내러티브에 관한 한 시내산 단락은 모세-출애굽 이야기에 나타난 행위의 순서를 중단시키며 그 풍광과 지세가 엄청난 우회가 있었음을 표현한다는 사실이 오래 전부터 관찰되었다. 따라서 시내산 단락을 유다의 토착적인 "하나님의 산 전승", 즉 시온 신학의 폐기에 대한 문헌적 대응으로 해석해야 한다는 주장이 제기되어 왔다.[87]

하나님의 거처가 예루살렘에서 신화적인 산악 지역으로 옮겨지면서[88] 그것은 모든 정치적 혼란과 위험에서 물러나 신학적으로 지속적인 것이 되어 버렸다.

어떤 경우든 문자 그대로 늦은 시내산 전승 뒤에 우리가 출애굽 전승에 대해 가정할 수 있는 것 같은 더 오래된, 심지어 국가 이전의 어떤 기억이 감추어져 있는지 여부는 현재로서는 어림짐작에 그칠 문제임이 분명하다. 본질적으로 결론은 출애굽기 19-24장의 성서 내적 지평에 대한 연구를 통해 도출해야 할 것이다. 이러한 문헌 표현이 기존의 본문과 자료에 대한 해석일 수도 있을 것 같이 보인다면 부정적인 반응이 가장 적절할 것이다.

이 시내산 단락이 언약 체결을 포함했고(출 24장) 이 언약 체결의 대상이 이

---

wald 1998; Gertz 2001을 보라.
87 Pfeiffer 2005, 260-68; 남왕국 대신 북왕국에서의 여호와의 종교적-역사적 기원에 관한 광범위한 결론을 보려면 Köckert 2001도 함께 참고하라. 그와 반대되는 견해로는 Keel 2007, 200-2; Leuenberger 2011을 보라.
88 왕상 19:8도 브엘세바에서 "사십 주 사십 야"를 가면 시내산에 이를 수 있다는 사실 외에는 시내산의 위치를 더 이상 알지 못한다.

른바 언약서였을 수도 있다면(출 20-23장)[89] 추가적인 신학-역사적 발전이 여기서 분명히 드러났을 것이다.

> 율법 없는 시내산의 신현은 한낱 텅 빈 무대 위의 극적인 천둥에 불과한 결과를 가져왔을 것이다.[90]

신명기의 포로기 이전 언약 신학은 실제로 출애굽기 24장에 계속 이어지지만 이제는 "분권화된" 것처럼 보인다. 하나님과 이스라엘 사이의 언약 체결이 더 이상 예루살렘의 중앙 성소에 의존하지 않는 이유는 중앙 성소가 사라졌기 때문이다. 여기서 우리는 후대 토라의 핵심적인 주장의 기원을 볼 수 있다.

① 이스라엘의 정체성은 더 이상 그 땅에 의존하는 것이 아니라 율법에 의존한다.
② 이를 통해 언약서는 권위에 대한 신명기 사가적인 해석과 달리 그 원래 의미에서 권위를 부여받게 되었다.

이렇게 더 오래된 언약서가 보다 최신의 신명기에 신학적으로 승리한 것은 모세오경의 현재 내러티브 순서에서도 볼 수 있다. 언약서는 시내산의 하나님 말씀으로 제시되는 반면 신명기는 요단강 동쪽 땅에서 모세가 한 연설이다.

---

89 참고. Oswald 1998; 이와 다른 견해로는 Levin 1985b.
90 Levin 1985b, 185; Oswald 1998, 104–5.

3) 예언 전승

(1) 예레미야 전승의 기원

예레미야서의 문헌적 기원은 문헌사적 관점에서 특히 잘 표현된다. 예레미야 전승은 아마도 예레미야 4-10장의 애가에서 시작되었겠지만(이 애가들의 기원은 역사상의 예언자 예레미야에게로 거슬러 올라갈 수 있다) 아직 고발과 연관되지는 않았고 역사적으로 주전 587년에 있었던 유다와 예루살렘의 참화와 직접적인 관련이 없었다면 이런 일은 발생할 수 없었을 것이다.[91]

오트마르 켈(Othmar Keel)은 특히 예레미야 전승에서 특이한 개념 세계를 언급했다. 에스겔과의 차이가 뚜렷하다. 여기서 우리는 전적으로 고대 근동의 그림을 이용한 상징적 표현의 넓은 범위에서 거의 어떤 영향도 받지 않은 전원적·농업적인 비유의 세계 안에 있다.[92]

현재의 본문에서 예레미야 4-10장은 포괄적인 고발처럼 보이지만 이러한 인상은 일련의 추가 내용에 기인하며, 추가 내용은 형식과 내용 모두 쉽게 구별할 수 있다. 이러한 고발은 쉽사리 예루살렘으로 확인되는 2인칭 단수 여성형으로 지칭된 어떤 실체를 겨냥하고 있다(참고. "예루살렘", 4:14).

> 보라 그가 구름 같이 올라오나니 그의 병거는 회오리바람 같고 그의 말들
> 은 독수리보다 빠르도다 우리에게 화 있도다 우리는 멸망하도다 하리라
> 예루살렘아 네 마음의 악을 씻어 버리라 그리하면 구원을 얻으리라 네 악한 생
> 각이 네 속에 얼마나 오래 머물겠느냐
> 단에서 소리를 선포하며 에브라임 산에서 재앙을 공포하는도다(렘 4:13-15).
> 기병과 활 쏘는 자의 함성으로 말미암아 모든 성읍 사람들이 도망하여 수

---

[91] Levin 1985; Pohlmann 1989; Biddle 1990; Schmid 1996a; Kratz 2003b.
[92] Keel 2007, 672-76.

풀에 들어가고 바위에 기어오르며 각 성읍이 버림을 당하여 거기 사는 사
람이 없나니
멸망을 당한 자여 네가 어떻게 하려느냐 네가 붉은 옷을 입고 금장식으로 단장
하고 눈을 그려 꾸밀지라도 네가 화장한 것이 헛된 일이라 연인들이 너를 멸시
하여 네 생명을 찾느니라(렘 4:29-30).

주제에서 이런 2인칭 단수 여성형으로 표현된 고발은 음행과 간음에 대한
책망을 중심으로 전개된다(참고. 렘 2:19-25, 32-33). 고대 근동에서 이런 비유는
언약에 대한 배신을 가리키는 일반적인 비유였다.[93] 이는 예루살렘이 죄를 지
었다는 고발이 유다의 언약 정책과 관련한 나쁜 정책을 겨냥하고 있음을 뜻
한다. 유다 왕정 말기에 강대국인 바벨론과 이집트 사이에서 결정을 내리려는
시도가 (왕하 24-25장이 드러내듯이) 분명히 있었다. 예를 들어 에스겔 17장은 바
벨론과 이집트 사이를 오락가락하는 유다의 정책을 명시적으로 증언한다.

여호와의 말씀이 또 내게 임하여 이르시되 너는 반역하는 족속에게 묻기
를 너희가 이 비유를 깨닫지 못하겠느냐 하고 그들에게 말하기를 바벨론
왕이 예루살렘에 이르러 왕과 고관을 사로잡아 바벨론 자기에게로 끌어
가고 그 왕족 중에서 하나를 택하여 언약을 세우고 그에게 맹세하게 하고
또 그 땅의 능한 자들을 옮겨 갔나니 이는 나라를 낮추어 스스로 서지 못
하고 그 언약을 지켜야 능히 서게 하려 하였음이거늘 그가 사절을 애굽에
보내 말과 군대를 구함으로 바벨론 왕을 배반하였으니 형통하겠느냐 이
런 일을 행한 자가 피하겠느냐 언약을 배반하고야 피하겠느냐 주 여호와
의 말씀이니라 내가 나의 삶을 두고 맹세하노니 바벨론 왕이 그를 왕으로

---

93 Fitzgerald 1972; 그러나 다음 책을 참고하라. Wischnowsky 2001, 42-45.

세웠거늘 그가 맹세를 저버리고 언약을 배반하였은즉 그 왕이 거주하는
곳 바벨론에서 왕과 함께 있다가 죽을 것이라(겔 17:11-16).

음행에 대한 고발은 이처럼 예루살렘이 그 하나님 여호와를 신뢰하지 않고 이방의 강대국(특히 이집트)과 조약을 맺었음을 의미하며 강대국 자체(또는 그들의 신)는 2인칭 단수 여성형으로 표현된 본문에서 한 때는 "연인"이었지만 지금은 예루살렘을 학대하고 심지어 강간하는 자로 등장한다.

시편 48:2-7, 9, 13-15	예레미야 6:22-26
터가 높고 아름다워 온 세계가 즐거워함이여 큰 왕의 성 곧 북방에 있는 시온 산이 그러하도다 하나님이 그 여러 궁중에서 자기를 요새로 알리셨도다 왕들이 모여서 함께 지나갔음이여 그들이 보고 놀라고 두려워 빨리 지나갔도다 거기서 떨림이 그들을 사로잡으니 고통이 해산하는 여인의 고통 같도다 … 우리가 들은 대로 만군의 여호와의 성, 우리 하나님의 성에서 보았나니 하나님이 이를 영원히 견고하게 하시리로다. … 너희는 시온을 돌면서 그 곳을 둘러보고 그 망대들을 세어 보라 그의 성벽을 자세히 보고 그의 궁전을 살펴서 후대에 전하라 이 하나님은 영원히 우리 하나님이시니 그가 우리를 죽을 때까지 인도하시리로다	여호와께서 이와 같이 말씀하시되 보라 한 민족이 북방에서 오며 큰 나라가 땅 끝에서부터 떨쳐 일어나나니 그들은 활과 창을 잡았고 잔인하여 사랑이 없으며 그 목소리는 바다처럼 포효하는 소리라 그들이 말을 타고 전사 같이 다 대열을 벌이고 시온의 딸인 너를 치려 하느니라 하시도다 우리가 그 소문을 들었으므로 손이 약하여졌고 고통이 우리를 잡았으므로 그 아픔이 해산하는 여인 같도다 너희는 밭에도 나가지 말라 길로도 다니지 말라 원수의 칼이 있고 사방에 두려움이 있음이라 딸 내 백성이 굵은 베를 두르고 재에서 구르며 독자를 잃음 같이 슬퍼하며 통곡할지어다 멸망시킬 자가 갑자기 우리에게 올 것임이라

책에서 가장 오래된 본문을 애가에서 찾아야 한다는 개념에 맞서 단순히 불행에 대한 탄식이 어떤 전승의 기초를 형성하지는 못했을 것이라는 반론이 제기되어 왔다. 애가는 기록된 본문이 어떻게 생겨나게 되었는지에 대해 아무런 설명도 제시하지 않는다고 한다. 물론 애도 행위는 역사적으로 예상할 수 있지만 애도 행위에 대한 기록은 그렇지 않다.

그러나 이러한 반론은 예레미야에서 가장 오래된 애가가 분명한 신학적 입장을 표현한다는 점에 주목함으로써, 그리고 어떤 전승의 구성이 그럴 듯하게 보일 수도 있다는 사실로 인해 극복된다. 외견상 이런 애가는 직접적으로 여호와의 임재로 인해 시온이 난공불락이라는 생각에 바탕을 둔 제1성전의 국가적인 종교적 정통 신앙인 예루살렘-시온 신학을 겨냥하고 있다. 이 점은 예레미야 6장에서 시편 48편을 반체제적으로 차용한 데서 특히 분명하다.

시편 48편에서 시온은 모든 공격에도 안전하다. 시온의 모습 자체가 적대적인 왕을 공포에 떨며 달아나게 한다. 예레미야 6장에서는 원수에 대해 예견된 공포가 시온 주민에게 닥친다. 비유의 세계도 완전히 바뀐다. 시편 48편의 시온 **산**은 예레미야 6장에서는 재에서 구르는 **딸** 시온이다. 예레미야 6장이 시편 48편을 수용한 것은 이처럼 시온 신학의 붕괴에 신학적·비유적으로 대처하려는 시도에 좌우되는 것처럼 보인다.

> 예레미야 4-10장에 있는 가장 오래된 애가 본문에 아마도 예레미야 46-49장의 이방 나라에 대한 말씀이 더해져야 할 것이다. 예레미야 46-49장은 4-10장의 본문과 언어나 주제 측면에서 매우 가깝기 때문이다. 바벨론 사람과 함께 찾아온 환난은 유다와 예루살렘뿐만 아니라 그 이웃 민족에게도 영향을 미쳤고 이러한 상황은 예레미야 46-49장에서 문헌으로 표현되었다.[94]

---

94 Huwyler 1997.

예루살렘과 관련하여 2인칭 여성 단수형을 사용하는 본문에 의해 편집상 확장된 예레미야 4-10장의 애가는 아마도 이른바 예언적인 상징 행위를 통해 빠르게 확대되었을 것이고 상징 행위는 이미 죄와 죄책의 신학을 전제로 하여 나아가 심판을 명시적으로 신적인 심판으로 해석한다(렘 13; 16; 18; 27-28; 32장).

이러한 상징 행위는 (렘 27장을 예외로 치면) 그것이 1인칭 단수형으로 표현되어 있기 때문에 여기에 속해 있음을 보여 준다. 그렇지 않은 경우 예레미야서는 예레미야에 대해 3인칭으로 말한다. 우리는 아마도 아직까지 상징 행위에서 아무런 외적인 설명도 없는 예레미야서의 더 오래된 단계를 보아야 할 것이다.

마지막으로, 예레미야서의 더 오래된 본문에는 예레미야 21-23장의 왕에 대한 진술이 담겨 있다.[95] 예레미야는 유다 왕실에 대한 비판자로 등장했다. 이 본문이 부분적으로 당대의 본문이라는 점은 예를 들어 유다의 마지막에서 세 번째 왕인 여호야김에 대한 말씀에서 엿볼 수 있다.

> 그러므로 여호와께서 유다의 왕 요시야의 아들 여호야김에게 대하여 이와 같이 말씀하시니라 무리가 그를 위하여 슬프다 내 형제여, 슬프다 내 자매여 하며 통곡하지 아니할 것이며 그를 위하여 슬프다 주여 슬프다 그 영광이여 하며 통곡하지도 아니할 것이라 그가 끌려 예루살렘 문 밖에 던져지고 나귀 같이 매장함을 당하리라(렘 22:18-19).

여호야김이 죽은 뒤에 장사되지 못할 것이라는 예언은 성취되지 않았다. 열왕기하 24:6은 여호야김의 죽음에 대해 말한다.

> 여호야김이 그의 조상들과 함께 자매 그의 아들 여호야긴이 대신하여 왕이 되니라(왕하 24:6).

---

95 Job 2006.

"그의 조상들과 함께 자매"라는 표현은 정상적인 장례를 묘사하는 말이다. 열왕기하 24:6에 신뢰할 만한 정보가 없다고 가정할 이유는 없다. 예레미야 22:18-19은 성취되지 않은 예언을 담고 있으므로 이 예언이 오래된 예언이라고 가정할 타당한 이유가 있다. 여호야김의 실제 장례 이후 누군가가 실제 역사적 사건과 어긋나는 심판 예언을 말했을 것 같지는 않기 때문이다.

궁극적으로 예레미야서도 비록 개입의 정도는 틸(Thiel)의 저작 연구 성과와는 달리 평가해야 하겠지만 신명기 사가적 편집 활동의 대상이 되었다.[96] 특히 언급할 만한 가치가 있는 것은 문맥의 취지를 버리고 그 언어와 내용으로 신명기 사가적 고발을 명백히 표현하는 예레미야 1-25장의 몇 가지 사소한 내용이다.

> 슬프다 나의 근심이여 어떻게 위로를 받을 수 있을까 내 마음이 병들었도다 딸 내 백성의 심히 먼 땅에서 부르짖는 소리로다 여호와께서 시온에 계시지 아니한가, 그의 왕이 그 가운데 계시지 아니한가 그들이 어찌하여 그 조각한 신상과 이방의 헛된 것들로 나를 격노하게 하였는고 하시니 추수할 때가 지나고 여름이 다하였으나 우리는 구원을 얻지 못한다 하는도다 딸 내 백성이 상하였으므로 나도 상하여 슬퍼하며 놀라움에 잡혔도다 길르앗에는 유향이 있지 아니한가 그 곳에는 의사가 있지 아니한가 딸 내 백성이 치료를 받지 못함은 어찌 됨인고(렘 8:18-23).

신학적 발전이라는 측면에서 이 예레미야 전승의 기원에 특별히 중요한 것은 애가에서 고발로의 전환과 그에 따른 죄와 죄책 신학의 발전이 구성비평적 수단을 통해 적절히 인식될 수 있다는 점이다. 예레미야서에서 가장 오래된 애가 본문은 이처럼 부차적이었던 것으로 보이지만 매우 빠르게 애가서의 진술

---

[96] Thiel 1973; 1981.

같이 죄책에 대한 진술에 의해 확대된 것으로 보인다.

예언 전승에서 죄책과 형벌의 패러다임은 비록 앗수르 시대에 나온 더 오래된 예언서가 북왕국의 멸망과 관련된 관점에서 표현되었지만, 바벨론 시대에는 더 이상 의심할 여지가 없는 것은 아니었다. 그러나 이것이 바로 신명기적 사관에 비추어 볼 때 예상될 수 있는 것이다.

즉, 열왕기에서 신명기적 사고의 가장 오래된 단계에서는 아마도 남왕국의 배교를 향한 경향과 더불어 불법적으로 제사를 드리는 북왕국을 배척할 수밖에 없었을 것이다. 온 유다도 실제 일어난 참화에 비추어 하나님 보시기에 죄를 지었다는 생각을 다시 가져야 했고 이는 신학적 근거를 요구했다.

게다가 특히 이사야서와 미가서에서 유다에 대한 심판의 말씀은 거의 한 세기 동안 그 경고가 성취되지 않았을 때 거짓 예언으로 의심을 받았기 때문에 포로기 이전 시대 말기에 다소 믿기 어려운 판단 기준이었다는 점은 고려할 만한 가치가 있다.

(2) 에스겔 전승의 기원

에스겔 전승의 기원은 예레미야 전승의 기원보다 더 이해하기 어렵다. 문제는 무엇보다도 에스겔서에서 페르시아 시대 초기에 속하는, 포로로 끌려간 백성에게 호의적인 단계보다 이전의 단계를 재구성하는 것이 가능하다고 생각하는지, 아니면 불가능하다고 생각하는지의 여부다.

에스겔서는 분명히 주전 597년에 여호야긴과 함께 강제로 끌려갔고 에스겔 자신도 포함된 "최초의 골라(Golah; 포로 무리)"의 관심사를 대변한다. 에스겔서에 남은 바벨론의 흔적은 특히 에스겔서의 비유 세계에서 인지할 수 있으며 이는 분명 국제적 기준이 된 메소포타미아 "지배 문화"의 영감을 받은 것이다.[97]

예를 들어 폴만(Pohlmann)은 주로 에스겔 *4-24, *31, *36장의 본문을 지닌,

---

[97] Keel 2007, 676-728.

골라 지향 이전의 책이 심판과 구원의 두 부분으로 된 순서를 따라 구성되었다고 보지만 이 에스겔 최초의 책에서 구원에 대한 관점은 아직 억제되어 있었고 본문의 규모는 매우 작았다.[98]

폴만은 에스겔서 *19/*31장의 시에서 이 책 최초의 개인적인 본문을 발견하는데 이 본문도 아직 여호와와 전혀 관계없이 발생한 참화를 슬퍼한다.

폴만은 이 본문의 기원을 궁정과 가까운 예루살렘의 집단에서 추적한다. 따라서 그런 면에서 가장 오래된 에스겔의 책은 초기 예레미야 전승과 비슷한 실질적인 접근 방식을 취했을 것이다. 그러나 에스겔서의 문헌사적 재구성은 결과적으로 뚜렷함이 사라지고 더욱 논란거리가 된다.

어쨌든 에스겔서의 기원은 페르시아 시대가 아닌 바벨론 시대에 있는 것으로 보이지만 에스겔서 자체의 증거는 이렇게 가정할 정도로 신뢰할 만한 역사적 논거가 아니다. 그러나 "여호와의 영광"이 예루살렘 성전을 떠나는 모습을 언급하는 에스겔 8-11장의 큰 환상에서는 그 "여호와의 영광"을 (겔 1-3장의 골라 지향적인 관점에서 추정하듯이) 바벨론이 아니라 감람산에서 불과 몇 백 미터 떨어진 곳으로 물러나는 것으로 보며 이는 에스겔서에서 골라 지향 이전의 본문 요소를 발견할 수 있음을 의미한다.

> 여호와의 영광이 성읍 가운데에서부터 올라가 성읍 동쪽 산에 머무르고
>
> (겔 11:23).

그럼에도 불구하고 에스겔서가 아주 빨리 매우 철저하게 "바벨론화"되었다는 점에는 의문의 여지가 있을 수 없다. 에스겔서의 날짜 기입 방식은 주전 597년을 바탕으로 하고 있다. 에스겔은 오로지 여호야긴 골라의 예언자로 묘사되

---

98 Pohlmann 1996, 33–36; 참고. Rudnig 2000, 345.

며 이스라엘 땅은 완전히 황폐하고 포로 귀환과 관계없이 미래에 대한 어떤 소망도 없는 것으로 표현된다. 아마도 그 성향 면에서 결정적으로 유토피아적인 에스겔 40-48장의 이른바 새로운 구조적 환상은 문학적으로 복잡한 구조이고 그 기반은 아마도 바벨론 시대까지 이어졌을 것이다.[99]

출애굽기 25-40장에서 발견되는 것 같은 제사장 문서의 성소 신학과의 차이뿐만 아니라 새 성전의 건물에 대한 묘사에서 3차원의 부재도 이러한 입장을 뒷받침할 수 있다. 이는 에스겔 40-48장이 제사장 문서 이전에 기원을 두고 있음을 암시할 것이며 이로 인해 상당한 시간 동안 에스겔서는 페르시아 시대 유대교의 표준 저작 가운데서 한 자리를 차지하는 것이 불가능했다.[100]

(3) 제2이사야

역사적·비평적 성서 연구의 가장 확실한 결과 중에 하나는 이사야서의 두 번째 부분인 40-66장이 이 책에 자신의 이름을 부여한 주전 8세기 예언자와 아무런 역사적 관련성이 없다는 가설이다. "이사야"는 언급되지 않는다. 예언적 선포는 구원에 대한 약속에 집중되어 있다. 그리고 역사적 배경은 페르시아 왕 고레스에 대한 명시적인 언급이 잘 보여 주듯이 아무리 빨라도 주전 6세기를 전제로 한다.

이사야서 40-66장의 기본적인 내용은 아마도 그 이름이 알려지지 않았고 일반적으로 학자들이 "제2이사야"라고 부르는 주전 6세기 예언자에게서 그 기원을 찾을 수 있을 것이다.[101]

이사야 40-55장의 자료에 대한 양식비평의 구체화는 이사야 40-66장은 예언의 연장일 뿐이며 어떤 예언자적 인물의 작품으로 그 기원을 추적할 수 없다

---

99   Rudnig 2000; Keel 2007, 890-900.
100 Maier 1997.
101 Hermisson 1999.

는 최근에 제기된 생각[102]과 반대되며 이는 예언자 "제2이사야"에 대한 명제를 여전히 타당해 보이게 한다.

이사야 45:1-2은 "제2이사야"의 메시지가 기록된 일시에 대한 비교적 정확한 추정을 가능케 한다.[103] 이 본문은 원래 고레스가 바벨론에서 폭력적으로 권력을 장악할 것을 예상했고("내가 … 놋문을 쳐서 부수며") 단지 사후에 역사적 사건인 바벨론의 무혈 점령과 일치하도록 편집되었다("그 앞에 문들을 열고").

> 여호와께서 그의 기름 부음을 받은 고레스에게 이같이 말씀하시되 내가 그의 오른손을 붙들고 그 앞에 열국을 항복하게 하며 내가 왕들의 허리를 풀어 그 앞에 문들을 열고 성문들이 닫히지 못하게 하리라 내가 너보다 앞서 가서 험한 곳을 평탄하게 하며 놋문을 쳐서 부수며 쇠빗장을 꺾고 (사 45:1-2).

이사야 40-66장에서 예언이 그 주장의 성취를 근거로 진위가 확인된다고 강하게 주장한다는 사실도 같은 방향을 시사한다.[104] 예언 메시지의 진실성은 그 메시지가 사전에 선포되었다는 사실에서 찾아야 한다. 이 논증은 그 역사적 기원이 바벨론 멸망 이전에 있지 않았다면 그토록 뚜렷하게 제2이사야 전승에 근거를 두고 있지 않았을 것이다.

> 내가 알려 주었으며 구원하였으며 보였고 너희 중에 다른 신이 없었나니 그러므로 너희는 나의 증인이요 나는 하나님이니라 여호와의 말씀이니라 (사 43:12).

---

102 Albertz 1990.
103 Kratz 1991a; 이와 다른 견해로는 Albertz 2003c.
104 Keel 2007, 862-64.

> 이 일을 옛부터 듣게 한 자가 누구냐 이전부터 그것을 알게 한 자가 누구냐
> (사 45:21).
>
> 내가 예로부터 처음 일들을 알게 하였고 내 입에서 그것들이 나갔으며 또 내가 그것들을 듣게 하였고 내가 홀연히 행하여 그 일들이 이루어졌느니라
> (사 48:3).
>
> 그러므로 내가 이 일을 예로부터 네게 알게 하였고 일이 이루어지기 전에 그것을 네게 듣게 하였느니라 그것을 네가 듣게 하여 네가 이것을 내 신이 행한 바요 내가 새긴 신상과 부어 만든 신상이 명령한 바라 말하지 못하게 하였느니라(사 48:5).

제2이사야 예언의 가장 오래되고, 포괄적이면서 여전히 페르시아 초기에 속한 판형은 무엇보다도 이사야 40-48장에서 눈에 띄게 보이는데 거기서 본문 40:1-5과 52:7-10은 머리말과 맺음말로 해석할 수 있다.

이 "기본적인 제2이사야 문헌"은 그 내용이 무제한적인 구원과 행복이라는 사실로 인해 구약에서 발견되는 이전에 기록된 이스라엘의 모든 예언과 구별된다. 아마도 그것은 다리오 1세의 통치 기간보다 늦지 않은 때에 명백히 드러난 페르시아의 세력 강화에 대한 대응이었겠지만 아직 광범위한 귀환 운동을 예상하지는 않은 것으로 보인다. 이 머리말과 맺음말은 하나님 자신이 시온-예루살렘으로 돌아오는 것만을 구원의 사건으로 찬미하고 있기 때문이다.

예레미야 4-10장과 애가서의 전면에 여전히 있는 예루살렘의 죄에 대한 대가는 치러졌다. 아마도 이 구원은 아직 도처에서 완전한 효과를 드러내지는 않았겠지만 하나님은 그렇게 하시려고 확고히 결심하셨고 그 결심의 현세적 실현은 임박했다. 천상의 결정과 지상의 실현 사이의 이러한 차이는 이른바 제2이사야의 "구원의 완료형"에서 언어적으로 구체화된다.

이사야 40:1-5	이사야 52:7-10
너희의 하나님이 이르시되 너희는 위로하라 내 백성을 위로하라 너희는 예루살렘의 마음에 닿도록 말하며 그것에게 외치라 그 노역의 때가 끝났고 그 죄악이 사함을 받았느니라 그의 모든 죄로 말미암아 여호와의 손에서 벌을 배나 받았느니라 할지니라 하시니라 외치는 자의 소리여 이르되 너희는 광야에서 여호와의 길을 예비하라 사막에서 우리 하나님의 대로를 평탄하게 하라 골짜기마다 돋우어지며 산마다, 언덕마다 낮아지며 고르지 아니한 곳이 평탄하게 되며 험한 곳이 평지가 될 것이요 여호와의 영광이 나타나고 모든 육체가 그것을 함께 보리라 이는 여호와의 입이 말씀하셨느니라	좋은 소식을 전하며 평화를 공포하며 복된 좋은 소식을 가져오며 구원을 공포하며 시온을 향하여 이르기를 네 하나님이 통치하신다 하는 자의 산을 넘는 발이 어찌 그리 아름다운가 네 파수꾼들의 소리로다 그들이 소리를 높여 일제히 노래하니 이는 여호와께서 시온으로 돌아오실 때에 그들의 눈이 마주 보리로다 너 예루살렘의 황폐한 곳들아 기쁜 소리를 내어 함께 노래할지어다 이는 여호와께서 그의 백성을 위로하셨고 예루살렘을 구속하셨음이라 여호와께서 열방의 목전에서 그의 거룩한 팔을 나타내셨으므로 땅 끝까지도 모두 우리 하나님의 구원을 보았도다

40-66장에서 아직 효력을 발하지 않은 확실한 구원의 작정은 하나님이 이미 인을 치셨기 때문에 완료형으로 표현할 수 있다.

이처럼 자기 백성에게 임한 하나님의 심판은 지나갔다. 제2이사야는 그 이후의 시기에 대해 이스라엘의 새로운 구원 역사, 이전의 역사와는 매우 다른 특징을 지닌 역사의 시작을 상상한다. 아마도 가장 눈에 띄는 것은 미래에는 이스라엘에 어떤 왕도 기대되지 않는다는 점일 것이다. 페르시아 제국 내의 통합은 신적인 구원으로 받아들여진다.

"여호와"의 "기름 부음을 받은" 자인 페르시아 왕 고레스(사 45:1)의 호출은 고대 근동의 틀에서 새로운 것이고 그에 따라 고대 이스라엘의 종교사에서도 새로운 것이다. 전통적으로 고대 근동의 종교는 외국의 모든 것을 혼돈의 일부로 간주하는 민족 종교적 개념의 틀 안에서 작동했다.

제2이사야 전승은 고레스를 하나님의 은총을 얻은 합법적인 통치자로 간주했을 때 민족 종교의 전통적인 틀을 완전히 혁파하는 질적인 도약을 이룬 것이다.[105] 이스라엘의 하나님 여호와는 이처럼 페르시아의 군주도 세우거나 폐위하기도 하시는 세상의 유일한 통치자로 제시된다.

이사야 40-66장의 고레스에 대한 말씀과 관련해서 주전 539년에 바벨론이 멸망했을 때 페르시아 문헌인 이른바 고레스의 원주(圓柱)를 언급하는 것이 일반적이었다. 이 문헌에 고레스는 다음과 같은 글귀를 새겨 넣게 했다.

> 마르둑은 … 그[고레스]에게 바벨론으로 가라고 명령하셨다. 마르둑은 고레스로 하여금 틴티르(바벨론)로 가는 길을 택하게 하셨고 친구이자 길동무같이 고레스 옆에서 동행하셨다.
> 강의 물처럼 그 수를 셀 수 없는 고레스의 대군이 그의 곁에서 완전 무장을 한 채 행군하고 있었다. 마르둑은 고레스로 하여금 싸움이나 전투 없이 곧바로 슈안나로 들어가게 하셨다. 마르둑은 그의 성 바벨론을 곤경에서 구원하셨다. 마르둑은 고레스에게 자신을 두려워하지 않은 왕인 나보니두스를 넘겨주셨다. …
> 바벨론 주민에 대해 말하자면 … 나는 그들의 곤비함을 덜어주었다. 나는 그들을 속박에서 해방시켰다(?). 위대한 주 마르둑은 [나의 선한] 행동을 기뻐하셨다 …[106]

이사야 40-66장과 고레스의 원주 사이에는 페르시아의 고레스가 고레스의 원주에서도 이방의 신, 즉 여기서는 바벨론의 주신 마르둑의 택함을 받은 자로 간주될 수 있다는 점에서 구조적인 유사성이 있다. 이사야 40-66장과 달리 여

---

105 Keel 2007, 857-61.
106 *TUAT* 1: 408-9; Irving Finkel에 의한 영어 번역.

기에 나타나는 것은 고레스에 의한 진술이며 고레스는 이처럼 자신을 지역 신에게도 정통성을 인정받는 바벨론의 통치자로 제시한다.

이와 대조적으로 이사야 40-66장은 한 걸음 더 나아간다. 고레스를 여호와의 "기름 부음 받은" 자로 묘사하는 것은 산산이 부서진 다윗 왕조 대신 페르시아의 고레스를 택하는 생소한 진술이다. 따라서 이에 상응하게 아마도 페르시아 시대에 생겨난 듯한 예레미야 25:9, 27:6, 43:10과 같은 예레미야서의 진술에서 느부갓네살은 하나님의 "종"으로 불리는데 이는 구약의 다른 곳에서는 주로 다윗에 대한 호칭이다.[107] 다니엘 1-6장에서 이방 통치자가 이스라엘의 하나님을 인정하는 것도 이와 비교할 만하며 그것도 마찬가지로 이러한 개념에 가깝다.

제2이사야 전승은 여호와만을 하나님으로 인정하는 엄격한 일신론을 표현한다. 열방이 예배하는 다른 모든 신은 아무것도 아니다.

> 나는 여호와라 다른 이가 없느니라(사 45:6).

우리는 이러한 일신론을 예를 들어 제사장 문서 개념 같은 포용적 개념과 대조되는 배타적 개념이라고 부를 수 있다(신성의 등급은 여호와라는 하나의 요소로 제한된다). 제사장 문서도 한 하나님만을 고려하지만 이 하나님을 다양한 형태로 부르고 예배할 수 있다는 점을 전적으로 인정할 수 있다. 이러한 관점에서는 신들의 등급 또한 오직 하나의 요소만을 포함하지만 그 하나는 여호와, 아후라마즈다, 제우스 등으로 불릴 수 있다.

제2이사야의 일신론은 이스라엘 종교사에서 기본적이고 근본적인 변화를 나타낸다.[108] 한 하나님에 대한 배타적인 신앙이 여기서 처음으로 명시적으로 표현된다. 그것은 십계명의 첫 계명을 채택하고 더 분명하게 함으로써 표현되

---

[107] Schmid 1996a, 229-49.
[108] 참고. Albani 2000; 2003; Lemaire 2007, 105-8.

며 그 첫 계명은 다른 신에 대한 예배를 금지하지만 다른 신의 존재를 배제하지는 않으며 그 대신 그 존재를 이전처럼 계속해서 가정한다.

이사야 45:6-7	신명기 5:6-7
나는 여호와라 다른 이가 없느니라 나는 빛도 짓고 어둠도 창조하며 나는 평안도 짓고 환난도 창조하나니 나는 여호와라 이 모든 일들을 행하는 자니라	나는 너를 애굽 땅, 종 되었던 집에서 인도하여 낸 네 하나님 여호와라 나 외에는 다른 신들을 네게 두지 말지니라

두 본문 모두 고대 근동의 다신교에서 관례적으로 등장하며 자기를 계시하는 신이 전통적으로 자신의 정체를 밝히는 수단인 "나는 여호와라"라는 자기소개 관용구로 시작된다. 따라서 제1계명은 "너를 애굽 땅, 종 되었던 집에서 인도하여 낸 네 하나님", 즉 이스라엘의 하나님을 정의한다. 제2이사야에 적용된 우주적인 개념에서는 이러한 묘사를 누락시키고 바로 "다른 이가 없느니라"라는 보완적인 진술로 나아간다. 이는 "나 외에는 다른 신들을 네게 두지 말지니라"라는 십계명의 규정을 결정적으로 분명히 하며 또한 자기소개의 관용구를 극단까지 밀어붙인다.

하지만 그 다음에 이사야 45:6-7은 "나는 빛도 짓고 어둠도 창조하며 나는 평안도 짓고 환난도 창조하나니"라는 조건으로 하나님이 이스라엘을 이집트에서 인도해 내신 것에 대한 제1계명의 진술을 주제 측면에서 보완한다.

그러나 이사야는 구원에 대한 순수한 진술을 표현하지는 않지만 (일관된 일신론으로) 명시적으로 구원과 멸망을 모두 신적인 행동으로 간주한다. 사실 "환난"의 개념과 관련해서 사용된 바라라는 단어는 신적인 행동만을 언급하므로 하나님이 명시적으로 환난의 원인으로 지목될 뿐만 아니라 이러한 묘사가 심지어 강조된다.

제2이사야의 일신론적인 묘사는 직접적·실질적으로 이 책의 통치자에 대한 개념과 관련되어 있다. 세상의 통치자 고레스가 신적인 인정을 받은 왕이자 지상의 하나님 대리자로서 이스라엘을 다스리려 한다면 결과적으로 하나님이 온 세상을 다스린다는 점은 분명하다. 우리는 이처럼 이스라엘에서 일신론의 대두는 정치적 배경에서 나온 것이라고 생각할 수 있다.

하나님이 오직 한 분이며 그런 분이 세상의 창조자이자 통치자라면 이는 세상에서 하나님의 행동을 더 오래된 구약 문헌의 상황과 다르게 생각해야 함을 의미한다. 제2이사야의 새로운 방향은 모든 신적인 행동이 근본적으로 창조적 행동으로 간주된다는 것이다. 이 점은 제2이사야를 구성하면서 창조주 하나님을 찬양하고 이를 통해 역사 속에서 하나님의 행위가 창조 행위임을 분명히 밝히기 위해 책의 흐름 속에서 중요한 대목마다 나타나는 찬가에서 특히 쉽게 볼 수 있다.

유다와 예루살렘이 멸망한 뒤인 제2이사야의 역사적 상황으로 인해 이스라엘의 더 오래된 근본적 전통에 대해 비판적으로 고찰하는 일이 필요하게 되었다. 이스라엘이 이집트에서 탈출한 사건과 관련해서 제2이사야에게는 그 사건이 더 이상 구원을 위한 어떤 현재적 관련성도 갖고 있지 않았던 것이 분명하다.

옛 출애굽은 명백히 땅의 상실로 끝난 파멸의 역사를 낳았다. 이스라엘과 이스라엘의 하나님과의 관계는 더 이상 이스라엘의 존재를 정당화하는 근거로서 출애굽에 의존할 수 없었다. 제2이사야는 이제 바벨론에서 새로운 출애굽이 있을 것이며 그것은 옛 출애굽을 훨씬 능가할 것이라는 반론을 편다.

첫째, 여호와가 친히 바벨론을 떠나실 것이며 백성은 그 뒤를 따를 것이다. 그리고 하나님과 백성과의 새로운 관계를 창조하는 이 새 출애굽을 바탕으로 옛 출애굽은 후회 없이 잊어버릴 수 있다.

둘째, 새 출애굽도 "물의 기적"을 동반하겠지만 그 기적이 출애굽기 14장의 기적처럼 원수를 멸하는 기적은 아닐 것이라는 점도 주목할 만하다. 그 대신 여호와는 백성의 갈증을 덜어주시기 위해 사막에서 물을 주실 것이다.[109]

> 나 여호와가 이같이 말하노라 바다 가운데에 길을, 큰 물 가운데에 지름길을 내고 병거와 말과 군대의 용사를 이끌어 내어 그들이 일시에 엎드러져 일어나지 못하고 소멸하기를 꺼져가는 등불 같게 하였느니라 너희는 이전 일을 기억하지 말며 옛날 일을 생각하지 말라 보라 내가 새 일을 행하리니 이제 나타낼 것이라 너희가 그것을 알지 못하겠느냐 반드시 내가 광야에 길을 사막에 강을 내리니 장차 들짐승 곧 승냥이와 타조도 나를 존경할 것은 내가 광야에 물을, 사막에 강들을 내어 내 백성, 내가 택한 자에게 마시게 할 것임이라 이 백성은 내가 나를 위하여 지었나니 나를 찬송하게 하려 함이니라(사 43:16-21).

제2이사야는 족장 전승을 출애굽기의 자료와는 매우 다르게 다룬다. 족장 전승은 땅에 근거를 둔 땅의 약속에 대한 전승이기 때문에 신학적으로 적실성 있는 유일한 구원에 대한 전승이다. 따라서 제2이사야는 족장 전승을 취하여 폭넓게 확대한다.

> 그러나 나의 종 너 이스라엘아 내가 택한 야곱아 나의 벗 아브라함의 자손아 내가 땅 끝에서부터 너를 붙들며 땅 모퉁이에서부터 너를 부르고 네게 이르기를 너는 나의 종이라 내가 너를 택하고 싫어하여 버리지 아니하였다 하였노라 두려워하지 말라 내가 너와 함께 함이라 놀라지 말라 나는 네 하나님이 됨이라 내가 너를 굳세게 하리라 참으로 너를 도와 주리라 참으로 나의 의로운 오른손으로 너를 붙들리라(사 41:8-10).

---

[109] 참고. Macchi 2009.

이스라엘 백성은 족보 순서상 최소한 아브라함부터 야곱까지의 계보와 관련해서 창세기 밖에서는 여기서 등장하는 옛 조상의 이름으로 불릴 수 있다. 제2이사야는 이처럼 창세기에 나오는 족장 역사에서 약속의 신학을 활성화하며 족장 역사에서는 이스라엘을 하나님이 무조건적으로 땅의 소유를 약속하신 한 백성으로 묘사한다.

"신명기 사가적인" 율법에 대한 신학을 간직한 출애굽 전승과 달리 족장 전승은 이처럼 이스라엘의 포로로 끌려간 상태와 관련해 중요한 방향 제시의 기능을 발휘한다.

제2이사야에서 족장과 관련된 술어를 백성에게 적용하는 것은 왕에 대한 진술이 백성 자신에게 옮겨지는 것과 관련되어 있다. 여호와의 종이라는 명칭과 선택의 개념 모두, 그리고 마지막으로 "두려워하지 말라"라는 명령도 왕실 이데올로기의 영역에서 유래한 것이다. 이러한 이데올로기는 이처럼 일반적인 차원에 놓이고 백성에게는 왕의 특권적 지위가 부여된다.

시간이 흐르면서 기본적인 제2이사야의 글은 반복적으로 확대되었다.[110] 본질적으로 40-55장 안에 자리를 잡은 다양한 추가적 층위가 40-66장의 더 넓은 범위 안에 있는 층위와 근본적으로 구별될 수 있다. 마지막으로, 몇 가지 편집 작업은 책 전체로 확대되었고 이사야서의 전반적인 지평 안에서 고려되어야 한다.

따라서 40-55장 안에서 우리는 다른 신에 대한 논박(40:19-20; 41:6-7; 42:17; 44:9-20; 45:16-17, 20b; 46:5-8; 48:22)을 특정한 종류의 추가된 내용으로 어느 정도 확실하게 확인할 수 있다.[111] 마찬가지로 42-55장의 시온 본문(특히 49:14-26; 51:9-10, 17, 19-23; 52:1-2; 54:1)은 책 속에 연속적으로 삽입된 것으로 보인다. 마지막으로, 종의 노래도 언급해야 하는데 이 노래는 전통적인 견해에 따르면 처음 독립적으로 지어졌지만 이제는 주요 본문에 추가된 편집 본문으로 여겨지

---

110   Kratz 1991; Leene 1996은 가려서 보라.
111   이와 다른 견해로는 Ehring 2007, 262-67.

는 경우가 더 많다.

40-66장의 더 넓은 범위에서 56-59장과 63-64장에서 제2이사야가 제3이사야로 이어지는 것을 발견한다. 그리고 무엇보다도 이사야 65-66장에서 이사야서 전체를 끝맺고 그에 따라 이사야 1장과 긴밀한 수미 상관 구조를 구축하는 이사야서 전체를 마무리하는 편집도 볼 수 있다.

4) 율법 전승

(1) 십계명

신명기 초판 이후의 법률-역사적 발전의 기본 특징은 신명기 틀의 첫 번째 부분인 4-6장에서 꽤 분명하게 관찰할 수 있다. 이 부분은 명백히 양파 같은 층 구조로 밖에서 안으로 발전해 갔다. 이른바 **셰마 이스라엘**("이스라엘아 들으라")인 신명기 6:4에서 제사의 중앙 집중화를 목표로 한 신명기 법전에 대한 원래의 서론을 정확히 찾을 수 있다.

아마도 원래 유일한 여호와 신앙의 강조점("이스라엘아 들으라 우리 하나님 여호와는 오직 유일한 여호와이시니")을 지니고 있었을 **셰마 이스라엘**은 예배의 중앙 집중화라는 근본적인 신학적 기획을 표현한다. 여호와는 오직 **유일한** 여호와시다. 즉, 예루살렘의 여호와 외에는 (예를 들어 우리가 왕정 시대의 비문헌을 통해 알고 있는 것 같은 "사마리아의 여호와", "데만의 여호와" 등의)[112] 여호와에 대한 다른 합법적인 표현은 없다.

십계명은 이와 대조적으로 더 오래된 자료를 수정한 것일 수도 있지만 보다 최근에 지어진 것이다.[113] 알트를 따라[114] 십계명의 법적 규정의 필연적 표현은

---

112 *TUAT* 2: 561–64.
113 Hossfeld 1982; Köckert 2007.
114 Alt 1934.

어떤 위대한 시대를 암시한다고 가정하는 것이 한 때 유행했지만 이제는 십계명의 구체적인 형태를 그 기원의 역사라는 측면이 아니라 기능을 고려해서 봐야 한다는 점이 분명해졌다. 십계명은 우선 법적인 주제에 관한 서기관의 압축적인 고찰이지 율법의 초석이 아니다.[115]

셰마 이스라엘을 많은 사람이 원래의 의도로 간주한[116] 제1계명의 의미로 받아들였을 가능성은 한편으로 이어지는 내용에 대해 틀을 세워주는 신명기 5장의 제1계명을 전면에 내세움으로써, 다른 한편으로는 전통적인 고대 근동의 배경을 바탕으로 여호와에 대한 무조건적 충성을 언급하기 위해 "사랑"의 비유를 사용하고 있는 6:5의 사랑의 계명을 삽입함으로써 처음 등장한다.[117]

> 너는 마음을 다하고 뜻을 다하고 힘을 다하여 네 하나님 여호와를 사랑하라
> (신 6:5).

셰마 이스라엘과 대비되는 십계명의 2차적인 특성은 안식일 계명의 높아진 핵심적 지위를 통해 인식할 수 있는데 이 계명은 포로로 끌려간 이스라엘의 정체성을 뒷받침하는 반면 그 땅 안에서만 실행할 수 있는 예배의 중앙 집중화에 대한 요구는 십계명에서 눈에 띄게 빠져 있다.[118]

십계명의 기원을 바벨론 시대와 제2이사야 이전에서 찾아야 한다는 점은 (계명들의 수를 어떻게 세느냐에 따라 두 번째가 되기도 하는) 첫 번째 계명의 다신론적인 준거 틀로 입증된다. 즉, 다른 신을 예배하는 행위에 대한 금지는 그 신의 존재를 배제하는 것이 아니라 오히려 전제로 한다.

115　Otto 1999b, 626.
116　참고. Veijola 1992a, b; 이와 대조적인 견해로는 Pakkala 1999, 73-84.
117　Moran 1963; Olyan 1996; Rüterswörden 2006.
118　Otto 1999b, 627.

셰마 이스라엘은 여전히 전적으로 내부 정치와 이스라엘 내부의 논의("유일한 여호와")에 초점이 맞춰져 있는 반면 이방 신과 우상에 대한 금지 명령을 지닌 십계명은 명백히 집중적인 국제 접촉, 특히 바벨론 포로기에 존재한 것으로 가정할 수 있는 이스라엘의 정체성을 위협하는 요소를 전제로 하고 있다는 점을 인식한다면 '셰마 이스라엘'(신 6:4-9)에서 십계명까지의 신학적 발전 과정에서 논의 상황이 얼마나 급격히 바뀌었는지가 분명하다.[119]

출애굽기의 십계명(출 20장)이 우선하는지 신명기의 십계명(신 5장)이 우선하는지에 대한 광범위한 논의는 여기서 요약할 필요도 없고 그럴 수도 없다.[120] 이 이중적 전승 자체에 관한 한 시내산과 요단강 동쪽 땅에서 있었던 두 번의 위대한 율법 선포는 십계명에 의해 소개되므로 그 의미의 실질적인 일치는 강조되어야 한다.

편집 단계에서 시내산의 계시와 신명기에 나오는 모세 계시의 표현을 달리한 선포 사이의 관계 확립은 토라가 "십계명적으로" 특징지어지고 그렇게 요약될 수 있다는 점을 분명히 한다.[121]

(2) 신명기 사가적인 신명기

신명기 첫 부분에 십계명이 배치된 것은 바벨론 시대에 신명기가 "신명기 사가"적으로 해석된 것을 계획적으로 표현한다. 신명기는 이제 입헌적인 기획으로 새롭게 고쳐졌고 "신명기적으로" 재구성되었다.[122] 신명기 12:1의 표제는 이후 율법의 타당성을 그 땅에서의 이스라엘의 삶으로 제한하는 반면 십계명은 보편적인 타당성을 주장한다. 신명기는 16-18장에서 직분에 대한 법과 비록 왕

---

119 Uehlinger 1998b, c.
120 Köckert 2002, 22를 보라.
121 Schmid 2004b.
122 Otto 1994; 1999b, 627.

을 단순한 서기관의 지위로 전락시키는 법이기는 하지만 왕의 법도 포함하고 있다.[123] 신명기 사가적인 신명기는 유토피아적인 기획으로 남아 있다. 안식년의 역사적 실현은 오직 주전 162년에 대해서만 입증된다(마카베오상 6:49, 53).

이처럼 십계명이 전면에 배치된 것은 또 신명기 5장의 계시에 대한 특정 개념, 즉 십계명이 시내산에서 온 백성에게 알려진 반면 신명기 12-26장의 율법은 요단강 동쪽 땅에서 모세에 의해 백성에게 처음 선포되었다는 점과 상응한다. 신명기 12-26장을 원래 모세에 의한 연설로 생각하는 경향이 있다면 이 부분은 편집 과정이 진행되면서 모세의 연설로 고쳐졌을지도 모른다.

"신명기 사가적인" 신명기는 아마도 신명기 6-28장을 편집하여 더 큰 내러티브 문맥 속에 삽입한 데서 유래했을 것이다. 신명기는 이제 가나안 땅을 점령한 뒤 계획된 이스라엘의 헌법이 된다. 현재는 여호수아와 아마도 사사기를 포함했을 전기 예언서의 표현은 주로 제1계명의 수준에서 신명기의 표현과 일치한다.

따라서 이러한 점은 아마도 이미 신명기를 넘어 최소한 출애굽기까지 이어졌을 문헌적 뒤섞임을 시사한다. 신명기는 구문론적으로는 만족스러운 시작점을 제공하지만 그 내용에 있어서는 별로 그렇지 않기 때문이다. 반면에 출애굽기 20장과 신명기 5장의 이중적 전승은 출애굽기-민수기의 계속되는 내러티브 문맥과 관련하여 이 작품의 위치를 두드러지게 "십계명적으로" 설정한다.[124]

---

[123] Otto 1999c, 695.
[124] 참고. Schmid 2004b.

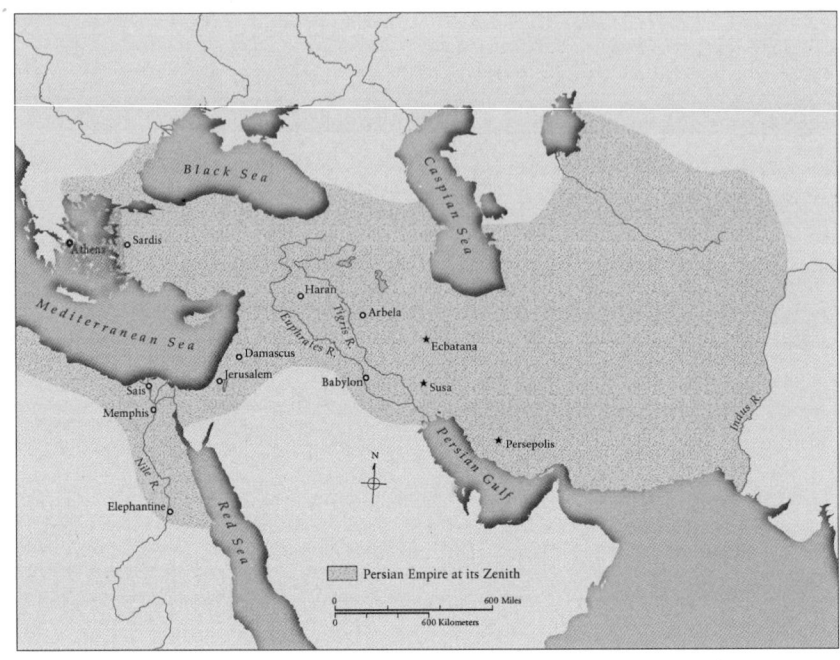

주전 500년의 근동 지역 | 최전성기의 페르시아 제국

제 5 장

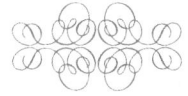

페르시아 시대 문헌(주전 5-4세기)

1. 역사적 배경

이 책처럼 이스라엘 역사를 내인성적(endogenous) 관점에서 왕정 시대, 포로 시대, 이른바 "포로기 이후" 시대로 구분하지 않고 외인성적(exogenous) 관점에서 고대 근동의 패권을 장악한 각 강대국이 행사한 영향력에 따라 구분한다면 포로기는 페르시아의 권력 장악과 함께 끝난다는 일반적인 관념은 곧 허구로 드러난다.

포로기는 바벨론이 싸움 한 번 없이 정복된 주전 539년에 끝나지 않았고 그 이후 수십 년간 여러 번에 걸쳐 돌아온 포로와 함께 끝나지도 않았다. 흩어진 유대인 공동체는 외세의 강요 없이도 계속 이어졌다. 강제 이주자, 특히 제2세대와 그 이후 세대에 속한 사람은 여러 유대인의 이름이 포함된 무라슈 은행의 문서를 통해서,[1] 요셉과 다니엘의 출세에 대한 전설을 통해서,[2] 스룹바벨, 느헤

---

1 참고. Stolper 1985; 다음 글들도 함께 보라. Zadok 1979; Pearce 2006.
2 Beyerle 2000.

미야. 또는 (비록 역사적으로 정확히 밝히기는 어렵지만) 에스라 등과 같은 유다 사람의 높은 지위를 통해서[3] 간접적으로 입증된 바와 같이 그 사이에 메소포타미아와 이집트에서 존경과 번영을 얻은 것으로 보인다. 그 결과 돌아가려는 의지와 자극이 언제나 잘 생겨나지는 않았을 것이다.

우리는 심지어 출애굽기와 민수기에서 (특히 출 16; 민 11; 14; 16장을 참고하라) 백성이 약속의 땅에 들어가기를 거부하는 이른바 "불평하는" 이야기를 이러한 배경에서 해석할 수도 있다. 이런 이야기는 페르시아 시대 초기에 치명적이었던 돌아오기를 거부하는 문제에 대한 과거의 역사에 근거를 둔 비판적 반영일 수도 있다.[4]

포로로 끌려간 땅은 그 사이에 추방의 장소에서 새로운 조국으로 변한 것이 분명하다. 이스라엘의 흩어진 공동체의 존재는 구약에 매우 근본적인 영향을 끼쳐서 (족장들이 자신의 땅에서 나그네와 이방인의 역할을 하는 것을 제외하고도) 페르시아 시대에 형성된 토라는 전적으로 이스라엘 밖에서 발생한다.

"회복"에 대해 말하는 것은 "포로기 이후 시대"에 대한 언급만큼이나 오해의 소지가 있다. 왕정 시대에 회복은 존재하지 않았기 때문이다. 그 대신 유다는 "정치적 상황의 압력 아래서 … 국가 이전 시대의 구조를 더 지향하는 … 공동체 생활의 새로운 형태로"[5] 나아갔다. 또는 앞에서 말했을지도 모르지만 국가 이전의 시대에 대해 투영된 구조에서 그 모델을 발견했다.

이런 맥락에서 "유대교"의 기원을 페르시아 시대에 두어야 하는지 여부를 논의해야 한다. 이는 19세기에 비록 경멸적인 색채를 띤 경우가 많았다 하더라도[6] 일반 개념이었지만 20세기에도 가치중립적이거나 긍정적인 의도를 지

---

3 예를 들어 Grabbe 1991; Kratz 2004a, 111–18; Keel 2007, 1077–78을 참고하라.
4 Römer 1991; 2004.
5 Albertz 1992, 469; 2000.
6 참고. Wellhausen [6]1927, 28: "포로 생활에서 돌아온 것은 민족이 아니라 종교적 분파였

닌[7] 일반 개념이었다. 알렉산드로스 시대에는 때때로 단절이 발생한 것으로 보인다.[8]

시대를 정의하는 문제는 물론 외부에서 역사적 현상에 대해 정의가 내려지고 적용된 관점에 따라 정의가 달라지는 그런 문제다. 유대교의 개념을 주후 70년 이후 랍비 유대교로 제한하는 편을 선호하는 사람들은 제2성전의 상실과 그 이후 유대교가 책의 종교로 완전히 변화된 현상을 중요한 차이점으로 볼 것이다.

이러한 선택지는 필연적으로 유대교에 대한 보다 획일적인 개념과 연결되며 그러한 개념을 혹자는 아마도 주후 70년 사건이 불러온 가장 심오한 단절로 간주할 수도 있다. 영어권 학계에서는 주후 70년 이전 시대에 대해 "유대교들"이라는 다소 어색하지만 실질적으로 정당화된 표현을 제시했다.[9]

그러나 어쨌든 제2성전 시대의 "유대교"와 랍비 "유대교" 사이에는 특히 국가 이후 유대교의 존재와 일신교, 언약, 율법의 결정적인 근본적 신학적 선택에 관한 중요한 연속성이 있으므로 "고대 또는 고전적 유대교"라는 널리 인정되는 개념은 그 안에 있는 내적인 차이점을 적절히 고려한다면 유의미하며 정당화된다.[10]

페르시아 시대 이스라엘의 틀을 형성하는 역사적인 상황은 지정학적 차원

다."; Smend 1882.
[7] Blum 1995; Kratz 1998; Bringmann 2005, 7–11.
[8] Schäfer 1983, 11–12; Donner ³2000/2001, 474–75.
[9] 참고. Neusner et al. 1987; Edelman 1995; Deines 2001; Neusner and Avery–Peck 2001. Cohen 2001은 "유대인다움"에 대해 말할 것을 제안했다.
[10] Brettler 1999; Becking 2007, 10.

에서 페르시아 제국에 의해 결정되었고 페르시아 제국은 이제 고대 근동에 알려진 세계를 거의 포함했다. 최초의 위대한 페르시아 왕 고레스의 등장은 주전 550년 메디아의 적수 아스티아게스에 대한 성공적인 정벌과 함께 시작되었고 특히 주전 546년에 리디아 왕 크로이소스에 대한 전면적인 군사적 승리로 명백해졌다.

그러나 세계적 강대국에 이르는 결정적인 단계는 그 이후인 주전 539년에 특히 마르둑에 반대하는 마지막 바벨론 왕 나보니두스의 특이한 종교 정책에 의해 가능해진 바벨론 무혈 점령과 함께 찾아왔다.[11] 바벨론의 마르둑을 섬기는 제사장들[12]은 이전에 나보니두스에 대해 표현한 경멸에 상응하는 정도로[13] 열렬하게 고레스를 환영한 것으로 보인다.

그러나 유다에게 있어서 이러한 지정학적 변화는 당시에는 별로 중요하지 않았다. 중앙 정부의 변화는 처음에는 시리아-팔레스타인의 일상 세계 속에서 몇 가지 감지할 수 있는 변화와 관련되었다. 그런 관점에서 보면 다리오 1세의 통치 시작과 총독 통치 및 주화를 동반한 새로운 재정 제도의 도입, 주전 522/521년에 일어난 바벨론 반란에 대한 철저한 진압이 더 중요했다. 여기서도 우리는 물질 문화에서의 변화를 관찰할 수 있다.[14]

여기에 성전 건축이 고레스 시대에 그 목적을 위해 파견된 장관 세스바살에 의해 준비되었지만(스 5:14-16)[15] 다리오 시대에 겨우 시작되고 실행되었다는 사실을 더해 보라. 다리오 1세의 통치 기간(주전 522-486년)이 아닌 다리오 2세의 통치 기간(주전 423-404년)에 성전 건축 계획이 시작되었다는 사실[16]은 에스

11　Beaulieu 1989; Albani 2003; Schaudig 2003.
12　"Cyrus cylinder", *TUAT* 1: 408-9를 보라. 참고. "Nabonidus Chronicle", *TUAT* n.s. 2:40-41.
13　"Polemic Poem", *TGI* 66-69.
14　참고. Schmid 1996a, 252-53.
15　참고. Na'aman 2000; Kratz 2004a 105-6.

라 1-6장에 나오는 페르시아 왕의 특이한 순서를 동반하지만 학개서와 스가랴 1-8장과는 거의 조화를 이루지 못한다.[17]

그러나 유다의 정치적 변화에 대한 인식에 있어서 특별히 중요한 것은 바벨론의 운명이었다. 예레미야 50-51장과 이사야 47장에 따르면 바벨론의 멸망에 대한 소망과 염원이 있었지만 그 일은 페르시아인의 지배하에서 일어나지 않았다. 사실 바벨론은 페르시아 왕의 거처 중 한 곳이 위치한 장소가 되었다. 여기서도 역사적인 전환점으로 간주해야 하는 것은 아마도 다리오 1세의 통치 기간일 것이고 그 기간 동안 바벨론의 반란은 폭력적으로 진압되었다.

페르시아인은 과거의 앗수르인이나 바벨론인과 달리 예를 들어 주로 상류층에 영향을 끼친 강제 이주를 통해 지역 구조를 붕괴시키는 것을 목표로 삼지 않았다. 그 대신 중앙 정부의 감독 아래 지역별 자치를 강화했다. 처음에는 다윗 자손인 스룹바벨(대상 3:16-19) 같은 인물이 유다 총독 역할을 하는 것도 가능했다(학 2:2).[18]

그러나 역대상 3:16-19에 언급된 스룹바벨의 후손("하나냐", "슬로밋")과 관련시킬 수 있는 페르시아 시대의 두 인장이 입증하듯이 다윗의 자손은 점점 지방 총독의 직책에서 밀려난 것으로 보인다.[19]

그러나 전체적으로 페르시아인은 구약 전체에 걸쳐 눈에 띄게 긍정적인 관점에서 관찰된다는 사실을 알게 되더라도 의외는 아니다. 구약 본문에는 페르시아인에 대해 민족 신탁이 전혀 나타나지 않는다는 점을 언제나 명심해야 한다.[20]

---

16 Dequeker 1993; 1997.
17 이 문제에 대해서는 다음을 참고하라. Bedford 2001; Lux 2005, 158 n. 44. 아닥사스다 1세 시대의 새롭게 제안된 연대를 보려면 Edelman 2005를 참고하라.
18 페르시아의 한 도(道)로서의 유다의 지위에 대해서는 Keel 2007, 967-92를 참고하라.
19 Lemaire 1996; 참고. Kratz 2004a, 93-106.
20 참고. Kratz 1991b, 140 n. 254.

예를 들어 (엘레판티네에서 발견된 아람어로 번역된 비문의 예를 통해 확인된 것처럼) 서기관 교육용 문헌으로도 통용된 다리오 1세의 베히스툰 비문[21]에 표현된 대로 각기 나름의 문화적·종교적 독특성을 간직하고 있는 많은 민족으로 구성된 평화로운 국가에 대한 페르시아인의 제국 이념은 페르시아 시대의 구약 문헌 안에서 다양한 개념으로 긍정적으로 받아들여졌고 예를 들어 제사장 문서나 역대기에서 이스라엘의 이념이 되었다.

마침내 돌아오는 포로의 첫 번째 집단 이동이 다리오 1세 시대에 발생했다. 즉, 귀환자는 원래 포로로 끌려간 이들의 두 번째와 세 번째 세대의 구성원이었다. 에스라 2장과 느헤미야 7장은 42,360명과 그들의 소유물을 언급하는 귀환자 명단을 포함하고 있다.

> 그러나 에스라서의 명단은 실제 귀환자 명단이 아니라 인구 조사 명단인 것으로 보인다. 역사서인 역대기의 저자는 587년 예루살렘 멸망이 빈 땅을 남겨두었고 이와 같이 보고된 귀환자는 기존 주민과 동일하다는 생각에서 의미를 발견한 것으로 보인다.[22]

유다 전체의 강제 이주에 대한 이론과 이러한 문헌 조작의 배후에는 강제 이주자의 귀환 여파로 일어난 갈등이 있다.[23] 신 바벨론 제국 점령의 결과로 메소포타미아로 끌려간 주민 비율은 분명 그 땅에 남은 이들에 비하면 극소수였겠지만 끌려간 이들은 상류층이었다. 그들의 2세대, 3세대 후손은 그에 상응하게 특권적인 지위를 회복시켜 줄 것을 주장했을 것이므로 다툼을 피하기가 거의 불가능했다.

21　*TUAT* 1: 419-50.
22　Kinet 2001, 195; Knauf 2006, 301-2.
23　Keel 2007, 835-38.

귀환자와 그 땅에 남아 있는 이들 사이의 적대감 외에 그들의 이웃인 사마리아인과의 갈등도 있었고 이 경험 전체에 영향을 미쳤다.[24] 앗수르 시대에 붕괴된 북왕국 생존자의 후손이었지만 한편으로 그들은 앗수르가 강제 이주를 실행한 결과로 이식된 외래 민족 집단과 인종적으로 뒤섞였고[25] 다른 한편으로는 아마도 주전 6세기 이래로 제의적으로 독립적이었을 것이다.

그리심 산에 있는 사마리아 성소의 역사적 기원은 요즘은 심지어 10년 전보다 훨씬 이른 시기로 추정하지만 10년 전에는 본질적으로 플라비우스 요세푸스의 저작에 나오는 표현을 역사적으로 예상할 수 있는 사건의 틀로 받아들였다.[26]

주된 쟁점은 예루살렘이었다. 성의 재건은 재건된 성전의 정치적·경제적 비중을 고려하여 더 크고 더 중요한 사마리아의 관점에서 보면 불쾌한 경쟁을 초래했다.[27] 권력 투쟁은 느헤미야 시대까지 성의 기능 회복을 가능케 하는 재정착뿐만 아니라 성과 성벽의 건축도 지연시켰다. 단순히 문학적 창작으로도 충분히 감명적이었을 예루살렘의 황량한 상태에 대한 뚜렷한 인상은 예를 들어 느헤미야 2:11-15에서 발견된다.

> 내가 예루살렘에 이르러 머무른 지 사흘 만에 내 하나님께서 예루살렘을 위해 무엇을 할 것인지 내 마음에 주신 것을 내가 아무에게도 말하지 아니하고 밤에 일어나 몇몇 사람과 함께 나갈새 내가 탄 짐승 외에는 다른 짐승이 없더라 그 밤에 골짜기 문으로 나가서 용정으로 분문에 이르는 동안에 보니 예루살렘 성벽이 다 무너졌고 성문은 불탔더라 앞으로 나아가

24　Hjelm 2004.
25　Oded 1979.
26　Hjelm 2004, 29–30; Knoppers 2006, 279; Keel 2007, 1123, 그리고 특히 Magen 2007.
27　Knoppers 2006.

> 샘문과 왕의 못에 이르러서는 탄 짐승이 지나갈 곳이 없는지라 그 밤에 시내를 따라 올라가서 성벽을 살펴본 후에 돌아서 골짜기 문으로 들어와 돌아왔으나(느 2:11-15).

재건을 둘러싼 사마리아와의 갈등은 페르시아 시대 유다의 정치적·종교적 역사에서 오랫동안 과소평가된 요소였다.

에스라와 느헤미야의 사명은 페르시아가 시리아-팔레스타인을 지배하던 시대의 한가운데에 해당된다. 성서의 표현에 따르면 학사 에스라는 제의 문제를 담당했던 반면 총독 느헤미야는 예루살렘과 유다의 건설과 사회적 회복을 준비하는 일을 책임졌다.

그러나 이 두 인물 중에 느헤미야만 역사적으로 분명하게 발견할 수 있다. 느헤미야서 1:1, 2:1에 따르면 느헤미야는 아닥사스다(아마도 아르타크세르크세스 1세, 465-425년) 왕 제20년(즉, 제20년은 주전 445년이었을 것이다)에 예루살렘으로 왔다. 반면 에스라는 에스라서 7:7에 따르면 아닥사스다 왕 제7년에, 따라서 느헤미야보다 13년 전에 이미 예루살렘에 도착했을 것이다. 에스라-느헤미야서의 견해에 따르면 이는 분명 동일한 아닥사스다 왕이었지만 역사적으로 그럴 가능성은 거의 없다. 에스라서 9:9에 따르면 에스라는 예루살렘이 이미 느헤미야가 재건하기로 되어 있던 성벽에 둘러싸여 있는 것을 발견했다.

다른 한편으로 느헤미야는 자신의 재정착 정책을 펴면서 에스라가 이끈 귀환자에게 그들이 이전에 도착한 것이 분명한데도 아무런 주의를 기울이지 않은 것처럼 보인다. 성서 전승에서 에스라는 제사장 겸 학사로서 신학적인 이유에서 정치적 관리였던 느헤미야보다 더 중요한 인물이었음이 분명하다. 그러나 역사적 인물로서 에스라는 여전히 단지 도식적인 인물일 뿐이다.[28]

---

28 Keel 2007, 1067-80.

따라서 주전 4세기 왕정 시대 예루살렘의 이상적인 회복이라는 의미에서 예루살렘이 다시 성벽으로 둘러싸였던 것으로 보이지만 예루살렘은 여전히 적당한 수의 주민만을 소유하고 있었다.[29] 느헤미야 5장은 심각한 사회 문제를 기록하는데[30] 이는 예를 들어 이사야 56-59장에서 설득력 있는 사회 비판 배경을 제시한다. 유다의 경제적·인구학적 상황은 페르시아 시대 동안 비교적 적당해서 구약 본문에서 구원에 대한 소망의 새로운 표현이 반복되는 결과를 가져왔다.[31]

2. 신학적 평가

신학적인 관점에서 페르시아 시대의 구약 전승은 (매우 도식적으로 바라보면) 두 가지 방식으로 묘사할 수 있다.

첫째, 왕정 시대에 기원을 둔 구약의 어떤 책도 페르시아 시대 이전에 생겨난 형식으로는 존속되지 못했다는 점을 강조해야 한다.
이는 결과적으로 구약의 전승 자료가 아마도 다양한 선별 과정을 포함하여 편집상 일정한 재정의와 개선을 거쳤음을 의미하며 구약의 전승 자료는 이제 페르시아 시대와 그 이후의 유대교에 있어서 일신론을 지향하는 움직임,[32] 율법과 언약에 대한 인정 또는 안식일과 남자의 할례 같은 제의적인 신원 확인 표시[33] 같은 매우 중요하고 기본적인 신학적 결정을 통해 형성된다.

---

29 Ussishkin 2005, 2006; Noll 2007, 332 n. 63; 참고. Bodi 2002; Keel 2007, 951-54.
30 참고. Kessler 2006 144-45; Keel 2007, 1074-75.
31 Carter 1999; Schmid and Steck 2005.
32 Stolz 1996; Oeming and Schmid 2003; Zenger 2003; Keel 2007, 1270-82에 대한 요약; Schmid 2011b.

둘째, 그러나 특정한 근본적인 신학적 입장에 있어서 일정한 획일성을 지향하는 이러한 경향은 특히 하나님에 대한 교리에 관련해서 당시의 정통적인 가능한 대안 범위 안에 있는 입장의 폭넓은 다양화로 묘사할 수 있는 경향에 직면했다.[34]

이는 정치 신학에서 특히 더 그러했다. 이러한 입장은 폭넓게 세 가지 흐름 안에서 범주화할 수 있다.

① 무엇보다도 예언서에서 첫째로 당대의 정치적 경험을 약속으로 가득하며 되돌릴 수 없는 구원의 시작으로 해석해야 한다는 생각을 발견한다.

여호와는 근본적으로 평화로운 세상에서 그 왕인 고레스를 이사야 45:1에서 심지어 "메시야"라고 부를 수도 있는 페르시아인을 통해 이스라엘을 위해 자신의 모든 것을 포함하는 구원의 뜻을 실현시키시는 과정 중에 계시다. 그러나 이 구원은 여호와가 직접 완성하셔야 한다. 그런 한에서 이 입장을 택한 예언서의 전수자가 기대된 구원을 방해하는 역사적 요소뿐만 아니라 그 구원이 개입되는 징표를 확인하기 위해 당대의 역사를 지속적으로 관찰하고 해석해야 했다는 점은 명백하다.[35]

② 이러한 생각과 완전히 다르지는 않지만 또 다른 강조점을 지닌 것이 페르시아인의 통치와 더불어 이스라엘과 세상에 대한 여호와의 역사에 담긴 구원의 목표가[36] 이미 성취되었다고 가정한 두 번째 입장이었다.

물론 이 목표는 아직도 다양한 곳에서 완성에 이르러야 했지만 원칙적으로 구원으로의 전환은 성취된 것으로 간주할 수 있었다. 이 입장은 다시 내적으로 분화되는데 무엇보다도 제사장 문서에서, 시편의 제4권과 제5권에서(시 107-

---

33　Grünwaldt 1992.
34　Grabbe 2000.
35　참고. Schmid and Steck 2005.
36　Dodd 1935. 콕 집어서 말하자면 "실현된 종말론"이라는 의미다.

150편), 다니엘 1-6장의 비(非)종말론적인 다니엘 이야기에서, 에스라서에서, 역대기에서도 볼 수 있다. 그것은 본질적으로 공식적인 페르시아의 제국 이념을 유대인이 수용한 것이나 다름없다. 다윗과 솔로몬은 성전의 창시자이자 건축자로서 각자의 특성에 있어서 고레스와 다리오의 "원시적인" 모형이었다.

③ **세 번째 입장은 방금 기술한 두 입장과 뚜렷하게 달랐고 당시에 통용되던 정치적 발전의 구원적인 성격을 힘주어 부정했다.**

무엇보다도 "신명기 사가적인" 전승의 본문은 특히 내러티브로 이루어진 책 안에서, 그러나 또 예를 들어 그에 상응하게 편집된 예레미야서에서도 이러한 생각을 대변했다. 현재는 언제나 그렇듯이 지속적인 심판으로 해석해야 한다.

이스라엘은 여전히 해외의 공동체 안에 흩어져 있고 그 땅에서 연합된 상태로 살지 않으며 자국의 왕이 없다. 고레스(사 45:1)나 심지어 느부갓네살(렘 27:6; 단 1-4장)도 하나님의 은총에 힘입어 왕이 될 수 있다는 점은 이 입장에서는 생각할 수 없는 일이다. 이방인인 페르시아인의 통치는 비교적 관용적이지만 여전히 받아들일 수 없다.

이런 입장에서 약간의 다양성도 관찰할 수 있다. 물론 전체적인 상황이 약간 개선된 것도 여전히 심판의 때에 속해 있는 것을 볼 수 있지만 그것은 구원으로의 전환과 아무런 관계가 없다. 그것은 아직 심판에 속하기는 하지만 신적인 자비의 문제일 뿐다.

심판을 벗어나기 위해서는 하나님의 또 다른 결정적인 역사 개입이 필요할 것이라는 점이 예상된다. 그러한 개입은 이스라엘 원수의 멸망과 이스라엘의 최종적 해방을 가져올 것이고 페르시아 시대가 구원을 경험하는 과정에서 제공할 수 있는 것을 훨씬 능가할 것이다.

그러나 하나님의 이 종말론적인 구원 행위는 하나님 백성의 편에서 속죄, 죄에 대한 깨달음, 회개(참고. 스 9; 느 9), 또는 심지어 (신학적으로 더 근본적인) 인간의 종말론적인 환골탈태에 달려 있다. 신명기 30:6은 인간의 마음의 "할례"를 기대하고 예레미야 32:40은 "하나님을 경외함"을 마음속에 주입시키는 것을 기대하며 에스겔 36:26은 심지어 옛 마음을 대신하는 새 마음의 이식을 기대한다.[37]

페르시아인의 역할은 우리가 간략히 살펴본 세 가지 입장에서 서로 다르게 강조된다. 페르시아인은 예언서의 전수자에게 구원이 실현되는 점진적인 과정에서 하나님의 도구다. 제사장 문서와 역대기 및 그와 관련된 입장에서는 페르시아인은 지금 실현된 우주적인 하나님의 통치의 신적으로 정당화된 대리인이다. 마지막으로 여전히 유효한 "신명기 사가적인" 전승의 옹호자에게 페르시아인은 이스라엘이 겪고 있는 심판의 표징이다.

주로 정치적 신학의 문제를 반영하는 이러한 저작 외에 특히 이른바 지혜 전승의 영역에서 **인간의 조건**(*conditio humana*)에 더 면밀히 주목하면서 바벨론 시대의 노력을 이어가는 매우 성찰적인 문헌도 있다. 이런 문헌은 왕국을 상실한 뒤 인간 자신을 신학적 성찰의 대상으로 삼은 왕정 이후의 인간학을 담고 있다.

이러한 인간학적 사고방식과 비슷한 예가 이보다 훨씬 오래된 메소포타미아나 이집트의 문헌 속에 있었다는 사실은 오래 전부터 알려져 있었다.[38] 이런 문헌을 이스라엘에서 더 일찍 받아들이지 않았다는 점은 이 문헌이 알려지지 않은 것과 별 관계가 없다. 더 정확히 말하면 이런 자료는 이스라엘 역사에서 이와 비슷하고 복잡한 여러 문제가 나타났던 시대에 받아들여졌던 것으로 보인다.

페르시아 시대부터 지하 세계의 영역에서 여호와의 권위가 명백히 확대되는 모습을 관찰할 수 있다는 점도 주목할 만하다.[39] 지하 세계는 고고학과 비문헌이 보여 준 것처럼 흔히 왕정 시대에도 종교로 가득한 공간이었다. 그러나 이제 이 공간

---

37 Krüger 1997; Leene 2000; Köckert 2004, 69-72.
38 일례로 Spieckermann 1998/2001.
39 Eberhardt 2007.

은 (하나님이 보편화된 영향으로) 점점 더 명백히 여호와의 권능의 영역으로 할당된 것처럼 보인다.

3. 전승 영역

1) 제의 및 지혜 전승

(1) 제사장 문서

이사야 1-39장과 40-66장의 차이와 마찬가지로 모세오경에서 원래 독립된 원문서로 제사장 문서의 경계를 설정하는 것은 성서비평이 널리 인정받는 업적이다.[40] 제사장 문서는 창세기 1, 9, 17장, 출애굽기 6장 같은 신학적으로 강령적인 본문을 포함하며 무엇보다 출애굽기 25-31장과 35-40장의 성막 묘사 속에 대규모로 존재한다.

제사장 문서 가설이 성공을 거둔 이유는 역사적 성서비평 초창기에 그랬던 것처럼 여전히 눈에 띄며 여전히 설명을 필요로 하는 오래 전부터 친숙한 관찰에 있다. 즉, 순서상 창세기 1-3장같이 배치되어 있든 창세기 6-9장같이 서로 섞여 있든 중첩된 자료도 창세기 1장-출애굽기 6장의 내러티브 제시 방식에 있어서 두드러지게 엘로힘이라는 이름을 사용하고 있다.[41]

여기에 이 저작에 대한 식별을 확인시켜주는 서로 다른 필사상의 언어학적·신학적·개념적인 구성을 더해 보라. 19세기의 성서 주해를 통해 너무나 철저하게 비평

---

40 참고. Koch 1987; Pola 1995; Otto 1997c; 2007, 179-80, 289-93; Zenger 1997b. Berner 2010은 다르게 생각하지만 제사장 문서에 대한 충분한 분석이 없다. 현재의 논의에 대한 편리한 개관은 Shectman and Baden 2009가 제시하고 있다.

41 De Pury 2002.

의 대상이 된 제사장 문서의 열거와 반복이 많은 문체는 제사장적인 관심사와 밀접하게 관련된 것으로 간주해야 한다. 제사가 정확하게 거행되려면 마지막 세부 사항에 이르기까지 규정되어야 한다. 다양한 의식이 어떤 식으로든 이 순서와 정확히 일치한다는 점을 분명히 해야 한다. 그래서 제사장 문서에서 "조잡한 문체"보다는 이 신학과 훨씬 관련이 큰 수많은 명단과 "반복"을 보게 된다.

(어쨌든 창세기에서 레위기까지 본문 속에 있는) 제사장 문서는 모세오경의 고유한 기본 문헌으로 간주해야 한다. 제사장 문서의 본문은 문헌의 방향을 정리한다. 제사장 문서가 아닌 단락은 제사장 문서 속에 삽입되며 편집상 제사장 문서에 의해 결정된다. 이러한 평가는 기존의 "문서 가설"에 대해서도 마찬가지다. 심지어 JEPD 모델에서도 가장 늦은 시기의 원문서인 P문서는 자료를 하나로 엮기 위한 기초 자료로 간주되었고 그래서 가장 잘 보존되었다.

제사장 문서의 늦은 연대는 특히 신명기와의 비교를 통해 분명해졌다. 신명기가 요구한 제의적 중앙 집중화는 제사장 문서가 이스라엘에 대해 기대하는 성소와 관련해서 제사장 문서에 무조건적으로 받아들여졌다. 따라서 제사장 문서는 오래된 것이 아니며 19세기에도 대체로 그렇게 추정된 것처럼 모세 시대 문헌은 분명 아니다. 제사장 문서는 아무리 빨라도 바벨론 유수의 산물이었다.

가장 최근의 모세오경 연구에서 확신하는 바에 따르면 제사장 문서는 편집 기법만 아니라 개념적으로도 모세오경의 기초다.[42] 족장 내러티브와 모세-출애굽 내러티브가 제사장 문서로만 결합된 것이 사실이라면[43] 그것은 구약에서 무척 중요한 문헌사적 종합이다. 제사장 문서가 지닌 이러한 혁신적인 잠재성은 제사장 문서가 기존 본문 자료의 연장이 아니라 처음부터 원문서로 창작된 이유일 수도 있다.[44],

---

42   참고. Dozeman Schmid and Schwartz 2011.
43   Schmid 1999c; Gertz 2000b; Gertz et al. 2002b; Schmid and Dozeman 2006.
44   참고. Levin 1993b 437 n. 6. 그는 제사의 중앙 집중화라는 제사장 문서의 측면에 특별한

그 내용에 관해서는 비록 그 구체적인 지점은 다양하게 제시되지만 제사장 문서의 원래의 끝은 아마도 시내산 단락에 있었을 것이다.⁴⁵ 이 점은 한편으로는 제사장 문서가 시내산에서 주어진 제사법에 부여하는 주제상의 비중으로 암시된다. 다른 한편으로 창조와 시내산 사이에서 세계 창조와 성소 건축 사이에 유사 관계를 구축하며 그렇게 해서 같은 방향을 가리키는 현저한 문학적 수미 상관 구조도 관찰할 수 있다.

창세기 1:31a	출애굽기 39:43a
하나님이 지으신 그 모든 것을 보시니 보시기에 심히 좋았더라. 2:1 천지와 만물이 다 이루어지니라. 2:2a 하나님이 그가 하시던 일을 일곱째 날에 마치시니 2:3a 하나님이 그 일곱째 날을 복되게 하사…	모세가 그 마친 모든 것을 본즉 여호와께서 명령하신 대로 되었으므로 모세가 그들에게 축복하였더라. 39:32a 이스라엘 자손이 이와 같이 성막 곧 회막의 모든 역사를 마치되 40:33b 모세가 이같이 역사를 마치니 39:43b (모세가) 그들에게 **축복하였더라**.

모세오경의 범위라는 측면에서 제사장 문서에 대한 전통적인 한계 설정은 특히 신명기 34장에 대한 내적 분석을 수행할 경우 허물어진다.⁴⁶ 전통적인 문서 모델에서 이 이론은 주로 모세오경의 구성은 그 자료 중 하나를 본뜬 것이 분명하며 순전히 편집적인 구성일 리가 없다는 확신에 바탕을 두었다.

성서 안에는 특히 2차원에 불과한 에스겔 40-48장⁴⁷의 성전 투영도와 출애굽기 25-40장에 나오는 제사장 문서의 성소에 대한 묘사⁴⁸ 사이에 경쟁

가치를 두는데 이는 기존의 전승과의 "문헌사적 단절"을 요구했다.
45 Pola 1995; Otto 1997c; Zenger 1997b; Kratz 2000a.
46 Perlitt 1988; 다시 이와 다른 견해로는 Frevel 2000.
47 Rudnig 2000; Keel 2007, 890-900.
48 Keel 2007, 912-29; 제2성전과의 관계에 대해서는 1030을 보라.

이 있다. 이러한 차이 때문에 에스겔서는 초기 유대교에서 상당한 기간 동안 신학적 논쟁의 대상이 되었다

    제사장 문서의 범위를 창조와 시내산 사이로 제한하는 오늘날 학계의 다수 외에도 창세기 1:28, 2:1과 여호수아 18:1, 19:51 사이의 관계는 이따금씩 제사장 문서는 여호수아서에 이르러 비로소 끝난다는 주장으로 이어졌다.[49] 그러나 문제의 본문은 제사장 문서 자체에서 나온 것이 아니다. 이 본문은 제사장 문서를 연속된 역사서 속에 넣으려는 목적에 부합한다.

    제사장 문서의 신학은 첫 번째 사례에서 언약에 대해 말하는 것을 통해 유추할 수 있고 이는 우리에게 제사장 문서의 전체적인 단락 구분을 보여 준다. 제사장 문서를 **네 언약의 책**(*liber quattuor foederum*)으로 분류하고 그에 따라 이 문서에 Q라는 **기호**를 부여하자는 벨하우젠의 제안과 상반되게 제사장 문서는 명시적으로 두 언약에 대해서만 말하는데 하나는 노아와 맺은 언약(창 9장)이고 다른 하나는 아브라함과 맺은 언약(창 17장)이며 아브라함 언약은 세상과 아브라함의 후손인 민족들(이스라엘[이삭/야곱]과 아랍인[이스마엘], 에돔 족속[에서])에 대한 하나님의 근본적인 규례를 표현한다.

    따라서 제사장 문서는 "세상 이야기"와 "아브라함 이야기"라고 부를 수 있는 주요 단락 둘로 나뉜다. 하나님은 창세기 9장에서 자신의 활을 구름 속에 두시고 창조 세계에 대한 인내를 보증하신다. 따라서 여기서 하나님은 방금 진술된 원시 역사로부터 홍수 이야기 속의 "모든 육체"에 대해 최종적으로 폭력을 행사하신 뒤 모든 종류의 폭력을 포기하신다.[50]

---

49 Blenkinsopp 1976; Lohfink 1978/1988; Knauf 2000a; Oswald 2009.
50 Rütersworden 1988; 이와 다른 견해로는 Keel 1977.

하나님이 노아에게 이르시되 모든 혈육 있는 자의 포악함이 땅에 가득하므로 그 끝(케츠) 날이 내 앞에 이르렀으니 내가 그들을 땅과 함께 멸하리라(창 6:13).

하나님이 결정하신 이 "끝"에 대한 엄중한 작정은 제사장 문서에서 비롯된 것이 아니다. 그것은 아모스와 에스겔의 심판 예언에서 가져온 것이다.

그가 말씀하시되 아모스야 네가 무엇을 보느냐 내가 이르되 여름 과일(카이츠) 한 광주리니이다 하매 여호와께서 내게 이르시되 내 백성 이스라엘의 끝(케츠)이 <u>이르렀은즉</u> 내가 다시는 그를 용서하지 아니하리니(암 8:2).

너 인자야 주 여호와께서 이스라엘 땅에 관하여 이같이 말씀하셨느니라 끝났도다 이 땅 사방의 일이 끝(케츠)났도다 이제는 네게 <u>끝(케츠)이 이르렀나니</u> 내가 내 진노를 네게 나타내어 네 행위를 심판하고 네 모든 가증한 일을 보응하리라(겔 7:2-3).

    제사장 문서는 이처럼 분명히 심판 예언자의 메시지를 차용했지만 그것을 원시 역사에 맞추어 바꾸었다. "끝"이 이르렀다는 하나님의 결정도 분명 있지만 그것은 미래가 아닌 과거에 있었다. 따라서 내용의 측면에서는 제사장 문서도 신명기와 신명기의 저주 선포(신 28장)와는 반대되는 입장에 있다.[51]
    이스라엘에 대한 제사장 문서의 신학 메시지는 그에 따라 형성된다. 즉, 노아와의 언약이 세상의 영원한 존재를 보증하듯이 아브라함과의 언약도 하나님이 언제나 이스라엘과 가까이 계실 것임을 보증한다. 두 경우 모두 어떤 조건도 없다.[52]

---

51 Otto 2007, 190.

침멀리(Zimmerli)가 특히 잘 보여 주었듯이,[53] 시내산 사건이 언약으로 부적격함과 오로지 아브라함과의 언약 체결에만 집중하는 것은 제사장 문서의 신학적 프로그램을 구성한다. 즉, 하나님의 구원에 대한 약속(번성함, 땅, 하나님과 가까운 관계)은 제사장 문서에서는 시내산 단락에 대한 신명기 사가적인 형상화에서 그려진 이전의 약속과 달리 이스라엘의 율법에 대한 순종을 조건으로 하지 않는다.

오히려 제사장 문서에 있어서 "언약"은 하나님 편에서 일방적인 구원 약속이다. 확실히 각 개인은 (예를 들어 남자의 할례를 행하지 않으면) 이 언약에서 멀리 떨어질 수 있지만 아브라함의 후손인 민족의 집단적 실체 전체는 그렇지 않다.

이 점은 창세기 17:7에서 이른바 언약 관용구를 특징적으로 각색한 데서 자세히 나타난다("너와 네 후손의 하나님이 되리라"). 신명기 사가적인 신학에서 발견되는 관용구의 후반부("너는 내 백성이 되겠고")는 여기서 명백히 의도적으로 생략되어 있다. 아브라함과 그의 후손이 무슨 일을 하거나 하지 않거나 간에 그것은 무조건적으로 약속된 하나님의 친밀함과 관련해서 아무것도 바꾸지 못하기 때문이다.

제사장 문서에서 세상의 영역과 아브라함의 영역을 비교해 보면 노아 언약은 세상에 대한 심판(홍수) 이후에 등장하는 반면 아브라함 언약은 국가적 대재앙인 이스라엘에 대한 심판에 선행한다는 점이 눈에 띈다. 이러한 구조의 바탕에 깔린 의도는 명백히 원시 역사에서 하나님으로 하여금 노아에게 언약을 제안하게 한 하나님의 마음의 변화가 이제 처음부터 아브라함에게 언약을 제안하는 데서 아브라함의 영역에 유익을 끼친다는 것이다.

---

52 참고. Stipp 2005. 남자의 할례는 하나의 상징이지 언약의 조건이 아니며 할례의 조건을 무시하는 데 대해 약속된 형벌은 이스라엘 전체에 적용되는 것이 아니라 개인에게만 적용된다.

53 Zimmerli 1960/1963.

확실히 제사장 문서의 전반적인 구조는 제사장 문서의 언약 신학이 예상하게 하는 것처럼 두 부분으로 이루어져 있지 않다. 제사장 문서는 하나님에 대한 교리가 암시하는 것처럼 세 부분으로 되어 있다. 상호 간 동심원적인 세상의 영역과 아브라함의 영역 외에 세 번째로 맨 안쪽에 백성의 영역, 즉 이스라엘 백성의 영역이 존재한다.

제사장 문서는 아브라함 영역에서 이스라엘 족속과 아랍 족속과 에돔 족속을 연결시키는 "초교파적" 신학을 추구하지만[54] 이스라엘만이 하나님에 대한 완전한 지식을 얻고 이스라엘만이 희생 제물을 드리는 예배라는 선물을 통해 창세기 1장의 "매우 좋은" 창조 질서의 부분적 회복을 가능케 할 수단을 소유한다는 점은 여전히 오해의 여지가 없을 만큼 분명하다.[55]

세 영역은 하나님의 세 가지 계시 방식에 상응한다. 온 세상에 대해 하나님은 "엘로힘"이다. 창세기 1장에서 (그리고 그 후에) 제사장 문서는 히브리어의 총칭인 "하나님"을 막연하게 고유 명사로 사용하면서 "하나님"이라는 장르를 그 유일한 내용과 동일시하며 따라서 포용적인 일신론을 천명한다.[56] 하나님은 족장들인 아브라함, 이삭, 야곱에게 하나님은 자신을 "엘 샤다이"(전능의 하나님)로 표현하시며 그의 예배를 위한 고유한 이름인 "여호와"는 모세 세대에게만 계시된다. 이러한 계시 단계 이론은 출애굽기 6:2-3에 나오는 모세의 소명에 대한 제사장 문서의 표현에서 가장 분명하게 나타난다.

> **하나님이 모세에게 말씀하여 이르시되 나는 여호와이니라 내가 아브라함과 이삭과 야곱에게 전능의 하나님으로 나타났으나 나의 이름을 여호와로는 그들에게 알리지 아니하였고**(출 6:2-3).

---

54 De Pury 2000.
55 제사에 대해서는 Eberhart 2002; Keel 2007, 1036-41을 보라.
56 De Pury 2002; Schmid 2003.

전반적으로 제사장 문서는 전혀 비종말론적이며 평화주의적인 (그리고 이런 의미에서 전적으로 정치적인) 입장을 나타내며 이러한 입장은 그 저자의 시대인 페르시아 시대에 하나님이 뜻하신 역사의 목표로 간주되었다.

> 어떤 학자는 제사장 문서에 대한 전통적인 비정치적 해석과 달리 창세기 17:6, 16, 35:11에서 발견되는 왕에 대한 약속 때문에 이스라엘의 왕 아래서 민족 회복에 대한 소망의 원인이 제사장 문서에 있다고 보는 것이 사실이다.[57] 그러나 이러한 관점은 놀랍게도 제사장 문서의 전반적인 틀 안에서 자세히 기술되어 있지 않다. 이런 약속은 제사장 문서에 의해 이어지는 역사 속에서 성취된 지 오래이며 그래서 처음부터 "역사화"된 것으로 간주되었을 가능성이 더 높아 보인다.

한 분 하나님[58]은 그가 창조한 온 세상을 다스리시며 그 안에서 각 나라는 각자 자신의 위치에서 각자의 언어와 제의를 가지고 영원히 평화롭게 함께 살아간다.

재앙 이야기와 출애굽기 12:12의 어조에서 볼 수 있듯이 제사장 문서에서는 오직 이집트만 적대적으로 바라본다. 아마도 이는 주전 525년 캄비세스 시대에 이집트가 페르시아 제국으로 편입되기 이전에 당대의 제사장 문서의 견해를 반영한 것 같다. 평화주의적이고 친 페르시아적인 태도를 보이는 제사장 문서는 신명기 사가적인 전승의 흐름과 **정확히** 정반대의 개념을 갖고 있다.[59] 신

---

57 Blum 1995; Gross 1987/1999.
58 아브라함의 후손으로 이루어진 나라에서 사용된 "엘 샤다이"와 이스라엘에서 사용된 "여호와"를 포함한 다양한 이름으로 예배할 수 있는 "엘로힘".
59 참고. Steck 1991a, 17-18 n. 19; Schmid 1999c, 256 n. 476(및 참고 문헌); Knauf 2000a.

명기 사가적인 전승에서는 페르시아 시대를 구원의 관점에서 근본적으로 결함이 있는 시대로 평가한다.

즉, 이스라엘이 그 땅 안에서 자기 왕이 다스리는 주권 국가로 통일된 채 살아가지 않는 한 하나님은 자기 백성과의 역사를 완성하셨을 리가 없다. 따라서 현 시대는 여전히 심판 시대로 간주되며 이는 결과적으로 당연히 이스라엘이 아직 죄의 상태에 있음을 의미한다. 신명기 사가적인 관점에서 심판은 죄에 대한 형벌이기 때문이다.

제사장 문서의 반 신명기 사가적인 방향은 성서 해석으로도 입증될 수 있다. 그러한 방향은 가장 기본적인 겉모습에 있어서 신명기 사가적인 언약 신학에 대한 제사장 문서의 변형에서 읽어낼 수 있다. 제사장 문서에서 시내산 사건이 언약의 자격을 갖지 못하는 것은 신명기 사가적인 시내산 단락의 언약 신학에 대해 직접적으로 비판하는 것이다.

제사장 문서에 따르면 율법과 언약 사이에는 아무 관계가 없으며 약속과 언약 사이에만 관계가 있다. 따라서 창세기 17:7에서 제사장 문서는 언약 관용구의 "절반"만 사용한다. 마찬가지로 창세기 17:9-14에 담긴 "신명기 사가적인" 메아리는 본문의 확대를 가리키는 것이 아니라[60] 그 대신 비판적인 암시로 해석해야 한다. 제사장 문서는 또 하나님과 예배에 대한 개념에 있어서도 신명기 사가적인 전승과 다르다.

하나님은 근본적으로 세상과 분리되어 있다. 하나님은 하늘에 거하시는 것이 아니라 세상에 비지역적으로 존재하신다.[61] 그러나 이는 하나님이 그의 임재 형식인 그의 "영광"(카보드)을 통해 그와 동시에 이스라엘 자손 "가운데 거하시기" 위해서다(출 25:8; 29:45-46).[62] 하나님을 섬기는 예배는 말없이 (따라서 하

60　Seebass 1997, 111-12.
61　Schmid 2006c.
62　참고. Janowski 1987/1993; Rudnig 2007, 278.

나님의 거룩하심의 타자성을 인정하면서) "침묵의 성소"에서 이루어진다.[63]

제사장 문서와 신명기 사관과의 차이에서 우리는 플뢰거(Plöger)를 따라 간단히 "신정 체제와 종말론" 사이의 갈등으로 묘사되어온 기본적인 적대감을 감지할 수 있다.[64] 이러한 "신정 체제와 종말론" 사이의 폭넓은 차이는 자주 비판받아왔지만 이 두 개념을 페르시아 시대의 문헌 전체를 그 속에 끼워 넣을 수 있는 보완적인 범주로 오해해선 안 된다. 오히려 이 두 개념은 그 속에서 개별적인 본문이나 저작을 다소간 정확하게 찾을 수 있는 근본적인 두 가지 대안이다. 그럼에도 불구하고 신정 체제적 입장과 종말론적 입장의 구별은 그 목적이 이 입장을 둘로 나누는 것이 아닌 한 아직 더 세분화해야 할 입장에 대한 발견적 묘사라는 의미에서 적용될 수 있다.

> 요나서와 룻기도 제사장 문서 안에 있는 열방에 대한 온정적인 관점과 관련이 있다. 요나서는 이방의 제국에 임할 심판에 대한 예언적 기대에 맞서 논쟁을 벌이며 (이 책의 관점에서 강대국은 니느웨다) 룻기는 원래의 결론이든 부차적인 결론이든 4:18-22의 결론에서 다윗의 계보를 어느 모압 여인에 이르기까지 추적한다.

(2) 신정주의적인 시편

시편의 마지막 부분에 있는 일련의 시편은 신학적으로 제사장 문서와 가깝다.[65] 이 시편은 하나님을 창조자이자 세상의 참된 왕으로 찬양하며 하나님은 (왕과 같은 지상의 어떤 중재자도 없이) 자신의 창조 세계를 영원히 다스리신다.

이러한 시편은 특이하게도 비정치적이다. 이 시편은 이방인인 페르시아인

---

63 Knohl 1995.
64 Plöger 1962; 참고. Steck 1968; Dörrfuss 1994.
65 Kratz 1992; Leuenberger 2004.

의 통치를 비판하지도 않고 이스라엘의 새 왕국에 대한 야망을 펼쳐보이지도 않는다. 그 대신 이 시편에 있어서 하나님의 통치는 무엇보다도 하나님이 자신의 창조 세계에 대해 기본적인 양식을 제공하신다는 점에서 구체적으로 표현된다. 페르시아 제국은 이처럼 이 시편에 의해 암묵적으로 이를 통해 창조자가 정치적으로 말하자면 창조 세계를 전반적으로 평화롭게 만들었고 이제 창조 세계를 기본적으로 돌보고 부양하는 자로서 그것을 향해 관심을 돌리는 하나님이 승인하신 세상의 조직으로 해석된다.

> 다윗의 찬송시. 왕이신 나의 하나님이여 내가 주를 높이고 영원히 주의 이름을 송축하리이다 … 주의 나라는 영원한 나라이니 주의 통치는 대대에 이르리이다 … 모든 사람의 눈이 주를 앙망하오니 주는 때를 따라 그들에게 먹을 것을 주시며 손을 펴사 모든 생물의 소원을 만족하게 하시나이다 (시 145:1, 13, 15-16).

> 야곱의 하나님을 자기의 도움으로 삼으며 여호와 자기 하나님에게 자기의 소망을 두는 자는 복이 있도다 여호와는 천지와 바다와 그 중의 만물을 지으시며 영원히 진실함을 지키시며 억눌린 사람들을 위해 정의로 심판하시며 주린 자들에게 먹을 것을 주시는 이시로다 여호와께서는 갇힌 자들에게 자유를 주시는도다 여호와께서 맹인들의 눈을 여시며 여호와께서 비굴한 자들을 일으키시며 여호와께서 의인들을 사랑하시며 여호와께서 나그네들을 보호하시며 고아와 과부를 붙드시고 악인들의 길은 굽게 하시는도다 시온아 여호와는 영원히 다스리시고 네 하나님은 대대로 통치하시리로다 할렐루야(시 146:5-10).

> 감사함으로 여호와께 노래하며 수금으로 하나님께 찬양할지어다 그가 구

름으로 하늘을 덮으시며 땅을 위하여 비를 준비하시며 산에 풀이 자라게 하시며 들짐승과 우는 까마귀 새끼에게 먹을 것을 주시는도다(시 147:7-9).

이 시편들은 이스라엘 왕의 통치 아래서 민족적 회복을 소망하는 신명기 사가적인 전승과 예언 전승의 일부에 대해 암묵적으로 반대한다. 다윗은 시편 145편에서 하나님의 우주적인 제왕적 통치를 인정하고 찬양하는 모범적인 경건한 인물로 나타난다. 이방의 페르시아 통치자의 멍에나 민족적 회복을 위한 정치적 야망에 대한 말은 한 마디도 없다.

우리가 주전 5세기 아람어로 된 평행 본문 덕분에 시편 20편을 페르시아 시대에 발견할 수 있다는 것은 우연이다. 그 본문은 특히 이교적인 페니키아어 원문의 문화를 넘어선 수용으로서 주목할 만하다.[66]

확고하게 입증하기 어렵지만 시편의 몇 가지 다른 개별 모음집이 페르시아 시대에 가수 단체를 위한 "책"으로 만들어졌을 수도 있다. 이런 모음집에는 고라의 시편(시 42-48; 84-85; 87-88편)과 아삽의 시편(시 73-83편)[67] 또는 "왕이신 여호와"에 대한 시편(시 93; 96-99편), 순례자 시편(시 120-134편) 같은 주제 분류군 또는 다윗 시편 모음집(무엇보다 시 3-41편)이 포함될 수 있다.

어쨌든 페르시아 시대에서 우리가 아직 느슨한 부분적 시편 모음집만 설명할 수 있고 철저하게 편집된 시편을 고려할 수 없다는 점은 이른바 "엘로힘주의적 시편"인 시편 42-83편을 통해 꽤 분명하게 밝혀지는데[68] 이 시편에서 (제사장 문서의 신학적 기획의 결과로) 신성 4문자(Tetragrammaton)는 일관되게 "엘로힘"으로 대체된다. 이러한 조치가 시편 42-83편에 적용되었을 뿐만 아니라 이 시편에서 일관되게 사용되었다는 사실은 시편 전승이 당시에 **단일한** 시편

---

66 Vleeming and Wesslius 1982; van der Toorn 2007, 134.
67 이 시편이 이보다 이전에 수집되지 않았다면. Weber 2000을 보라.
68 Zenger ⁵2004, 365; Süssenbach 2004.

집 안에 남김없이 통합된 것이 아니라 다양한 모음집으로 존재했다고 가정해야만 설명할 수 있다.

(3) 욥기

욥기는 주제만 아니라 신학적으로도 구약에서 상당히 극적인 책이다.[69] 욥기의 핵심을 단순히 따로 살펴본 개별 본문을 바탕으로 논의할 수는 없지만 책 전체의 발전 과정에서 각 본문의 위치는 염두에 두어야 한다. 욥기 신학은 정확히 형식적으로나 신학적으로나 매우 이질적으로 보이는 책의 각 부분을 관통하는 주제가 전개되는 과정에서 확연히 가시화되는 것으로 보인다.

구조와 대화 사이의 문헌적 관계와 자료의 전역사를 어떻게 평가하든[70] 현재 같은 욥기의 구조와 대화는 상호 관련성에 있어 의미 있게 설정되어 있다. 일반적으로 불만의 대상이 되는 차이점, 즉 한편으로는 인내하며 고난 받는 자(욥 1-2장), 다른 한편으로는 반항하는 자(욥 3-31장)라는 욥의 이미지는 어쨌든 내러티브의 진행이라는 의미에서 책 전체의 틀 안에 수용되어 있다.[71]

욥기를 이런 식으로 접근하면 욥기의 핵심적 주제는 의인의 고난도 아니고 신정론의 문제도 아니라는 점이 명백해진다. 오히려 욥기는 신학이 과연 가능한가라는 문제를 논의하고 다룬다. 이 주제는 서막에서 욥의 문제를 폭로할 뿐만 아니라 동시에 (독자를 위해) 해결해 주는 천상 장면으로 소개된다.

욥은 천상의 시험으로 인해 고난을 받아야 한다. 이러한 근본적인 긴장을 통해 (독자는 알고 있지만 책 속의 행위자는 그렇지 않다) 욥기는 신학에 대한, 심지어 계시에 대한 근본적인 비판을 표현한다. 욥의 친구와 그들의 정통 신학(욥 3-27; 32-37장)

---

69 Spieckermann 2001b; Oeming and Schmid 2001; Newsom 2007; Krüger et al. 2007; Schmid 2010.
70 van Oorschot 2007; 참고. 고전적인 저작으로는 Alt 1937; Wahl 1992.
71 참고. Schmid 2001, 13-17.

도 하나님과 그의 강한 말씀(욥 38-41장)[72]도 욥의 실제 상황을 드러내지 않는다.

따라서 원칙적으로 욥기는 우리가 하나님에 대해 말할 수 없다는 부정적인 신학을 표현한다. 신학도 계시도 실제 상황을 확실하게 반영할 수 없다. 하나님에 대해 말하는 것은 사실 불가능하지만 욥기는 하나님께 말하는 것을 자기 자신을 하나님과 관련시킬 수 있는 적절하고 가능한 일로 간주한다(욥 42:7).[73]

욥기의 연대를 추정하기가 어려운 이유는 욥기가 전적으로 허구적인 공간에서 발생하기 때문일 뿐이다. 고대와 중세의 해석조차 욥을 역사적 인물로 추정하지 않는다. 그런 해석은 욥기의 전형적인 특성을 인식하고 있다.

본질적으로 욥기를 문헌사 안에 배치하기 위해서는 다른 구약 본문에 대한 언급에 의존해야 한다.[74] 욥기 1:17의 재앙에 대한 묘사는 일정한 절대 지표를 제공한다. 이 구절은 신 바벨론 제국의 "갈대아 사람"을 언급하고 있고 따라서 바벨론 사람의 예루살렘 파괴를 암시하는 것처럼 보이기 때문이다.

욥기가 전제로 삼고 있는 문헌 중에는 우선 어느 정도 확실하게 제사장 문서와 신명기적 사가가 편집한 예언 전승이 있다. 욥기는 이 문헌의 질서 신학에 맹렬히 반박한다. 하나님은 (제사장 문서처럼) 비폭력적이지도 않고 (신명기 사가적인 전승 요소처럼) 악인과 불경건한 자만 벌하지도 않으신다. 그 대신 하나님은 겉으로 아무런 이유도 없이 경건한 자와 의인에게 등을 돌리실 수도 있다.

그러나 욥기는 시편의 경건에 대해서도 논박한다.[75] 극화된 애가로 묘사되어 온 욥기의 구조 자체가 시편에서 빌려온 요소를 드러낸다.[76] 그러나 욥의 탄식 속에 담긴 시편에 나온 진술의 예상 외의 전복적인 수용이 여기에 더해진다.

---

72   참고. Keel 1978.
73   참고. Oeming 2000a; 이와 다른 견해로는 Kottsieper 2004.
74   Schmid 2007d.
75   Jeremias 1992, 313-25.
76   Westermann 1977, 27-39.

욥기 7:17-18에서 시편 8:4-5을 각색한 것은 특별히 조잡하다(참고. 시 137:9//욥 16:12와 시 139:8-10//욥 23:9-10).

시편 8:4-5	욥기 7:17-18
사람이 무엇이기에 주께서 그를 생각하시며 인자가 무엇이기에 주께서 그를 돌보시나이까(파카드)? 그를 하나님보다 조금 못하게 하시고 영화와 존귀로 관을 씌우셨나이다	사람이 무엇이기에 주께서 그를 크게 만드사 그에게 마음을 두시고 아침마다 권징하시며(파카드) 순간마다 단련하시나이까

시편 8편은 하나님이 인간을 받아들이시고 그들을 일관되게 돌보신다는 사실에 놀라는 반면 욥은 7장에서 바로 이 끊임없는 관심을 이제 부정적으로 바라보며 불평하고 하나님이 인간을 그냥 내버려두시는 것이 아니라 굳이 그럴 필요가 없는데도 계속해서 시험하고 지켜보신다며 탄식한다.

그렇다면 하나님은 욥을 그냥 내버려두면 좋을 텐데 왜 욥에게 관심을 두시는가(**파카드**)?

시편 8편의 찬양이 욥기 7장에서는 고문이 된다. 히브리어에서 **파카드**라는 단어는 긍정적인 의미("돌보다, 관심을 보이다")와 부정적인 의미("찾아가다, 괴롭히다")를 함께 지니고 있다.

더구나 욥기가 주제 측면에서 관련된 시인 (아마도 아람어로 번역된) **루드룰 벨 네메키**[77] 및 이른바 "바벨론 신정론"[78]과 가깝고 그런 것들을 차용했을 수도 있다.[79] 욥기는 "바벨론 신정론"(친구들과의 논쟁, 참고. 욥 3-27장)과 **루드룰 벨 네메키**(탄원자

---

[77] *TUAT* 3: 110-35.
[78] *TUAT* 3: 143-57.
[79] Spieckermann 1998/2001, 118; Uehlinger 2007b, 145, 참고. 161 n. 183.

의 탄식, 신적인 응답, 참고. 욥 3; 29-31; 38-41장)의 구조적 결합처럼 보인다.[80] 이런 유사한 예들도 바벨론 시대에 욥기의 배경에 영감을 주었을지도 모른다.

　욥기의 부정적인 신학을 고려하면 욥기가 단순히 예루살렘 성전의 전승 자료에서 생겨났다고 상상하기는 어렵다. 그러나 다른 한편으로 욥기는 무척 고도의 서기관적인 학식을 증언하고 있어서 그런 자료와 상당히 멀리 떨어진 상태에서 창작되었을 리가 없다.

2) 내러티브 전승

(1) 비(非)제사장적 원시 역사

　원시 역사(창 1-11장)의 비 제사장적인 요소는 구약에서 가장 잘 알려진 본문에 속한다(창 2-3장: 낙원; 창 4장: 가인과 아벨; 창 *6-9장: 홍수; 창 *11장: 바벨탑). 이 본문은 문헌사에서의 위치와 관련해서 마찬가지로 그 위치를 찾기가 가장 어려운 본문에 속한다. 거의 모든 비 제사장 문헌과 관련해서 이런 문헌을 제사장 문서 앞에 두어야 하는지 뒤에 두어야 하는지에 대해 견해가 상충되는 가운데 학자 사이에 확신이 없는 이유는 무엇보다도 야훼주의자 가설의 위기와 관련되어 있는데 이 점은 여전히 너무나 중요해서 야훼주의자의 역사서에 대한 가정을 더 이상 분석의 출발점으로 받아들일 수가 없다.[81]

　(모든 비 제사장적인 문헌이 근본적으로 제사장적 문헌의 뒤에만 위치한다는 주장[82] 외에도) 가장 최근의 연구에서는 한 가지 대안적 제안에 대한 논쟁, 즉 창세기 *2-8장부터 이어지는 원래 독립적인 비 제사장적 원시 역사[83]를 상정해야 하는

80　Albertz 1981/2003, 110 n. 12.
81　참고. Gertz et al. 2002; Dozeman and Schmid 2006.
82　Blenkinsopp 1992; 1995; Schüle 2006; Arneth 2006.
83　이러한 역사에서 창조와 홍수 주제 결합은 그 방향이 아트라하시스 서사시(*TUAT* III,

가,[84] 아니면 비 제사장적인 원시 역사는 결코 독립적으로 존재하지 않았던 족장 역사의 편집적 연장으로 보아야 더 제대로 해석된다는 것이 사실인가[85]에 대한 논쟁이 있다.

선택의 본질은 각자 홍수 단락을 어떻게 평가하느냐에 달려 있다.[86] 홍수 단락의 비 제사장적인 구성 요소가 제사장 문서 이전의 것임을 입증할 수 있을 경우에만 제사장 문서 이전 혹은 그와 함께 존재한 창세기 2-8장으로 구성된 독립적인 원시 역사를 가정할 수 있는 가능성이 생긴다.

창세기 6:5-8	창세기 8:20-22
여호와께서 사람의 죄악이 세상에 가득함과 그의 마음으로 생각하는 모든 계획이 항상 악할 뿐임을 보시고 땅 위에 사람 지으셨음을 한탄하사 마음에 근심하시고 이르시되 내가 창조한 사람을 내가 지면에서 쓸어버리되 사람으로부터 가축과 기는 것과 공중의 새까지 그리하리니 이는(키) 내가 그것들을 지었음을 한탄함이니라 하시니라 그러나 노아는 여호와께 은혜를 입었더라	노아가 여호와께 제단을 쌓고 모든 정결한 짐승과 모든 정결한 새 중에서 제물을 취하여 번제로 제단에 드렸더니 여호와께서 그 향기를 받으시고 그 중심에 이르시되 내가 다시는 사람으로 말미암아 땅을 저주하지 아니하리니 이는(키) 사람의 마음이 계획하는 바가 어려서부터 악함이라 내가 전에 행한 것 같이 모든 생물을 다시 멸하지 아니하리니 땅이 있을 동안에는 심음과 거둠과 추위와 더위와 여름과 겨울과 낮과 밤이 쉬지 아니하리라

창세기 6:5-8, 8:20-22에 나오는 홍수 이야기의 비 제사장적인 머리말과 맺음말을 보면 제사장 문서가 전제되어 있다는 인상을 받는다. 이 점은 창세기

612-45)에 맞추어져 있었다.
84 참고. Witte 1998; Baumgart 1999.
85 Kratz 2000a; 그 이전에 J가설의 틀 안에서 벌어진 Rendtorff 1961/1975와 Steck 1971/1982 사이의 논쟁도 참고하라.
86 한편으로는 Kratz 2000a; Bosshard-Nepustil 2005; Arneth 2006; 다른 한편으로는 Witte 1998; Gertz 2006b를 참고하라.

6:6에 나오는 창조를 가리키는 제사장적 용어인 **바라**, 창세기 6:7에서 창세기 1장의 어투로 동물을 나열한다는 점, 레위기 1-7장의 제사장적인 제사 율법과 일치하는 정결한 짐승과 부정한 짐승의 구분, 다른 곳에서는 오직 제사장 문서에서만 그 존재가 입증된 창세기 8:21에 나오는 제사에 관한 "향기"(**레아흐 한 니호아흐**)라는 표현 등으로 암시된다. 제사장 문서에 대한 암시에서 이 두 본문을 문헌비평적으로 "정화"하려는 시도를 할 만큼 했지만 이 과정이 얼마나 많은 설득력을 얻을 수 있을지 의문을 품어볼 수 있다.

신학의 관점에서도 독자가 보기에 홍수의 머리말과 맺음말 사이의 관계는 명백히 제사장 문서에서 영감을 받은 것이다. 제사장 문서는 원시 역사의 측면에서 하나님이 홍수 이후에 피조물에 대한 폭력을 최종적으로 포기하신 일에 대한 설명을 제시한다.

사람들은 여전히 "악"하지만 하나님은 변하셨다. 인간의 악에 대한 단언은 하나님의 근심과 후회로 귀결되는 것이 아니라 하나님 편에서 인간을 위한 신적으로 보장된 생명으로 귀결된다. (대담하게 신인동형론적인 표현으로 말하자면) 둘 다 하나님의 "마음속에서"(6:6; 8:21) 동시에 발생한다. 그 결과 시간의 경과("항상", 6:5; 8:22)는 이전과 같은 인간의 악에 의해 결정되는 것이 아니라 하나님의 생명에 대한 보장으로 결정된다.

홍수는 6:7에서 원인을 나타내지만 8:21에서는 역접 접속사로 사용된 히브리어 **키**의 서로 다른 용법에서 읽어낼 수 있는 것처럼 말하자면 신적인 논리를 변형시켰다.

6:5-8과 8:20-22의 평화주의적이고 극히 비 종말론적인 하나님 개념은 이처럼 실질적으로 제사장 문서와 매우 가까우며 이는 용어의 관계와 더불어 제사장 문서에 대한 의존성을 가리킬 수도 있다. 창세기 6-9장에 방주의 건설과 떠남에 대한 비 제사장적인 묘사가 없다는 점도 창세기 6-9장의 출처 문제에 대해 다른 해법을 지지하는 것은 아니다.

그래서 창세기 6-9장의 비 제사장적 자료는 제사장 문서 이후에 추가된 것으로 해석해야 한다는 제안에는 그럴 만한 충분한 이유가 있다. 따라서 우리는 다른 방향에서 창세기 2-4장과 11장 이하의 비 제사장적인 원시 역사를 고려해야 할 것이고 이는 결과적으로 창세기 2-4장이 홍수를 암시하는 것이 아니라는 사실로 뒷받침된다.

창세기 4장에 나오는 가인 후손의 계보가 지닌 인과관계적 구조는 이어질 홍수에 대한 묘사를 아직 의식하지 않는 것으로 보인다. 게다가 이전의 창세기 4장(참고. 16절)과의 관련성은 창세기 11:1-2에서 계속 이어지고 있는 것처럼 보인다.

가인이 여호와 앞을 떠나서 에덴 동쪽 놋 땅에 거주하더니(창 4:16).

온 땅의 언어가 하나요 말이 하나였더라 이에 그들이 동방으로 옮기다가
시날 평지를 만나 거기 거류하며(창 11:1-2).

창세기 11장은 창세기 10장에 나오는 열방 목록에 따라 홍수 이후 사람들이 다시 땅에 거주하게 된 사실을 아직 알지 못하는 것처럼 보인다.

홍수 내러티브의 비 제사장적인 요소를 후대의 것으로 추정하는 것이 결과적으로 창세기 2-4장과 11장은 특별히 오래된 것임을 뜻하는 것은 아니다. 예를 들어 창세기 2-3장에서는 본문이 한편으로 그 술어와 어떤 문제들에 대한 의식이라는 면에서 후대의 지혜 교육의 특징을 지니고 있다는 점을 분명히 알 수 있다.[87]

다른 한편으로 이 본문은 신명기 사가적인 역사 신학과 가깝고 잘 어울린다.

---

[87] Schmid 2002.

낙원은 하나님의 명령에 대한 불순종 때문에 상실되었다. 이는 보편 구원론적인 해석을 통해 (출애굽기)-여호수아-열왕기하에서 신명기적 사가에 의해 해석된 이스라엘 역사를 예정한다.[88]

그러나 창세기 2-3장은 원칙적으로 제사장 문서의 앞이나 적어도 그와 나란히 두어야 하며 이를 창세기 1장의 연장으로 보기 어렵다는 점은 창세기 2:5-9에서 창세기 1장의 우주 생성론과 모순이 시작된다는 사실을 보더라도 명백하다.[89] 이런 점은 연속된 본문에서 기대할 수도 없고 그런 관점에서 설명할 수도 없다.

그러나 신학적 입장에 있어서 창세기 2-3장은 구약 안에서 고립되어 있다. "선악을 아는 지식"의 인도를 받는 (그리고 그 인도에서 전혀 벗어날 수 없는) 성인의 삶이 필연적으로 하나님에게서 멀어진다는 것은 경험의 문헌 표현이다.

인간은 어린아이처럼 하나님과의 단순하고 직접적인 친밀함 또는 스스로 결정한 성인의 삶(adult life), 이 두 가지 중에 오직 하나만 가질 수 있다. 경험의 측면에서 우리는 후자만을 갖게 되며 창세기 2-3장은 그렇게 되는 이유를 설명한다. 매우 흥미롭게도 창세기 2-3장에는 이처럼 큰 지혜를 부여받았으나 에덴동산에서 쫓겨난 결과로 그 지혜를 잃어버린 한 원시적인 인간에 대한 전승, 예를 들어 에스겔서 28장에서 볼 수 있는 것과 반대편에 위치하고 있다.

> **네가 아름다우므로 마음이 교만하였으며 네가 영화로우므로 네 지혜를 더럽혔음이여 내가 너를 땅에 던져 왕들 앞에 두어 그들의 구경 거리가 되게 하였도다(겔 28:17).**

창세기 2-3장에서 에덴동산의 추방은 지혜의 상실이 아니라 지혜의 획득을

---

[88] Otto 1996b.
[89] 이견 Otto 1996b; Arneth 2006.

수반한다. 결과적으로 인간이 영원히 잃는 것은 "영생"을 얻을 능력이며 이는 에덴동산에서 인간에게 개방된 것이었다(금지된 것은 지혜의 나무였지 생명나무가 아니었다, 참고. 창 2:16-17). 그러나 여자가 ("동산 중앙에 있는 [즉, 집합적인] 나무"라는 표현을 통해) 묘사한 대로 실제 금지 속에 생명나무가 포함된 것은 여자의 "만지지도 말라"는 사실에 대한 강조와 더불어 최초의 인간 부부가 (매사에 하나님의 뜻에 순종하려고 애쓰다가) 영원한 생명의 가능성을 붙잡지 않았음을 보여 준다.

그만큼 창세기 2-3장은 이른바 "타락" 이후의 상황을 양면적으로 묘사할 뿐만 아니라[90] 그들의 이전 상태도 묘사한다.[91]

비 제사장적인 원시 역사의 신학-역사적 기능은 그 뒤에 이어지는 이스라엘 전승의 보편화와 비(非)종말론화라고 부를 수 있다. 하나님의 명령에 대한 불순종으로 인한 땅의 상실이라는 "신명기 사가적인" 주요 모티프가 보편화되어 이제 이스라엘과 그 땅 최초의 인간 부부와 에덴동산으로 전이되었다.

이런 식으로 신명기 사가적인 역사 신학은 **인간의 조건**과 연결되고 그것에 바탕을 두고 있다. 원시 시대의 낙원 같은 조건으로의 회귀를 바라는 구약의 모든 이상향적인 기획은 비 종말론화된다. 즉, 이런 기획과 반대로 창세기 2-3장(참고. 특히 3:24)은 지상의 인간 실존에서 도피할 방법이 없다고 매우 분명하게 단언한다.

한 술 더 떠서 삶에 대해 알 수 있는 것(유익한 것과 해로운 것)은 인간에게 주어진다. 인간은 "선악을 아는 지식"으로 인해 하나님처럼 되었기 때문이다(창 3:22). 인간은 신명기 30장, 예레미야 31, 32장, 또는 에스겔 36장에서 "새 마음"이나 "새 영"을 언급하며 예상하듯이 (인간 자신의 노력이나 하나님의 주도로) 근본적으로 바뀌지는 않을 것이다.

---

90 인간은 이제 선악을 아는 지식을 가졌지만 하나님의 임재에서 추방된다.
91 참고. Spieckermann 2000; Schmid 2002. 인간은 영원한 생명을 얻을 수 있는 능력이 있었지만 실제로는 그 능력을 인식하지 못했고 알 능력 없이 그렇게 할 수도 없었다.

사람은 현재의 양면적인 모습 그대로 남아 있을 것이다. 그러므로 그 삶은 양면적일 것이다. 즉, 하나님과 가깝지 않고 거리를 두지만 어린아이의 상태에 있지 않고 어느 정도는 책임을 질 것이다.

(2) 다니엘 전설(다니엘 *1-6장)

현재 형태의 다니엘서는 당연히 구약에서 늦은 시기의 책으로 간주된다. 예를 들어 예레미야서에 나오는 "칠십 년" 동안의 예루살렘 파괴에 대한 예언을 다니엘 9장에서 "칠십 이레", 즉 안티오쿠스 4세와 그에 대한 마카베오 가문의 봉기가 일어난 시대까지로 보이는 70 곱하기 7년으로 해석한 것에서 나타나듯이 마카베오 시대의 분명한 흔적을 지니고 있다(이하를 보라).

> … 장차 한 왕의 백성이 와서 그 성읍과 성소를 무너뜨리려니와 그의 마지막은 홍수에 휩쓸림 같을 것이며 또 끝까지 전쟁이 있으리니 황폐할 것이 작정되었느니라 그가 장차 많은 사람들과 더불어 한 이레 동안의 언약을 굳게 맺고 그가 그 이레의 절반에 제사와 예물을 금지할 것이며 또 포악하여 가증한 것이 날개를 의지하여 설 것이며 또 이미 정한 종말까지 진노가 황폐하게 하는 자에게 쏟아지리라 하였느니라 하니라(단 9:26-27).

그러나 이 마카베오 시대의 다니엘서에는 단순히 언어상의 변화가 암시하듯이 (단 2-7장은 아람어로, 단 1장과 8-12장은 히브리어로 되어 있다) 그 이전의 문헌 단계가 있다는 사실이 분명한 것도 같다.[92]

다니엘서 2장과 7장에 나오는 세계사적인 환상에서 우리는 이 환상이 원래는 성향 면에서 마카베오 왕조에 친화적이었고 페르시아 제국의 붕괴에 대한 반응이

---

92 참고. Steck 1980/1982; Kratz 1991b.

었음을 알 수 있다. 게다가 다니엘서 *1-6장에 나오는 다니엘 전설의 신학적 형성은 분명히 페르시아 시대를 암시한다.

이 점은 특히 각 전설을 마무리하는 반복적인 모티프인 유대인의 하나님에 대한 이방인 통치자의 고백에서 명백히 나타난다.

> 왕이 대답하여 다니엘에게 이르되 너희 하나님은 참으로 모든 신들의 신이시요 모든 왕의 주재시로다 네가 능히 이 은밀한 것을 나타내었으니 네 하나님은 또 은밀한 것을 나타내시는 이시로다(단 2:47).

> 느부갓네살이 말하여 이르되 사드락과 메삭과 아벳느고의 하나님을 찬송할지로다 그가 그의 천사를 보내사 자기를 의뢰하고 그들의 몸을 바쳐 왕의 명령을 거역하고 그 하나님 밖에는 다른 신을 섬기지 아니하며 그에게 절하지 아니한 종들을 구원하셨도다 그러므로 내가 이제 조서를 내리노니 각 백성과 각 나라와 각 언어를 말하는 자가 모두 사드락과 메삭과 아벳느고의 하나님께 경솔히 말하거든 그 몸을 쪼개고 그 집을 거름터로 삼을지니 이는 이같이 사람을 구원할 다른 신이 없음이니라 하더라(단 3:28-29).

> 느부갓네살 왕은 천하에 거주하는 모든 백성들과 나라들과 각 언어를 말하는 자들에게 조서를 내리노라 원하노니 너희에게 큰 평강이 있을지어다 지극히 높으신 하나님이 내게 행하신 이적과 놀라운 일을 내가 알게 하기를 즐겨 하노라 참으로 크도다 그의 이적이여, 참으로 능하도다 그의 놀라운 일이여, 그의 나라는 영원한 나라요 그의 통치는 대대에 이르리로다(단 4:1-3).

> 그러므로 지금 나 느부갓네살은 하늘의 왕을 찬양하며 칭송하며 경배하노니 그의 일이 다 진실하고 그의 행하심이 의로우시므로 교만하게 행하는 자를 그가 능히 낮추심이라(단 4:37).

> 이에 다리오 왕이 온 땅에 있는 모든 백성과 나라들과 언어가 다른 모든 사람들에게 조서를 내려 이르되 원하건대 너희에게 큰 평강이 있을지어다 내가 이제 조서를 내리노라 내 나라 관할 아래에 있는 사람들은 다 다니엘의 하나님 앞에서 떨며 두려워할지니 그는 살아 계시는 하나님이시요 영원히 변하지 않으실 이시며 그의 나라는 멸망하지 아니할 것이요 그의 권세는 무궁할 것이며 그는 구원도 하시며 건져내기도 하시며 하늘에서든지 땅에서든지 이적과 기사를 행하시는 이로서 다니엘을 구원하여 사자의 입에서 벗어나게 하셨음이라 하였더라 이 다니엘이 다리오 왕의 시대와 바사 사람 고레스 왕의 시대에 형통하였더라(단 6:25-28).

다니엘 전설에서 느부갓네살과 다리오는 특정한 도전이나 위험을 겪은 뒤에 한 하나님, 즉 이스라엘 하나님의 권능을 인정하는 이방 강대국의 통치자로 나타난다. 이러한 다소 환상적인 개념은 궁극적으로 주제 면에서 고레스를 "메시야"로 보는 이사야 45:1의 해석과 연결되며 거기서 발전하기 시작한 고백의 모티프를 더욱 심도 있게 펼쳐간다.[93]

시편 145, 146, 147편 같은 신정주의적인 시편과의 주제적 연관성도 분명하다. (이전의 제사장 문서나 이후의 역대기와 비슷하게) 다니엘 전설은 이처럼 포로기 이후의 문헌사에서 신정주의적인 입장을 대변한다. 즉, 하나님은 당시의 지

---

[93] 아마도 약간 더 후대의 진술인 듯한 45:3의 "네 이름을 부르는 자가 나 여호와 이스라엘의 하나님인 줄을 네가 알게 하리라"와 대비되는 45:4의 "너는 나를 알지 못하였을지라도 네게 칭호를 주었노라"를 참고하라.

배적인 제국을 통해 자신의 창조 세계를 다스리시고 그 제국은 하나님께 책임이 있으며 그 제국 또한 하나님을 유일한 하나님이자 통치자로 인정한다는 것이다(이것이 다니엘 *1-6장의 사상이다).

(3) 주요 역사서인 창세기-열왕기하의 기원

모세오경에 대한 가장 최근의 연구에 따르면 창세기부터 열왕기하까지 내러티브 책에 현재의 방향을 만들어 낸 큰 종합이 비교적 늦은 시점, 즉 페르시아 시대에 나타난다는 점을 받아들여야 한다.[94] 이는 창세기와 출애굽기(그리고 그 뒤에 이어지는 내용)의 결합에 있어서도 특히 사실이며 이러한 결합은 아마도 제사장 문서의 영향으로 이루어졌을 것이다.[95]

제사장 문서가 이 주요한 역사적 설명 속에 포함된 시점이 두 번째 단계인지 창세기와 출애굽기(이하)가 결합된 때와 동시인지는 밝혀내기 어렵다.

특히 독립적인 창세기의 경우 이처럼 창세기-열왕기하의 흐름 속에 포함된 것은 중요한 의미상의 변화를 나타냈다. 이전에는 개방적이었던 창세기의 약속에 대한 신학은 이제 출애굽기 1장에서는 한 민족으로서 이스라엘의 성립에서, 여호수아서에서는 땅의 점령에서 성취되며 그렇게 해서 역사화된다. 그 결과 창세기-열왕기하에서 처음에는 구원의 역사(창세기-여호수아)가 전개되고 그 다음에는 파멸의 역사(사사기-열왕기하)가 전개되며 구원의 역사는 땅의 수여로 끝나고 파멸의 역사는 땅의 상실로 끝난다.

창세기-열왕기하 전체가 신학적인 제로섬 게임으로 끝난다는 사실은 이 책이 스스로 생겨난 것이 아님을 암시한다. 또한 열왕기하 25:27-30의 마지막 네 구절에 담긴 판단 이상으로 미래에 대한 결정적인 통찰을 발견하려 해서도 안

---

94 Schmid 1999c, 241–301; Kratz 2000a, 314–31; Römer and Schmid 2007.
95 Gertz et al. 2002; Dozeman and Schmid 2006.

된다.[96] 그 대신 **예언서**는 주제 면에서 말하자면 역사적 묘사를 계속 이어가며 구원에 대해 상응하는 관점을 담고 있다.[97]

따라서 이전의 구원 역사(족장부터 땅의 점령까지)에서 파멸의 역사(왕정 시대)를 거쳐 예언자가 약속한 새로운 구원 역사에 이르는 "두 번 꺾인 선"에 대한 역사적 묘사는 여기서만 비롯되며 이는 20세기에 일반적으로 최초의 기록 예언자와 그들의 선포 배경으로 간주된 것이다.[98]

창세기와 출애굽기(와 그 이하)의 결합은 무엇보다도 창세기 15장, 출애굽기 3-4장, 여호수아 24장의 정해진 순서에 따라 세 본문에서 암시된다. 이 본문의 문헌적 통일성이 논란이 되는 것이 사실이지만 현재 형태에서 이 본문이 창세기와 출애굽기(와 그 이하)의 편집적 조합의 주된 부담을 지고 있다는 점에는 의심의 여지가 없다.

이 본문이 앞뒤로 가장 중요하고 적절한 암시를 포함하고 있기 때문이다. (창세기 50장에 있는 테두리를 형성하는 본문을 제외하면) 창세기 15장은 족장 역사에서 13-16절에 앞으로 있을 출애굽 사건에 대한 명백한 암시를 담고 있는 유일한 본문이다.

물론 창세기와 출애굽기 사이에는 창세기 12:10-20의 출애굽에 대한 예기적 서술(이 본문에서 출애굽기 5-11장에 나오는 핵심 단어들인 **샬라흐**["보내다"]와 **나가**["치다"]를 차용한 것을 참고하라), 창세기 32:23-32, 출애굽기 4:24-26의 하나님과의 싸움에 대한 본문, 또는 창세기 24장, 출애굽기 2장의 한 우물에서 펼쳐지는 장면[99]과 같은 다른 유사성도 있지만 이런 본문은 족장과 출애굽기 사이에 명시적인

---

96 정확히 같은 견해로는 Begg 1986; Becking 1990; J. Schipper 2005; 다른 견해로는 예컨대 Zenger 1968; Levenson 1984를 참고하라.
97 참고. Clements 2007; Schmid 2006a; 참고. Keel 2007, 843.
98 참고. Koch 1984a. 이는 구원 역사에 대한 전통적인 야훼주의자와 엘로힘주의자의 설명을 이른 시점으로 추정하는 것에 상응한다.
99 참고. Carr 1996b; 2001.

편집상 가교가 되지 못한다.

오히려 이 본문을 여러 가지 별도의 실재 문헌에서 빌려온 것으로 보는 것도 충분히 가능하다. 이와 대조적으로 모세-출애굽 내러티브의 구성에서 출애굽기 3-4장에 나오는 모세의 소명이 지닌 일차적인 기능은 족장 역사와의 연결 고리를 제공하는 것이다. 거기에는 "너희 조상의 하나님 여호와 곧 아브라함의 하나님, 이삭의 하나님, 야곱의 하나님"을 언급하는 것이 눈에 띈다.

창세기 15장에 대해서는 출애굽기 3-4장처럼 전체적으로나[100] 어쨌든 이 중요한 본문의 관련 부분에 관한 한[101] 그 기원이 제사장 문서 이후라는 타당한 근거를 제시할 수 있다. 창세기 15장이나 출애굽기 3-4장에서도 제사장 문서의 영향을 뚜렷하게 받은 언어를 발견한다. 게다가 창세기 15장과 출애굽기 3-4장은 각기 그와 짝을 이루는 창세기 17장과 출애굽기 6장의 제사장 본문에 대한 편집적인 **다시 읽기로** 이해할 수 있다.

창세기와 출애굽기(와 그 이하, 및 제사장 문서)의 결합은 토라의 형성에 있어서 무척 중요한 단계다. 특별히 강조해야 하는 것은 이전에는 이스라엘의 기원에 대한 하나의 전승에 불과했던 것에서 산출된 신학적 다차원성이다. 평화주의적이고 포용적이며 토착적인 족장 전승과 보다 공격적이고 배타적이며 외래적인 모세-출애굽 전승이 서로 연결되어 있다. 그 결과 별개의 전승이 지닌 과거의 신학적 특징은 그 해석에 있어서 다소간 강하게 강조될 수 있는 하나의 전체가 지닌 여러 측면이 된다.

이제 처음으로 볼 수 있는 역사서(창세기-열왕기하)와 예언서(이사야-스가랴/말라기) 사이의 관련성도 주제의 연쇄라는 의미에서 고도의 문헌사적인 의미를 지닌다. 여기서 구약 전승의 전반적인 신학적 구성을 위한 시도를 관찰할 수 있다.

---

100 Schmid 1999c.
101 Gertz 2000b; 2002b.

창세기-열왕기하의 마지막 장(왕하 25장)과 정경 순서상 곧바로 이어지는 이사야서 첫 장 사이의 주제 및 술어상의 유대 관계는 현재 정해져 있는 역사서에서 예언서로 이어지는 독서 순서와 관련해서 의도적으로 형성되었을 수도 있다.

이사야 1장의 다양한 진술은 열왕기하 25장의 묘사로 제기된 문제에 대한 직접적인 "해답"으로 진술된 듯한 인상을 남긴다. 이사야 1:2-9, 특히 7절은 열왕기하 25:9에 기록된 것 같은 심판과 불의 참화를 돌아본다. "포도원의 망대"나 "참외밭의 원두막"(사 1:8) 같은 참화 이후의 시온에 대한 묘사는 열왕기하 25:12의 시골에 남은 자에 대한 묘사("포도원을 다스리는 자와 농부")와 조화를 이룬다.

이사야 1:10-15의 제사에 대한 근본적 비판은 열왕기하 25:8-12, 13-21에 나오는 성전 파괴와 제기(祭器)의 제거에 대한 지속적인 해석으로 볼 수 있다. 신학적으로 이사야 1장은 신명기(와 레 26장)에서 다수의 "언약 신학" 모티프를 취하고[102] 그 결과 열왕기하 25장의 "신명기 사가적인" 논리를 강조한다.

(4) 에스라-느헤미야

20세기 독일 학자들은 특히 춘츠(Zunz)를 따라[103] 에스라-느헤미야는 비록 그 자체는 서로 다른 자료에서 형성되었지만[104] 처음부터 역대기의 유기적인 연장이라고 가정했다. 세라 자펫(Sara Japhet)의 저작 이래로 이러한 생각은 날카롭게 비판받아 왔다.[105] 그러나 오늘날 그러한 생각은 단순히 하나의 대안으로 진술되는 것이 아니라 편집비평의 렌즈를 통해 더 예민하게 평가되고 있다.[106]

에스라-느헤미야는 기본적으로 역대기보다 더 오래 되었다는 주장이 점점

---

[102] Becker 1997, 185.
[103] Zunz 1892/²1992; 참고. Pohlmann 1991.
[104] Wright 2004; Pakkala 2004; Keel 2007, 959-60.
[105] Japhet 1968; 1999; 참고. Willi 1972.
[106] Kratz 2000a, 14-98.

더 설득력 있게 보인다. 에스라-느헤미야가 역대기와 결합되기 전에 역사서인 창세기-열왕기하의 보다 오래된 예언서 이전의 "신정주의적인" 속편 역할을 한 적이 있을지도 모른다는 추측도 가능하다.

고대에 에스라-느헤미야는 에스라 끝에 마지막 마소라가 없는 것이 암시하듯이 하나의 책이었다. 결합된 에스라-느헤미야는 유다에서 일어난 회복을 전해 주고 그렇게 해서 그 나름의 독특한 방식으로 제사장 에스라와 재건 감독관 느헤미야의 노력을 조화시킨다. 에스라 1-6장의 귀환과 성전 건축에 대한 묘사 뒤에는 먼저 예루살렘에서 에스라가 한 일에 관한 단락이 이어진다(에스라 7-10장). 느헤미야 1-7장은 느헤미야가 취한 조치를 전해 주는 반면 느헤미야 8-10장은 그 모든 것을 다시 에스라와 그의 공개적인 율법 낭독에 연결시킨다.

마지막으로 느헤미야 11-13장은 느헤미야가 내린 추가적인 지시에 대한 설명을 담고 있다. 이처럼 구성 단계에서 에스라-느헤미야는 명백히 의도적으로 에스라와 느헤미야의 동시적 출현을 암시하지만 그것은 역사적으로 불가능한 일이다(앞의 내용을 보라). 이러한 표현의 배후에 있는 생각은 전기 예언서(여호수아-열왕기하)의 "신명기 사가적인" 역사 신학에 적극적으로 대응하는 신학의 개념인 것처럼 보인다.

전기 예언서에서 율법에 대한 불순종과 예언자에 대한 거부는 심판을 초래하지만 에스라-느헤미야에서는 그와 정반대의 모습, 즉 율법 준수와 예언자에 대한 존중이 어떻게 번영으로 이어지는지를 보여 준다.

첫머리의 본문인 에스라 1-6장에서도 성전 재건 계획은 예언자의 지원 없이 성공할 수 없다는 점이 분명해진다.[107] 그래서 두 번째 시도에 이르러서야 비로소 성공을 거둔다.

> 유다 사람의 장로들이 예언자 학개와 잇도의 손자 스가랴의 권면을 따랐으므로 성전 건축하는 일이 형통한지라 이스라엘 하나님의 명령과 바사 왕 고

레스와 다리오와 아닥사스다의 조서를 따라 성전을 건축하며 일을 끝내되"
(스 6:14).

우리 조상들의 하나님 여호와를 송축할지로다 그가 왕의 마음에 예루살렘 여호와의 성전을 아름답게 할[파아르] 뜻을 두시고(스 7:27).

에스라 7:27의 진술에는 이사야 60장의 약속이 이처럼 성취에 이르렀다는 생각을 반영하는 분명한 메아리가 있다.

[7절] 게달의 양 무리는 다 네게로[시온으로] 모일 것이요 느바욧의 숫양은 네게 공급되고 내 제단에 올라 기꺼이 받음이 되리니 내가 내 영광의 집을 영화롭게 하리라[파아르] … [9절] 곧 섬들이 나를 앙망하고 다시스의 배들이 먼저 이르되 먼 곳에서 네 자손과 그들의 은금을 아울러 싣고 와서 네 하나님 여호와의 이름에 드리려 하며 이스라엘의 거룩한 이에게 드리려 하는 자들이라 이는 내가 너를 영화롭게 하였음이라[파아르] … [13절] 레바논의 영광 곧 잣나무와 소나무와 황양목이 함께 네게 이르러 내 거룩한 곳을 아름답게 할 것이며 내가 나의 발 둘 곳을 영화롭게 할 것이라[파아르](사 60:7-13).

우리는 다른 곳에서도 페르시아 시대 이스라엘 역사를 예언자들이 예견한 일의 성취로 묘사하려는 에스라-느헤미야의 시도를 관찰할 수 있다.[108]

에스라-느헤미야는 이처럼 창세기-열왕기하의 주된 설명과 실질적으로 연결되며 왕정 시대의 파멸의 역사를 결과적으로 예언의 영향을 받은 회복의 시

---

107 참고. Krüger 1988.

대에 대한 보완적 설명으로 이어 나간다. 에스라-느헤미야는 (최소한 여전히 역대기와는 독립된 형식으로) 이처럼 역사에 대한 신명기 사가적인 이미지와 역대기적인 이미지 사이의 경계에 서 있다. 율법과 행복의 관계는 "신명기적 사관"에 의해 형성되는 반면 에스라 1-6장에 따르면 성전 재건을 위한 결단력을 부여한 페르시아의 통치에 대한 호의적인 평가는 "역대기적인" 신학에 가깝다.

이런 관점에서 에스라-느헤미야에 대한 반대 개념은 학개/스가랴 1-8장 복합체에 의해 표현되며 학개/스가랴 1-8장은 성전 건축을 페르시아 제국의 전복과 다윗 왕조의 재수립에 대한 기대와 연결시킨다.[109]

3) 예언 전승

(1) 학개/스가랴

예언자 학개와 스가랴가 쓴 것으로 간주된 이 책은 그 기원을 구약에서 확인 가능한 예언자적 인물로 추적할 수 있는 가장 늦은 시기의 예언서다. 이 두 책의 역사성은 이 두 책 밖에 있는 에스라 5:1, 6:14에서 이 두 책을 언급함으로써 적절히 보증된다.[110] 요엘서나 하박국서, 말라기서는 십중팔구 더 늦게 저술되었겠지만 아마도 처음부터 서기관 출신 전수자의 예언으로 간주해야 할 것이다.[111]

학개와 말라기는 구약의 현재 형태에서 그 책의 편집자들이 역시 에스라 5:1, 6:14을 바탕으로 두 책을 서로 어울리도록 각색했다는 증거로 인해 성전 건축의 중요한 옹호자로 간주되지만 이들이 페르시아의 그런 목적을 위한 어

---

108 McConville 1986.
109 Lux 2005.
110 Wolff 1985; Willi-Plein 1998; Meyers 2000.
111 Witte 2006; Bosshard and Kratz 1990; Steck 1991; 요엘에 대해서는 다음 책의 자료를 보라. Bergler 1988; 참고. Jeremias 2007, 1-55.

떤 계획도 알지 못하는 것처럼 보이는 것이 인상적이다.[112]

특히 학개는 역사적으로 성전 건축에 찬성한 것으로 보인다. 학개서는 포로 생활에서 돌아와 경제적인 동기에 따라 움직이는 모든 집단에서 생겨난 것으로 보이는 성전 재건축에 대한 저항의 움직임에 반대하며 그와 대조적으로 성전의 회복만이 경제적 번영을 가능하게 할 것이라고 주장한다.

학개는 이처럼 에스라-느헤미야의 "긍정적인 신명기 사관"을 여호수아-열왕기하의 "부정적인 신명기 사관"에 비추어 배격한다.

학개서는 성전을 위한 초석을 놓는 일을 하늘과 땅이 진동하고(학 2:6) "여러 왕국들의 보좌", 즉 아마도 페르시아 제국 통치자의 보좌가 전복된 뒤[113] 여호와의 통치에 대한 열방의 보편적인 승인과 다윗 왕조의 회복을 가져올 중요한 신학적·획기적 임계점으로 간주한다. 그러나 이는 구약 다른 부분의 상충하는 예언적 진술을 논의하지 않고는 약속될 수 없다. 그러므로 학개 2:21-23은 예레미야 22:24-26, 30의 뒤를 이어 스룹바벨과 관련하여 이 진술을 철회한다.

예레미야 22:24, 30	학개 2:21-23
여호와의 말씀이니라 나의 삶으로 맹세하노니 유다 왕 여호야김의 아들 고니야(즉, 여호야긴)가 나의 오른손의 <u>인장반지</u>라 할지라도 내가 빼어 … 여호와께서 이와 같이 말씀하시니라 너희는 이 사람이 자식이 없겠고 그의 평생 동안 형통하지 못할 자라 기록하라 이는 그의 자손 중 형통하여 다윗의 왕위에 앉아 유다를 다스릴 사람이 다시는 없을 것임이라 하시니라	너는 유다 총독 스룹바벨에게 말하여 이르라 … 만군의 여호와가 말하노라 스알디엘의 아들 내 종 스룹바벨아 여호와가 말하노라 그 날에 내가 너를 세우고 너를 <u>인장</u>으로 삼으리니 이는 내가 너를 택하였음이니라 만군의 여호와의 말이니라 하시니라

---

112 Lux 2005, 158.
113 Lux 2005, 164-65.

페르시아 제국의 멸망에 대한 기대와 더불어 스룹바벨을 통한 다윗 자손의 왕권 회복에 대한 이러한 정치적 관점에서도 학개 전승은 신명기적 사가의 요소에 가깝다. 역사적으로 스룹바벨이라는 인물과 페르시아 제국의 몰락에 관한 학개의 기대는 성취되지 않았다. 그럼에도 불구하고 학개의 메시지는 미래에 대한 소망의 이미지로 전해졌다.

특히 일자 기입 체계와 스가랴 7-8장과 학개서 사이의 주제상의 유대 관계 면에서 스가랴 1-8장은 학개의 예언과 잘 들어맞도록 면밀히 조정되었다.[114] 제시되는 결론은 학개와 스가랴 1-8장이 서로를 고려하여 편집되었다는 것이다. 이러한 편집상의 결합 목적은 명백히 스가랴서 1-8장을 학개 예언의 연장으로 읽히게 하는 것이었다. 학개서는 하늘과 땅의 진동에 뒤따를 지상에서의 변화를 묘사하는 반면(2:6) 스가랴서 1-8장은 천상의 광경을 펼쳐 보인다.

학개 2:21-23에서 선포된 전복을 스가랴는 하룻밤에 본 일곱 가지 환상 속에서 천상의 전략에서 비롯된 사건의 순서로 본다. 거기서부터 말 탄 자들이 땅의 상황을 살펴보기 위해 몰려오고(슥 1:7-15) 거기서부터 돌아가면서 본 사건을 현실로 만들기 위해 병거가 동서남북 모든 방향으로 나간다(6:1-8).[115]

스가랴의 첫째 환상: 1:8-13, 14-15	둘째 환상: 2:1-4	셋째 환상: 2:5-9	넷째 환상: 4:1-6a, 10b-14	다섯째 환상: 5:1-4	여섯째 환상: 5:5-11	일곱째 환상: 6:1-8
말들과 말 탄 자들	뿔들과 대장장이들	척량줄을 잡은 사람	등잔대	날아가는 두루마리	바구니 속의 여인	병거들과 말들
온 세상을 순찰함	세상의 권력을 빼앗음	열린 성읍인 예루살렘	여호와의 임재	땅의 정화	우상 숭배의 근절	온 세상에 대한 사명

---

114 참고. Meyers and Meyers 1987, xlix; Meyers 2000.
115 Lux 2002, 198.

"밤의 환상들", 즉 스가랴의 꿈은 원래 임박한 성전 건축을 넘어서는 더 넓은 신학적 지평을 갖고 있었다. 이 환상은 하나님의 임재의 중심으로 완전하게 회복된 예루살렘에 대한 이상을 제안한다.[116] 이 환상은 동심원 구조로 되어 있다.

첫 번째와 일곱 번째 환상은 말, 두 번째와 여섯 번째 환상은 이중적인 이방인의 주제(뿔+대장장이들//여인+추방), 세 번째와 다섯 번째 환상은 성곽은 없지만 안전한 성읍인 예루살렘과 그 땅이 도둑과 거짓 맹세로부터 깨끗케 됨, 네 번째 환상(중앙)은 등잔대에 대한 환상이다.

성전 건축의 구체적인 방향 설정은 일차적으로 뒤이은 스가랴 6:9-15과 7-8장의 연속된 본문에 의해 성취되며 이 본문은 스가랴서를 학개서에 맞추어 조절한다. 학개 2:21-23같이 우리는 스가랴 3-4장에서 스룹바벨에 대해 높아진 기대를 발견한다.

4:6b-10a 단락은 확실히 문맥에 방해가 되고 스룹바벨의 사명에 있는 (더 면밀히 규정할 수 없는) 문제점을 가리키는 것처럼 보인다. 그런데 스룹바벨의 사명은 새로운 재보증과 더불어 제2이사야 기본 층위의 테두리 본문인 이사야 40:3-4의 인용구와 이사야 52:7에서 발췌한 것에 분명히 근거를 둔 구원 언약도 필요하게 만든다.

학개서와 스가랴서는 유다의 성전 건축과 관련하여 엄청난 기대를 표현한다. 가까운 미래에도, 먼 미래에도 성취되지 않은 이 책의 구원에 대한 광범위한 관점은 아마도 오로지 신학적인 길이 제2이사야 전승에 의해 준비되었기 때문에 상상 가능했을 것이다. 어쨌든 이러한 예측이 거짓으로 배척받지 않은 것은 페르시아 시대 예언의 문헌적·신학적 역사의 특징이다. 그 대신 그 실현의 지연은 끊임없이 새로워진 해석으로 설명되었다.

---

116 Keel 2007, 1010-26.

스가랴 4:6b-10a	이사야 40:3-4
여호와께서 스룹바벨에게 하신 말씀이 이러하니라 만군의 여호와께서 말씀하시되 이는 힘으로 되지 아니하며 능력으로 되지 아니하고 오직 나의 영으로 되느니라 큰 산아 네가 무엇이냐 네가 스룹바벨 앞에서 평지가 되리라 그가 머릿돌을 내놓을 때에 무리가 <u>외치기를 은총, 은총이 그에게 있을지어다</u> 하리라 하셨고 여호와의 말씀이 또 내게 임하여 이르시되 스룹바벨의 손이 이 성전의 기초를 놓았은즉 그의 손이 또한 그 일을 마치리라 하셨나니 만군의 여호와께서 나를 너희에게 보내신 줄을 네가 알리라 하셨느니라 작은 일의 날이라고 멸시하는 자가 누구냐 사람들이 스룹바벨의 손에 다림줄이 있음을 보고 기뻐하리라	외치는 자의 소리여 이르되 너희는 광야에서 여호와의 길을 예비하라 사막에서 우리 하나님의 대로를 평탄하게 하라 골짜기마다 돋우어지며 산마다, 언덕마다 낮아지며 고르지 아니한 곳이 평탄하게 되며 험한 곳이 평지가 될 것이요
	이사야 52:7
	<u>좋은 소식을 전하며 평화를 공포하며 복된 좋은 소식을 가져오며 구원을 공포하며 시온을 향하여 이르기를 네 하나님이 통치하신다 하는 자의 산을 넘는 발이</u> 어찌 그리 아름다운가

신명기 전승과 신명기적 사가 전승에서 신학적으로 의심받은 이 꿈이 다시 한 번 정당한 구원 수단으로 간주되는 것도 마찬가지로 스가랴의 밤의 환상이 지닌 특징이다. 따라서 엄격한 신명기 사관에 맞서 약간의 "자연 신학"이 회복된다.

마찬가지로, 이러한 환상의 틀 안에서 중재하는 인물인 해석하는 천사(ange-lus interpres)가 눈에 띈다. 이 인물은 이 시점부터 계속해서 다른 환상 속에서 그 존재가 입증될 것이고(예컨대 단 8-9장을 참고하라) 이후 신구약 중간기 천사학의 출발점이 된다.[117]

포로기 이전 기록 예언자의 환상에 등장하는 해석적인 대화(암 7-9; 사 6; 렘 1; 24 등)는 언제나 하나님과 예언자 사이에 직접적으로 이루어졌다. 스가랴서

117　Koch 1994; Stuckenbruck 2004.

1-8장에서는 이와 대조적으로 일신론이 확립된 영향으로 문헌 묘사에서 하나님과 더 큰 거리감이 나타난다.

스가랴 5:5-11의 환상은 바구니에 담긴 한 여인이 바벨론으로 옮겨지는 모습을 전한다. 여기에서 여신이 이스라엘에서 추방되는 계획적인 환상[118]을 발견할 수 있는지 여부는 논쟁거리다.[119] 그러나 이런 해석은 여전히 매력적이다. 한편으로 이 여인은 신적인 속성을 부여받은 것처럼 보이고 다른 한편으로 구약은 왕정 시대에 그 존재가 입증된 종교적인 상징 체계에서 성별 대립의 상실("여호와와 그의 아세라")[120]에 대한 문학적 반응을 표현할 것으로 예상되었을 것이기 때문이다. 그럴 경우 (신명기와 "신명기 사가적인" 열왕기와는 달리[참고. 신 16:21; 왕하 21:3; 23:4]) 스가랴 5:5-11은 아세라를 혐오의 대상으로 삼는 것이 아니라 바벨론으로 넘겨주고 거기서 신들에 대한 이교적인 제사 속에서 아세라에게 적당한 자리가 할당된다(5:11).

(2) 제2이사야와 제3이사야의 확대

제2이사야가 선포한 구원은 원래 동시대의 정치적 경험 속에서 실현되고 있는 것으로 간주되었다. (유다의 관점에서 볼 때) 성전 재건의 시작과 최초의 주요 귀환자의 급증을 가져온 다리오 시대의 기적적인 사건의 여파로 이사야 40-52장의 몇 가지 해석 본문은 비록 이어지는 본문(42:5-7)에서는 익명으로 나오지만 첫 번째 종의 노래(42:1-4)에서 고레스라는 인물을 꽤 분명하게 밝혔다.[121]

> 하늘을 창조하여 펴시고 땅과 그 소산을 내시며 땅 위의 백성에게 호흡을 주

---

118   Uehlinger 1994.
119   Körting 2006a.
120   참고. *TUAT* 2: 556-57, 561-64.
121   참고. Kratz 1991a.

시며 땅에 행하는 자에게 영을 주시는 하나님 여호와께서 이같이 말씀하시되 나 여호와가 의로 너를 불렀은즉 내가 네 손을 잡아 너를 보호하며 너를 세워 백성의 언약과 이방의 빛이 되게 하리니 네가 눈먼 자들의 눈을 밝히며 갇힌 자를 감옥에서 이끌어 내며 흑암에 앉은 자를 감방에서 나오게 하리라 (사 42:5-7).

이러한 입장은 예를 들어 페르시아 왕의 비문에서 유다 사람이 발견되는 것처럼 페르시아 제국 이데올로기를 수용한 것이다. 즉, 하나님(페르시아인들에게는 아후라마즈다)은 페르시아의 군주를 통해 세상을 다스리신다(참고. 스 5:11-16).[122]

그러나 다리오 왕 이후에 상황이 바뀌었다. 유다와 예루살렘의 비참한 상황은 성전 재건에도 불구하고 제2이사야 전승에서 예견된 구원 사건의 "임재 지연"으로 해석되었다. 이러한 지연에 대해 숙고하는 본문은 결국 40-66장에서 이사야서 전체의 현재의 구원 단락을 형성할 이사야 40-52장의 발전으로 귀결되었다. 원래 독립적이었던 두 개의 문헌 핵심 전승이라는 의미로 이해한다면 40-55장("제2이사야")과 56-66장("제3이사야")의 전통적인 구별은 더 이상 유지될 수 없다.

아직은 이사야 40-55장이 무조건적인 구원에 대한 예언을 제시한다는 점이 사실이지만 이사야 56장부터 다시 선포되고 기대된 구원에 대해 조건을 내거는 경고의 말씀을 만난다. 이는 이사야 56-66장 본문이 현재에 대한 적용과 더불어 제2이사야의 구원에 대한 예언에도 불구하고 지연의 경험에 대해 반응하고 있다는 결론을 허용한다.

제2이사야가 약속한 구원은 이사야 40-55장에서 상상한 정도나 상상한 때(즉, 현재)에 나타나지 않았다. 이사야 56-66장은 이러한 결핍감에 직면하여 지연

---

[122] Koch 1984b; Wiesehöfer 1999.

의 이유를 찾았고 그 이유를 구원의 장애물, 즉 하나님의 백성의 잘못된 태도에서 발견했다. 그에 따라 이사야 56-66장은 경고와 고발을 표현하기 시작했다.

그러나 오래된 "제3이사야" 가설과 달리 이사야 56-66장은 독립적인 예언자("제3이사야")가 이전에 구두로 선포한 말씀에서 나온 것이 아니다. 오히려 이 장들은 책으로 의도한 본문 외에 다른 형태로는 결코 존재하지 않았던 서기관 출신 전수자의 예언으로 이해해야 한다.[123] 이 점은 이전에 제3이사야 가설의 "아버지"인 둠 자신이 제안한 바 있다.

> 제3이사야가 자신의 글을 단순히 제2이사야의 글의 속편으로 썼을 가능성은 확실히 있다.[124]

일례로 이사야서 56-66장의 서기관적인 특성은 이사야 57:14에서 이사야 40:3을 각색한 데서 알아볼 수 있다.

이사야 40:3	이사야 57:14
외치는 자의 소리여 이르되 너희는 광야에서 여호와의 <u>길</u>을 예비하라 사막에서 우리 하나님의 <u>대로</u>를 평탄하게 하라	돋우고 돋우어 <u>길</u>을 수축하여 내 백성의 <u>길</u>(을 준비하고)에서 거치는 것을 제하여 버리라

이사야 40:3은 여호와가 시온/예루살렘에 있는 자신의 성소로 돌아올 수 있도록 여호와가 행진할 길을 닦을 것을 요구한다. 이사야 57:14은 이 요구를 이어받지만 그것을 윤리적인 측면에서 재해석한다. 백성 사이의 불의한 사회적·종교적 상황은 구원이 임할 수 있도록 제거되어야 한다.

---

123 Steck 1991b; 이와 다른 견해로는 Koenen 1990.
124 Duhm 1892/1968, 390.

이사야 56-66장의 서기관적인 특성을 고려하면 이사야 56:1-7에서 토라 본문을 폐기한 것은 주목할 만하다.[125] 이방인이나 고자를 공동체에서 배제하는 것은 예언적 권위를 통해 무시할 수 있다.

이사야 56-66장 안에서 근본적으로 56-59장과 63-66장을 한 편으로, 60-62장을 다른 한편으로 구별할 수 있다. 56-59장만이 구원의 선포에 부과된 새로운 조건이라는 의미에서 개념적으로 "제3이사야"적인 반면 시온에 대한 무조건적인 구원을 선포하는 60-62장은 40-55장과 직접적인 관련성을 드러낸다. 따라서 우리는 타당한 이유를 가지고 60-62장은 (63-66장뿐만 아니라) 56-59장보다 더 오래되었고 원래 *40-55장과 연결되어 있었다고 가정할 수 있을 것이다.

이러한 시온 본문은 "메시야적인" 이념을 다윗 왕조(사 9:1-6), 느부갓네살(렘 27:6, 8), 고레스(사 45:1)와 분리시키고 이제 메시야적인 특성을 지닌 예루살렘 성 자체의 모습을 그려낼 수 있기 때문에 신학의 역사에서 특히 중요하다.

이사야 60:1-12	이사야 9:2
일어나라 빛을 발하라 이는 네 빛이 이르렀고 여호와의 영광이 네 위에 임하였음이니라 보라 어둠이 땅을 덮을 것이며 캄캄함이 만민을 가리려니 오직 여호와께서 네 위에 임하실 것이며 그의 영광이 네 위에 나타나리니 나라들은 네 빛으로, 왕들은 비치는 네 광명으로 나아오리라 … 네 성문이 항상 열려 주야로 닫히지 아니하리니 이는 사람들이 네게로 이방 나라들의 재물을 가져오며 그들의 왕들을 포로로 이끌어 옴이라 너를 섬기지 아니하는 백성과 나라는 파멸하리니 그 백성들은 반드시 진멸되리라	흑암에 행하던 백성이 큰 빛을 보고 사망의 그늘진 땅에 거주하던 자에게 빛이 비치도다
	예레미야 27:6
	이제 내가 이 모든 땅을 내 종 바벨론의 왕 느부갓네살의 손에 주고
	예레미야 27:8
	여호와의 말씀이니라 바벨론의 왕 느부갓네살을 섬기지 아니하며 그 목으로 바벨론의 왕의 멍에를 메지 아니하는 백성과 나라는 내가 그들이 멸망하기까지 칼과 기근과 전염병으로 그 민족을 벌하리라

---

[125] Donner 1985/1994.

외견상 이사야서 60장의 이러한 관점은 지역 왕정과 이방인의 왕정을 함께 비판하며 메시야의 개념을 유명한 인물에게서 분리시킨다. 예루살렘 자체가 "메시야적인" 특성을 지녀야 한다(이하를 참고하라). 예레미야애가 1:10에서는 이런 이유로 성전을 "예루살렘의" 성소라고 부르고 이런 이유로 성읍을 유다 왕의 합법적인 계승 속에 둔다.[126]

이 모든 것에 있어서 놀라운 것은 한편으로는 이사야 9:1에 나온 빛의 비유가 이사야 60장에서 신학적으로 해석된다는 점이다. 즉, 여호와 자신이 빛이 된다. 다른 한편으로 이사야 60장의 지평은 규모 면에서 우주적이다. 시온-예루살렘은 이스라엘 백성뿐만 아니라 온 열방에 대해 메시야적인 특성을 가진다. 그에 따라 시온-예루살렘의 권능은 예레미야 27장의 위풍당당한 "바벨론"적 색채로 그려진다.

이사야 63-66장은 이사야 56-59장과 개념적으로 구별되어야 한다. 63-66장에서 소망하는 약속된 구원의 도래는 지속적인 팽창에 의존하는 것이 아니라 이스라엘 안에 있지만 추종자를 열방에서 자신에게로 끌어 모을 수 있는 한 무리의 "경건한" 자에게 국한되기 때문이다(이하를 보라).

(3) 예레미야서와 에스겔서의 확대

다리오가 다스리던 시대의 사건(성전 재건의 시작, 새롭게 몰려오는 귀환자, 바벨론에서 왕위를 노리는 자에 의한 반란의 진압)은 제2이사야("하나님의 종"인 고레스)뿐만 아니라 예레미야서에서도 그에 상응하는 내용 확대를 초래했다. 따라서 예를 들어 예루살렘을 멸망시킨 장본인인 느부갓네살은 예레미야 25:9; 27:6, 43:10에서 멀쩡하게 "나의[즉, 하나님의] 종"으로 재해석되고 고레스의 선구자로 간주될 수 있다.

---

[126] 참고. Keel 2007, 794.

이러한 일련의 경험에 대한 더 폭넓은 숙고는 예레미야 25:11과 29:10에 나오는 두 번의 "칠십 년"에 관한 예언에서 볼 수 있는데 이 두 예언은 상호 확대하며 이제 예루살렘과 유다에 "칠십 년"의 심판이 임한 뒤에는 이스라엘에 대해서는 구원, 바벨론에 대해서는 불행한 결말을 예상한다. 그 중 하나는 예레미야 30-31장에서, 다른 하나는 예레미야 50-51장에서 문헌으로 표현된다.[127]

> 이 모든 땅이 폐허가 되어 놀랄 일이 될 것이며 이 민족들은 칠십 년 동안 바벨론의 왕을 섬기리라(렘 25:11).

> 여호와께서 이와 같이 말씀하시니라 바벨론에서 칠십 년이 차면 내가 너희를 돌보고 나의 선한 말을 너희에게 성취하여 너희를 이 곳으로 돌아오게 하리라(렘 29:10).

마지막으로 예레미야서와 에스겔서에서 이 두 책의 정치적 측면을 바탕으로 절대적으로 확실하게 페르시아 시대에 생겨난 것으로 추정할 수 있는 두 가지 계획적 편집적 관점을 구별할 수 있다. 이 본문은 그 기원을 주전 597년에 강제 이주된 바벨론 골라나 멸망한 왕정 시대 이스라엘의 합법적인 계승자인 전세계의 디아스포라로 추적할 수 있는 확대된 본문이다.

기본적으로 디아스포라 지향적인 본문은 골라 지향적인 프로그램에 대한 교정책처럼 보이지만 예언서에는 디아스포라에 대한 긍정적인 진술도 있다. 이런 진술은 보다 오래된 것으로 보인다(일례로 렘 23:3을 참고하라). 때때로 골라 지향적 진술은 주전 597년 직후에 생겨날 수 있었을 것이라는 입장을 옹호하는 사람이

---

[127] Schmid 1996a, 220-53.

있는 것이 사실이지만[128] 이 진술이 포로와 그 땅에 남아 있는 자 사이의 그토록 첨예하게 대립되는 입장을 규명하는 방식은 그 시대에는 거의 설명할 수 없었다.

그 대신 이 본문은 자신들의 리더십에 대한 요구가 예언에 근거하고 있음을 알고 싶어 했던, 포로에서 돌아온 이들에 대한 신학적 정당화를 뒷받침하는 본문처럼 보인다.

이 두 편집 계획에 대한 발견과 규범적 서술은 본질적으로 폴만(Pohlmann)이 한 일이었다.[129] 골라 지형적인 관점은 좋은 무화과와 나쁜 무화과에 대한 환상인 예레미야 24장에서 가장 분명하게 볼 수 있다.

> 바벨론의 느부갓네살 왕이 유다 왕 여호야김의 아들 여고냐와 유다 고관들과 목공들과 철공들을 예루살렘에서 바벨론으로 옮긴 후에 여호와께서 여호와의 성전 앞에 놓인 무화과 두 광주리를 내게 보이셨는데 한 광주리에는 처음 익은 듯한 극히 좋은 무화과가 있고 한 광주리에는 나빠서 먹을 수 없는 극히 나쁜 무화과가 있더라 여호와께서 내게 이르시되 예레미야야 네가 무엇을 보느냐 하시매 내가 대답하되 무화과이온데 그 좋은 무화과는 극히 좋고 그 나쁜 것은 아주 나빠서 먹을 수 없게 나쁘니이다 하니 여호와의 말씀이 또 내게 임하니라 이르시되 이스라엘의 하나님 여호와께서 이와 같이 말씀하시니라 내가 이 곳에서 옮겨 갈대아인의 땅에 이르게 한 유다 포로를 이 좋은 무화과 같이 잘 돌볼 것이라 내가 그들을 돌아보아 좋게 하여 다시 이 땅으로 인도하여 세우고 헐지 아니하며 심고 뽑지 아니하겠고 내가 여호와인 줄 아는 마음을 그들에게 주어서 그들이 전심으로 내게 돌아오게 하리니 그들은 내 백성이 되겠고 나는 그들의 하

---

128 Seitz 1989.
129 Pohlmann 1978; 1989; 1996.

나님이 되리라 여호와께서 이와 같이 말씀하시니라 내가 유다의 왕 시드기야와 그 고관들과 예루살렘의 남은 자로서 이 땅에 남아 있는 자와 애굽 땅에 사는 자들을 나빠서 먹을 수 없는 이 나쁜 무화과 같이 버리되 세상 모든 나라 가운데 흩어서 그들에게 환난을 당하게 할 것이며 또 그들에게 내가 쫓아 보낼 모든 곳에서 부끄러움을 당하게 하며 말 거리가 되게 하며 조롱과 저주를 받게 할 것이며 내가 칼과 기근과 전염병을 그들 가운데 보내 그들이 내가 그들과 그들의 조상들에게 준 땅에서 멸절하기까지 이르게 하리라 하시니라(렘 24:1-10).

폴만 이전에는[130] 이런 본문을 그 언어적 특징 때문에 "신명기 사가적인" 편집으로 예레미야서에 삽입된 것으로 추정하는 것이 일반적이었다.[131] 그러나 예레미야 24장의 주제적 윤곽을 고려하면 이러한 해석은 전혀 개연성이 없다. 예레미야 24장에서 심판이나 구원의 기준은 율법에 대한 순종이 아니라 특정 집단에 속하는 것이었다.

"좋은 무화과"는 주전 597년에 바벨론으로 강제 이주한 여호야긴 골라의 구성원이다. 이스라엘의 구원을 위한 여호와의 미래 계획은 그들을 통해 성취될 것이다. "나쁜 무화과"는 그 땅에 남아 있거나 이집트로 도망친 자들이다. 그들은 그 땅에서 완전히 뿌리 뽑혀 온 세상에 흩어질 것이다.

이러한 계획의 종교-정치적 함의는 분명하다. 예레미야 24장은 주전 597년에 강제 이주된 잘 알려진 "지도자" "10,000명"(왕하 24:14을 보라)에 대한 예언적 정당화이며 그들은 자신들의 주도권에 대한 요구 근거를 예레미야의 설교에 둔다.

우리는 여기서 고대 이스라엘의 신학 역사에서 처음으로 구원의 단위로서

---

130 Pohlmann 1978.
131 참고. Thiel 1973, 253–61.

이스라엘이 이스라엘 안에서 구별을 위해 버려야 한다는 개념을 접하게 되는 것으로 보인다. 헬레니즘 시대에 이러한 구별은 악인과 경건한 자의 분리라는 면에서 매우 흔할 것이고 이 개념은 여기서 기본적인 면에서 사전 검토된다.

그러나 예레미야서 곳곳에서 하나의 장이 아니라 예레미야 전승 전체에 미친 편집 과정에 이 개념의 흔적이 존재한다. 환상으로 양식화된 예레미야 24장은 앞의 예레미야 1:11-14과의 분명한 연결 고리를 만들어내므로 예레미야 1-24장의 심판 선포 전체가 이제 "나쁜 무화과"에 적용된다.

결과적으로 편집적 관점에서 예레미야 29:16에 있는 예레미야 24장의 인용구는 (예레미야 30-33장의 구원 선포 직전에) "좋은 무화과"만이 여기서 선포된 구원을 경험할 것이라는 점을 분명히 밝힌다.[132]

"골라 지향적인" 계획은 예레미야서에서 두드러지고 파악하기 쉽지만 그 기원은 거기 있지 않다. 그 대신 이 계획은 에스겔 전승에 영감받고 정당화된 것으로 보이며 에스겔 전승은 그 최초의 기원부터 최소한 암묵적으로라도 "골라 지향성"이 특징이었다. 역사적 예언자인 에스겔 자신이 명백히 주전 597년에 바벨론으로 끌려간 이들 중 한 사람이었고 따라서 에스겔서의 말씀은 시종일관 그 사건과 관련해서 날짜가 기록된다.

그러나 이 암묵적인 "골라 지향성" 외에 에스겔서는 명백히 같은 조건으로 수정된다. 우리는 예레미야 24장과 완벽히 부합되게 에스겔서 11장에서 최초의 골라 후손만이 참된 이스라엘을 구성할 것이라는 관점을 발견한다. 그들은 새 마음을 받을 것이고 그래서 하나님의 백성이 될 것이다.

> … 내가 엎드려 큰 소리로 부르짖어 이르되 오호라 주 여호와여 이스라엘
> 의 남은 자를 다 멸절하고자 하시나이까 하니라 여호와의 말씀이 내게 임

---

[132] Schmid 1996a, 253-69.

하여 이르시되 인자야 예루살렘 주민이 네 형제 곧 네 형제와 친척과 온 이스라엘 족속을 향하여 이르기를 너희는 여호와에게서 멀리 떠나라 이 땅은 우리에게 주어 기업이 되게 하신 것이라 하였나니 그런즉 너는 말하기를 주 여호와의 말씀에 내가 비록 그들을 멀리 이방인 가운데로 쫓아내어 여러 나라에 흩었으나 그들이 도달한 나라들에서 내가 잠깐 그들에게 성소가 되리라 하셨다 하고 너는 또 말하기를 주 여호와의 말씀에 내가 너희를 만민 가운데에서 모으며 너희를 흩은 여러 나라 가운데에서 모아 내고 이스라엘 땅을 너희에게 주리라 하셨다 하라 그들이 그리로 가서 그 가운데의 모든 미운 물건과 모든 가증한 것을 제거하여 버릴지라 내가 그들에게 한 마음을 주고 그 속에 새 영을 주며 그 몸에서 돌 같은 마음을 제거하고 살처럼 부드러운 마음을 주어 내 율례를 따르며 내 규례를 지켜 행하게 하리니 그들은 내 백성이 되고 나는 그들의 하나님이 되리라 그러나 미운 것과 가증한 것을 마음으로 따르는 자는 내가 그 행위대로 그 머리에 갚으리라 나 주 여호와의 말이니라(겔 11:13-21).

예레미야서와 마찬가지로 에스겔서에서도 구원 약속은 모두 편집에 의해 "골라 지향적인" 방식으로 좁혀졌다. 이 점은 에스겔서 33장 본문 첫머리에서 본문의 구원에 대한 예언으로 분명해진다.

그 도망한 자가 내게 나아오기 전날 저녁에 여호와의 손이 내게 임하여 내 입을 여시더니 다음 아침 그 사람이 내게 나아올 그 때에 내 입이 열리기로 내가 다시는 잠잠하지 아니하였노라 여호와의 말씀이 내게 임하여 이르시되 인자야 이 이스라엘의 이 황폐한 땅에 거주하는 자들이 말하여 이르기를 아브라함은 오직 한 사람이라도 이 땅을 기업으로 얻었나니 우리가 많은즉 더욱 이 땅을 우리에게 기업으로 주신 것이 되느니라 하는

도다 그러므로 너는 그들에게 이르기를 주 여호와께서 이같이 말씀하시
되 너희가 고기를 피째 먹으며 너희 우상들에게 눈을 들며 피를 흘리니
그 땅이 너희의 기업이 될까보냐 너희가 칼을 믿어 가증한 일을 행하며
각기 이웃의 아내를 더럽히니 그 땅이 너희의 기업이 될까보냐 하고 너는
그들에게 이르기를 주 여호와께서 이같이 말씀하시되 내가 나의 삶을 두
고 맹세하노니 황무지에 있는 자는 칼에 엎드러뜨리고 들에 있는 자는 들
짐승에게 넘겨 먹히게 하고 산성과 굴에 있는 자는 전염병에 죽게 하리
라 내가 그 땅이 황무지와 공포의 대상이 되게 하고 그 권능의 교만을 그
치게 하리니 이스라엘의 산들이 황폐하여 지나갈 사람이 없으리라 내가
그들이 행한 모든 가증한 일로 말미암아 그 땅을 황무지와 공포의 대상이
되게 하면 그 때에 내가 여호와인 줄을 그들이 알리라 하라(겔 33:22-29).

그러나 예레미야서와 에스겔서에서 이러한 제한적인 계획은 결과적으로 즉시 이스라엘 안의 이러한 내적인 구분을 없애고 이와 달리 미래의 구원은 바벨론의 골라만이 아니라 전 세계의 디아스포라 전체에 속한 것이라고 주장하는 개정 과정을 거쳤다. 따라서 우리는 여기서 "디아스포라 지향적인" 편집에 대해 말할 수 있을 것이다.

흥미롭게도 이러한 편집은 예레미야서와 에스겔서 곳곳에서 명확히 진술된 "골라 지향적인" 신학의 지평에 정통했던 것으로 보인다. 그에 따라 이러한 편집은 그 나름의 관점을 각 책에서 문헌적으로 중요한 지점에 삽입했다. 예레미야서에는 예레미야 24장 바로 앞에 그에 상응하는 진술이 있다(렘 23:7-8의 위치를 이 본문이 23장 맨 끝에 나오는 70인경에 따라 고려한다면).

그러므로 여호와의 말씀이니라 보라 날이 이르리니 그들이 다시는 이스라엘
자손을 애굽 땅에서 인도하여 내신 여호와의 사심으로 맹세하지 아니하고 이

스라엘 집 자손을 북쪽 땅, 그 모든 쫓겨났던 나라에서 인도하여 내신 여호와
의 사심으로 맹세할 것이며 그들이 자기 땅에 살리라 하시니라(렘 23:7-8).

마찬가지로 예레미야 29:14의 디아스포라 지향적인 진술은 예레미야 29:16의 구원 약속에 대한 기존의 골라 지향적인 제한을 반박한다.

… 너희를 포로된 중에서 다시 돌아오게 하되 내가 쫓아 보내었던 나라들
과 모든 곳에서 모아 사로잡혀 떠났던 그 곳으로 돌아오게 하리라 이것은
여호와의 말씀이니라(렘 29:14).

마지막으로, 예레미야 32장에 나오는 미래의 구원에 대한 징표인 밭에 대한 이야기는 디아스포라 지향적인 의미로 재해석되었다.

보라 내가 노여움과 분함과 큰 분노로 그들을 쫓아 보내었던 모든 지방
에서 그들을 모아들여 이 곳으로 돌아오게 하여 안전히 살게 할 것이라
(렘 32:37).

우리는 책의 전반적인 내용을 의식한 이와 비슷한 디아스포라 지향적 편집이 에스겔서에도 적용되었다고 추측해 볼 수 있다. 여기서는 에스겔 40-48장의 성전 건축에 대한 큰 환상 바로 직전에 에스겔 39:25-29에 그에 상응하게 중요한 진술이 제시되어 있다.

그러므로 주 여호와께서 이같이 말씀하셨느니라 내가 이제 내 거룩한 이
름을 위하여 열심을 내어 야곱의 사로잡힌 자를 돌아오게 하며 이스라엘
온 족속에게 사랑을 베풀지라 그들이 그 땅에 평안히 거주하고 두렵게 할

자가 없게 될 때에 부끄러움을 품고 내게 범한 죄를 뉘우치리니 내가 그들을 만민 중에서 돌아오게 하고 적국 중에서 모아 내어 많은 민족이 보는 데에서 그들로 말미암아 나의 거룩함을 나타낼 때라 전에는 내가 그들이 사로잡혀 여러 나라에 이르게 하였거니와 후에는 내가 그들을 모아 고국 땅으로 돌아오게 하고 그 한 사람도 이방에 남기지 아니하리니 그들이 내가 여호와 자기들의 하나님인 줄을 알리라 내가 다시는 내 얼굴을 그들에게 가리지 아니하리니 이는 내가 내 영을 이스라엘 족속에게 쏟았음이라 주 여호와의 말씀이니라(겔 39:25-29).

(4) "신명기 사가적인" 회개 신학

여전히 신명기적 역사서를 주전 562년 직후에 글을 쓴 "한 사람"의 작품으로 간주한 "신명기 사가적인 역사서"에 관한 노트(Noth)의 고전적인 이론[133]과 달리 신명기적 사관에 대한 현재의 고도로 다양한 논의에는 "신명기 사가적인" 전승은 그 기원이 오래 지속된 전수자의 학파에게로 거슬러 올라가며 다니엘 9장, 마소라 본문 형태의 예레미야 안에 있는 특별 자료 또는 에스라4서 같은 늦은 시기의 본문에서 입증할 수 있듯이 서기관적인 언어 사용을 특징으로 한다는 광범위한 합의가 존재한다.[134]

그 안에 있는 다양한 "신명기 사가적인" 입장을 구분해야 할 필요성을 보여주기도 하는 이렇게 최근에 인정된 신명기적 사관의 긴 수명이라는 틀 안에서 [135] 한스 발터 볼프(Hans Walter Wolff)가 사사기 2:11-12, 사무엘상 7:3, 12:14-15, 열왕기상 8:46-53, 열왕기하 17:13, 열왕기하 23:25에 의존하여 "신명기 사가적인 역사서의 선포"[136]에 대한 영향력 있는 연구를 쏟아 부은 "회개"라는

---

[133] Noth 1943, 110.
[134] Steck 1967; Römer 2005; Witte et al. 2006; Otto 2006c; Person 2007.
[135] Römer 2005; Witte et al. 2006.
[136] Wolff 1961/1964; 참고. Wolff 1951/1964.

주제는 결코 (후기 예언서뿐만 아니라) 전기 예언서에 있는 신명기 사가적인 해석 본문의 가장 오래된 요소에 속한 것이 아니라는 점이 분명해졌다.

느헤미야도 최초의 신명기적 사가도 자신의 시대에는 "회개의 전파자"가 아니었다. 오히려 자신들의 전승에 대한 후대 문헌사의 흐름 속에서 그렇게 되었다. 심지어 신명기도 4:30과 30:2, 10에서 회개라는 주제를 일차적으로 구원에 대한 전망에 근거를 두면서 볼프조차 이 본문을 신명기 사가적인 역사서 안의 "2류 저자"가 쓴 것으로 간주했다.[137] 신명기 4장은 신명기에서 창세기 1장을 명백히 전제로 삼고 활용하는 제사장 문서 이후의 장이다.[138] 마찬가지로 "이스라엘 백성에 대한 심판", "이방 민족에 대한 심판", "이스라엘 백성을 위한 구원"이라는 역사적 순서로 개념적으로 이사야서1-39장, 에스겔서, 스바냐서, 또는 예레미야서(70인경 번역본)를 예견케 하는 신명기 30장은 신학-역사적 논의의 페르시아-시대 상황을 상정한다.

이스라엘 백성에 대한 심판	신 30:1-2 내가 네게 진술한 모든 복과 저주가 네게 임하므로 네가 네 하나님 여호와로부터 쫓겨간 모든 나라 가운데서 이 일이 마음에서 기억이 나거든 너와 네 자손이 네 하나님 여호와께로 돌아와 …
이방 민족들에 대한 심판	신 30:7 네 하나님 여호와께서 네 적군과 너를 미워하고 핍박하던 자에게 이 모든 저주를 내리게 하시리니
이스라엘 백성을 위한 구원	신 30:8-10 너는 돌아와 다시 여호와의 말씀을 청종하고 내가 오늘 네게 명령하는 그 모든 명령을 행할 것이라 네가 네 하나님 여호와의 말씀을 청종하여 이 율법책에 기록된 그의 명령과 규례를 지키고 네 마음을 다하며 뜻을 다하여 여호와 네 하나님께 돌아오면 네 하나님 여호와께서 네 손으로 하는 모든 일과 네 몸의 소생과 네 가축의 새끼와 네 토지 소산을 많게 하시고 네게 복을 주시되 곧 여호와께서 네 조상들을 기뻐하신 것과 같이 너를 다시 기뻐하사 네게 복을 주시리라

---

137 Wolff 1961, 182, 184.
138 Schmid 1999c 164-65 n. 660.

이와 비슷하게 예레미야 3:1-4:2,[139] 스가랴 1:3, 말라기 3:7의 회개에 관한 중요한 예언 본문은 페르시아 시대의 배경을 암시한다. 이는 "회개"(또는 "돌아옴")가 이 시대에 겨우 가능한 개념이 되었음을 의미하는 것은 아니지만 이 주제가 이 시대에 처음으로 눈에 띄게 발전하였음을 의미한다. 본질적으로 회개라는 주제를 약속된 구원의 지연이라는 경험에 대한 또 다른 가능한 반응으로 해석할 수 있다. 이스라엘이 회개하고 돌아서지 않으면 하나님의 구원은 실현될 수 없다.

(5) 고전적 예언의 성서적 구성

책에 자신의 이름을 부여한 몇몇 예언자의 권위를 힘입어 예언서에 자기 나름의 추가된 내용을 쓴 저자의 익명 저작은 고대인의 관점에서는 결코 불쾌한 행동이 아니었다.

예언서를 이어 써내려간 이들은 자신의 고유한 권리로 각자 자기 모습을 드러내는 데 관심도 없었고 그럴 기회도 없었다. 그 대신 그들은 자신들이 당대에 예언적 선포에 대한 적절한 해석을 제공하고 있다고 믿은 것으로 보이며, 따라서 그 해석은 문제의 예언서 본문 속에 직접 기록되고 특정한 예언자의 이름으로 통용될 만한 자격이 있었다. 예언자들은 자신들의 역사적 시대를 위해 말했을 뿐만 아니라 먼 미래를 내다보았다는 생각은 이렇게 생겨났다.

이 점은 이사야 전승에서 가장 분명하게 볼 수 있는데 이사야 전승은 한편으로는 이사야 1:1의 표제에서 이사야가 주전 8세기 후반 유다 왕 웃시야, 요담, 아하스, 히스기야가 다스리던 시대에 메시지를 받았다고 주장하지만 다른 한편으로는 이러한 신탁의 내용이 이사야 시대부터 새 하늘과 새 땅의 가장 먼 미래(사 65-66장)까지 세상의 역사 전체를 포괄하고 있음을 보여 준다.

예언자를 세계 역사의 미래를 꿰뚫어보는 사람으로 보는 성서의 관점은 이

---

[139] Schmid 1996a, 277-94.

처럼 본질적으로 오랜 기간 동안 여러 단계에 걸쳐 그들의 책을 지속적으로 집필하는 문헌사적 과정에서 나왔다. 물론 예언서는 여전히 우리로 하여금 역사적 예언자들이 미래에 대한 진술도 했다는 사실을 알게 해주지만[140] 세계사적 지평은 다양한 책에 대한 광범위한 편집 작업의 결과다.

(특히 자신이 처한 성서적 상황 때문에 예루살렘의 참화와 가장 가까웠던 예언자 예레미야의 책에서) 예언 메시지의 시간적 확장을 수반하는 것은 토라의 기준에 대한 실질적인 수정이었다.[141] 예언자들은 페르시아 시대에 성서 해석의 역사에서 여러 세기 동안 사람들이 생각해 온 모습의 예언자, 즉 모세 율법을 해석하고 그것을 역사에 적용한 이들이었다.

4) 율법 전승

(1) 성결 법전

학자들은 아우구스트 클로스터만(August Klostermann)을 따라 "너희는 거룩하라 이는 나 여호와 너희 하나님이 거룩함이니라"라는 반복 어구를 근거로 레위기 17-26장의 본문을 "성결 법전"이라고 불렀다.[142] 이 자료의 문헌적 지위에 대해서는 의견이 일치하지 않는다.

① 그것은 원래 독립적인 율법 모음집인가?
② 아니면 (신명기와 절충한[143]) 제사장 문서의 속편인가?[144]

---

140 이 점은 예를 들어 성취되지 않은 예언에서 분명하다(참고. 렘 22:18-19).
141 Maier 2002; Otto 2006b; Achenbach 2007; Maier에 대해서는 265-66 n. 26을 참고하라.
142 Klostermann 1877.
143 Elliger 1966.
144 Nihan 2007, 616-17.

③ 또는 제사장 문서의 필수적인 구성 요소인가?[145]

④ 아니면 모세오경의 형성 과정에서 편집상 삽입된 것인가?[146]

속편 가설은 우리가 레위기 17-26장에서 신명기 사가적인 율법 수여와 제사장 문서적인 율법 수여 사이의 조화를 분명히 볼 수 있기 때문에 특별히 매력적이다. 모세오경의 편집적 지평이 이 가운데 어느 것의 전면에 있었는지는 그다지 명백하지 않다.[147]

이 점은 레위기 26장에 나오는 성결 법전의 축복 부분에서 가장 쉽게 파악할 수 있다. 노르베르트 로핑크(Norbert Lohfink)가 분명히 밝혔듯이 레위기 26:9, 11-13은 제사장 본문에서 창세기 17장, 출애굽기 6:2-8과 29:45-46 같은 핵심적인 약속을 취하지만 그 약속을 성결 법전의 마지막 축복/저주 단락에 배치함으로써 거기에 조건을 부여하며 이 단락은 "너희가 내 규례와 계명을 준행**하면**"이라는 말로 시작한다(레 26:3).[148] 따라서 이 약속의 성취는 더 이상 무조건적으로 약속된 것이 아니라 율법에 대한 순종에 의존하게 되며 이는 제사장 문서의 신학에 대한 모종의 "신명기화"나 다름없다.

지금은 완전한 레위기 26:11의 언약 관용구("나는 … 너희의 하나님이 되고 **너희는 내 백성이 될 것이니라**")도 같은 방향을 가리키는데, 이는 전부 이 관용구의 전반부만 사용하는 창세기 17:7, 출애굽기 6:7, 29:46 등의 예를 통해 충분히 예시된 제사장 문서의 신학적 프로그램과 상반되는 것이다.

성결 법전은 제사장 문서 신학의 일방적 성질을 신명기 사가적인 의미로 달리 표현하므로 이제 구원에 대한 제사장 문서의 진술은 더 이상 직접적인 신적 명령이 아니라 율법에 대한 신학으로 매개된다.

---

145 Blum 1990.
146 Otto 2000a.
147 Nihan 2007, 617의 입장이 이러하며 Otto 2000a는 이런 입장에 반대한다.
148 Lohfink 1973/1988.

창세기 17:6-7	레위기 26:3, 9-13
내가 너로 심히 번성하게 하리니 내가 네게서 민족들이 나게 하며 왕들이 네게로부터 나오리라 내가 내 언약을 나와 너 및 네 대대 후손 사이에 세워서 영원한 언약을 삼고 너와 네 후손의 하나님이 되리라	너희가 내 규례와 계명을 준행하면 (9) 내가 너희를 돌보아 너희를 번성하게 하고 너희를 창대하게 할 것이며 내가 너희와 함께 한 내 언약을 이행하리라 … 내가 내 성막을 너희 중에 세우리니 내 마음이 너희를 싫어하지 아니할 것이며 나는 너희 중에 행하여 너희의 하나님이 되고 너희는 내 백성이 될 것이니라 나는 너희를 애굽 땅에서 인도해 내어 그들에게 종된 것을 면하게 한 너희의 하나님 여호와이니라 내가 너희의 멍에의 빗장을 부수고 너희를 바로 서서 걷게 하였느니라
출애굽기 6:4-7	
그들과 언약하였더니 … 내가 애굽 사람의 무거운 짐 밑에서 너희를 빼내며 그들의 노역에서 너희를 건지며 편 팔과 여러 큰 심판들로써 너희를 속량하여 너희를 내 백성으로 삼고 나는 너희의 하나님이 되리니 나는 애굽 사람의 무거운 짐 밑에서 너희를 빼낸 너희의 하나님 여호와인 줄 너희가 알지라	
출애굽기 29:45-46	
내가 이스라엘 자손 중에 거하여 그들의 하나님이 되리니 그들은 내가 그들의 하나님 여호와로서 그들 중에 거하려고 그들을 애굽 땅에서 인도하여 낸 줄을 알리라 나는 그들의 하나님 여호와니라	

정치 신학적 관점에서 성결 법전이 대제사장의 직무 근거를 분명히 토라(레 17:16-26)에 두고 있다는 점은 주목할 만하다.[149]

---

149 참고. Otto 2007, 202.

(2) 민수기

사실은 책 한 권이 아니라 모세오경의 문헌 단계 중 하나인 민수기는 자료설(source theory)로 설명하기 어렵기에 학자들에게 거듭해서 크게 문제되어 왔다. 아직도 민수기에서 전승 자료를 발견하려는 시도가 있지만[150] 최근 여러 연구는 민수기의 큰 단락을 그런 자료가 일정 단계의 완성도에 도달한 뒤에도 출애굽기-레위기나 신명기에서 자리를 찾지 못한 율법의 잡동사니 모음으로 해석하는 경향이 있다.[151] 혹자는 민수기를 할라카에 대한 미드라시 문헌의 선구자로 간주하기도 한다. 민수기는 토라에 대한 다양한 해석을 담은 일종의 "단계적인 전집"으로 발전해 온 것으로 보인다.

민수기의 표제 자체가 레위기 27:34의 "권말"(colophon) 뒤에서 그렇게 표시된 "최종 본문"(final-text)의 확대적인 책의 성격을 가리킨다.

> 이것은 여호와께서 시내 산에서 이스라엘 자손을 위하여 모세에게 명령하신 계명이니라(레 27:34).

> 여호와께서 시내 광야 회막에서 모세에게 말씀하여 이르시되(민 1:1).

민수기 1:1에 따르면 민수기의 율법은 하나님의 산 위가 아니라 **시내 광야**에서 계시되었다. 따라서 이 율법은 더 이상 **시내산** 위에서 하나님의 계시의 직접적인 구성 요소는 아니지만 (확대라는 의미에서) 산 근처의 광야에서 주어짐으로써 계시와 연관된다.[152]

---

150 L. Schmidt 1998; 2004; 2005.
151 Römer 2007; 참고. Achenbach 2003 (그리고 이 책의 Römer 2007에 대한 436쪽의 비판도 참고하라); Otto 2007, 2002.
152 Römer 2007, 428.

문헌사적 관점에서 민수기에서 매우 크게 전개된 반역이라는 주제는 "신명기 사가적으로" 해석된 전기 예언서(여호수아-열왕기하)의 신학에 대한 반응으로 보인다. 전기 예언서의 사건에 대한 표현에 따르면 하나님의 명령에 대한 이스라엘의 반역이 국가적 붕괴와 땅의 상실로 이어졌지만 민수기는 이스라엘의 근본 역사 자체가 하나님에게서 멀어지고 하나님께 반역하는 것이 특징이었고 이는 결국 심판으로 이어졌다고 주장한다.

그러나 시내산에서 율법이 선포되기 전에 이스라엘이 "불평"한 이야기가 그 이후보다 훨씬 가벼운 결과를 가져왔다는 점은 주목할 만하다.

따라서 이런 관점에서 율법 수여는 일종의 전환점을 표현하는 것처럼 보인다. 긴 본문에 걸쳐서 민수기는 이스라엘이 자신의 땅 밖에서 디아스포라로 생존한 경험을 반영하며 모세오경의 율법이 그 땅의 삶에 있어서 필수적인 중요성을 가질 뿐만 아니라 어디서든 직접적인 적실성을 갖는다는 점을 강조한다. 율법은 수여되자마자 이스라엘에 구속력을 갖는다.

(3) 토라의 형성

토라의 형성, 즉 단일한 실체로서 창세기-신명기의 경계에 대한 문헌 구성과 구체화는 페르시아 시대의 가장 중요한 문헌사적 사건 중 하나였다.[153] 그와 더불어 후대 구약 정경의 실질적·역사적 핵심이 완성되었다. 토라의 몇 부분에 대한 작업은 마카베오 시대까지 이루어진 것이 사실이지만 여기에는 본문 단락 전체의 추가적인 삽입은 거의 없었고 (예를 들어 창세기 6장과 민수기 22-24장에서) 주로 개별적인 수정으로 이루어졌으므로[154] 그 내용에 있어서 페르시아 시대에 속하는 것으로 간주되어야 한다.

---

153 Schmid 1999c, 290-91; 2006e; Crüsemann ³2005; Keel 2007, 1081.
154 Schmid 1999c, 21-22.

이 점은 특히 **예언서 전집**에서 (일례로 사 34:2-4나 렘 25:27-31) 세상의 심판에 대한 선포라는 형식으로 매우 명백하게 발견된 것과 같이 페르시아 제국의 붕괴에 대한 동시대의 분명한 숙고의 부재를 통해 암시된다.[155]

여기에 역대기 및 에스라-느헤미야의 자료가 더해지며 이 자료는 토라의 기록 형태를 전제로 한다. 확실히 페르시아 시대에 역대기와 에스라-느헤미야에서 상응하는 본문의 과거 위치에 대해서는 의문이 제기되어 왔고 학자들은 갈수록 그런 본문에 대해 더 긴 문헌 발전 역사를 예상한다.

그럼에도 불구하고 에스라서의 더 오래된 부분인 10장에서도 신명기 7:1-6 같이 충분히 발달된 토라 본문 기록을 언급하는 것처럼 보이며[156] 이는 전통적 논증에 유리한 점일 것이다. 마지막으로 70인경의 발생을 언급해야 하는데 70인경은 모세오경의 책과 관련해서 주전 3세기 중엽에 그 기원을 찾아야 하며 **종착점**을 나타낸다.[157]

약 20년 동안 처음에는 매우 만족스럽게 보였지만 최근에는 점점 더 많은 비판적 반론을 경험한 토라 형성의 이유에 대한 이론에 호소하는 것이 꽤 흔한 일이었다. 페터 프라이(Peter Frei)와 에르하르트 블룸(Erhard Blum)을 따라 토라에 대한 "페르시아 제국의 공인"이 추정되었다.[158]

이 추정은 토라 형성이 외부, 즉 페르시아 제국의 정치에 의해 영감받았다는 것이었다. 페르시아 제국에는 부수적인 제국법이 존재하지 않았지만 그러한 법과 기능적으로 비슷한 법은 아마도 페르시아 정부의 승인을 받고 그로 인해 제국법의 지위로 격상된 지역법의 형태로 존재했을 것이다.

---

155 아래 6장-3-3)-(1)을 보라.
156 Pakkala 2004.
157 Siegert 2001, 42.
158 Frei ²1996; 참고. *TUAT* Supplementary Volume, 194-97; Blum 1990, 342 이하.

즉 페르시아 제국의 일부를 구성하는 민족이 자신의 법에 따라 살았다는 바로 그 사실로 인해 그들은 페르시아 제국의 법을 따르고 있었다. 따라서 페르시아 시대의 유다에 있어서는 토라(그리고 아마도 토라 이전 단계의 일부)가 이런 기능을 담당했을 것으로 보인다. 페르시아 시대에 토라가 제국의 승인을 받았다는 이러한 명제는 또한 토라 안의 실질적인 차이점과 토라의 신학적인 타협적 성격도 설명해 줄 것이다.[159] 즉, 예를 들어 외적인 압력이 토라 안의 "신명기 사가적인" 신학과 "제사장적인" 신학의 결합 원인이었다.

페르시아 제국의 승인이라는 이러한 개념은 처음에는 널리 받아들여졌지만 오늘날에는 더 비판적으로 평가된다.[160] 어쨌든 이에 대해 다음 두 가지 점을 말할 수 있다.

① 아직 창세기-신명기가 더 큰 연속된 내러티브 책에서 분리된 이유에 대한 설명이 필요하다.
② 특히 에스라 7장의 문헌 표현은 여기에 재현된 페르시아 왕 아닥사스다가 에스라에게 준 승인의 편지가 역사적·사실에 근거한 것이든 그렇지 않든 토라를 페르시아의 권위를 지닌 문헌으로 표현하려는 의도를 지닌 것임을 분명히 밝힌다.[161]

그럼에도 불구하고 토라의 형성은 창세기-신명기 본문 그 자체에 분명히 기록되어 있다. 본문상의 두 가지 요소가 여기서 특별히 중요하다.[162]

---

159 이에 대해서는 Knauf 1998; Knohl 2003을 참고하라.
160 Watts 2001.
161 Schmid 2006e.
162 참고. Schmid 2007b.

첫째, 신명기 34:10-12에서 여호수아 1:7-8과 말라기 3:22-24의 실질적인 대응 구절이 분명히 밝히고 있듯이 토라를 모세의 "제1예언", 즉 이 "제1예언"에 대한 해설 밖에 될 수 없는 이후의 모든 예언에 앞선 예언으로 분명히 정의한다는 것이다.[163]

(토라의 측면에서 다시 표현된 예언자의 메시지에 따르면) 대재앙이 닥친 이유는 토라를 준수하지 않았기 때문이다. 예레미야 9:12, 16:11, 32:23, 호세아 8:1, 아모스 2:4 등을 참고하라. 물론 예언서에 나오는 토라에 대한 모든 언급이 그 이전의 창세기-신명기 형성을 전제로 하는 것은 아니지만 이러한 성문화와 함께 다른 더 오래된 "토라" 본문이 고정된 모세오경 형태의 이정표가 된다.

신명기 34:10도 여기에 표현된 모세의 비교할 수 없는 특성이라는 사상이 선행하는 신명기 본문과의 의도적인 모순을 고려하고 있기 때문에 눈에 띈다.

신명기 18:15	신명기 34;10
네 하나님 여호와께서 너희 가운데 네 형제 중에서 너를 위하여 나와 같은 선지자 하나를 일으키시리니(야킴) 너희는 그의 말을 들을지니라	그 후에는 이스라엘에 모세와 같은 선지자가 일어나지(캄) 못하였나니 모세는 여호와께서 대면하여 아시던 자요

신명기 18:15의 "모세 같은" 예언자 약속은 신명기 34:10로 직접 폐기된다. 그 이유는 명백히 신명기 18:15에 그려진 모세로 시작하는 예언 계승의 사슬이 모세 계승자 중 모세에 비견되는 이가 전혀 없다는 점을 분명히 밝히기 위해 두 부분으로 나누어야 하기 때문이다. 신명기 34:10은 모세를 이후의 예언자와 구별하려 하며 이러한 "모세"와 "예언자"의 구별은 정경 기법 측면에서 보다 쉽게 설명되는 논증이다.

즉, 토라가 "예언자"(즉, 여호수아부터 말라기까지의 예언서, 정경의 "예언서" 부분)

---

163 참고. Maier 2002; Otto 2006b; Achenbach 2007.

보다 질적으로 더 우월해지려면 모세를 "예언자"와 구별해야 하는 것이다. 더구나 신명기 34:11-12의 이어지는 진술에서는 대담하게도 하나님의 속성("이적과 기사", "권능" 등)를 모세에게 적용한다. 모세를 "신학적으로 해석하는" 이러한 과정은 토라("모세")에 권위를 부여하려는 노력으로 이해하는 것이 가장 편하다. 따라서 "모세"는 토라가 그에 상응하는 권위를 가질 수 있도록 하나님과 친밀한 사이가 된다.

둘째, 우리는 토라의 책을 관통하고 있지만(창 50:24; 출 32:13; 33:1; 민 32:11; 신 34:4) 그 이후에는 접할 수 없고 따라서 모세오경에 대한 고유의 편집 주제로 간주해야 하는 땅에 대한 약속을 아브라함, 이삭, 야곱에게 한 맹세로 묘사하는 내러티브의 맥락을 언급해야 한다.[164]

모세오경의 지평은 또한 신명기 34:4에 담긴 창세기 12:7의 인용구를 통해 표면화된다.

신명기 34:4	창세기 12:7a
여호와께서 그에게 이르시되 이는 내가 아브라함과 이삭과 야곱에게 맹세하여 그의 후손(**제라**)에게 주리라 한 땅이라 내가 네 눈으로 보게 하였거니와 너는 그리로 건너가지 못하리라 하시매	여호와께서 아브람에게 나타나 이르시되 내가 이 땅을 네 자손(**제라**)에게 주리라 하신지라

(원래 출애굽 세대를 대상으로 한) 약속된 땅이라는 모티프는 신명기의 신명기 사가적인 부분에서 취해진 것으로 보이는 반면(참고. 1:35; 6:18, 23; 7:13; 8:1; 10:11; 11:9, 21; 19:8; 26:3, 15; 28:11; 31:7, 20-21) 이 모티프가 창세기에서 족장에

---

164 Römer 1990, 566; Schmid 1999c, 296-99.

게 옮겨진 것은 제사장 문서의 영향을 받은 것이며 제사장 문서에서는 아브라함과의 언약을 이스라엘에서 하나님의 행동의 기초로 간주한다(신명기 자체에서, 참고. 1:8; 6:10; 9:5; 30:20).

신학적으로 아브라함과 이삭과 야곱을 향한 맹세로 이루어진 땅에 대한 약속은 토라의 디아스포라적인 성격을 강조하며 그러한 성격은 어떤 경우에든 토라의 내러티브가 이스라엘이 약속의 땅으로 들어가는 것으로 끝난다는 사실에서 나타난다. 토라는 그 역사가 자국 땅 밖에서 시작되며 독자들이 살고 있는 현재에도 대체로 그 땅 밖에서 이루어지고 있는 민족 "추방된" 이스라엘의 토대를 이루는 문헌이다. 따라서 토라는 고유한 "예언적" 음색을 발한다.

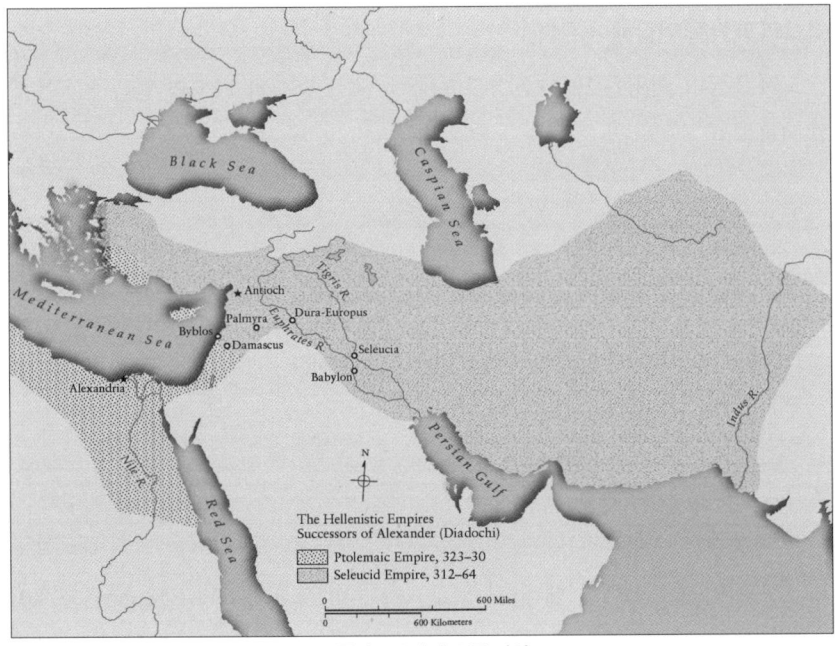

주전 290년의 근동 지역

제6장

프톨레마이오스 시대 문헌(주전 3세기)

1. 역사적 배경

페르시아 제국은 약 200년간 존속한 뒤 주전 4세기의 마지막 3분의 1이 남은 시점에 마케도니아 알렉산드로스의 영토 확장 활동에 무너졌다. 특히 결정적이었던 것은 이소스(주전 333년)와 가우가멜라(주전 331년)에서 페르시아가 패전한 것이었고 이 패전은 특히 마케도니아의 새로운 전략적인 군사 기술로 인해 발생했다. 그러나 알렉산드로스 대왕의 정복 여파로 생겨난 대제국은 그 창건자보다 오래가지 못했다. 주전 323년에 알렉산드로스가 죽은 뒤 이른바 "디아도코이"(역주—알렉산드로스 휘하의 장군들) 사이에 왕위 계승을 둘러싼 격렬한 갈등이 폭발했다.[1]

주전 312년에 예루살렘에서 멀지 않은 가자에서 벌어진 전투 이후 디아도코이는 알렉산드로스 제국 안에서 일종의 사실상의, 그러나 허구적인 연합을 유지하기로 협정을 맺었지만 주전 301년 입소스 전투 이후에는 그 협정도 폐기

---

1 Schäffer 1983, 24-25; Maier 1990, 146-47.

되지 않을 수 없었다.

주전 3세기 레반트 지역은 먼저 강력하게 중앙 집권적인 조직을 가진 프톨레마이오스 제국의 지배를 받게 되었다. 제국 중심지는 이집트에 있었다.[2] 요세푸스는 심지어 프톨레마이오스가 안식일에 예루살렘을 점령했다고 전하지만 이는 판단하기 어렵다.[3] 이 기간 동안 많은 유대인이 알렉산드리아로 이주했고 거기서 이 도시가 세워진 시대부터 존재한 것 같은 중요한 디아스포라 공동체를 세운 것으로 보인다.[4]

다양한 조건에서 살아남은 많은 문헌이 입증하듯이(참고. 이른바 제논 공문서)[5] 프톨레마이오스 시대는 번성하는 국가 자본주의와 경제의 포괄적인 화폐화로 이루어진 경제적 번영을 특징으로 한 것으로 보이지만 메소포타미아의 "형제" 제국인 셀레우코스 왕국과의 거듭되는 군사 충돌은 정치적 안정을 불가능하게 만들었다.

이른 바 시리아 다섯 왕 시대에 프톨레마이오스 왕국은 주전 198년 파네아스 전투로 레반트 지역이 셀레우코스 왕국의 지배권 아래 넘어갈 때까지 우위를 유지할 수 있었다. 어쨌든 프톨레마이오스 왕조의 지속 능력은 내부에서도 쉽게 예측할 수 없었다.

예를 들어 예루살렘 대제사장 오니아스 2세는 3차 시리아 전쟁(주전 246-241년)에서 셀레우코스 왕국이 거둔 부분적인 군사 성공의 여파로 프톨레마이오스 왕국에 조공을 바치는 일을 중단했고 이는 토비아스 가문의 발흥을 초래했다.[6] 충성의 대상을 당시의 지배자로 바꾸며 결국 유다 주요 파벌의 정치적 참여에 의존한 오니아스 가문과 토비아스 가문 사이의 적대감은 가문 내부의 갈등과 더불어 마카베오 시대까지 이어지는 유다 역사의 특징이 되었다.

---

2   Schäffer 1983, 29-34; Hölbl 1994.
3   *Ant.* XII, 1.1 ∫ 5; *Contra Ap.* I. 22 ∫ 208-11; Schäffer 1983, 27.
4   Josephus, *Bell.* II. 487.
5   *TUAT* n.s. 1: 314-17.
6   Donner ³2000/2001, 479; Keel 2007, 1156-58.

문화-역사적 관점에서 알렉산드로스 이후 시대의 가장 중요한 요소는 근동 지역의 성공적인 헬레니즘 확장이었다. 이는 요한 구스타프 드로이센(Johann Gustav Droysen) 이후 전통적으로 그리스 문화와 근동 문화의 융합을 수반한 것으로 이해되었지만 오늘날의 연구는 문화적 차이와 종교-역사적 차이를 구별하고 있다.[7]

알렉산드로스 정복의 여파로 헬라어는 아티카 방언('코이네')의 형태로 행정 언어가 되었고 이로 인해 포괄적인 문화 이동도 가능하게 됐다.[8] 헬레니즘은 종교, 사회, 문화, 과학에 영향을 끼친 포괄적인 지적 능력을 상징했다.

유대교는 새로운 세계 문화와 경쟁해야 했고 이 문제는 금세 분열을 야기하는 문제가 되었다.

올바른 태도는 동화인가 분리인가?

두 대안 모두 추구된 것으로 보이지만 동시대 구약 문헌에서는 반(反)헬레니즘적인 목소리가 더 강하게 표현된 것으로 보인다. 헬레니즘과의 만남과 유대교의 헬레니즘 수용은 유대교의 입장을 크게 변화시켰고 의심할 여지없이 거기에 새로운 정체성을 부여했다.[9] (문화와 사회생활의 명백한 헬라화와 더불어) 아무리 비판적으로 연구해 보아도 주전 3세기와 2세기의 유대교에서는 명시적이고 반사적인 친헬레니즘적 입장이 극히 뚜렷하게 옹호되어 온 것 같다.

구약의 주류가 헬레니즘을 표현한 것을 보면, 예컨대 다니엘서처럼, 전기 예언서(여호수아-열왕기)에서 '가나안' 제의 관행을 평가한 것과 비슷한 것을 보게 된다.

구약은 정통적인 입장을 취하면서 역사적으로 당대의 종교적·문화적인 현실에서 널리 확립된 요소였던 것으로 인식되는 것을 악마화하는 (또는 아마도 역

---

7   Droysen 1836-1843/1952-1953; Gehrke 1990, 1-3, 129-31; Maier 1990, 291-92; Keel 2007, 1127-28.
8   Haag 2003, 104-5; 헬레니즘 이전의 접촉에 대해서는 Stern 2001, 217-28; Hagedorn 2005; Keel 2007, 1126-27을 보라.
9   Hengel ³1988.

대기의 경우처럼 무시하는) 경향이 있다. 특히 구약 이후 시대에는 진정으로 "헬레니즘적"이라고 완전히 묘사할 수 있는 유대인의 문헌 산물도 생산되었다. 그 좋은 예로 원래 헬라어로 창작된 솔로몬의 지혜서[10]나 필론의 저작에 담긴 유대교에 대한 새로운 철학적 표현이 있지만 이런 저작은 유대교 안에서 거의 인정받지 못했다.[11]

2. 신학적 평가

신학적인 관점에서는 이 시대에 세 가지 요소가 특히 큰 영향을 끼친 것으로 보인다.

① 페르시아 제국이 무너지고 나서 주전 4세기 마지막 30년 동안 알렉산드로스 제국도 신속하게 무너졌고 이는 전 세계적인 정치 질서의 상실을 의미했다.

② 헬레니즘과의 접촉이 있었고 이는 유대인의 정체성 문제에 시급한 도전이 되었다.[12]

③ 구약 전승과 페르시아 시대 말기에 형성되고 종말론적 강조점보다 신정주의적인 강조점을 더 많이 지닌 구약 전승의 절정인 토라와의 관계에 관한 논의가 시작되었다.[13]

---

10 Kepper 1999.
11 Veltri 2003.
12 Hengel ³1988; Collins ²2000; 2005; Collins and Sterling 2001; Haag 2003; Collins 2005, 1–20에 있는 연구사에 대한 개관을 보라.
13 Schmid 2007b.

예언 전수자들은 프톨레마이오스 시대에 기존의 책에 삽입된 내용을 명확히 함으로써 세계 역사에 대해 연구하고 논평했다.[14] 이러한 책은 먼저 페르시아 제국, 한 세대 뒤에는 알렉산드로스 제국의 붕괴라는 파국적인 경험이 문헌적으로 세상의 포괄적 심판에 대한 예측 속에 기록되었다는 점에서 형태상 분명한 변화를 경험했다.

그러나 프톨레마이오스 시대에 발생한 동시대의 사건에 대한 예언적 해석은 역사적으로 명백해지지 않았다. 그런 해석은 그 성서적 표현에 따르면 훨씬 이전에 살았고 이러한 역사적 허구라는 측면에서 묘사되는 인물의 입에서 나온 미래에 대한 예언으로 나타난다. 예언 전승의 담지자는 페르시아 시대도 지속적인 심판의 상황으로 해석한 대목에서 자신의 말이 확인된 것으로 보았다.

페르시아 제국과 알렉산드로스 제국의 붕괴는 구약 문헌에서 페르시아의 통치를 하나님의 구원 의지의 실현으로 본 페르시아 시대부터 시작된 구약 문헌의 흐름에 결정적인 변화를 가져왔다. 이러한 입장은 종말론적으로 바뀌거나 실제적인 정치적 경험에도 불구하고 (그에 따라 이해된 토라의 영향을 받아 역사 밖의 이상적인 이미지를 표현했다는 의미에서) 신정주의적인 이상을 유지했다. 종말론화 과정은 아마도 다니엘 전승에서 가장 분명하게 볼 수 있을 것이다.[15]

다니엘 1-6장의 페르시아 시대 다니엘 전설은 디아도코이 시대 초기에 다니엘서 7장의 추가와 다니엘서 2장의 일부 삽입된 내용을 통해 심오하게 재해석되었다. 세계 제국이 연이어 등장하며 서로 대체하지만 역사의 목표는 세상에 대한 하나님의 통치다(페르시아처럼 한 때는 불멸의 제국으로 간주되었던 세계 제국도 무너질 수 있다는 경험에 부합된다). 알렉산드로스와 프톨레마이오스 1세 시대에 시작된 황제 숭배도 **신적인** 제국이라는 목표에 대한 다니엘의 관점을 낳은 촉매제였을지 모른다.[16] 유대인의 관점에서 보면 이는 모든 강대국을 혼종으로

---

14   Steck 1991a; 1996.
15   Steck 1980/1982; Kratz 1991a.

보아 자격을 박탈했다. 하나님 홀로 다스리시는 제국 외에 어떤 것도 역사의 목표로 인식될 수 없었다.

제사장 문서와 역대기는 페르시아 시대 이후 전적으로 원시적이고 신화적인 이상적 조건을 묘사한다는 의미에서 읽히고 받아들여질 수 있었다. 제사장 문서의 정치적 개념은 다니엘서 *1-6장의 다니엘 전설처럼 페르시아의 통치에 상응하는 역사의 목표를 고려했다.

다른 한편으로 제사장 문서는 "원시적 문서"라는 특성으로 인해 근본적으로 역사적 발전, 즉 페르시아 제국 몰락 같은 혁명적인 성격을 지닌 역사 발전의 결과로 필요해진 변화에서 보호되었다.[17] 게다가 제사장 문서는 모세오경과 전기 예언서 문맥 속에 담겼기 때문에 "종말론적으로 바뀐" 의미로도 읽힐 수 있었다. 여기서 제사장 문서는 창세기-열왕기하만으로 이루어진 훨씬 더 큰 실체의 머릿돌일 뿐이며 이는 결국 예언서 전체를 지향한다.[18]

역대기의 역사 서술도 이와 비슷하다. 이는 다윗과 솔로몬 시대의 결정적인 제도 성장을 살펴보는 "신화적인 원시 시대"를 묘사하는 것으로 이해할 수 있고 역대기에서도 이에 대한 묘사가 가장 많은 지면을 차지한다.

지혜 전승도 계속해서 더 넓은 의미에서 신정주의적인 이상을 고수했다. 지혜 전승은 세계 정치적 불안정을 추상화하고 헬레니즘의 실용적 철학과의 비판적 대화 속에서 음식, 의복 및 필요한 모든 것에 대한 하나님의 기본적인 공급을 찬미했다.

결과적으로 당대의 지혜 전승은 "신학적인"(theological) 갈래와 "회의적인"(skeptical) 갈래로 나뉘었다. "신학적인" 갈래는 잠언 1-9장에 의해 대변되며 잠언 1-9장은 "하나님에 대한 경외"를 이론적·실제적인 이성의 원리로 지목한다.

---

16 Seibert 1991.
17 Lohfink 1978/1988; Knauf 2000a.
18 Schmid 2006a.

"회의적인" 갈래는 전도서에서 발견되는데 전도서는 바른 지식을 바탕으로 성공적인 삶을 영위할 수 있는 인간의 능력에 대해 별로 열광적이지 않다. 그러나 동시에 전도서는 비록 인간에게 그러한 삶의 비율에 대한 통찰력은 없지만 하나님이 주신 삶을 즐길 수 있고 즐겨야 한다는 점을 강조한다.

3. 전승 영역

1) 지혜 전승

(1) 잠언 1-9장

잠언 1-9장의 연대 추정과 문헌 기원이 논란의 대상이고 최근의 일부 연구는 그 기원을 페르시아 시대에서 찾는 경향이 있지만[19] 잠언 1-9장의 지혜 신학은 프톨레마이오스 왕조에 의해 강력하게 전파된 이시스 신학을 배경으로 삼으면 쉽게 이해할 수 있고 아마도 심지어 헬레니즘 시대에 그 기원을 두어야 할 것이다.[20] 지혜 신학이 그보다 더 오래되었더라도 어쨌든 그것은 헬레니즘 시대에 성장을 위한 비옥한 토양을 발견했다.

잠언 1-9장의 주제상의 윤곽은 세 가지 근본적인 개념에 의해 형성되었다.

첫째, 잠언 1:7과 9:10의 틀은 잠언 1-9장에서 지혜가 신학화된 형태로 나타난다는 점을 보여 준다. 지혜는 여호와에 대한 경외라는 측면에서 이해된다.

---

[19] Maier 1995, 67; Baumann 1996, 272; Müller 2000, 312.
[20] Hengel ³1988, 275, 285-88; 참고. Fox 2000, 6.

> 여호와를 경외하는 것이 지식의 근본(beginning)이거늘 미련한 자는 지혜와 훈계를 멸시하느니라(잠 1:7).

> 여호와를 경외하는 것이 지혜의 근본(beginning)이요 거룩하신 자를 아는 것이 명철이니라(잠 9:10).

따라서 잠언 1-9장에 있어서 지혜는 즉시 또는 직접적으로 접근 가능한 것이 아니다. 지혜로 가는 길은 여호와에 대한 경외를 통한 길이다. 이러한 지혜의 신학화 과정은 문헌-사회학적 측면에서 성전 지혜 문헌의 더 강력한 통합 및 지혜 문헌에 대한 관심과 결부될 수 있지만 그러한 고려 사항은 여전히 추측에 근거한 것이 분명하다.

"지혜" 여인	"우매" 여인
아들들아 이제 내게 들으라 내 도를 지키는 자가 복이 있느니라 훈계를 들어서 지혜를 얻으라 그것을 버리지 말라 … 대저 나를 얻는 자는 생명을 얻고 여호와께 은총을 얻을 것임이니라(잠 8:32-33, 35).	도둑질한 물이 달고 몰래 먹는 떡이 맛이 있다(잠 9:17).

둘째, 또 하나의 주제인 "의인화된" 지혜라는 개념도 첫 번째 주제와 연결되어 있다. 잠언 1-9장에서 지혜는 더 이상 경험적 관찰을 통해 구별할 수 있는 세상의 구조적 원리를 규정하는 것으로 생각되지 않는다. 그 대신 지혜는 세상과 일정한 거리를 두고 작동하는 하나의 실체다. 여인으로 상상된 지혜는 자신의 경쟁자인 "우매" 여인과 똑같이 자신의 입장을 이야기하고 변론한다. 사실 의인화된 지혜는 심지어 창세 때도 존재했다. 그녀는 창조의 계획을 안다.

여호와께서 그 조화의 시작 곧 태초에 일하시기 전에 나를 가지셨으며 만세 전부터, 태초부터, 땅이 생기기 전부터 내가 세움을 받았나니 아직 바다가 생기지 아니하였고 큰 샘들이 있기 전에 내가 이미 났으며 산이 세워지기 전에, 언덕이 생기기 전에 내가 이미 났으니 하나님이 아직 땅도, 들도, 세상 진토의 근원도 짓지 아니하셨을 때에라 그가 하늘을 지으시며 궁창을 해면에 두르실 때에 내가 거기 있었고 그가 위로 구름 하늘을 견고하게 하시며 바다의 샘들을 힘 있게 하시며 바다의 한계를 정하여 물이 명령을 거스르지 못하게 하시며 또 땅의 기초를 정하실 때에 내가 그 곁에 있어서 창조자가 되어 날마다 그의 기뻐하신 바가 되었으며 항상 그 앞에서 즐거워하였으며 사람이 거처할 땅에서 즐거워하며 인자들을 기뻐하였느니라(잠 8:22-31).

셋째, 마지막으로 잠언 1-9장은 지혜를 소유하는 것의 실제적·이론적 결과에 대해 낙관적인 입장을 표현한다.

지혜를 얻은 자와 명철을 얻은 자는 복이 있나니 이는 지혜를 얻는 것이 은을 얻는 것보다 낫고 그 이익이 정금보다 나음이니라 지혜는 진주보다 귀하니 네가 사모하는 모든 것으로도 이에 비교할 수 없도다 그의 오른손에는 장수가 있고 그의 왼손에는 부귀가 있나니 그 길은 즐거운 길이요 그 지름길은 다 평강이니라 지혜는 그 얻은 자에게 생명 나무라 지혜를 가진 자는 복되도다(잠 3:13-18).

흔히 말하는 질서에 대한 지배적인 개념이 전면에 등장하는 오래된 지혜 교육과 비교해 볼 때 이러한 진술은 보상과 처벌이 인간의 행동에 대한 결과로 지닌 실제적 측면을 강조한다. 신학의 역사라는 면에서 이러한 입장은 더 오래된 지혜 교육에 대한 일종의 "신명기화"의 역할을 하며 이는 학교에서 신명기 사가적인 전승이 오래 지속된 점을 고려할 때 어떤 이론적인 문제도 일으키지 않는다. 즉, 헬레니즘 시대에 이르기까지 아직 이 입장이 다양한 문헌 자료에 영향을 미칠 수 있었다.

이 세 가지 기본 개념이 문헌사의 측면에서 하나로 묶여 있는 것인지, 아니면 꾸준히 확대되어가는 신학화의 과정으로서 통시적으로 분리되어야 하는지는 말하기 어렵다. 현존 작품에서 여호와에 대한 경외는 명백히 한 사람의 입신의 시작으로 간주되며 오직 거기서만 지혜에 대한 접근이 가능해진다.

이러한 지혜와 하나님과의 연결은 집회서에서 훨씬 더 예리해지며 집회서에서 지혜는 전적으로 하나님께 집중될 수 있다.

> 모든 지혜는 주님께로부터 오며 언제나 주님과 함께 있다. … 지혜로우신 분은 오직 한 분, 두려우신 분이시며 당신의 옥좌에 앉아 계신 분이시다
>
> (집회서 1:1, 8).

잠언 6:20-22	신명기 6:5-8
내 아들아 네 아비의 명령을 지키며 네 어미의 법을 떠나지 말고 그것을 항상 네 마음에 새기며 네 목에 매라 그것이 <u>네가 다닐 때에</u> 너를 인도하며 네가 잘 때에 너를 보호하며 네가 깰 때에 너와 더불어 말하리니	너는 마음을 다하고 뜻을 다하고 힘을 다하여 네 하나님 여호와를 사랑하라 오늘 내가 네게 명하는 이 말씀을 너는 <u>마음</u>에 새기고 네 자녀에게 부지런히 가르치며 집에 앉았을 때에든지 <u>길을 갈 때에든지</u> 누워 있을 때에든지 일어날 때에든지 이 말씀을 강론할 것이며 너는 또 그것을 네 <u>손목에 매어</u> 기호를 삼으며 네 미간에 붙여 표로 삼고

잠언 1-9장에서 지혜와 여호와에 대한 경외의 긴밀한 결합은 잠언 6:20-22을 사실 핵심적인 토라 본문인 신명기 6:4-9의 "셰마 이스라엘"을 차용한 것으

로 인식하게 만드는 지혜에 대한 신학화된 해석의 틀로 귀결된다. 따라서 지혜의 권면은 신명기 6:4-9에 나오는 토라 말씀과 속성과 태도에서 같은 것으로 간주될 수 있다.

이러한 지혜와 율법의 결합으로 인해 잠언 6장은 그보다 아마도 그리 오래되지 않았을 토라 자체의 몇 가지 말씀과 매우 비슷하다.[21]

> 내가 나의 하나님 여호와께서 명령하신 대로 규례와 법도를 너희에게 가르쳤나니 이는 너희가 들어가서 기업으로 차지할 땅에서 그대로 행하게 하려 함인즉 너희는 지켜 행하라 이것이 여러 민족 앞에서 너희의 지혜요 너희의 지식이라 그들이 이 모든 규례를 듣고 이르기를 이 큰 나라 사람은 과연 지혜와 지식이 있는 백성이로다 하리라(신 4:5-6).

이러한 전승의 갈래는 집회서 24장과 바룩서 3장에서 지혜와 기록된 토라와의 명백한 동일시로 발전할 것이다(이하의 내용을 보라).

그러나 잠언 1-9장은 특히 1:20-33에서 "예언의 종말"[22]에 대해서도 대응한다. 잠언 1-9장은 그 첫 번째 강론에서 "지혜"를 예언자(즉, 이제 숨을 거두려 하는 예언 수탁자)로 표현하지만 다른 한편으로 "지혜"는 여러 가지 면에서, 지혜에 대한 각자의 태도가 구원 또는 멸망을 결정한다는 점에서 하나님의 위치로 이동한다.

> 지혜가 길거리에서 부르며 광장에서 소리를 높이며 시끄러운 길목에서 소리를 지르며 성문 어귀와 성중에서 그 소리를 발하여 이르되 너희 어리

---

21 Krüger 2003b.
22 Baumann 1996, 197-99, 289.

석은 자들은 어리석음을 좋아하며 거만한 자들은 거만을 기뻐하며 미련
한 자들은 지식을 미워하니 어느 때까지 하겠느냐 나의 책망을 듣고 돌이
키라 보라 내가 나의 영을 너희에게 부어 주며 내 말을 너희에게 보이리
라(잠 1:20-23).

지혜는 예컨대 이사야 11:1-5에 표현된 것 같은 정치적 신학을 보편화
한다.[23] 미래 다윗의 자손 메시야만이 아니라 모든 왕이 "지혜"의 선물로 말미
암아 다스린다.

나로 말미암아 왕들이 치리하며 방백들이 공의를 세우며 나로 말미암아
재상과 존귀한 자 곧 모든 의로운 재판관들이 다스리느니라(잠 8:15-16).

이러한 진술은 그 자체로 **팍스 페르시카**(pax Persica, "페르시아의 평화")와 잘 어
울린다. 그와 동시에 거기에는 이 진술의 헬레니즘적인 배경에 대한 암시도
있다. 한편으로는 여러 왕과 통치자에 대한 강조된 언급도 있고 다른 한편으로
는 이 개념에 대한 구체적인 설명이 어떤 사실에 반하는 경험을 암시할 수도 있
기 때문이다.

(2) 욥기 28장과 32-37장

욥기의 문헌 기원에 대해서는 일치된 의견이 별로 없지만 욥기 28장에 나오
는 지혜의 노래와 욥기 32-37장에 나오는 엘리후의 연설이 초기 욥기에서 제
외되었다는 점은 충분히 입증되고 널리 인정된 것처럼 보인다.

두 본문 모두 어떤 의미에서 욥기 안에 온건한 "정통 신앙"을 재도입하려는

---

23 Baumann 1996, 91-103, 301.

의도로 선별된 내용을 나타낸다.[24] 욥의 연설로서 욥기 27장과 연결되어 있는 욥기 28장 지혜의 노래는 욥이 이 대화에서 지혜와 여호와에 대해 경외하기를 철저히 거부하고 있을 것이라는 해석의 여지를 없앤다. 그 대신에 욥은 여기서 인간의 유한성을 표현하고 하나님에 대한 경외와 윤리적 행동을 그 자체로는 감추어진 지혜에 이르는 길로 제시하는 입장의 옹호자로 나타난다(그러고나서 욥기 29-31장에서 "정화(淨化)의 맹세"를 한다).

> 그런즉 지혜는 어디서 오며 명철이 머무는 곳은 어디인고 모든 생물의 눈에 숨겨졌고 공중의 새에게 가려졌으며 멸망과 사망도 이르기를 우리가 귀로 그 소문은 들었다 하느니라 하나님이 그 길을 아시며 있는 곳을 아시나니 … 또 사람에게 말씀하셨도다 보라 주를 경외함이 지혜요 악을 떠남이 명철이니라(욥 28:20-23, 28).

엘리후의 강론도 내용에 있어 어느 정도 그 뒤에 나오는 하나님의 말씀을 예견케 하는 가운데 비슷한 목적을 추구한다. 여기에 등장하는 네 번째 친구는 욥기 32-37장 외에 어디에서도 전혀 역할이 없었으며, 그래서 그를 욥기에 이질적인 부분으로 인식하기 쉽다. 그는 드라마의 진행에 아무것도 보태지 않는다. 그 대신 그의 네 번의 독백은 욥의 고난에 대한 "정통적" 해석을 위해 노력한다.

엘리후는 욥이 스스로 의인이라고 주장한 것뿐만 아니라 욥의 친구들이 일어난 일을 설명하려는 것도 거부한다. 주로 고난을 하나님의 교육 방법으로 보는 그의 고유한 해석은 물론 욥기 5장에 나오는 엘리바스의 연설 전승에도 나오고 따라서 "새로운" 것이 아니라 차용한 것이다.

---

[24] Knauf 1988a, 67; 각기 문헌 재배열에 대한 제안을 하는 Clines 2004; Greenstein 2003을 참고하라.

(3) 전도서

아마 주전 3세기 후반에 창작되었을[25] 전도서는 한편으로는 이스라엘 사람이 아닌 상대와의 논의지만[26] 다른 한편으로는 구약 안에 있는 초기 유대 문헌의 입장과의 대화에 크게 영향받은 저작이다.[27] 전도서의 문헌 형식은 특별히 외부의 영향을 많이 받은 것으로 보인다. 지혜 교육은 왕의 유언으로서 이집트를 통해 우리에게 알려졌다.[28]

전도서의 형식은 그리스의 대중 철학에 나오는 이른바 "디아트리베"(diatribe)에서 비롯된 담론을 상기시킨다.[29] 그 내용과 관련해서는 전도서와 스토아학파 및 에피쿠로스학파의 오래된 비판과 가르침 사이의 유사성이 자주 자명한 것으로 전제된다. 아마도 둘 사이에 그에 상응하는 문화적 접촉으로 그 기원을 추적할 수 있을 만한 실질적인 일치점이 있다는 것에는 의심할 여지가 없지만 여러 가지 점에서 전도서의 입장은 그리스 철학의 회의주의와 다르다.

그리스 철학을 구성하는 것은 엄밀한 의미에서 이해는 불가능하고 따라서 판단을 유보할 필요가 있다는 주장이다. 전도서는 인간의 이해력의 좁은 한계를 강조하지만 어떤 판단도 내려선 안 된다는 결론을 도출하는 것이 결코 아니다. 그 대신 전도서는 인간의 이해력의 업적과 한계를 그 실제적 철학을 위한 토대를 이루는 요소로 제시할 수 있다. 인간이 세상을 이해할 수 없는 것은 사실이지만 먹고 마시는 것과 인생의 즐거움이 인간이 누릴 수 있는 하나님의 선물임을 경험할 수 있다.

---

25 Schwienhorst-Schönberger 1994/²1996; 이와 다른 견해로는 Seow 1997을 보라. 그는 페르시아 시대 저작설을 옹호한다.
26 Schwienhorst-Schönberger 1994/²1996; 2004; Uehlinger 1997.
27 Krüger 1997; 1999.
28 Wilke 2006.
29 Schwienhorst-Schönberger 2004. 역주-"디아트리베"는 장광설 또는 독설적 논쟁이다.

하나님이 모든 것을 지으시되 때를 따라 아름답게 하셨고 또 사람들에게는 영원을 사모하는 마음을 주셨느니라 그러나 하나님이 하시는 일의 시종을 사람으로 측량할 수 없게 하셨도다. 사람들이 사는 동안에 기뻐하며 선을 행하는 것보다 더 나은 것이 없는 줄을 내가 알았고 사람마다 먹고 마시는 것과 수고함으로 낙을 누리는 그것이 하나님의 선물인 줄도 또한 알았도다 (전 3:11-13).

구약 문헌사의 관점에서 전도서와 전도서의 신학은 무엇보다도 토라뿐만 아니라 지혜 및 예언 전승과의 토론을 말한다.

특히 잠언 1-9장에서 그 존재가 입증된 당대 지혜 교육과의 토론에서 전도서는 인간의 지혜가 지닌 문제점과 한계를 강조한다.[30] 인간의 지혜는 행복한 삶의 보조 수단이 될 수는 있지만 보증은 되지 못한다. 무엇보다도 우리의 숙명인 죽음을 고려하면 모든 것은 동일하다.

내가 보니 지혜가 우매보다 뛰어남이 빛이 어둠보다 뛰어남 같도다 지혜자는 그의 눈이 그의 머리 속에 있고 우매자는 어둠 속에 다니지만 그들 모두가 당하는 일이 모두 같으리라는 것을 나도 깨달아 알았도다 내가 내 마음속으로 이르기를 우매자가 당한 것을 나도 당하리니 내게 지혜가 있었다 한들 내게 무슨 유익이 있으리요 하였도다 이에 내가 내 마음속으로 이르기를 이것도 헛되도다 하였도다 지혜자도 우매자와 함께 영원하도록 기억함을 얻지 못하나니 후일에는 모두 다 잊어버린 지 오랠 것임이라 오호라 지혜자의 죽음이 우매자의 죽음과 일반이로다(전 2:13-16).

---

[30] Krüger 1999.

잠언 3:16-18은 이와 매우 다른 결론에 도달한다.

> 그의 오른손에는 장수가 있고 그의 왼손에는 부귀가 있나니 그 길은 즐거운 길이요 그의 지름길은 다 평강이니라 지혜는 그 얻은 자에게 생명 나무라 지혜를 가진 자는 복되도다(잠 3:16-18).

전도서의 이러한 회의적인 입장은 옛 지혜 가르침 안에 잠재된 요소를 수용하여 활성화하는데, 이 요소는 특별히 매우 비판적인 자기 이해를 드러내면서 신학화된 말씀에 반영되어 있다.

> 사람의 걸음은 여호와로 말미암나니 사람이 어찌 자기의 길을 알 수 있으랴(잠 20:24; 참고. 잠 16:1, 9; 19:21; 21:2, 30; 24:21-22).

인간은 죽음을 피할 수 없기 때문에 인간의 이해와 행동에 잠재력이 제한되어 있다. 전도서는 인간의 가능성을 과대평가하는 신학적 기획을 향해 회의적인 태도를 취한다.

전도서 1:9-11	이사야 65:17
이미 있던 것이 후에 다시 있겠고 이미 한 일을 후에 다시 할지라 해 아래에는 새 것이 없나니 무엇을 가리켜 이르기를 보라 이것이 새 것이라 할 것이 있으랴 우리가 있기 오래 전 세대들에도 이미 있었느니라 이전 세대들이 기억됨이 없으니 장래 세대도 그 후 세대들과 함께 기억됨이 없으리라	보라 내가 새 하늘과 새 땅을 창조하나니 이전 것은 기억되거나 마음에 생각나지 아니할 것이라

전도서는 또한 세계 역사에서 미래에 있을 하나님의 종말론적 개입에 대해 크게 일어나는 소망도 배격한다. 이사야서의 동시대 본문처럼 "새 하늘"과 "새 땅"에 대한 기대에 대립하여 전도서는 "새로운 것이 없다"는 점을 강조한다.[31]

전도서는 이사야 56-66장의 보다 근본적인 확신에 대해서도 신중한 태도를 표한다. 이 저자에게 경건한 자와 악인 사이에 신학적으로 타당한 구별은 존재하지 않는다. 지혜로운 자와 어리석은 자, 의로운 자와 불의한 자가 있을 수도 있겠지만 그들은 운명, 즉 죽음으로 분리되지 않는다.[32]

> 인생이 당하는 일을 짐승도 당하나니 그들이 당하는 일이 일반이라 다 동일한 호흡이 있어서 짐승이 죽음 같이 사람도 죽으니 사람이 짐승보다 뛰어남이 없음은 모든 것이 헛됨이로다(전 3:19).

죽음에서는 모든 것이 똑같다. 시편 49편이나 73편 같은 본문을 근거로 소망할 수 있을 법한 사후의 보상은 존재하지 않는다(참고. 전 9:1). 그러므로 전도서에 따르면 인간은 창조 세계 속에서 기초적인 생계 수단과 삶의 질서에 집중한다. 이것이 최선은 아니지만 나쁜 것도 아니다. 이는 양면적일 뿐이다. 이 점에 있어 전도서는 창세기 1-11장의 신학적 접근과 일치하지만[33] 시편의 일부 진술과도 일치한다(참고. 시 104편).

---

31 Krüger 1996/1997.
32 Zimmer 1999; Janowski 2001, 37-40.
33 예를 들면 Spieckermann 2000; Schmid 2002를 참고하라.

(4) "메시야 시편"

시편의 포괄적인 형성 과정도 헬레니즘 시대일 것이다. 이러한 과정은 (예언 전승과 같은 방식으로) 페르시아 시대의 질서 있는 세계의 붕괴에 대한 반응이다.[34] 특히 이러한 배경으로 시편 2-89편이 문헌적으로 시편 2:1-2과 89:51-52로써 괄호 안에 묶인다는 점을 설명할 수 있으며 이는 (아마도 프톨레마이오스 왕조의 통치 이념에 뚜렷이 맞서서) 시편 2-89편을 아우르는 "메시야 시편"을 확증한다.[35]

시편 2:1-2	시편 89:50-51
어찌하여 이방 나라들이 분노하며 민족들이 헛된 일을 꾸미는가 세상의 군왕들이 나서며 관원들이 서로 꾀하여 여호와와 <u>그의 기름 부음 받은 자</u>를 대적하며	주는 주의 종들이 받은 비방을 기억하소서 많은 민족의 비방이 내 품에 있사오니 여호와여 이 비방은 주의 원수들이 <u>주의 기름 부음 받은 자</u>의 행동을 비방한 것이로소이다

이러한 관점이 페르시아 시대보다 더 후대의 것이라는 점은 시편 *2-89편에서 이러한 틀 안에서 실행되는 모든 민족에 대한 우주적 심판이라는 개념이 더 확실하게 암시한다(참고. 시 2:9). 시편 *2-89편의 형성은 이러한 정황 안에 놓인 시편을 수용적 의미에서 왕에 의한 진술로 정치화한다.

흥미롭게도 시편 2-89편 모음집은 이처럼 포로기 이전 시대에서 비롯된 개별적인 애가의 원래 기능을 제왕적 본문으로 부활시킨다. 아마도 시편 18:51, 20:7, 28:8-9, 84:9-10 같은 몇 가지 본문은 편집에 의해 "메시야적인" 관점을 편집에 의해 그 안에 도입시켰을 것이다.[36]

---

34 Zenger 2002; ⁵2004, 365; 이와 다른 견해로는 Rösel 1999, 214–15.
35 참고. Levin 1993a, 380; Steck 1991a, 108–9, 158; Zenger 2002.
36 Rösel 1999, 220.

■ 보충 해설: 묵시 사상의 등장

"묵시 사상"(apocalypticism)은 보통 그 안에 속하는 ("묵시적인") 계시 문헌(revelatory literature)과 함께 주전 3세기에서 2세기 사이에 생겨난 지적 흐름을 가리키는 집합 개념으로 이해된다.[37] 그러나 역사적으로 말해서 이는 내적으로 뚜렷하게 분화된 실체다. "묵시적"(apocalyptic)이라고 간주해야 하는 중요한 특징과 그렇지 않은 특징을 목록으로 나열하는 것[38]은 입증할 수 없는 형식과 내용의 통일성을 암시하는 것이다.

가능한 유일한 해결책은 구약 말기와 이후 묵시 저작의 문헌적 신학적 역사에 대한 자세한 상(像)을 확증하는 것이다.[39] 그러면 "묵시" 전승의 일정한 갈래를 식별하는 것이 가능하다. 그러나 우리는 통합적인 "묵시 사상"의 존재에 대해서는 말할 수 없다. 이전에 천상의 은밀한 지식이라는 모티프의 측면에서 묵시적이라고 간주한 일련의 본문 사이에는 모종의 친화성이 있고 이 모티프는 결정적인 역할을 하는 것으로 보이며 그러한 근거에서 "묵시 사상"이라는 집합적인 용어는 (특히 에녹1서, 다니엘서, 에스라4서/에스드라2서, 바룩2서와 관련해서) 어느 정도 정당화될 수 있다.

쿰란 문헌의 발견은 묵시 문헌(apocalyptic literature)의 기원에 관한 논의에서 결정적인 역할을 했다.[40] 이 문헌이 보여 줄 것은 경험적 기준에서 은밀한 천상의 지식에 대한 계시라는 개념의 문헌사적 출발점을 나타낸 것은 성서의 다니엘서가 아니라 에녹 문헌이었다는 것이다.

묵시 사상의 유래를 예언으로 볼 것인지[41] 지혜로 볼 것인지[42]에 관하여 논의

---

37 참고. Koch 1982/1996; Müller 1991; Beyerle 1998; Hahn 1998.
38 참고. Vielhauer ⁶1997.
39 참고. Steck 1981.
40 Stegemann ²1989; 참고. Bachmann 2009.
41 Von der Osten-Sacken 1969; 참고. Gese 1973/1974.
42 Von Rad 1960.

된 질문은 폐기해야 한다. 첫 번째로 논의 내지 입증해야 할 것은 예언과 지혜가 주전 3세기와 2세기에도 여전히 독립적인 전승의 갈래였는지 여부다. 분명히 묵시 문헌은 예언(미래에 대한 관점)과 지혜(의)에서 중요한 요소를 모두 취했다.

여러 곳에서 묵시 사상의 근본적인 계기로 거론된 두 영체(靈體)에 관한 가르침은 그 기원 시기가 주후 70년 이후인 본문(특히 에스라4서/에스드라2서와 바룩2서)에서만 명시적으로 입증될 수 있다. 세상이 완전하게 될 수 있는 가능성에 대한 희망을 완전히 파괴한 것은 분명히 제2성전 파괴에 대한 경험이었다.

구약에서 이사야 65장에서만 발견되는 새 하늘과 새 땅에 대한 약속은 주로 토라와 토라의 인간론적인 창조 질서라는 신학적 기획의 철회에 기인한 것으로 보인다. 여기에는 아직 두 영체 교리는 존재하지 않는다.[43]

신학의 역사라는 면에서 묵시 개념의 출현은 구약에서 여전히 인식하고 재구성할 수 있는 폭넓은 지적-역사적 발전이라는 상황 속에서 바라봐야 한다. 포로기 이전의 가장 중요한 신학적 제안은 (예를 들어 예루살렘의 제의 신학에서) 아직 포괄적인 역사-신학적 형태를 갖추지 않았다. 그 당시 신명기 사가적 신학은 역사에 대한 언약 신학적 해석을 끝까지 밀어붙인 반면 일관되게 결정론적인 역사 신학은 세상의 시대 배열에 있어서 몇 가지 기원을 모세오경에 두고 있는 마카베오 시대의 다니엘서에서 먼저 찾아야 한다.[44]

전승사 측면에서 이런 신학은 명백히 절대적 통치자이자 세상의 안내자인 하나님에 대한 근본적 신정주의적 이해에 큰 빚을 지고 있고 이러한 이해는 페르시아 제국 붕괴의 영향 아래 이후의 역사 신학에서 계속 받아들여졌다.

---

43 참고. Steck 1997. 예를 들어 에스라4서/에스드라2서 7:50에 따르면 태초부터 하나님은 두 영체를 창조하셨고 사 65:17-25은 미래의 하늘과 땅의 재형성에 관한 내용이다.

44 Schmid 2000a.

2) 내러티브 전승

(1) 역대기

학자들은 역대기를 흔히 에스라-느헤미야와의 밀접한 관계 속에서 다루었지만 (앞에서 논의한 것처럼) 오늘날의 성서 해석에서는 이 두 책을 약간 다르게 본다. 에스라-느헤미야는 아마도 한 때 "역대기적인 역사서"로 역대기와 관련되었겠지만 비록 이 모든 저작이 비슷한 신학적 분위기에서 생겨났다 하더라도 에스라는 아마도 원래 역대기보다 조금 오래되었을 것이다.

역대기의 연대 추정에 대해서는 합의된 견해가 없다. 과거에는 역대기의 신정주의적인 성향 때문에 그 기원을 페르시아 시대에서 찾았다. 역대기는 토라의 완성을 전제로 한 것처럼 보이기 때문에 그 기원이 일반적으로 주전 4세기 말엽으로 추정되었다.[45] 주전 3세기로 연대를 추정하는 경우도 있었다.[46] 어느 정도 전문적인 군사적 내용은 그런 방향을 암시할 수 있었다.

예를 들어 투석기는 주전 3세기에 공성용 무기로 그 존재가 처음 입증된다(대하 26:14). 최근에는 슈타인스(Steins)가 (비록 집회서 47장에 나오는 다윗의 이미지가 최종적인 **가장 늦은 연대 추정 시점**[terminus ante quem]을 나타내는 것은 아니지만) 역대기의 연대를 마카베오 시대 이전으로 추정해선 안 된다고 제안했다.[47]

그는 역대기를 "정경이 마무리되는 현상"으로 간주한다. "다시 쓰인 성서"인 역대기의 장르는 이러한 연대 추정에 유리할 수 있다. 그렇지 않다면 그것은 주전 2세기 본문에서 처음 입증된다. 그러나 헬레니즘 영향의 완전한 부재는 이러한 주장에 반한다. 이러한 침묵을 암묵적인 반 헬레니즘적 프로그램으로 해석하는 것은 이러한 늦은 연대 추정에 의해 제안된 움직임일 수도 있지만

45　Japhet 2002, 52-54.
46　Welten 1972; Mathys 2000b.
47　Steins 1995.

당연한 일을 하면서 공을 내세우는 **임기응변적인**(*ad hoc*) 논증으로 보인다.

아마도 우리는 몇 가지 편집비평적 구분을 해야 할 것이다. 신학적 역사의 관점에서 역대기의 기본적 자료를 페르시아 시대 말기에서 찾는 것은 매력적이지만 그러한 기본적 자료에 대한 첨가와 수정은 마카베오 시대까지 이어져야 했을 것이다.[48] 기본적 자료의 구조와 문헌적 틀이라는 면에서 그 의도는 명백히 예루살렘에 있는 제사 공동체를 왕정 시대 이스라엘과 유다의 합법적인 계승자로 표현하는 것이었다.[49]

어쨌든 왕정 문제가 역대기에서 특별히 강조된다는 점에 주목해야 한다. 이 점은 사무엘하 7장에 나오는 다윗을 향한 기존의 왕조에 대한 약속이 역대기 17장에 제시된 대로 다시 표현된 데서 분명히 드러난다.[50]

사무엘하 7:12-17	역대상 17:11-15
네 수한이 차서 네 조상들과 함께 누울 때에 내가 네 몸에서 날 네 씨를 네 뒤에 세워 그의 나라를 견고하게 하리라 … (16) 네 집과 네 나라가 내 앞에서 영원히 보전되고 네 왕위가 영원히 견고하리라 하셨다 하라 (17) 나단이 이 모든 말씀들과 이 모든 계시대로 다윗에게 말하니라	네 생명의 연한이 차서 네가 조상들에게로 돌아가면 내가 네 뒤에 네 씨 곧 네 아들 중 하나를 세우고 그 나라를 견고하게 하리니 … (14) 내가 영원히 그를 내 집과 내 나라에 세우리니 그의 왕위가 영원히 견고하리라 하셨다 하라 (15) 나단이 이 모든 말씀과 이 모든 계시대로 다윗에게 전하니라

역대기는 다윗을 향한 왕조의 약속을 유지하지만 그 약속을 심오하게 재해석한다. 역대기에서 염두에 둔 나라는 하나님의 나라(대상 17:14)이지 다윗의 나라(삼하 7:16)가 아니다. 마찬가지로 영원히 있을 것은 다윗의 보좌(삼하 7:16)

---

48 참고. Kratz 2000a, 97-98.
49 참고. Noth 1943, 174; Willi 2007.
50 참고. Schenker 2006.

가 아니라 그의 뒤에 오는 이들의 보좌다(대상 17:14). 이런 점에서 역대기의 기본적인 신정 체제적 특징은 꽤 분명하다. 하나님은 참된 왕이시며 하나님의 지상 대리자가 다윗 왕조에서 나오지만 이는 "네 몸에서 날"이라는 후손을 가리키는 생물학적 표현이 (왕도 전통적으로 하나님의 "아들"로 간주될 수 있으므로; 참고. 시 2:7) 히브리어에서 기능적으로 이해할 수도 있는 "네 아들 중 하나"라는 표현으로 대체된 데서 암시되듯 더 이상 다윗의 자손에게만 국한되지 않는다. 역대기의 경우 다윗 왕조가 유다 왕정 시대에 하나님의 나라를 다스렸다. 그러나 유다가 무너진 뒤에 그 유산을 물려받은 것은 궁극적으로 페르시아인이었다.[51]

역대기의 역사 저술과 창세기-열왕기하에 나오는 역대기 모델 사이의 가장 중요한 실질적 차이는 역대기의 전반적 구조에서 나타난다. 즉, 역대기는 족보에서 사울 이전 시대를 요약하며(대상 1-9장) 사울을 둘러싼 에피소드(대상 10장) 이후에는 이상화된 색조로 채색된 다윗(대상 11-29장)과 솔로몬(대하 1-9장)의 치세에 대한 묘사에 가장 길고 핵심적인 지면을 할애한다.[52]

그러나 이는 역대기 저자의 관점에서는 오직 다윗과 솔로몬 시대 외에는 족장뿐만 아니라 출애굽, 시내산, 땅의 점령, 또는 이스라엘의 구원에 관한 고전 역사의 다른 모든 시대도 이스라엘의 기초를 세운 규범적인 시대가 아니라는 뜻이다. "족보로 이루어진 현관"(역주–역대상)은 단지 전(前)역사의 역할을 할 뿐이다.[53] 따라서 역대기의 역사 저술은 그 모델과 대조적으로 이스라엘의 기초를 이룬 핵심적인 사건을 훨씬 후대에 위치시키고 그 기초를 왕권의 기원으로 옮긴다.

다윗과 솔로몬은 제의 개시자로서 이스라엘의 기초를 세운 인물이다. 그들은 어떤 의미에서 페르시아 왕 고레스와 다리오의 모델을 따라 묘사된다. 다윗이 첫

---

51 Kratz 1991b, 173–77; Mathias 2005.
52 Finkelstein and Silberman 2006, 197–200.
53 Keel 2007, 1089–1112.

번째 성전 건축을 준비했듯이 고레스도 마찬가지로 두 번째 성전 건축을 위해 상응하는 칙령을 내렸고 첫 번째 성전이 솔로몬 시대에 완성되었듯이 두 번째 성전도 다리오 시대에 지어졌다.[54]

역대기는 이처럼 이스라엘의 기원에 대한 매우 토착적인 개념을 표현하면서 통일 왕정 시대를 족장 시대와 긴밀하게 연관시키는 반면 출애굽과 땅의 점령이 무시되지는 않지만 배경으로 멀리 물러난다. 모세는 역대기에서 출애굽의 지도자가 아니라 이스라엘의 율법 수여자로 나타난다.

출애굽도 역대기에서는 여섯 번밖에 언급되지 않는다(대상 17:5, 21; 대하 5:10; 6:5; 7:22; 20:10). 역대하 6:11이 열왕기상 8:21을 각색한 대목에서 사실상 출애굽이 제거된다. 열왕기상 8:21에서 여호와가 조상들을 이집트 땅에서 인도해 내셨을 때 그들과 맺은 여호와의 언약은 역대하 6:11에서 단순히 이스라엘 자손과 맺은 것으로 언급된다.[55]

다윗과 솔로몬 시대에 대한 강조는 본질적으로 북쪽과 남쪽을 모두 포함하여 이스라엘 열두 지파의 이상을 고수하는 정치적 관점과 연관된다. 역대기가 제의적으로 불법적인 북왕국의 역사를 전적으로 무시하는 것은 당연히 눈에 띄지만 역대기의 이스라엘이 유다 이상의 존재라는 점은 분명하다. 분명히 이 저작은 유다와 예루살렘을 중심으로 간주하지만 제의적 단위로서 "이스라엘"을 재건하기 위해 북쪽, 즉 사마리아인을 이 중심에 더하는 것을 옹호한다.

역대기 신학이 이스라엘을 "이집트에서 나온 이스라엘"로 정의하는 신명기 사관과 거리를 두는 것은 출애굽에 대한 격하만이 아니다. 역대기는 죄에 대한 신학에 있어서도 구체적으로 다른 몇 가지 강조점을 설정한다. 역대기 저자가 보기에 역사적인 죄책의 축적은 존재하지 않는다. 그 대신 각 세대는 각자

---

54 Kratz 1991b, 161 이하.
55 Steins 1995, 451-54.

하나님께 책임을 지며 마찬가지로 (하나님에게서 멀어졌을 때는) 각자의 방식으로 벌을 받는다. 이러한 개별화된 죄의 신학은 제사장 문서 배경을 반영한다. 속죄 제사의 기능은 죄에 대한 개인적 책임에 달려 있다.[56]

그러나 역대기 저자의 죄에 대한 묘사는 도덕적 함의가 아닌 역사 신학의 측면에서 구성된다. 재앙은 죄와 결부지어야 하지만 번영의 시대는 의롭고 경건한 행위의 무대가 된다. 이 점은 특히 역대기의 므낫세에 대한 표현에서 분명히 드러난다. 므낫세는 예루살렘에서 55년 동안 다스렸고(왕하 21:1) 따라서 (열왕기하 21장에서 묘사된 방식과 달리)[57] 경건한 사람이었던 것이 분명하다.

> 여호와께서 앗수르 왕의 군대 지휘관들이 와서 치게 하시매 그들이 므낫세를 사로잡고 쇠사슬로 결박하여 바벨론으로 끌고 간지라 그가 환난을 당하여 그의 하나님 여호와께 간구하고 그의 조상들의 하나님 앞에 크게 겸손하여 기도하였으므로 하나님이 그의 기도를 받으시며 그의 간구를 들으시사 그가 예루살렘에 돌아와서 다시 왕위에 앉게 하시매 므낫세가 그제서야 여호와께서 하나님이신 줄을 알았더라 그 후에 다윗 성 밖 기혼 서쪽 골짜기 안에 외성을 쌓되 어문 어귀까지 이르러 오벨을 둘러 매우 높이 쌓고 또 유다 모든 견고한 성읍에 군대 지휘관을 두며 이방 신들과 여호와의 전의 우상을 제거하며 여호와의 전을 건축한 산에와 예루살렘에 쌓은 모든 제단들을 다 성 밖에 던지고 여호와의 제단을 보수하고 화목제와 감사제를 그 제단 위에 드리고 유다를 명령하여 이스라엘 하나님 여호와를 섬기라 하매(대하 33:11-16).

이에 상응하여 바벨론 유수의 원인도 유다의 마지막 왕 시드기야와 그의 세대의 죄로 밝혀지며 그들의 역사도 적절하게 부정적인 어조로 묘사된다.

---

56 Schmid 1999b.
57 Schmid 1997.

시드기야가 왕위에 오를 때에 나이가 이십일 세라 예루살렘에서 십일 년 동안 다스리며 그의 하나님 여호와 보시기에 악을 행하고 예언자 예레미야가 여호와의 말씀으로 일러도 그 앞에서 겸손하지 아니하였으며 또한 느부갓네살 왕이 그를 그의 하나님을 가리켜 맹세하게 하였으나 그가 왕을 배반하고 목을 곧게 하며 마음을 완악하게 하여 이스라엘 하나님 여호와께로 돌아오지 아니하였고 모든 제사장들의 우두머리들과 백성도 크게 범죄하여 이방 모든 가증한 일을 따라서 여호와께서 예루살렘에 거룩하게 두신 그의 전을 더럽게 하였으며(대하 36:11-14).

역대기를 창세기-열왕기하의 편집상 한 층위가 아니라 별도의 저작으로 구성되게 한 것은 무엇보다도 이러한 신명기 사관과의 개념적 차이였던 것으로 보인다. 구약 안에서 창세기-열왕기하와 역대기의 중첩과 외부 문헌 형태로 된 창세기-열왕기하의 신판으로서 역대기의 독특성은 예외로 남았다. 그러나 (시내산 단락과 신명기와의 관계의 경우와 마찬가지로) 해석학적 관점에서 본문과 주석 모두 정경화를 통해 해석의 원동력이 구약 그 자체 안에 근거를 두게 되었기 때문에 그것은 매우 중요한 의미를 지닌다.

(2) 발람 단락의 발전

자주 언급된 것처럼 매우 늦은 시기의 몇 가지 내용이 민수기 22-24장의 발람 단락 안에 확고히 자리 잡게 된 것으로 보이는데 이 내용은 이교도 선견자 발람과 이스라엘에 대한 그의 예언에 대해 말하고 있다.[58] 우리는 민수기 24:23-24에서 이와 같은 한 가지 예를 발견한다.

---

58 Schmitt 1994, 184-87.

또 예언하여 이르기를 슬프다 하나님이 이 일을 행하시리니 그 때에 살
자가 누구이랴 깃딤 해변에서 배들이 와서 앗수르를 학대하며 에벨을 괴
롭힐 것이나 그도 멸망하리로다 하고(민 24:23-24).

깃딤에서 오는 자들이 그리스인인 반면(참고. 창 10:4; 단 11:30에서는 로마인
이다) "앗수르"는 페르시아인을 나타낸다("에벨"의 의미는 여전히 불분명하다). 이
말씀은 아마도 알렉산드로스 대왕의 출현 이후 페르시아 제국의 몰락을 전제
로 한 듯하다. 아마도 이렇게 삽입된 내용은 세계사의 결정적인 사건을 이미
예언을 통해 토라에 기반을 둔 것으로 보려는 (헬레니즘과의 문화 경쟁으로 인해 촉
진된) 시도가 그 동기가 되었을 것이다.

(3) 다윗 전승 안에 있는 헬레니즘적인 요소

다윗 내러티브에는 알렉산드로스 대왕에게 일어난 사건을 아리아노스가 이
야기한 대로 다시 말하고 있는 것처럼 보이는 사무엘하 23:13-17의 짧은 본문
하나가 담겨 있다.[59]

또 삼십 두목 중 세 사람이 곡식 벨 때에 아둘람 굴에 내려가 다윗에게 나
아갔는데 때에 블레셋 사람의 한 무리가 르바임 골짜기에 진 쳤더라 그
때에 다윗은 산성에 있고 그 때에 블레셋 사람의 요새는 베들레헴에 있는
지라 다윗이 소원하여 이르되 베들레헴 성문 곁 우물 물을 누가 내게 마
시게 할까 하매 세 용사가 블레셋 사람의 진영을 돌파하고 지나가서 베들
레헴 성문 곁 우물 물을 길어 가지고 다윗에게로 왔으나 다윗이 마시기를
기뻐하지 아니하고 그 물을 여호와께 부어 드리며 이르되 여호와여 내가

---

[59] Gnuse 1998; Mathys 2002.

나를 위하여 결단코 이런 일을 하지 아니하리이다 이는 목숨을 걸고 갔던 사람들의 피가 아니니이까 하고 마시기를 즐겨하지 아니하니라 세 용사가 이런 일을 행하였더라(삼하 23:13-17).

이 에피소드가 다윗 전승 안에 차용된 것은 구약이 다소 영웅적이지 못한 이 야기가 많은 왕을 근본적으로 알렉산드로스에 못지않게 도량이 큰 인물로 묘사하려는 의도를 갖고 있음을 보여 준다. 그 밑바탕에 깔린 동기인 그리스 문화와 이스라엘 문화의 경쟁은 아마도 입다의 딸에 대한 비극적인 전승(삿 1:29-40)의 형태에 이미 영향을 끼쳤을 것이다. 즉, 이스라엘에도 그리스처럼 나름의 비극이 있었다는 것이다.[60]

(4) 에스더

에스더서는 페르시아의 유대인이 페르시아 왕의 절친한 친구인 하만이 선동했지만 유대인 여자 에스더와 그녀의 삼촌 모르드개가 저지하여 박해에서 벗어난 이야기를 들려준다. 그러나 이 내러티브의 페르시아 시대 배경은 소설적이며 어떤 역사적 상황과도 관련시켜선 안 된다. 더구나 이 책의 초점인 유대인에 대한 박해는 페르시아의 정책과 일치하지 않는다. 대신 이 책은 아마도 헬레니즘 시대 디아스포라에서 창작되었을 것이다.[61]

에스더서는 주인공인 하만과 모르드개를 아말렉 왕 아각과 기스의 아들 사울 왕과 관련된 혈통이라는 측면에서 서로 비교함으로써(에 3:1: "아각 사람" "하만"; 2:5: "기스의 증손이요 시므이의 손자요 야일의 아들"인 "모르드개") 이스라엘과 아말렉 사이의 신화적인 태고의 충돌(출 17:8-16; 신 25:17-19; 삼상 15장)을 페르시아 시대의 역사 속에 배치한다.

60　Römer 1998.
61　Zenger ⁵2004, 307-8; Macchi 2005.

하만의 "아말렉화"를 통해 에스더서는 강대국과 관련하여 분명한 비판자를 세우지만 그 성향 면에서 부정적인 것만은 아니다. 하만은 고위 정부 관리인 반면 페르시아 왕은 유대인 에스더를 자신의 아내로 삼을 수 있다. 결국 왕은 하만과 그의 아들들을 처형시키고 모르드개를 하만의 지위에 올려놓는다.

에스더서는 성서 안에서 특히 요셉 이야기와 다니엘서 1-6장의 다니엘 전설을 차용한다.[62]

(5) 토라의 헬라어 번역

이것이 우리를 히브리어 구약 문헌사의 협소한 범위 밖으로 데려가더라도 우리는 유대교와 헬레니즘 사이의 접촉과 관련해서 토라의 책이 헬라어로 번역된 사실을 언급하지 않을 수 없다. 책마다 구분해야 하겠지만 이 작업은 아마도 주전 3세기 중엽에 시작되었을 것이다.[63] 이른바 "70인경"은 단순히 하나의 번역이 아니다. 그것은 처음에는 토라에 대한, 그 뒤에는 구약의 나머지 책에 대한 최초의 공시적(共時的) 번역이다. 그러므로 그 영향은 히브리어 원문의 시대보다 고대와 중세와 근대 초기에 여러 장소에서 더 중요했다.

"70인경"은 한편으로는 디아스포라 유대인, 특히 알렉산드리아의 유대인이 그들의 신성한 성서보다 헬라어 번역에 더 의존했기 때문에 필요해졌다. 다른 한편으로 "70인경"은 히브리어 구약이 그 본문의 범위를 고정시키는 데 있어서 필수적인 요소를 표현하는 한에서는 아마도 결과적으로 역으로 히브리어 구약 문헌사에 영향을 미쳤을 것이다. 구약 저작이 표준적인 방식으로 번역되자마자 더 이상 본문에 원래의 언어로 첨가가 이루어질 수 없었다.

"70인경"의 내용과 관련된 경향은 단순히 방법론 측면에서 요약할 수 없다. 각 책은 서로 다른 번역자의 작품이었고 우리도 마찬가지로 본문 자체의 헬라

---

[62] Zenger ⁵2004, 308-9; 참고. Beyerle 2000.
[63] Siegert 2001, 42; Tilly 2005; Keel 2007, 1141-43.

어 형태 안에 있는 발전 과정을 고려해야 하기 때문이다. 그러나 몇 가지 점은 대체적으로 분명하다. 특히 부활에 대한 믿음(예를 들어 시 1편; 욥 52장을 참고하라) 및 메시야 사상과 관련해서 종말론에 대한 일정한 강조 외에도[64] 예를 들어 창조에 대한 묘사에서 그리스의 철학적 개념을 받아들였는데 이는 창세기 1장의 술어를 플라톤의 『티마이오스』와 조화시키려는 시도다.[65]

"70인경"은 선사 시대에 그리스인의 신화적 전통이 들어설 약간의 공간을 만들기 위해 창세기 5장과 11장에서 족장의 생식 가능 연령을 늘임으로써 세상이 정돈되는 시간도 연대기적으로 연장시켰고[66] 하나님에 대한 신인동형론적인 언어도 피하고 있다.[67] "70인경"은 유대교, 즉 그 핵심적 전통이 선도적인 세계 문화와 양립할 수 있음을 입증하려 하는 유대교와 헬레니즘의 문화적 접촉에 대한 무척 중요한 자료다.

3) 예언 전승

(1) 예언서 자료 안에 있는 세상에 대한 심판 본문

페르시아의 200년에 걸친 세계 통치가 붕괴되는 경험은 아마도 예언서에 가장 분명한 문헌 증거를 남겼을 것이다. 우리는 이사야, 예레미야, 12 예언서에서 모든 것을 포함하는 세상에 대한 우주적 심판이라는 개념이 어떻게 기존의 (열방에 대한) 심판 본문의 확대를 통해 발전했는지를 볼 수 있다.[68] 이러한 저작이 규모가 크다는 특징은 이사야 34:2-4에서 특히 분명하게 볼 수 있다.

---

64 Knibb 2006.
65 Rösel 1994.
66 Rösel 1994.
67 Siegert 2001, 243-62; Tilly 2005, 74-80; Rösel 2006.
68 참고. Steck 1985, 53-54; Schmid 1996a, 305-9.

열국이여 너희는 나아와 들을지어다 민족들이여 귀를 기울일지어다 땅과 땅에 충만한 것, 세계와 세계에서 나는 모든 것이여 들을지어다(사34:1).

대저 여호와께서 열방을 향하여 진노하시며 그들의 만군을 향하여 분내사 그들을 진멸하시며 살륙 당하게 하셨은즉 그 살륙 당한 자는 내던진 바 되며 그 사체의 악취가 솟아오르고 그 피에 산들이 녹을 것이며 하늘의 만상이 사라지고 하늘들이 두루마리 같이 말리되 그 만상의 쇠잔함이 포도나무 잎이 마름 같고 무화과나무 잎이 마름 같으리라(사34:2-4).

여호와의 칼이 하늘에서 족하게 마셨은즉 보라 이것이 에돔 위에 내리며 진멸하시기로 한 백성 위에 내려 그를 심판할 것이라 여호와의 칼이 피 곧 어린 양과 염소의 피에 만족하고 기름 곧 숫양의 콩팥 기름으로 윤택하니 이는 여호와를 위한 희생이 보스라에 있고 큰 살륙이 에돔 땅에 있음이라(사 34:5-6).

이사야 34:1, 5-6의 이전 본문은 에돔에 대한 여호와의 심판을 말하며 모든 민족이 이 심판에 증인으로 소환된다. 2-4절에서는 같은 민족이 매우 다른 역할을 한다. 여기서는 그들이 심판을 받고 있는 자들이다. 게다가 5절에서 하늘은 아직 안정된 실체로 보이지만 2-4절에서는 "두루마리 같이" 말린다.

예레미야서에서도 세상의 심판에 대한 진술이 기존 본문의 2차적인 확장인 것이 분명하다. 따라서 우리는 예레미야 46-51장에 있는 이방 나라에 대한 말씀의 마지막 두 절에서 "모든 육체"에 대한 심판이라는 개념을 발견하는데 그것은 이렇게 세상에 대한 심판을 예언하는 것으로 재해석된다.

너(즉, 예레미야)는 그에게 이르라 여호와께서 이와 같이 말씀하시기를 보라 나는 내가 세운 것을 헐기도 하며 내가 심은 것을 뽑기도 하나니 온 땅에 그리하겠거늘 네가 너를 위하여 큰 일을 찾느냐 그것을 찾지 말라 보라 내가 모든 육체에 재난을 내리리라 그러나 네가 가는 모든 곳에서는 내가 너에게 네 생명을 노략물 주듯 하리라 여호와의 말씀이니라(렘 45:4-5).

예레미야 25장에 나오는 잔의 신탁에 덧붙여진 부분에서도 같은 과정이 발생하는데 이 또한 여러 나라에 대한 심판을 가정하지만 27절부터 "세상에 대한 심판"으로 해석된다.

너는 그들에게 이르기를 만군의 여호와 이스라엘의 하나님의 말씀에 너희는 내가 너희 가운데 보내는 칼 앞에서 마시며 취하여 토하고 엎드러져 다시는 일어나지 말아라 하셨느니라 그들이 만일 네 손에서 잔을 받아 마시기를 거절하거든 너는 그들에게 이르기를 만군의 여호와께서 말씀하시기를 너희가 반드시 마셔야 하리라 보라 내가 내 이름으로 일컬음을 받는 성에서부터 재앙 내리기를 시작하였은즉 너희가 어찌 능히 형벌을 면할 수 있느냐 면하지 못하리니 이는 내가 칼을 불러 세상의 모든 주민을 칠 것임이라 하셨다 하라 만군의 여호와의 말씀이니라 그러므로 너는 그들에게 이 모든 말로 예언하여 이르기를 여호와께서 높은 데서 포효하시고 그의 거룩한 처소에서 소리를 내시며 그의 초장을 향하여 크게 부르시고 세상 모든 주민에 대하여 포도 밟는 자 같이 흥겹게 노래하시리라 요란한 소리가 땅 끝까지 이름은 여호와께서 뭇 민족과 다투시며 모든 육체를 심판하시며 악인을 칼에 내어 주셨음이라 여호와의 말씀이니라(렘 25:27-31).

마지막으로, 12 예언서에서도 이사야서와 예레미야서에 있는 상응하는 본문과 실질적으로 연결될 수 있는 많은 삽입 내용을 발견한다.

민족은 일어나서 여호사밧 골짜기로 올라올지어다 내가 거기에 앉아서
사면의 민족을 다 심판하리로다 너희는 낫을 쓰라 곡식이 익었도다 와서
밟을지어다 포도주 틀이 가득히 차고 포도주 독이 넘치니 그들의 악이 큼
이로다 사람이 많음이여, 심판의 골짜기에 사람이 많음이여, 심판의 골짜
기에 여호와의 날이 가까움이로다 해와 달이 캄캄하며 별들이 그 빛을 거
두도다 여호와께서 시온에서 부르짖고 예루살렘에서 목소리를 내시리니
하늘과 땅이 진동하리로다 그러나 여호와께서 그의 백성의 피난처, 이스
라엘 자손의 산성이 되시리로다(욜 3:12-16).

그 날에는 앗수르에서 애굽 성읍들에까지, 애굽에서 강까지, 이 바다에서
저 바다까지, 이 산에서 저 산까지의 사람들이 네게로 돌아올 것이나 그
땅은 그 주민의 행위의 열매로 말미암아 황폐하리로다(미 7:12-13).

나 여호와가 말하노라 그러므로 내가 일어나 벌할 날까지 너희는 나를 기다
리라 내가 뜻을 정하고 나의 분노와 모든 진노를 쏟으려고 여러 나라를 소
집하며 왕국들을 모으리라 온 땅이 나의 질투의 불에 소멸되리라(습 3:8).

이러한 진술의 배경이 되는 사상은 세상에 대한 심판이 하나님이 세상을 겨
냥해 새롭게 추가적으로 가하시는 타격이 아니라는 것이다. 정확히 말하면 이
런 본문은 하나님이 과거에 가하신 심판의 타격은 하나님의 세상에 대한 포괄
적인 심판의 일부이자 전조일 뿐임을 보여 주려는 의도를 갖고 있다.

이 진술이 제사장 문서의 입장 같은 신정 체제적 입장의 신학과 완전히 어
긋난다는 점에는 아무런 이의가 없으며 창세기 9장에서는 이를 노아 언약에서
세상의 존속을 위한 영원한 보증으로 표현했다. 그리고 사실 **예언서 자료**, 특히
이사야 24-27장에 나오는 세계 심판 본문의 틀 안에는 제사장 문서의 신학을

공개적으로 반대하는 본문이 있다. 이 점은 이사야 24:4-6에서 특히 분명하게 볼 수 있다.

> 땅이 슬퍼하고 쇠잔하며 세계가 쇠약하고 쇠잔하며 세상 백성 중에 높은 자가 쇠약하며 땅이 또한 그 주민 아래서 더럽게 되었으니 이는 그들이 율법을 범하며 율례를 어기며 영원한 언약을 깨뜨렸음이라 그러므로 저주가 땅을 삼켰고 그 중에 사는 자들이 정죄함을 당하였고 땅의 주민이 불타서 남은 자가 적도다(사24:4-6).

인간이 깨뜨린 영원한 언약은 다름 아닌 창세기 9장에서 노아와 맺은 언약일 수도 있다. 구약에는 인류 전체와 맺은 다른 언약은 등장하지 않는다. 이 사실은 피 흘린 죄라는 주제를 통해서도 뒷받침되며 이 주제는 이사야 24-27장의 문맥에서 중요한 역할을 한다.

이를테면 이사야 24:4-6은 제사장 문서에서 상상할 수 있는 어떤 내용과도 다르게 노아 언약도 깨질 수 있다고 진술한다. 그러므로 제사장 문서에서 변경할 수 없는 것으로 상상한 세계 질서도 뒤집어질 수 있다. 마찬가지로 창세기 6-9장과 관련해서 이사야 26:20-21은 이스라엘이 이전의 노아처럼 세상에 대한 다가올 심판에서 건져질 것이라고 가정한다.

> 내 백성아 갈지어다 네 밀실에 들어가서 네 문을 닫고 분노가 지나기까지 잠깐 숨을지어다 보라 여호와께서 그의 처소에서 나오사 땅의 거민의 죄악을 벌하실 것이라 땅이 그 위에 잦았던 피를 드러내고 그 살해 당한 자를 다시는 덮지 아니하리라(이사야 26:20-21).

(2) 더 큰/포괄적인 이사야서 1-62장의 형성

학자들 가운데 베른하르트 둠을 따라 이사야서를 최대한 폭넓게 서로 독립적이고 서로 다른 예언자적 인물 셋으로, 또 세 시대에 속한 것으로 간주되는 별도의 책 세 권(1-39장; 40-55장; 56-66장)으로 나누는 것이 일반적이다. 1-39장은 이사야("원 이사야")의 말을 담고 있고, 40-55장의 바탕은 바벨론 유수 기간에 활동한 한 익명의 인물에게로 거슬러 올라가고 그에게는 "제2이사야"라는 인위적인 이름이 주어지며, 56-66장의 토대가 되는 본문은 "제3이사야"라고 불리는 마찬가지로 익명인 세 번째 인물의 저작으로 간주된다.[69]

이러한 모델은 예언자에 대한 고전적인 연구와 완전히 일치했고 예언서 문헌의 기원을 본질적으로 구두로 신탁을 전달한 예언자적 인물에게서 찾았다.[70] 현재의 연구는 이와 대조적으로 서기관에 의한 예언 전승의 기록이라는 현상을 발견했고 많은 경우에 이러한 개념의 도움으로 복잡한 본문 현상의 기원에 대해 보다 설득력 있는 제안을 할 수 있다.

현재 논의되고 있는 이사야서 전체의 기원에 대한 모델은 "제3이사야"의 편집적 창작(56-66장)을 확실한 것으로 가정하는 두 가지 주요 흐름으로 나눌 수 있고[71] 따라서 이사야 1-39장과 40-55장의 관계 확정으로 논의를 제한한다. 다수 입장의 연구에 따르면 이사야 1-39장과 40-55장의 기초는 서로 다른 두 예언자적 인물(주전 8세기의 "이사야"와 주전 6세기의 "제2이사야")로 거슬러 올라간다.

이러한 전승 자료는 먼저 별개의 문헌 실체로 나란히 존재했고 2차적으로만 연결되었다. 이사야서라는 더 큰 책의 기원을 서적 제조 기술의 우연 비슷한 것으로 해석한 과거의 연구와 달리 오늘날에는 이사야 1-39장과 40-55장이 분명하게 계획된 편집 과정을 통해 문헌적으로 연결되었다고 추정한다.

---

69 Duhm 1892.
70 Schmid 1996b; Becker 2004.
71 Steck 1991b.

가장 중요한 문헌적 가교 본문이 이사야서 35장에 나오는 반면[72] 동일한 손길에 의한 삽입은 1:11-16; 27:12-13; 51:*1-11; 62:10-12(마무리 본문)에서 볼 수 있다.

때때로 이사야 33장도 과거의 가교 본문으로 간주된다.[73] 또 다른 갈래의 연구에서는 이사야 40-55장을 이사야 1-39장의 의도적인 확대로 간주함으로써 두 부분을 훨씬 더 긴밀하게 연결시킨다.[74] 이러한 견해에 따르면 독립적인 제2이사야 전승이나 "제2이사야"라는 개별 예언자는 결코 존재하지 않았다.

이사야서 40-55장의 예언은 이사야서 1-39장에 나오는 주제의 실질적인 발전으로 간주되며 한편으로는 이사야 40장의 이사야 6장에 대한 의존성에(비록 이러한 의존은 이사야 40:6-8에 국한되지만), 다른 한편으로는 이사야 40-55장의 익명성에 특별한 강조점이 주어진다.

그러나 이사야 1-39장과 40-55장 사이에 관찰된 연결 고리를 반드시 확대 모델의 측면에서만 평가할 필요는 없다. 이러한 연결 고리는 일련의 예언서 안에 있는 문헌적 참고일 수도 있다.

따라서 두 관점 모두 이사야 1-39장과 40-55장의 기본적인 차이점에 이의를 제기하지 않지만 전통적인 3권 가설에 대한 지지는 눈에 띄게 줄어들었다. 그것을 2권 가설로 달리 표현해야 하는가의 여부는 이사야서 40-55장의 배후에 원래 이사야 1-39장에서 이탈한 전승이 (독립적으로나 예레미야서와의 결합의 일부로) 있었다는 관점을 옹호하느냐의 여부에 달려 있다.

사실 이는 여전히 이사야 40-55장 본문에서 발견한 사실을 설명하는 데 가장 적합한 대안으로 보인다. 이에 상응하여 시간상의 어느 시점에 이사야 1-39장과 이사야 40-55장의 두 부분이 문헌적으로 결합되었다고 추정해야 한다.

스텍(Steck)의 제안을 따른다면 이에 상응하는 "큰 이사야"의 편집은 이사야서 35장에서 이스라엘이 세상에 대한 심판에서 보존되는 것을 묘사한 구절(사

---

72 Steck 1985.
73 Berges 1998.
74 Albertz 1990.

34:24)에서 가장 분명하게 볼 수 있다.[75] 이 구절은 먼저 이사야서의 주요 부분인 1-39장과 40-55장을 문헌적인 방식으로 연결시켜 1-62장을 포괄하는 큰 이사야서를 형성했을 것이다. 이 구절은 아마도 역사적으로 디아도코이 시대 초기의 정치적 사건과 연관지어졌을 것이고 그렇게 떠올려진 세상의 심판이라는 주제에 대한 당대의 배경을 제공했을 것이다.

(3) 제3이사야의 경건한 자와 악인

이사야 63:7-64:11의 애가는 과거에는 흔히 포로기와 관련 없는 전승으로 간주되었지만 현재의 문맥에서 확대된 본문으로 창작되었을 가능성이 더 높다.[76] 이 애가는 아마도 프톨레마이오스 시대 초기에 이사야 1-62장에 걸친 이사야서의 추가적인 결론으로 그에 상응하는 당대의 사건(주전 302/301년에 예루살렘에 있었던 프톨레마이오스?)[77]에 영향을 받아 출현했을 것이다.

이 애가는 약속된 구원의 도래를 계속해서 확대되는 상황에 의존하도록 만들기 위한 이사야 56-59장의 "제3이사야적인" 해석 노력의 좌절을 기록한다. 그와 관련된 신학의 역사에 있어서 가장 중요한 움직임에는 하나님의 백성의 일치라는 후대의 과제가 있었고 예레미야와 에스겔의 골라 지향적 본문에는 이에 대한 일종의 개념적 전조가 있다. 훨씬 나중에 이사야 63:7-64:11에 대한 대답으로 지어진 이사야 65-66장의 종결 본문은 구원은 의인만을 위한 것이고 악인은 심판에 직면할 것이라고 본다(사 65:1-15; 참고. 사 57:20-21).

따라서 예를 들어 이사야 65:17-25의 새 하늘과 새 땅에 대한 약속은 문맥에 포함된 내용이 보여 주듯 오직 여호와의 종만을 위한 것이다. 그 약속은 이사야 43:16-21에서 제2이사야적인 "옛" 출애굽과 "새" 출애굽의 대조를 분명히 떠올리게 하는 내용으로 표현되며("너희는 이전 일을 기억하지 말며") 이사야 65장

---

75   Steck 1985.
76   Steck 1991b, 217-42; Goldenstein 2001.
77   참고. Steck 1991.

에 따르면 이사야 43장과 달리 이스라엘의 구원 역사 "만" 달리 표현하는 것으로는 더 이상 충분치 않음을 암시한다. (창 1장의 그것과 대조적으로) 엄밀한 의미에서 창조 질서가 새로워져야 한다.[78]

이사야 43:16-21	출애굽기 39:43a
나 여호와가 이같이 말하노라 바다 가운데에 길을, 큰 물 가운데에 지름길을 내고 병거와 말과 군대의 용사를 이끌어 내어 … 너희는 이전 일을 기억하지 말며 옛날 일을 생각하지 말라 보라 내가 새 일을 행하리니 이제 나타낼 것이라 너희가 그것을 알지 못하겠느냐	이러므로 주 여호와께서 이와 같이 말씀하시니라 보라 나의 종들은 먹을 것이로되 너희는 주릴 것이니라 보라 나의 종들은 마실 것이로되 너희는 갈할 것이니라 보라 나의 종들은 기뻐할 것이로되 너희는 수치를 당할 것이니라 보라 나의 종들은 마음이 즐거우므로 노래할 것이로되 너희는 마음이 슬프므로 울며 심령이 상하므로 통곡할 것이며 …
창세기 1:1	
태초에 하나님이 천지를 창조하시니라	보라 내가 새 하늘과 새 땅을 창조하나니 이전 것은 기억되거나 마음에 생각나지 아니할 것이라

이 새로운 창조 세계에는 더 이상 성전 제사가 필요하지 않을 것이다. 성전 제사는 그 속죄 제사를 지향하는 성향과 함께 이전 창조 세계의 타락을 전제로 하기 때문이다. 따라서 이러한 창조는 예루살렘 성전 자체가 여호와의 성전으로 바뀌는 것으로 선언될 수 있다.

> 여호와께서 이와 같이 말씀하시되 하늘은 나의 보좌요 땅은 나의 발판이니 너희가 나를 위하여 무슨 집을 지으랴 내가 안식할 처소가 어디랴(사 66:1).[79]

헬레니즘 이전에 "이스라엘"이라고 불리고 대체로 논쟁이 되지 않은 구원의

---

[78] Steck 1997; Schmid 2011a, 185-205.

실체에 대한 저작은 특히 주후 70년에 예루살렘이 멸망한 뒤에 강화된 경향인 유대 종교의 개인화를 위한 길을 예비한다. 이러한 형태로 유대 종교도 기독교에 대해 영향력 있는 모델이 되었다.

(4) 예레미야서에 나타난 디아스포라에서의 귀환과 왕국의 회복

역시 어느 정도 연대 추정을 신뢰할 수 있으며 분명하게 강조된 신학적 기획은 예레미야 33:14-26에 나오는 마소라 본문의 특별 자료에 나온다.[80] 헬라어 역본보다 약 3천 단어가 짧은 (다른 경우에는 매우 문자적인) 히브리어 성서의 예레미야서에 추가된 본문 중 가장 긴 이 본문이 헬라어 역본에 빠져 있다는 사실은 예레미야 33:14-26이 헬라어 역본이 이미 완성되었을 때 비로소 예레미야서 안으로 들어왔을 가능성을 매우 크게 만든다.

예레미야 23:5-6	예레미야 33:14-16
여호와의 말씀이니라 보라 때가 이르리니 내가 다윗에게 한 의로운 가지를 일으킬 것이라 그가 왕이 되어 지혜롭게 다스리며 세상에서 정의와 공의를 행할 것이며 [6절] 그의 날에 유다는 구원을 받겠고 이스라엘은 평안히 살 것이며 그의 이름은 여호와 우리의 공의라 일컬음을 받으리라	여호와의 말씀이니라 보라 내가 이스라엘 집과 유다 집에 대하여 일러 준 선한 말을 성취할 날이 이르리라 [15절] 그 날 그 때에 내가 다윗에게서 한 공의로운 가지가 나게 하리니 그가 이 땅에 정의와 공의를 실행할 것이라 [16절] 그 날에 유다가 구원을 받겠고 예루살렘이 안전히 살 것이며 이 성은 여호와는 우리의 의라는 이름을 얻으리라

이 자료의 서기관적인 성격은 이것이 독립된 원 본문일 가능성을 사실상 부정한다. 예레미야 33:14-16은 예레미야 23:5-6을 재해석하고 있고, 본문의 이어지는 단락에서는 대규모 본문 차용도 관찰할 수 있다.

---

79 Schmid 2006c.
80 Goldman 1992; Schmid 1996a, 56-66; 2011, 207-221.

언뜻 보면 예레미야 33:14-16은 예레미야 23:5-6의 반복처럼 보일 수도 있으며 사실 두 본문은 많은 부분이 서로 중첩된다. 그러나 33:14-16의 구체적인 임무는 무엇보다도 33:14의 "내가 이스라엘 집과 유다 집에 대하여 일러 준 선한 말을 성취할"이라는 추가본문을 통해 메시야의 성취 약속을 이 "약속"의 실현에 의존하게 만드는 것이다. 이것이 의미하는 바를 예레미야 29:10에서 읽어낼 수 있으며 거기서 이 "약속"은 분명해진다.

여호와께서 이와 같이 말씀하시니라 바벨론에서 칠십 년이 차면 내가 너희를 돌보고 나의 선한 말을 너희에게 성취하여 너희를 이 곳으로 돌아오게 하리라(렘 29:10).

따라서 예레미야 33:14-16은 메시야의 도래가 디아스포라에서 귀환하는 것을 전제로 함을 의미하도록 예레미야 23:5-6을 재해석한다. 다윗에게 약속된 가지는 이스라엘이 그 땅에서 연합하여 살 때 비로소 찾아올 것이다. 예레미야 33:14-16의 입장과 관련해서도 눈에 띄는 것은 메시야를 단순히 한 사람으로 생각하지 않고 (명백히 사 60-61장에서 모티프를 취하며) 시온에 메시야적인 위엄을 부여한다는 점이다. "여호와는 우리의 의"라는 미래 호칭은 예레미야 33:16에서 분명히 여성적 실체에 부여된다. 그것이 가리키는 대상은 명백히 이 직전에 언급되었고 여자로 상상된 예루살렘 성이다.

(5) 제2스가랴와 제3스가랴

스가랴 전승은 스가랴서 9-14에서 과거에 이사야서에서 유추하여 흔히 제2스가랴(스가랴 9-11장)와 제3스가랴(스가랴 12-13장)로 구분된 여러 요소와 함께 계속 이어졌다. 그러나 스가랴서 9-14장의 내용은 최소한 제3이사야의 경우처

럼) 원래 구두로 선포한 것이 아니었다. 이것은 서기관이 전한 예언이다.[81]

언어학적으로 스가랴 9-11장은 그 시적 형식에 의해 스가랴 1-8장과 구별되는 반면 스가랴 12-14장은 대부분 산문으로 돌아간다. 그러나 무엇보다 본문은 스가랴 9장부터 제2성전이 건축될 때의 조건과는 사뭇 다른 역사적 조건을 반영한다. 성전이 지어진 지 이미 오래된 것이다(슥 11:13; 14:20-21).

스가랴 9:1-8은 주전 332년에 두로가 함락된 뒤에 멀리 가자까지 이른 알렉산드로스의 원정을 돌아보는 것처럼 보인다.[82] 스가랴 9:13은 심지어 "야완의 자식들"("이오니아인들", 즉 "그리스인들"; 개역개정은 "헬라 자식들")을 명시적으로 언급하며 아마도 프톨레마이오스 왕국의 정복 전쟁에 대한 유대인의 저항의 증거를 드러내는 듯하다.[83]

스가랴서 9장의 역사적·신학적 위치 설정은 인상적이다. 이 장은 명백히 알렉산드로스 대왕의 조치를 환영한다(즉, 그가 페르시아인들의 외세 통치를 종식시키는 한에서). 그러나 알렉산드로스는 새로운 통치자로 찬양받지 않는다. 그 대신 스가랴 9:9-10은 (이사야 40:1-2; 11:1-5; 시편 72:8을 명백히 각색하며 이스라엘의 디아스포라 생활에 상응하는) 광범위한 지배권을 가진 다윗 가문의 메시야라는 개념을 제안한다. 그럼에도 불구하고 겸손한 모습의 메시야는 반(反)알렉산드로스적인 인물로 그려진다.[84]

> 시온의 딸아 크게 기뻐할지어다 예루살렘의 딸아 즐거이 부를지어다 보라 네 왕이 네게 임하시나니 그는 공의로우시며 구원을 베푸시며 겸손하여서 나귀를 타시나니 나귀의 작은 것 곧 나귀 새끼니라 내가 에브라임의

---

81 Boda and Floyd 2003; Gärtner 2006.
82 Mathys 2000b, 53.
83 Schäfer 1983, 27.
84 Knauf 1994, 177; Kunz 1998.

병거와 예루살렘의 말을 끊겠고 전쟁하는 활도 끊으리니 그가 이방 사람에게 화평을 전할 것이요 그의 통치는 바다에서 바다까지 이르고 유브라데 강에서 땅 끝까지 이르리라(슥 9:9-10).

메시야에 대한 이런 겸손한 묘사는 한편으로 구약에서 더 오래된 통치자에 대한 약속의 전승 자료가 사용되는 것을 통해 설명되며 이 약속은 거의 예외 없이 기대된 구원의 왕이 하나님의 권능에 복종하는 것을 강조한다. 다른 한편으로 이러한 묘사는 알렉산드로스의 왕권과 그의 뒤를 이은 3세기 계승자, 특히 프톨레마이오스 가문의 왕권에 대한 과도한 종교적 주장의 영향을 받았다.[85]

(6) 이사야서와 12 예언서의 편집 정합성

한편으로는 "예언적인" 다니엘서가 예언서의 정경 속에 채택되지 않은 것을 통해, 다른 한편으로는 마카베오 시대의 위기에 대한 어떤 분명한 문헌적 고찰도 결여됨으로써 입증된 것처럼 예언서는 본질적으로 마카베오 시대 이전에 완성되었다(이하의 내용을 보라).

이러한 문헌적 종결은 명백히 의도적이었다. 특히 이사야서와 열두 소예언서 및 이 두 문헌이 테두리를 이루는 **예언서 전체**의 전반적인 계획이 입증하듯이 예언은 의도적인 최종 형식을 만들어 내는 과정을 겪었다. 이는 예언서 사이의 일정한 내용의 조화를 위한 노력을 암시한다.

열두 명의 소예언자는 어떻게 이사야가 한 말과 다른 내용을 예언할 수 있었을까?

이사야는 다른 예언자들이 말한 모든 것을 알지 못했는가?

---

[85] 참고. Hölbl 1997.

전수자들은 명백히 구약 예언이 본질적으로 하나의 실질 단위라는 의견을 갖고 있었다.

우리는 이를 어떻게 알 수 있는가?

(열두 "소"예언자의 책을 하나로 세는 고대의 전통에 동참한다면) 무엇보다도 네 권의 대예언서는 대예언자가 틀이자 중심 초점으로 묘사하는 시대와 관련되어 있음이 분명하다. 이사야와 열두 예언자는 예언적으로 입증된 이스라엘 역사의 스펙트럼 전체를 앗수르인부터 페르시아인까지 다루는 반면 예레미야와 에스겔은 오로지 그러나 광범위하게 바벨론 시대를 다룬다.

이사야 1-39장: 앗수르			호세아, 아모스, 미가: 앗수르
이사야 36-39장: 앗수르 / 바벨론			
	예레미야: 바벨론	에스겔: 바벨론	스바냐, 오바댜: 바벨론
이사야 40-66장: 바벨론 / 페르시아			학개, 스가랴, 말라기: 페르시아

우리는 또한 이사야서와 12 예언서가 서로 실질적으로나 문헌적으로도 외견상 연이어 조화를 이룬다는 점도 자세히 관찰할 수 있다.[86] 가장 인상적인 관찰을 선별해 보면 이사야 1:1과 호세아 1:1이 같은 유다 왕 네 명을 언급하는 비슷한 표제로 시작한다는 점이 눈에 띈다. 게다가 이사야 13장과 요엘 2장은 각각 "완전한 책"의 맨 끝에 있는 이사야 66:18-24과 스가랴 14:16-21처럼 우리로 하여금 의도적인 편집 구성이 있었다고 어느 정도 결론을 내리게 한다.

---

[86] Bosshard-Nepustil 1997; Steck 1991a; 이와 차이가 있는 견해로는 Gärtner 2006.

말라기서를 문헌 측면에서 그것이 원래 속해 있었던 것으로 보이는 스가랴 전승에서 배제하고 분리시키게 된 12 예언서에 대한 의도적인 마지막 편집 구성이 있었던 것으로 보인다.[87] 이 점은 (그 구조가 말 1:1의 구조와 일치하는 슥 9:1; 12:1의 표제 체계와 말 3:7에 있는 슥 1:3의 인용구 같은 내용 속의 여러 접촉점 외에도) "말라기"는 성서적으로나 비문 속에서 그 존재가 입증된 이름이 아니라는 사실로 암시된다.

"말라기"는 말라기 3:1에서 취한 인위적인 이름으로 보이고 "나의 사자"라는 뜻이며 말라기서의 끝에 있는 엘리야가 돌아올 것이라는 약속을 고려하여 지어졌을 것이다(말 3:22-24).[88]

열왕기하 2:11-12에 따르면 죽지 않고 하늘로 올라간 엘리야에 대한 이러한 회상은 동시대에 활발히 일어났던 현상인 예언이 끝이 났고 한 번만 더 (엘리야가 돌아올 때) 하나님이 직접 보내신 예언자가 일어날 것이라는 사실을 돌아보는 것처럼 보인다. 그러나 그 때까지 이스라엘은 예언자의 문헌적 정경에 의존해야 한다.

(7) 다니엘서 2장과 7장의 세계 제국

다니엘서 *1-6장에 나오는 다니엘 전설은 페르시아 시대의 다른 신정주의 개념과 마찬가지로 그 신학에 대한 정치적 기준계가 붕괴한 결과 엄청난 도전에 직면했다. 다니엘서의 전수자들은 다니엘서 2장에 나오는 환상의 내용을 네 부분으로 이어지는 세계 제국으로 확대하고 다니엘서 7장에서 그에 상응하는 환상으로 책을 마무리함으로써 자신들의 임무를 수행했다.

그러나 이 환상에서 세계 역사의 목표는 네 번째 왕국이 아니라 다섯 번째

---

87 Bosshard and Kratz 1990; Steck 1991.
88 참고. Mathys 2000a; van der Toorn 2007, 252-55.50. 아래 6장-3-3)-(1)을 보라.

왕국이며 그 왕국에서 하나님은 세상을 직접 다스리실 것이다. 말세에 대한 이러한 신정주의 관점은 일련의 순서라는 의미에서 페르시아 시대의 구약에 나타난 종말론적이고 신학적인 입장을 알려 주지만 아마도 주로 주전 3세기의 정치사에 대한 실망으로 인해 촉진되었을 것이다. 주전 3세기의 정치사는 이방의 강대국에 대한 확신을 지속적으로 파괴하기에 완전히 적합했다. 그런 나라에서는 더 이상 어떤 구원도 기대할 수 없다.

	다니엘 2장: 신상	다니엘 7장: 바다에서 올라온 네 짐승
바벨론 메디아 페르시아 그리스 천상의 왕국	머리: 금 가슴과 팔: 은 배와 다리: 놋 발: 일부는 쇠, 일부는 진흙 돌	독수리의 날개가 달린 사자 곰 새의 날개가 달린 표범 열 뿔 달린 짐승 옛적부터 항상 계신 이의 왕좌, 인자 같은 이

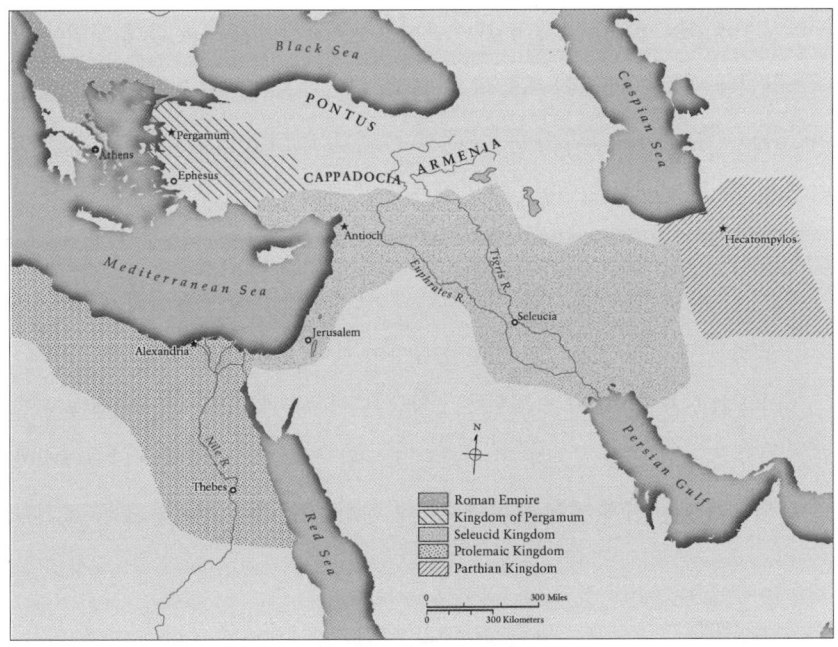

주전 168년의 근동 지역

제 7 장

셀레우코스 시대 문헌(주전 2세기)

1. 역사적 배경

주전 198년의 파네아스 전투에서 안티오쿠스 3세의 승리와 함께 시리아-팔레스타인에 대한 지배권이 프톨레마이오스 왕국에서 셀레우코스 왕국으로 넘어갔다. (어쨌든 요세푸스의 설명에 따라 평가하자면) 안티오쿠스 3세의 통치는 시리아-팔레스타인에서 환영받았다.[1] 외관상 이 제국의 정치 조직은 페르시아 시대부터 친숙한 피지배 민족에 대한 적극적인 관용을 부활시켰다. 요세푸스가 옮겨놓은 칙령에 따르면 그는 예루살렘과 성전의 특권을 부활시키고 "백성의 모든 구성원은 자기 조상의 법에 따라 살아야 한다"고 명령했다.[2]

그러나 10년도 안 되어 셀레우코스 왕국은 갈수록 떠오르는 로마 세력의 압력을 갈수록 크게 받았고 로마는 셀레우코스 왕국이 주전 189년에 마그네시아 전투에서 패배한 뒤에 맺어진 아파메이아 강화 조약으로 가혹한 조공 조건과

---

1 Gauger 2007.
2 *Ant.* XII.143.

함대 감축을 지시할 수 있었다.

그 결과 셀레우코스 왕국은 복속 영토의 경제를 착취할 필요성을 점점 더 많이 느꼈다. 그러나 성서적 관점에서 이 시대의 주요 문제는 셀레우코스 제국의 광범위한 문화적 헬라화였다. 물론 유다에게 있어서는 이러한 헬라화를 역사적으로 볼 때 외부의 강요로 간주해야 할지, 아니면 (주로는 아니더라도 최소한 똑같이라도) 유대교 내의 움직임에서 그 기원을 찾아야 할지가 점점 더 불분명해지지만 오늘날에는 후자의 견해가 더 우세하다.³

셀레우코스 왕국의 동기에 대한 마카베오서의 표현은 무엇보다 다니엘서의 영향을 받은 것으로 보이는데 다니엘서는 이제 종말에 가까워지고 있는 역사를 특히 적대적인 강대국이 좌우하고 있는 것으로 간주했다.

어쨌든 헬라화는 주전 2세기 초에 예루살렘에 심대한 영향을 끼친 것으로 보인다. 예루살렘에 경기장이 세워졌다.

> 그래서 사제들은 제단을 돌보는 일에는 열성이 없어져 성전을 우습게 생각하고 희생제물을 바치는 일은 할 생각도 안 했으며 원반던지기를 신호로 경기가 시작되기가 바쁘게 경기장으로 달려가서 율법에 어긋나는 레슬링 경기에 다른 사람들과 함께 휩쓸렸다(마카베오하 4:14).

마카베오서는 그 다음으로 특히 안티오쿠스 4세 에피파네스에 대해 그가 유대 종교의 관습을 금지하는 것을 목표로 한 종교 칙령을 내렸다고 전한다(마카베오상 1:41-59; 참고. 마카베오하 6:1-9).

> 그 후 안티오쿠스 왕은 온 왕국에 영을 내려 모든 사람은 자기 관습을 버

---

3 Bringmann 1983; 2005; Haag 2003; 이전의 Bickerman 1937을 참고하라.

리고 한 국민이 되어야 한다고 했다. 이방인들은 모두 왕의 명령에 순종했고 많은 이스라엘 사람들도 왕의 종교를 받아들여 안식일을 더럽히고 우상에게 제물을 바쳤다. 왕은 또 사신들을 예루살렘과 유다의 여러 도시에 보내어 다음과 같은 칙령을 내렸다.

① 유다인들은 이교도들의 관습을 따를 것.
② 성소 안에서 번제를 드리거나 희생제물을 드리거나, 술을 봉헌하는 따위의 예식을 하지 말 것.
③ 안식일과 기타 축제일을 지키지 말 것. 성소와 성직자들을 모독할 것.
④ 이교의 제단과 성전과 신당을 세울 것.
⑤ 돼지와 부정한 동물들을 희생 제물로 잡아 바칠 것.
⑥ 사내아이들에게 할례를 주지 말 것.
⑦ 온갖 종류의 음란과 모독의 행위로 스스로를 더럽힐 것.
⑧ 이렇게 하여 율법을 저버리고 모든 규칙을 바꿀 것.

이 명령을 따르지 않는 자는 사형에 처한다.
안티오쿠스 왕은 그의 온 왕국에 이와 같은 명령을 내리고 국민을 감시할 감독관들을 임명하고 유다의 여러 도시에 명령을 내려서 각 도시마다 희생제물을 바치게 했다(마카베오상 1:41-51).

여기서 또 다시 역사적인 관점에서 이러한 조치를 셀레우코스 왕조의 통치자가 실제로 명했는지(흔한 조치가 아니었을 것이다) 또는 그런 조치가 유대인 내부의 대제사장 메넬라우스의 주도와 더불어 아마도 승인, 즉 왕의 계획적인 참여에 의존했는지에 대해 의심이 생겨난다. 메넬라우스는 대제사장 직분을 돈으로 샀고 자신의 지위를 유지하기 위해 압력을 받으며 유대 종교를 억누르려 했다.[4]

안티오쿠스 4세 치하에서 종교적 위기의 절정은 예루살렘에 "멸망하게 하는 가증한 것"(**하쉭쿠츠 므쇼멤**)을 세운 일이었다. 이는 아마도 올림포스 산의 제우스를 예배하기 위해 돌로 만든 주물을 올려놓는 단 역할을 할 제단 위에 놓은 물건을 가리킬 것이다(마카베오하 6:2). 올림포스 산의 제우스는 바알-샤멤, 즉 "하늘들의 주"의 헬라화된 신으로 간주되었다.[5]

> 백사십오년 기슬레우월 십오일[또는 25일?]에 안티오쿠스 왕은 번제 제단 위에 가증스러운 파멸의 우상을 세웠다. 그러자 사람들은 유다의 근방 여러 도시에 이교 제단을 세우고 집 대문 앞에나 거리에서 향을 피웠다. 율법서는 발견되는 대로 찢어 불살라 버렸다. 율법서를 가지고 있다가 들키거나 율법을 지키거나 하는 사람이면 누구든지 왕명에 의해 사형당하였다. 그들은 여러 도시에서 권력을 휘두르며 왕명을 위반한 이스라엘 사람들을 매달 잡아들여 모질게 학대하였다. 매달 이십오일에는 옛 제단 위에 새로 세운 제단에 희생제물을 바쳤다(마카베오상 1:54-59).

이러한 조치의 여파로 이른바 마카베오 봉기가 폭발했다. 민족-종교 정통파 집단은 성전을 더럽히고 유대 종교를 금지하는 조치에 대해 격렬하게 들고 일어났다. 그들의 굳은 결심과 셀레우코스 왕실의 취약함 때문에 반란은 성공했다. 그들은 가까스로 예루살렘을 점령했고 성전 예배를 재개할 수 있었다. 주전 152년에 마카베오 봉기의 대표적 인물인 요나단이 사독 가문 출신은 아니었지만 예루살렘에서 대제사장직을 떠맡으면서 마카베오 봉기는 종교적 저항 운동에서 그 권력을 의식한 정치적 자유를 위한 투쟁으로 변화를 끝냈다.

---

4 Haag 2003, 69, 71-73; Keel 2007, 1186-93의 비판을 참고하라.
5 Haag 2003, 71; 이와 다른 견해로는 Keel 2000; 2007, 1193-1201을 보라. Keel은 "멸망하게 하는 가증한 것"을 제단 위에 올려진 돼지 제물과 동일시한다.

제국은 내홍과 더불어 주전 129년의 처참한 파르티아 원정에서 정치적으로 최악의 순간에 이른 셀레우코스 왕가의 허약한 상태가 지속된 결과 하스몬 가문이 주전 64-63년에 로마인이 예루살렘을 점령할 때까지 계속해서 왕위를 이어가며 이스라엘에 진정으로 주권적인 왕국을 세우는 것이 가능했다.

요나단이 대제사장 직분을 불법적으로 차지하고, 제의적인 문제에 있어서 음력 또는 양력의 적용에 대한 의견 차이 때문에 쿰란의 에세네파 운동이 예루살렘 성전에서 분리된 것으로 보인다. 이 운동은 주후 68년 유대인 전쟁으로 무너질 때까지 사해 부근에서 분리된 채 존재했다. 이 운동에서는 가까운 미래에 예상되는 대로 하나님이 개입하실 때 예루살렘에서 성전 예배를 드릴 수 있도록 정확한 성전 예배를 모의로 실행했다.[6]

쿰란 문헌은 현재 출판이 완료되어 당시 유대교 안에 있던 특정 집단의 영적인 세계에 대한 매력적인 통찰을 준다. 그러나 동시에 고고학적 우연의 결과인 쿰란 유물과 더불어 랍비 유대교 이전 시대에 대한 자료의 상태가 다소 균형을 잃게 되었다는 점을 염두에 두어야 한다. 따라서 쿰란에 근거한 추정과 일반화는 방법론적인 이유로 극도로 신중하게 행해야 한다.

2. 신학적 평가

셀레우코스 왕조가 시리아-팔레스타인에서 통치하던 시대는 프톨레마이오스 왕조 시대와 마찬가지로 특히 당시에 강화된 헬레니즘과의 접촉을 통해 형성되었다. 주전 2세기 초 집회서 같은 저작은 헬레니즘 문화와 유대 전통의 양립 가능성을 옹호하지만 완전한 지식을 토라에서만 찾을 수 있음을 이미 강조

---

6 Stegemann [9]1999.

해 놓았다. 지혜와 토라의 조화도 시편집이 시편 1편의 토라를 암시하는 신학적 서론을 지닌 5부로 된 "다윗의 토라"로 성공적으로 완성된 데서 발견된다.[7]

그러나 마카베오 시대의 갈등은 전통적인 민족-종교 진영에서 비판을 첨예화하여 궁극적으로 헬레니즘을 거부하는 결과를 가져왔다. 이러한 갈등은 전승 발전에 상당한 정도로 영향을 미친 것으로 보인다. 마카베오서와 유딧서는 헬레니즘에 대한 맹렬한 저항의 필요성을 강조하는 반면 마카베오 시대에 크게 확대된 다니엘서는 근본적으로 그 시대의 종교적 위기를 신화화하고 그것을 말세의 징조로 해석했다.

여기서 마카베오 봉기는 하나님의 큰 역사 계획에서 "별로 도움이 되지 않았다"(단 11:34). 적대적인 나라의 멸망에 대한 소망이 시편(149편)과 집회서(36장)에 들어왔다.

토비트나 쿰란에서 나온 이 집단 고유의 전승 같은 다소 후대의 저작은 마카베오 가문과 기타 지상에서 구원을 공고히 하려는 현세적인 노력과 거리를 훨씬 멀리 두는데 이는 아마도 마카베오 운동이 특히 종교적으로 불법적인 대제사장직 장악의 여파로 권력 정치에서 자행한 타협 때문일 것이다.

인간론적인 관점에서 이 시점이 회복에 대한 최초의 소망이 표현된 때였다는 점도 고대 이스라엘의 지성사에서 중요하다. 종교사적 측면에서 여호와의 권능이 죽음의 영역까지 확대된 것은 장례 풍습에 관한 고고학과 비문헌이 보여 주는 것처럼 훨씬 더 오래된 일이다.[8] 그러나 부활이라는 주제를 최초로 전면에 크게 부각시켜 비록 도전은 받지 않았지만(전 3:19-22)[9] 그 적극적인 표현을 최소한 예언 전승(겔 37장;[10] 단 12:2-3; 또한 아마도 사 25:8; 26:19)에 들어가게 한 것은 아마도 마카베오

---

7 Kratz 1996.
8 Janowski 2001/2003; 2006; Eberhardt 2007.
9 참고. Janowski 2001/2003, 37-38.
10 Bartelmus 1985.

시대의 순교였을 것이다. 쿰란에서는 문헌 속의 (비록 매우 적지만) 일부 증거뿐만 아니라 개인 무덤도 부활이 공동체 교리의 일부였음을 암시한다.[11]

3. 전승 영역

1) 제의 및 지혜 전승

(1) 시편의 신정주의화와 재 종말론화

시편의 문헌사는 다양한 재형성 과정을 거쳤다. 지금까지는 일례로 페르시아 시대의 몇 가지 부분적인 모음집 구성과 시편 *2-89편으로 구성된 "메시야적 시편"만을 언급했다.[12] 시편의 현재 형태는 아마도 토라와 유사하게 시편 41:14, 72:18-19, 89:53, 106:48에 있는 네 개의 송영을 통해 확증된 다섯 권의 구분에서 비롯되었을 것이다.[13]

이러한 시편의 "토라 형태"는 서론(시 1편; 참고. 2절의 "토라")과 시편 119편을 통해서도 강조된다.[14] 쿰란 시편의 배열상 상당한 차이와 시편 1-2편, 146-50편의 전체적인 틀과 동시대의 비(非)에세네파 지혜 문헌("신비의 책"[1Q27; 4Q299-301]; 1Q/4QInstruction)과의 신학적 유사성을 고려하면 이 다섯 권의 구분이 주전 2세기 이전에 일어났을 가능성은 거의 없다.[15]

각기 송영과 결합된 시편 41, 72, 89, 106편의 내용뿐만 아니라 다섯 권의 주

11　Lichtenberger 2001.
12　앞의 5장-3-1)-(2); 6장-3-1)-(4)를 보라.
13　Kratz 1996.
14　Zenger ⁵2004, 365.
15　Lange 1998; Leuenberger 2005.

제상의 초점과도 부합되게 현재 시편 구분의 배후에 역대기에서 영감을 받아 먼저 다윗(시 1-41편)과 솔로몬(시 42-72편)의 시대, 다음에는 왕정 시대(시 73-89편)와 포로기(시 90-106편)를 묘사하고 큰 규모로 회복에 대해 묘사하는 것(시 107-150편)으로 끝나는 이스라엘 역사에 대한 그림을 볼 수 있다.

시편은 4권과 5권으로 함께 묶인 개별 시편의 신학적 입장을 따라[16] 여호와의 통치 아래 있는 평화로운 세상에 대한 묘사를 전개하며 여호와는 세상의 기본적인 필요를 채워 주신다. 이렇게 묘사된 신정주의적 삶의 질서는 민족-정치적인 관심의 흔적을 전혀 드러내지 않는다. 관점은 정치적인 곳에서는 사회 정의, 이방인, 과부, 고아의 보호에 대해 언급한다. 문화-역사적인 측면에서 시편의 이러한 전반적인 구조가 시편 *2-89편으로 구성된 원시 시편보다 **후대의** 것임이 분명하며 원시 시편은 아마도 프톨레마이오스 시대에 속한 것으로 보인다.

다윗: 1권 (시 1-41편)	솔로몬: 2권 (시 42-72편)	왕정 시대: 3권 (시 73-89편)	포로기: 4권 (시 90-106편)	회복: 5권 (시 107-150편)
시편 41:13	시편 72:18-19	시편 89:53	시편 106:48	시편 146-150편
이스라엘의 하나님 여호와를	홀로 기이한 일들을 행하시는 여호와 하나님 곧 이스라엘의 하나님을 찬송하며 그 영화로운 이름을	여호와를	여호와 이스라엘의 하나님을	
영원부터 영원까지 송축할지로다	영원히 찬송할지어다 온 땅에 그의 영광이 충만할지어다	영원히 찬송할지어다	영원부터 영원까지 찬양할지어다 모든 백성들아	
아멘 아멘.	아멘 아멘.	아멘 아멘.	아멘 할지어다 할렐루야.	시편 150:6 여호와를 찬양할지어다 할렐루야.

---

16 앞의 5장-3-1)-(2)를 보라.

시편의 구조는 이러한 기점을 고려하여 주전 2세기의 첫 10년 동안 안티오쿠스 3세의 통치 아래 페르시아 시대의 관용적인 종교 정책의 부활을 바탕으로 이해할 가능성이 가장 높으며 요세푸스를 신뢰할 수 있다면 안티오쿠스 3세는 유대인이 자신들의 "조상의 법"에 따라 사는 것을 허락했고 그렇게 살도록 지시했다.

시편 문헌사라는 틀에서 이 개념은 시편 2-89편에 있는 옛 왕정 시대 관점의 변형으로 볼 수 있다. 즉, 이스라엘 자국에 왕이 없는 상태에서 왕의 전통적인 속성과 의무는 여호와께로 옮겨진다.[17] 아마도 신정주의적인 성향도 "메시야적 시편"이 첫 단계에서 시편 93-100편의 추가로 인해 신정주의화된 종전 편집 단계에서 비롯되었을 것이다.

개연성 있는 마카베오 시대 이전의 시편에 대한 다섯 부분으로의 분할은 이미 신정주의적인 의도를 나타내고 있었지만 마카베오 시대의 광범위한 격변기에 또 다시 새롭게 강조되었다. 그러나 시편의 문헌적 개입은 그 내용에 관한 한 비교적 적당했던 것이 분명하다. 상당수 시편(특히 74, 110, 149편)의 연대를 마카베오나 하스몬 시대로 추정하려는 노력이 익숙하고 모자람도 없지만[18] 시편의 연대 추정이 지닌 근본적인 문제도 여전하고 그런 판단에 대해 회의론이 필요해 보인다.

시편 149편은 시편 내적인 신학적인 개요와 문헌적 위치를 토대로 마카베오 시대에 그 기원을 두고 있을 가능성이 가장 크다.[19]

> 성도는 영광 중에 즐거워하며 그들의 침상에서 기쁨으로 노래할지어다 그들의 입에는 하나님에 대한 찬양이 있고 그들의 손에는 두 날 가진 칼이

17　Leuenberger 2004.
18　참고. Duhm²1922; Diebner 1986; Treves 1988; Wilson 1990; Oeming 2000b.
19　Zenger 1997a, c; Steck 1991, 161.

있도다 이것으로 뭇 나라에 보수하며 민족들을 벌하며 그들의 왕들은 사슬로, 그들의 귀인은 철고랑으로 결박하고 기록한 판결대로 그들에게 시행할지로다 이런 영광은 그의 모든 성도에게 있도다 할렐루야(시 149:5-9).

시편 149편은 어떤 의미에서 시편의 신정주의적인 대단원을 다시 "재종말론화"하며 시편 150편의 시편을 마무리하는 메아리 이전에 원수의 멸망이라는 모티프를 도입한다.

시편 110편에서 하스몬 왕가의 대제사장 직분에 대한 요구의 문헌적 정당화를 발견할 수 있는지가 논쟁거리다.[20] 어떤 학자들은 2-5행의 첫 글자(š, m, ʿ, n; 쉬므온)를 주전 141년에 시몬이 대제사장에 오른 일에 대한 비밀스러운 암시로 해석한다. 어쨌든 시편 110편은 하스몬 왕조 시대에 그런 의미로 받아들여졌을 수 있다.

(2) 집회서와 솔로몬의 지혜

집회서는 한편으로는 이 책을 헬라어로 번역한 저자의 손자가 쓴 머리말을 통해 다른 한편으로는 마카베오 시대의 위기에 대한 아무런 고찰도 없다는 점을 통해 알 수 있듯이 아마도 주전 180년 무렵에 창작되었을 것으로 보이는 지혜 문헌이다.[21] 예상되는 몇 가지 시선을 제외하면 집회서는 여전히 비(非)종말론적이다. 그러나 집회서는 문헌비평적 관점에서 부차적일 수도 있는 약간의 "종말론적 발전을 내다볼 창문"을 갖고 있다(집회서 10; 36). 이 창문은 모든 외세의 멸망에 대해 말한다.

---

20 Donner 1994.
21 Marböck 1992; 1995.

> 부정과 폭력과 재물 때문에 왕권은 한 나라에서 다른 나라로 넘어간다. … 주님께서는 군주들을 그 권좌에서 몰아내시고 그 자리에 온유한 사람들을 앉히신다. 주님께서는 오만한 민족을 뿌리째 뽑아내시고 그 자리에 겸손한 사람들을 심으신다. 주님께서는 그 민족들의 영토를 뒤엎으시고 그들을 송두리째 멸망시키신다. 주님께서는 그 중 몇 민족들을 멸망시키시고 이 땅에서 그들에 대한 기억마저 지워버리신다(집회서 10:8, 14-17).

> 만물[=우주]의 주인이신 하느님, 우리를 불쌍히 여기시고 굽어보소서. 모든 이방인들로 하여금 주님을 두려워하여 떨게 하소서. 손을 들어 이방인들을 치시고 그들로 하여금 주님의 권능을 알아보게 하소서. 주님의 거룩하심이 우리에게 나타난 것을 그들이 본 것처럼, 주님의 위대하심이 그들에게 나타나는 것을 우리가 보게 하소서. 주님, 주님 외에 따로 하느님이 없다는 사실을, 우리와 마찬가지로 저들도 알게 하소서. 기적을 거듭 행하시고 놀라운 일을 다시 보여 주시며 주님의 손과 오른팔의 영광이 드러나게 하소서(집회서 36:1-5).

집회서의 근본 관심사는 유대인의 토라 신앙이 헬레니즘 문화보다 우월함을 입증하는 것이다. 논쟁적인 접근 방식은 대결이 아니라 통합이다. 세상의 지혜, 세상의 계획은 토라를 공부하면서 배워야 한다. 이러한 입장의 절정에 달한 진술이 집회서 24:1-8, 19-23에 나오는데 이 본문은 "지혜"와 "토라"의 정체를 밝힌다.

> 지혜는 스스로를 찬미하고, 군중 속에서 자기의 영광을 드러낸다. 지혜는 지극히 높으신 분을 모신 모임에서 입을 열고, 전능하신 분 앞에서 자기의 영광을 드러낸다.

> 나는 지극히 높으신 분의 입으로부터 나왔으며 안개와 같이 온 땅을 뒤덮

었다. 나는 높은 하늘에서 살았고 내가 앉는 자리는 구름기둥이다. 나 홀로 높은 하늘을 두루 다녔고 심연의 밑바닥을 거닐었다. 바다의 파도와 온 땅과 모든 민족과 나라를 나는 지배하였다. 나는 이 모든 것들 틈에서 안식처를 구했으며 어떤 곳에 정착할까 하고 찾아다녔다. 온 누리의 창조주께서 나에게 명을 내리시고 나의 창조주께서 내가 살 곳을 정해 주시며, '너는 야곱의 땅에 네 집을 정하고 이스라엘에서 네 유산을 받아라.' 하고 말씀하셨다 … 나를 원하는 사람들은 나에게로 와서, 나의 열매를 배불리 먹어라. 나의 추억은 꿀보다 더 달고, 나를 소유하는 것은 꿀송이보다 더 달다. 나를 먹는 사람은 더 먹고 싶어지고, 나를 마시는 사람은 더 마시고 싶어진다. 나에게 복종하는 사람은 치욕을 당하지 않게 되고, 내 명령대로 일하는 사람은 죄를 짓지 않으리라(집회서 24:3-22).

이 모든 것은 지극히 높으신 하느님의 계약의 글이며, 우리 야곱 가문의 유산으로 모세가 제정해 준 율법이다.

이스라엘과 관련된 집회서의 정치적 신학이라는 측면에서 집회서는 다윗 가문의 왕의 귀환을 기대하지 않는 것처럼 보이지만 외세의 통치라는 당대의 조건에도 만족하지 않는다. 그 대신 집회서는 명백히 왕정 시대 이전 사사들의 리더십 같은 이스라엘을 위한 성령 충만한 리더십을 기다린다. 그것이 어쨌든 사사의 부활을 약속하는 집회서 46:11-12의 인상적인 본문의 요점으로 보인다.

판관들은 그 하나하나가 높은 명성을 떨쳤고 그들은 모든 우상 숭배를 물리쳤으며 주님께 등을 돌리지 않았다.
그들의 기억이 주님의 축복 속에 길이 남기를!
또 그들의 뼈가 무덤에서 다시 꽃피어 나고 그들의 이름이 후손들에게 영원히 빛나기를!(집회서 46:11-12).

확실히 주전 1세기 말에 이르러서야 비로소 창작된 것이 분명한[22] "솔로몬의 지혜"도 이교적인 철학의 선물에 맞서 유대인의 전통을 지키려는 집회서와 비슷한 관심사를 갖고 있다.

2) 예언 전승

(1) 느비임의 형성

셀레우코스 시대 초기의 가장 중요한 문헌사적 발전은 정경의 느비임 부분을 형성하기 위한 전기 예언서(여호수아–열왕기하)와 후기 예언서(이사야–말라기)의 결합이었고 그러한 발전은 동시에 예언의 종결을 나타낸다. 이는 문학 형식에 있어서 첫 장(수 1장)과 마지막 장(말라기 3장) 사이의 수미 상관 구조에 그 흔적을 남겼다.[23]

말라기 4:4	여호수아 1:7-8, 13
너희는 내가 호렙에서 온 이스라엘을 위하여 내 종 모세에게 명령한 법 곧 율례와 법도를 기억하라	오직 강하고 극히 담대하여 나의 종 모세가 네게 명령한 그 율법을 다 지켜 행하고 우로나 좌우치지 말라 그리하면 어디로 가든지 형통하리니 이 율법책을 네 입에서 떠나지 말게 하며 주야로 그것을 묵상하여 그 안에 기록된 대로 다 지켜 행하라 그리하면 네 길이 평탄하게 될 것이며 네가 형통하리라 … 여호와의 종 모세가 너희에게 명령하여 이르기를 너희의 하나님 여호와께서 너희에게 안식을 주시며 이 땅을 너희에게 주시리라 하였나니 너희는 그 말을 기억하라

---

22 Kepper 1999.
23 Steck 1992a, 18–19.

이 수미 상관 구조의 내용은 모세의 토라에 대한 기억으로 정해진다. 토라를 정경의 규범적인 부분으로 정하려는 이 구조의 주제상의 의도는 분명히 드러난다(참고. 신 34:10-12).

> ① 모음집인 느비임이 주전 2세기 초에, 그리고 어쨌든 마카베오 시대 이전에 마감되었다는 점이 정황상 무엇보다 분명하므로 이 문헌집에는 마카베오 시대에 대해 그리 분명한 회고가 없다.
> ② 느비임의 형성은 집회서 44-50장이 이미 전제하고 있다.
> ③ 마카베오 시대의 다니엘서는 외견상 더 이상 느비임에 포함되지 못했으므로 케투빔으로 분류된다는 관찰 결과는 이러한 연대 추정에 대한 강력한 증거다.[24]

우리는 느비임의 마감이 유대인이 자신들의 "조상의 법"에 따라 살라는 안티오쿠스 3세의 권고에 동기를 얻었고 "조상의 법"은 그러한 전통에 대한 문헌적 정의의 문제, 즉 "모세와 예언자들"이라는 말로 답할 수 있는 문제를 제기했다고 말할 수 있을 것이다.

(2) 마카베오 시대의 다니엘서

그 문헌 핵심이 *1-6장에 있는 페르시아 시대의 신정주의적인 전설로 구성된 다니엘서는 헬레니즘 시대 초기에도 존속했지만[25] 그 최종적이고 가장 심오한 개작은 마카베오 시대에 이루어졌다. 이 점은 주로 다니엘서 2장과 7장의 환상에 대한 편집과 8-9, 10-12장의 추가에 반영되어 있다.[26] 다니엘 8-12장은 안

---

24   이와 다른 견해로는 Koch 1995.
25   Steck 1982; Kratz 1991b.
26   Kratz 2004b.

티오쿠스 4세의 죽음에 이르기까지 당대 역사와 매우 친숙하지만 그의 죽음은 다니엘 11:45에서 잘못 예언되었기 때문에 다니엘서 결론의 시기를 상당한 개연성을 가지고 주전 164년으로 추정할 수 있다.[27]

다니엘서는 마카베오 시대의 내용 확대로 겨우 제대로 예언서가 되었다. 다니엘서는 당대의 통치자와 모든 외세의 몰락과 가까운 미래에 있을 이스라엘의 구원을 예상한다. 이는 바벨론 시대 이래로 지속되어 온 심판의 시대를 끝낼 것이다.

다니엘서의 환상이 분명히 하는 것은 혼란스러운 당대의 세계 역사가 오래전에 하늘에서 설계된 것이며 (해석하는 천사의 도움으로) 묵시적인 선견자 다니엘을 통해 파악할 수 있다는 것이다.

마카베오 시대의 해석은 다니엘서 2장과 7장에서 기존 본문의 확장으로 쉽게 알아볼 수 있다.

> 내가 밤 환상 가운데에 그 다음에 본 넷째 짐승은 무섭고 놀라우며 또 매우 강하며 또 쇠로 된 큰 이가 있어서 먹고 부서뜨리고 그 나머지를 발로 밟았으며 이 짐승은 전의 모든 짐승과 다르고 또 열 뿔이 있더라(단 7:7).

> 내가 그 뿔을 유심히 보는 중에 다른 작은 뿔이 그 사이에서 나더니 첫 번째 뿔 중의 셋이 그 앞에서 뿌리까지 뽑혔으며 이 작은 뿔에는 사람의 눈 같은 눈들이 있고 또 입이 있어 큰 말을 하였더라(단 7:8).

다니엘 8-12장에서는 이와 대조적으로 마카베오 시대의 종교적 위기를 이사야서의 심판 선언과 비슷한 어조로 묘사하기 위해 새로운 본문 단락을 도입한다.

---

[27] 안티오쿠스 4세는 바다와 시온 사이에서 죽을 것으로 여겨졌지만 사실 그는 제국의 동쪽 지역에서 신전을 약탈하다가 죽었다.

마카베오 시대에 일어나던 일은 이사야 예언의 추가적인 성취에 불과하다.

나머지 구약 문헌도 역사적 지식을 제공하는 자료로 다니엘서에 기여한다. 이 점은 다니엘서 9장의 역사에 대한 위대한 예언에서 가장 분명한데 거기서 포로기 배경 속에 있는 다니엘은 예루살렘이 얼마나 오랫동안 폐허로 남아 있을지 묻는다.

다니엘은 예레미야가 예언한 70년에 관한 성서 본문을 연구한다(단 9:2). 그렇게 해서 다니엘은 예레미야서보다 더 많은 것을 읽는다. 그 후 다니엘은 참회의 기도를 하고 마침내 가브리엘 천사에게 응답을 받는다.

예루살렘에 대한 심판으로 70년이 아니라 70이레의 해, 즉 490년이 부과되었다. 그러나 이는 단순히 70년에서 490년으로 심판의 시간이 자의적으로 연장된 문제가 아니다. 이 기간 연장은 명백히 해석학적으로 레위기 26:34-35와 역대하 36:21에서 유래한 것이며 이 구절은 이스라엘의 죄악이 "토지가 황폐하여 땅이 안식년을 누림 같이 안식하여 칠십 년을" 지낼 때까지 지속될 것이라는 사실을 설명해 준다(대하 36:21).

가브리엘이 설명한 것 같은 "칠십 년"에 대한 성서 예언의 의미는 벌충해야 할 칠십 년이 열 번의 안식년만 회복시켜 줄 칠십 년의 평년이 아니라 **전부** 안식년뿐이라는 것이다. 그렇게 해서 다니엘서 9장은 심판의 때가 490년으로 연장되었다는 결론에 도달하며 그 기간은 여기서 예상된 것과 같은 역사적 장면에서 정확히 마카베오 시대를 사는 저자의 당시 시대까지 지속될 것이다.

> 네 백성과 네 거룩한 성을 위하여 일흔 이레를 기한으로 정하였나니 허물이 그치며 죄가 끝나며 죄악이 용서되며 영원한 의가 드러나며 환상과 예언이 응하며 또 지극히 거룩한 이가 기름 부음을 받으리라. 그러므로 너는 깨달아 알지니라 예루살렘을 중건하라는 영이 날 때부터 기름 부음을 받은 자 곧 왕이 일어나기까지 일곱 이레(주전 539년의 고레스, 또는 주전 522년의 스룹바벨?)와 예순두 이레가 지날 것이요 그 곤란한 동안에 성이 중건

되어 광장과 거리가 세워질 것이며 예순두 이레(434년) 후에 기름 부음을 받은 자가 끊어져 없어질 것이며(주전 175년의 대제사장 오니아스 3세의 살해?) 장차 한 왕의 백성이 와서 그 성읍과 성소를 무너뜨리려니 그의 마지막은 홍수에 휩쓸림 같을 것이며 또 끝까지 전쟁이 있으리니 황폐할 것이 작정되었느니라 그가 장차 많은 사람들과 더불어 한 이레(7년) 동안의 언약을 굳게 맺고 그가 그 이레의 절반(3년 반)에 제사와 예물을 금지할 것이며 또 포악하여 가증한 것이 날개를 의지하여 설 것이며(주전 168년의 안티오쿠스 4세에 의한 예루살렘 성전에 대한 신성 모독) 또 이미 정한 종말까지 진노가 황폐하게 하는 자에게 쏟아지리라 하였느니라 하니라(단 9:24-27).

예루살렘 성전에 대한 신성 모독을 490년의 심판이 다 끝나기 전 마지막 이레의 중간 지점에 배치한 다니엘서 9장의 연대표는 마카베오 시대 다니엘서의 기대가 얼마나 임박했는지를 보여 준다. 3년 반만 지나면 490년이 다 끝나고 이스라엘의 구원이 도래할 것이다.

(3) 바룩서

제2정경에 속하는 바룩서는 아마도 주전 164/163년 무렵 창작되었을 것이다.[28] 바룩서는 그 내러티브를 바벨론 사람이 예루살렘에 대재앙을 가져온 때로 투영시킨다. 바룩서는 율법으로 돌아갈 것을 설파하며 집회서 24장처럼 율법을 지혜와 동일시한다. 그러나 바룩서는 헬레니즘을 노골적으로 공격하지는 않는다. 그 대신 모든 이교적인 전통과 대조되는 토라의 더 높은 가치를 옹호한다. 바룩서의 신학적 측면뿐만 아니라 추정되는 배경도 안티오쿠스 4세가 성전을 신성 모독한 뒤에 바룩서가 만들어졌을 개연성을 커지게 한다.

---

28 Steck 1993; 1998.

3) 내러티브 전승

(1) 내러티브 책에 나타난 세상의 나이

창세기-열왕기하에는 본질적으로 창세기 5장과 11장의 족보, 족장의 수명에 대한 정보, 창세기 47:28, 출애굽기 12:40-41, 열왕기상 6:1의 연대기적 가교 역할을 하는 정보 및 열왕기의 연대기적 정보에 바탕을 둔 세상의 나이에 대한 관찰 가능한 순서가 있다.

이러한 시간 계산은 특히 창세기 5장과 11장에서 서로 다른 본문 증거에 따라 다양하지만 이 모든 변종은 무엇을 말해야 하는가에 관한 구체적인 의도에 달려 있다. 마소라 본문의 시간 계산에 따르면 출애굽은 창조부터 계산해서 2666년에 발생했다. 그것은 4000년의 3분의 2를 나타내며 (왕상 6:1의 정보를 솔로몬의 재위 4년이 **천지 창조 이후** 3146년째에 해당된다는 의미로 받아들이면) 4000년은 분명히 주전 164년에 마카베오 가문의 성전 재봉헌으로 다 채워졌다.[29] 마찬가지로 제1성전이 (솔로몬 재위 4년부터 시드기야까지) 430년간 존속된 것과 이스라엘이 이집트에서 받은 430년간의 압제(출 12:40-41)가 상응하는 것은 연대기적 구성에 기초한 것으로 보인다.

따라서 늦게는 마카베오 시대까지 역사서 속에서 세상의 나이를 다소 "다니엘적인" 방향으로, 즉 다니엘서 9장 역사 신학의 의미 안에서 설정하기 위해 모세오경 전승 속의 숫자가 아직도 재조정되고 있었던 것으로 보인다. 주전 164년의 성전 재봉헌은 각 시대 사이의 결정적인 분기점이다.

---

29 Schmid 1999c, 19-22.

(2) 마카베오서, 토비트서, 유딧서, 희년서

제2정경에 속하는 마카베오서와 유딧서는 아마도 하스몬 왕조 시대인 주전 2세기 후반에 창작되었을 것이다. 토비트서는 연대를 추정하기가 조금 더 어렵지만 헬레니즘 시대 이전은 확실히 아니다.[30]

마카베오서는 흔히 친(親)하스몬 궁정 신학 문헌으로 간주되었다. 그러나 마카베오서가 명백히 마카베오 운동에서 정치권력의 부패와 대제사장직 찬탈을 전제로 하고 그런 것들을 비판하는 보다 우월한 신정주의적인 이상을 전달한다는 점은 분명하다.[31]

유딧서와 토비트서는 외세의 실존적 위협을 역사화된 형태로 묘사한다는 점에서 서로 비슷하다. 두 경우 모두 이스라엘의 대적은 앗수르 왕으로 표현된 바벨론의 느부갓네살이므로 이 인물은 앗수르인과 바벨론인을 합친 인물로 보인다.

따라서 아마도 다니엘 전승과 반대로 이 책들은 불경한 이방인 통치자들이 과거에 이미 이스라엘 역사에 나타났었고 아마 미래에도 다시 나타날 것임을 강조한다. 그들은 신화적으로 형성된 말세의 징조가 아니라 역사에서 반복되는 요소다. 다른 한편으로 유딧서는 저항을 이스라엘이라는 집단적 실체의 측면에서 더 많이 묘사하는 반면 토비트서는 사건, 즉 이 경우에는 토비트와 사라에게 영향을 받은 개인에게 집중한다.[32]

희년서는 흔히 "작은 창세기"라고 불리는데 그 이유는 이 책이 본질적으로 이스라엘의 조상이 어떻게 율법 없이 살 수 있었는가라는 관점에서 창세기 1장부터 출애굽기 24장까지를 개작한 이야기이기 때문이다.[33] 희년서는 창세기의 족장에게 나타난 "천상의 서판"을 통해 이 문제를 해결하며 그 서판을 바탕으로 족장들은 율법

---

30 Kaiser 2000a, 19, 23, 36, 44.
31 Haag 2003, 152-67; 이에 대해 비판적인 견해로는 Keel 2007, 1185-86.
32 Haag 2003, 167-84.
33 Berger 1981; Schelbert 1988; Segal 2007.

에 부합하게 살 수 있었다.

이러한 개작은 한 천사가 시내산에서 모세에게 이 사실을 설명하는 내러티브의 틀로 둘러싸여 있다. 희년서의 관심은 명백히 원시 역사와 족장들의 역사를 "모세화"하여 진술하는 것이고, 따라서 원시 역사와 족장 역사는 출애굽과 함께 시작되는 모세 내러티브의 토라 신학으로 통합된다. 희년서는 "다시 쓴 성서"라는 장르에 속하며 이 장르는 성서에서 역대기 저자의 역사에 관한 저작에 의해 표현되고 쿰란의 다른 문헌에서도 볼 수 있다.[34]

---

34 Nickelsburg 1984; Tov 1998; Hofmann 2000.

제8장

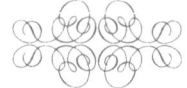

성서의 생성과 정경의 기원

앞 장의 설명을 통해 독자는 성서의 형성과 정경의 구성이 구약 문헌사의 결론에 속한 문제만은 아니라는 점을 이미 분명히 이해했을 것이다. 더 정확히 말하면 구약 문헌사 전체는 "성서의 생성"이라는 측면에 의해 결정된다. 마찬가지로 토라의 형성이나 느비임의 종결 같은 "정경 구성"의 기초적인 단계는 구약 내적인 현상이다.

구약 문헌사를 구약이 성서가 되어가는 과정을 동시에 고려하여 해석할 수 있고 그렇게 해야 한다면 이는 모세오경의 편집과 느비임의 종결을 포함해서 현재 전해져 내려온 모습의 구약 문헌이 "정경적인" 형성 과정을 거친 하나의 응집력 있는 전체를 구성한다는 사실과 관련되어 있다.

그러나 살아남은 구약 문헌이 아마 더 큰 규모를 가진 문헌에 속했을지도 모른다는 근본적인 문제를 상기해야 한다. 그러나 보존된 정통 문헌이 "성서가 되어가는" 과정에서 생기는 부작용으로 해석될 수 있는 관련 선별 과정은 더 이상 완전히 재구성할 수 없다. 예를 들어 배척된 문헌은 동방 교회의 정경에서 일부만 살아남았기 때문이다.

1. "성서"와 "정경" 구분하기

구약이 "성서가 되어가는" 과정을 재구성할 때 "성서"와 "정경"의 개념을 구별하는 것이 바람직한 일이다.[1] "정경" 개념은 사실 역사적 관점에서 볼 때 시대착오다. 이 개념을 성서에 적용하면 그것은 주후 4세기 초에만 그 존재가 입증된다. 게다가 이 (본문상의 경계가 확실한 신성한 문헌이라는 닫힌 목록) 개념은 구약 이후의 현상이다. 쿰란에서 나온 성서 본문이 보여 주듯이 주전 1세기와 주후 1세기 구약은 서법에 있어서 아직 축자적으로 고정되어 있지 않았다.[2] 본문 내용은 사실 안정적이었지만 서로 다른 두루마리가 아직 성서의 같은 책의 자구(字句)와 철자에 거듭하여 작은 편차를 드러냈다.

1) 요세푸스와 에스라4서 14장

한정된 문헌 모음집인 구약은 주후 1세기 말의 증언, 즉 요세푸스와 에스라4서 14장에서 처음으로 그 존재가 입증된다. 유대인 역사가 요세푸스는 어느 변증적인 논쟁에서 구약 전승을 다음과 같이 묘사한다.[3]

> 우리 가운데는 셀 수 없이 많은 책이 [그리스인처럼] 서로 일치하지 않고 모순되지만 22권의 책만은 [이스라엘 역사의] 과거의 모든 시대에 대한 기록을 담고 있고 신적인 책이라고 믿는 것이 당연하며 그 중 다섯 권은 모세에게 속한 책인데 이 책들은 모세의 율법과 모세가 죽을 때까지 인류의 기원에 대한 전승을 담고 있다.

---

1 Barton 1986.
2 Maier 1988; Fabry 1998; Stegemann ⁹1999.
3 Cf. Höffken 2001; Mason 2002.

이 시간 간격은 삼천 년에 조금 못 미치지만 모세가 죽은 때부터 크세르크세스(개역개정은 "아하수에로") 이후로 다스린 페르시아 왕 아르타크세르크세스(개역개정은 "아닥사스다") 시대까지의 시간과 관련해서 모세 이후 예언자는 자신의 시대에 이루어진 일을 13권의 책(욥, 여호수아, 사사기[+룻기], 사무엘서, 열왕기, 이사야, 예레미야[+애가], 에스겔, 12 예언서, 다니엘, 역대기, 에스라[+느헤미야], 에스더)에 기록했다.

남아 있는 책 네 권(시편, 잠언, 전도서, 아가)은 하나님에 대한 찬가와 인간의 행동에 대한 교훈을 담고 있다. 우리의 역사가 아르타크세르크세스 이래로 매우 특별하게 기록된 것은 사실이지만 우리 조상에 의한 과거 역사와 같은 권위를 가진 것으로 평가받은 적은 없다. 그 시대 이후로 정확히 연이어 등장한 예언자가 없었기 때문이다 … [4]

요세푸스는 히브리어 알파벳 글자 수에 상응하고 그래서 완전함과 완벽함을 암시하는 고정된 수(22)의 성서의 책을 알고 있었다. 요세푸스의 설명에서 이 책의 범주화가 완전하거나 분명한 것은 아니다. 앞에서 괄호 속에 포함된 목록은 무엇보다 가능한 하나의 해석일 뿐이다. 게다가 요세푸스는 성서 책의 저작을 모세부터 아르타크세르크세스 시대까지 끊임없이 이어진 예언자들과 결부시키고 있으므로 예언자 저작설을 나타낸다(성서의 증언에 따르면 그의 시대에 에스라와 느헤미야가 나타났다).

마찬가지로 주후 1세기 마지막 10년에 나온 묵시록인 에스라4서/에스드라2서는 마지막 장에서 정경에 대해 한 가지 이론을 제안한다.[5] 이 책은 성서의 책과 그 밖의 책이 예루살렘 멸망으로 불에 탄 뒤에 새롭게 지어진 과정을 묘사한다.

4　Josephus, *Contra Apionem* I.8.
5　참고. Macholz 1990.

에스라는 신적인 영감을 바탕으로 그 책을 어떤 지식인 집단에게 구술한다.

> 그들은 40일 동안 앉았다. 그들은 낮에는 글을 적었고 밤에는 빵을 먹었다. 그러나 나로 말하자면 나는 낮에는 말했고 밤에도 침묵하지 않았다. 그래서 40일 동안 94권의 책이 기록되었다. 그리고 40일이 끝났을 때 지극히 높으신 이가 내게 이렇게 말씀하셨다. "너희가 처음 쓴 24권의 책들을 공표하고 합당한 자나 합당치 않은 자나 그 책들을 읽게 하되 나중에 기록된 70권은 너희 백성들 가운데 지혜로운 자들에게 주기 위해 남겨 두어라"(에스라4서/에스드라2서 14:42-47).

처음 24권의 책은 모두가 접할 수 있는 구약인 반면 다른 70권의 책은 비밀로 남겨 두어야 하고 구약의 "외경"인 것으로 보이며 에스라4서/에스드라2서 자체도 여기에 포함된다. 여기서 또 다시 구약 책의 고정된 권수(24권)가 분명해진다. 이 숫자는 요세푸스가 제시한 숫자와 다르지만 요세푸스가 말한 22와 같은 신학적인 의미로 가득한 상징적인 숫자도 아니므로 아마도 그 이전의 전승을 나타내는 숫자일 것이다. 에스라의 구술에 바탕을 둔 성서 책을 예언자가 저술했다는 모티프도 명백하다.

2) 집회서의 서문과 "율법과 예언자"

그럼에도 불구하고 주후 1세기 구약 "정경"에 대한 비교적 확고한 개념(요세푸스, 에스라4서/에스드라2서)은 이와 약간 다른 구약 시대 말기의 개념과 대조되는 것이 사실이다.

집회서 저자의 손자가 쓴 집회서 헬라어 번역본 서문(주전 132년경)은 정경 역사에서 매우 큰 의미를 갖는다.

율법과 예언자와 그 뒤에 이어지는 다른 것[즉, 다른 문헌]을 통해 많은 위대한 가르침이 우리에게 주어졌고 이 책들로 인해 우리는 이스라엘의 가르침과 지혜를 찬양해야 한다 … 그래서 특히 율법과 예언자와 우리 조상들의 다른 책을 읽는 일에 헌신하시고 그 책에 대해 상당한 조예를 얻으신 나의 할아버지 예수스는 또 친히 가르침과 지식에 관계된 무언가를 쓰게 되셨고, 그래서 학식을 사랑하는 이들은 그의 책과도 친숙해짐으로써 율법에 따라 사는 데 있어서 훨씬 더 큰 진보를 이룰 수 있을 것이다 …

이 책뿐만 아니라 율법 그 자체와 예언과 나머지 책도 원문으로 읽으면 적잖이 다르다. 나는 에우에르게테스 재위 38년(주전 132년)에 이집트에 와서 한동안 머무를 때 적지 않은 가르침을 얻을 기회를 발견했다. 내 스스로 이 책을 번역하는 일에 어느 정도 근면과 수고를 바쳐야 할 필요가 있어 보였다. 그 시간 동안 나는 학식을 얻기 바라고 율법에 따라 살고 싶은 마음이 있는 해외에 사는 이들[이스라엘인]을 위해 이 책을 완성하고 발간하는 데 나의 능력을 밤낮으로 쏟았다 (집회서 서문).

이 증언에서 특히 두 가지 요소가 강조되어야 한다.

첫째, (작자의 할아버지의 예가 보여 주듯이) 도입부는 집회서 머릿말에 있어서 구약은 본질적으로 율법과 예언자라는 두 부분으로 구성되어 있지만 이 두 부분 외에 추가적으로 늘릴 수 있는 "다른" 책도 있다는 점을 분명히 보여 준다.

나의 할아버지 예수스는 또한 친히 가르침과 지식에 관계된 무언가를 쓰시게 되셨고(집회서 머릿말).

이 서문에 따르면 이 책에 속한 본문상의 자료는 "율법"과 "예언자"로 구성되어 있는 반면 "다른 책"은 매우 개방적이고 일반적이어서 더 확장될 수 있는 하나의 범주를 나타낸다.

둘째, 율법에 따라 사는 것에 관한 반복적이고 강조된 표현이 보여 주듯이 "율법"은 성서의 책 중에서 더 높은 권위를 갖고 있다는 점도 분명하다.

하지만 채프먼(Chapman)이 분명히 밝히듯이 "율법"과 "예언자"는 언제나 밀접하게 상호 작용한다.[6]

("율법과 예언자와 다른 [문헌]"이라는 개념의 순서를 후대의 세 부분으로 된 정경의 관점이 아니라 본문에 내재하는 의미로 해석한다면) 집회서 서문이 의미하는 바는 쿰란과 신약의 증거를 통해 확증할 수 있다. 시대가 바뀔 무렵에 구약 정경은 "모세와 예언자"라는 용례와 이와 비슷한 어구가 암시하듯이 본질적으로 두 부분으로 이루어져 있었다.

> 1QS 1.1-3 [공동체 규칙]: 모세와 하나님의 종인 예언자의 손을 통해 명령된 대로 [온 마음과 온 영혼으로] 하나님을 찾기 위해, 하나님 앞에서 선하고 옳은 일을 하기 [위해] …
> 1QS 8.15-16: 이것은 시대마다 계시된 모든 것에 따라, 예언자가 하나님의 거룩한 영을 통해 계시한 것에 따라 행하기 위해, 하나님이 모세의 손을 통해 명하신 율법에 대한 연구다.
> CD 5.21-6.2. 그리고 그 땅은 황폐해졌다. 그들이 모세와 또한 거룩한 기름 부음을 받은 이들의 손으로 말미암은 하나님의 교훈에 맞서 반역을 들먹였기 때문이다. 그들은 이스라엘이 하나님을 따르는 데서 방향을 돌리도록 거짓을 예언했다.

---

6 Chapman 2000.

4QDibHam (4Q504) Frag. 2.3.11-13. 모세와 주님이 보내신 주님의 종인 예언자가 쓴 … [당신의 언약의 저주가] 우리에게 달라붙었기 때문입니다 … [7]

율법과 예언자는 요한의 때까지요 그 후부터는 하나님 나라의 복음이 전파되어 사람마다 그리로 침입하느니라(눅 16:16).

아브라함이 이르되 그들에게 모세와 예언자가 있으니 그들에게 들을지니라(눅 16:29).

이르되 모세와 예언자에게 듣지 아니하면 비록 죽은 자 가운데서 살아나는 자가 있을지라도 권함을 받지 아니하리라 하였다 하시니라(눅 16:31).

이에 모세와 모든 예언자의 글로 시작하여 모든 성서에 쓴 바 자기에 관한 것을 자세히 설명하시니라(눅 24:27).

하나님의 도우심을 받아 내가 오늘까지 서서 높고 낮은 사람 앞에서 증언하는 것은 예언자와 모세가 반드시 되리라고 말한 것 밖에 없으니(행 26:22).

그들이 날짜를 정하고 그가 유숙하는 집에 많이 오니 바울이 아침부터 저녁까지 강론하여 하나님의 나라를 증언하고 모세의 율법과 예언자의 말을 가지고 예수에 대하여 권하더라(행 28:23).

다음의 각 사례는 시편을 명시적으로 모세와 예언자 옆에 나란히 언급한다.

4QMMT[d] (4Q397): … 너희가 모세의 책과 예언자들[의 말]과 다윗[의 시편]을 이해해야 한다는 것 …

또 이르시되 내가 너희와 함께 있을 때에 너희에게 말한 바 곧 모세의 율법과 예언자의 글과 시편에 나를 가리켜 기록된 모든 것이 이루어져야 하리라 한 말이 이것이라 하시고(눅 24:44).

---

[7] 모든 쿰란 문헌은 García Martínez 1994에서 발췌함.

그러나 시편을 다윗에 의한 "예언"으로 해석하는 시편 두루마리 사본인 11QPs^a 27:11[8]의 주해를 근거로 4QMMT와 누가복음 24:22에서 시편은 예언서 옆에 더해진 것이 아니라 예언서의 한 부분으로 강조된 것일 뿐이라고 가정할 수도 있다.

> 11QPs^a 27:11: 그[즉, 다윗]는 지극히 높으신 분의 앞에서 그에게 주어진 예언의 영을 통해 그 모든 것을 지었다.

심지어 신약 시대에도 구약은 여전히 일차적으로 두 부분으로 된 문헌 모음집으로 인식된 것으로 보인다.[9] 우리가 알고 있는 3부 배열은 아직 분명히 나타나지 않지만 우리는 구약 책의 통일성을 "성서"로 간주된 "율법과 예언자"로 인식할 수 있다.

---

8 참고. Kleer 1996; Ulrich 2003a, 11 – 12; Leuenberger 2005; 참고. van Oorshot 2000, 45.
9 Barton 1986; Ulrich 2003b; van der Toorn 2007, 248.

2. 구약 역사의 틀 안에서 구약 문헌의 성서화

1) 성서의 표현

구약 연구의 거의 모든 주제와 마찬가지로 성서화라는 문제에 관해서 우리는 이 문제에 대한 성서적 관점과 역사적 관점을 구별해야 한다.[10] 구별을 해야 하는 이유는 무엇보다도 구약이 역사-비평적 측면이 아니라 결과-역사적 측면에서 추론하기 때문이다.

즉, 구약은 역사적 과정들을 일반적으로 동시대에 실시간으로 효과를 미치는 것으로 본다. 구약에서 과거에 대한 관심은 기능과 신화라는 측면으로 이루어져 있다. 구약의 내러티브는 본질적으로 실존적인 문제를 기원의 문제로 다루려 한다.

거룩한 경전이라는 구약의 자기 표현에 대해서도 마찬가지다. 성서에서 거룩한 경전은 미리 존재하거나 창조 때 주어지는 어떤 것이 아니라 내러티브의 전개 속에서 비교적 일찍 나타난다. 그것은 출애굽기 이후부터 단계적으로 생겨난다(참고. 출 17:14; 24:4; 34:27-28; 민 33:2; 신 31:9). 따라서 구약은 처음부터 이스라엘에 성서에 기반을 둔 종교가 있었던 것은 아니라는 사실을 인식하고 있다. 처음에는 율법이 주어졌고 모세의 지휘 아래 기록되었다.

창세기 족장은 율법을 알지 못했다. 그러나 구약이 묘사하는 대로 모세의 율법은 금세 망각되었고 요시야가 다스리던 시대에 와서야 성전을 보수하는 과정에서 다시 나타났다(왕하 22-23장). 유다와 예루살렘에 닥친 참화의 결과로 모세 율법은 다시 망각되었다가 유다에서 에스라의 지휘 아래 겨우 재도입되

---

10 Steck 1992a; Hengel 1992/1994; Assmann 1999; VanderKam 2000; Ulrich 2003a; Schaper 2009.

었다. 요컨대 모세는 이스라엘에 성서에 입각한 유대 종교를 제공했지만 그것
은 에스라 시대에 이르러서야 겨우 효력을 발휘했다.[11]

2) 종교적 본문, 규범적 본문, 거룩한 경전, 정경

이것이 가장 압축된 형태로 표현된 이 문제에 대한 구약의 관점이다. 구약
학자에 의한 역사 재구성은 상당히 다양하다. 이들은 고대 이스라엘의 종교가
"성서의 종교" 또는 "책의 종교"로 조금씩 발전했을 뿐임을 보여 준다(연구사의
우여곡절로 인해 너무 무거운 부담이 되기는 했지만 만일 잠시 동안 이러한 범주를 사용할
수 있다면).[12]

본문의 기능은 고대 이스라엘의 종교사가 전개되는 과정에서 크게 달라
졌다. 이상적으로는 종교적 본문, 규범적 본문, 거룩한 경전, 엄밀한 의미의 정
경을 구별할 수 있을 것이다.[13] 이러한 본문의 다양한 기능은 연속적으로 발전
한 것처럼 보이지만 다른 한편으로는 확실히 동시에 존재하기도 했다.

> 성서가 된 내용의 본문은 아마도 예외 없이 서기관 교육을 위한 교육 과
> 정에 사용되었고 예루살렘 성전 도서관에 보관되었다는 점에서 이러한
> 발전 과정에 내재한 정경을 향한 일정한 압력이 존재한다.
> 이 두 가지 요소는 정경의 존재를 설명해 주지는 않지만 영향력 있는 요
> 인을 구성한다. 즉, 교육 과정에 어떤 본문을 사용하는 것과 그 본문을 성
> 전 도서관에 수용하는 것은 둘 다 본문의 위엄을 드러내고 그와 동시에
> 그 위엄을 증대시킨다.[14]

---

11 참고. Gertz 2002.
12 Rüpke 2005.
13 추가 참고. Ulrich 1992, 269–76; Lange 2004, 57–58.

종교 본문은 제사의 규칙적인 요소이며 제사 안에 완전히 포함되어 있는 본문으로 이해된다. 구약의 한 가지 예는 시편 24:7-10에서 발견할 수 있다. 이 시편은 아직도 분명하게 예배에 근거를 두고 있음을 드러낸다. 외견상 이 시편은 제의적인 교창(cultic antiphonal song)을 동반한 (하나님이 그의 성소에 들어가시는) 행렬을 묘사한다. 시편 24편의 본래적인 기능은 제의적 종교 안에 있었고 그 위치에 적합하게 되었다. 이는 기본적으로 제사용 그릇과 비교할 만하다.

규범적 본문은 제사와 관련해서 비판적이고 권위적인 태도를 취한다. 이런 본문에서는 성서가 종교로 변화하는 과정의 첫 번째 결정적인 출발점을 볼 수 있을 것이다.[15] 구약의 규범적 본문의 한 가지 사례는 열왕기하 22-23장에서 책의 발견에 대한 전설로 받아들이는 신명기일 것이다.

성전을 수리하던 도중에 책 한 권이 발견되었고 대제사장 힐기야는 그 책을 서기관 사반을 통해 요시야 왕에게 전달했다(왕하 22:8-13). 이 시점에서 내러티브가 역사적 사건을 반영하는지 그렇지 않은지는 중요하지 않다.[16] 중요한 것은 그것이 그렇게 발견된 책에 규범적 가치를 부여한다는 것이다(내러티브의 관점에서 이는 신명기에 대한 언급이다).

열왕기하 22-23장의 내러티브 순서에 따르면 이 책은 요시야의 제의적 개혁을 야기하고 그 개혁의 성격을 결정한다. 이 발견에 대한 전설은 이 책 스스로 비범한 기원을 주장하고 있음을 의미한다.[17] 책의 연대, 저자, 근원은 이렇게 해서 은폐된다(물론 전적으로 이 책이 제사보다 우월하고 제사를 통제하도록 만드는데 필요한 권위를 가질 수 있도록 책을 신성화하기 위함이다).

성전에서 발견된 책으로 의도된 신명기의 기본 본문은 아마도 주전 7세기에 속

14　Van der Toorn 2007, 233-67.
15　Crüsemann 1987.
16　참고. Schmid 2006b, 42 n. 90; Keel 2007, 545-55.
17　Speyer 1970.

한 본문일 것이다.[18] 열왕기하 22-23장에 나오는 발견 전설은 당연히 모세에게서 비롯된 책의 기원을 고려하지만 역사적 관점에서 볼 때 동시대의 본문을 권위 있는 문헌으로 정당화한 것에 불과하다.

그러나 주전 7세기는 아직 고대 이스라엘에서 "성서의 종교"에 대해 말하기 어렵다. 기껏해야 그런 종교의 맹아가 있었을 뿐이다. 신명기는 제사를 대체하는 것이 아니라 제사를 독점화하고 중앙 집중화함으로써 개혁하려는 의도를 지닌 문헌이다.

그럼에도 불구하고 어떤 제도, 즉 중앙으로 집중된 제사가 어떤 본문에 의해 권위를 부여받은 것은 이 경우가 처음이다. 이전에는 본문이 제도에게서 권위를 받았다.[19] 그래도 이스라엘의 종교는 본질적으로 "제의 종교"에 머물렀고 그 시점에는 결코 "성서의 종교"로 변형되지 않았다.[20]

제2성전 시대 전체(즉, 주전 515년부터 주후 70년까지)에 대해서도 대체로 마찬가지다. 이 시기는 본질적으로 성서의 책이 형성된 시기로 간주하는 것이 마땅하지만 이스라엘 역사에서 희생 제사와 관련해서 가장 중요한 시기이기도 했다. 매일 드리는 제사는 종교 행위의 핵심이자 중심이었다.

당시에 존재하기는 했지만 아직 문헌적으로 발전하는 상태에 있었던 구약 문헌이 어떤 기능을 발휘했는지는 말하기 어렵다. 어느 정도 재구성할 수 있는 주변의 문헌-사회학적 조건을 고려한다면 아마도 구약 문헌은 주로 그것을 쓴 사람이 읽었다고 결론을 내려야 할 것이고 헬레니즘 시대까지 줄곧 그 가운데 어느 것도 하나의 본보기 이상으로 유포되지는 않았을 것 같다.

따라서 구약 문헌은 아마도 성서 시대에 예루살렘 성전 안에서 성서 자체를 제작하고 관리하는 책임을 맡은 집단을 정당화하는 역할을 했을 것이다. 그러나 단

---

18 앞의 3장-3-4)-(2)를 보라.
19 Carr 1996a, 30 및 n. 24; 참고. Crüsemann 1987; Assmann 1999.
20 이러한 범주에 대해서는 Rüpke 2005를 참고하라.

지 이 집단이 모두 지리적으로 한 장소에 위치해 있었다는 이유로 동질적이라고 결론짓는 것은 부적절한 일일 것이다. 성서의 내적 다양성은 이러한 결론과 어긋나지만 그런 다양성은 대체로 바로 그러한 분위기에서 비롯된 것이다.[21]

거룩한 경전이라는 개념은 구약에서 비교적 후대의 몇몇 본문에서만 발견된다. 예를 들어 토라 자체가 일종의 제의적 경배를 향유할 수 있고 또 그래야 한다는 생각은 회당 예배와의 친화성 때문에 그 개념의 기원을 주전 3세기나 2세기보다 이른 시기로 추정하기가 어려운 본문인 느헤미야 8:5-8에 분명히 나타난다.[22]

> 에스라가 모든 백성 위에 서서 그들 목전에 책을 펴니 책을 펼 때에 모든 백성이 일어서니라 에스라가 위대하신 하나님 여호와를 송축하매 모든 백성이 손을 들고 아멘 아멘 하고 응답하고 몸을 굽혀 얼굴을 땅에 대고 여호와께 경배하니라 예수아와 바니와 세레뱌와 야민과 악굽과 사브대와 호디야와 마아세야와 그리다와 아사랴와 요사밧과 하난과 블라야와 레위 사람은 백성이 제자리에 서 있는 동안 그들에게 율법을 깨닫게 하였는데 하나님의 율법책을 낭독하고 그 뜻을 해석하여 백성에게 그 낭독하는 것을 다 깨닫게 하니(느 8:5-8).

예루살렘이 주후 70년에 로마인에게 파괴된 후에야 비로소 매일 드리는 제사가 갑자기 폭력에 의해 중단되었고 주후 70년 이후에야 비로소 유대교가 당시 바리새인 랍비의 접근 방식에 근본적으로 영향을 받아 성서의 종교로 변형되었다고 말할 수 있다. 이 과정은 마카베오 시대의 위기, 회당의 대두, 시편의 문

---

21 앞의 1장-2-3)을 보라.
22 Gunneweg 1987, 112.

헌적 성소로의 양식화[23]를 비롯한 사건 같은 꽤 상이한 요소를 통해 준비되었지만 성서 연구는 주후 70년 이후에야 비로소 최소한 기능적인 의미에서 성전 제사를 대체했다.[24]

구약 정경에 대해 말해야 하는 시점은 이 시기부터다.[25] 주후 70년 이전에는 집합적으로 "율법과 예언자"나 "모세와 예언자"로 알려진 권위 있는 저작의 총체는 존재했지만[26] 본문상의 형식에 있어서 고정되고 토라, 느비임, 케투빔(율법, 예언, 성문서)이라는 세 부분으로 구성된 규범적인 저작의 제한된 목록이라는 의미의 정경은 존재하지 않았다.[27]

(역사적 관점에서 볼 때) 성서 종교의 출현은 이처럼 구약 문헌의 문헌 발전 과정 전체를 동반했고 그러한 문헌 발전이 충분히 완성된 뒤에야 비로소 정경의 구성으로 완전하게 나타난 과정이다. 이러한 점진적인 성서 종교의 출현은 어느 정도 새로 생겨나는 성서가 점진적으로 흡수되고 통합된 전통적인 "제의 종교" 요소의 비슷하게 점진적인 소멸과 정반대다.[28]

두 과정 모두 주전 587년과 주후 70년에 있었던 두 번의 성전 파괴에 의해 갑절로 촉진되었다.[29] 이 중 첫 번째 사건은 예언을 역사적으로 확인시키는 역할을 함으로써 기록 예언의 돌파구를 촉진했다. 두 번째 사건은 (시편부터 시작해서) 율법과 예언자에 대한 제사 이후의 해석학적 보완 요소로서 정경의 세 번째 부분인 "성문서"의 구성을 초래했다.[30] "성문서"도 헬레니즘적인 로마 문화에 맞서

---

23   Zenger 2010.
24   Schreiner 1999.
25   Barton 1986, 57.
26   다양하게; 앞의 내용을 보라.
27   Carr 1996a; 그러나 Lange 2004, 60-62를 참고하라.
28   Van der Toorn 1997.
29   Hahn 2002.
30   Trebolle Barrera 2002.

유대인의 대항 정경을 문헌 형태로 확립하는 데 기여했을 가능성이 있다.[31]

3) 구약 문헌사와 정경사

그렇다면 구약 문헌사와 정경사는 서로 어떻게 관련되는가?

이 둘은 구약 문헌의 종결과 구약 이후 구약 정경의 마감이 서로 다른 시대에 완료되는 역사적 과정이라는 사실에서도 명백히 드러나듯이 긴밀하게 관련되어 있지만[32] 동일한 것은 아니다.

정경사는 말하자면 규범성과 신학화 요소뿐만 아니라 그 대상인 구약 문헌에 대한 "함께 생각하기"[33]와 관련해서도 문헌사에서 정보를 얻는다. 따라서 구약 문헌사는 이런 관점에서 다시 진술되고 그 구약 이후의 정경의 마감을 통해 확대되어야 한다. 우리는 이러한 특정한 각도에서 이 프로젝트를 여기서 다시 실행하려 하지는 않을 것이지만[34] 몇 마디 언급하는 것이 구약의 정경사라는 문제를 약간 더 구체화하는 데 도움이 될 것 같다.

구약의 경우 문헌사와 정경사의 특별한 친화성은 구약 문헌이 종교적이고 신학적인 (또는 최소한 종교적·신학적으로 **적용된**) 고대 이스라엘의 유산으로서 그 독특한 성격에 있어서 내적으로 산만한 응집력을 유지하고 있다는 사실에 그 내적 기반을 두고 있다.[35] 구약이 일종의 도서관인 것은 사실이지만 간결하게 묘사할 수 있고 사후에 정경적 통일체만이 아니라 그 성서 내적 해석에 근거한 일관성 때문에도 그렇게 할 수 있는 실체이기도 하다.

---

31 Lang 1997; de Pury 2003; 참고. Steinberg 2005.
32 참고. Sæbø 1988.
33 Sæbø 1988.
34 참고. van Oorshot 2000.
35 Janowski 2004.

구약의 성서 내적 해석 과정은 결국 일정한 함의를 지니고 있다. 그 과정의 정당화는 구약 문헌에서 발견되는 것 같은 하나님에 대한 종교적이거나 신학적인 진술을 서로 대화하게 할 수 있고 그렇게 해야 한다는 생각에 기초한다. (하나님과의 경험이라는 거울 속에서) 하나님은 자기 동일적인 존재로 구성된다.

이런 현상은 철학적 원리라는 의미에서 일어나는 것이 아니라 고대 근동의 왕 개념이라는 기준에 따라 일어난다(구약 이후의 역사를 고려할 때 **아직도** 일어나고 있다고 말해야 한다). 하나님은 주권자로서 자비롭거나 가혹하게, 공평하거나 자의적인 모습으로 나타나실 수 있지만, 최종 결정자로 묘사된다. 하나님과의 경험은 구약 안에서 하나님이 역사하시는 잠재적이고 현실적인 방식을 복합적인 이미지로 만들어 내는 산만한 관계로 설정된다.

물론 구약의 성서 내적인 산만함에 대한 이러한 기본적인 생각은 역사적으로 다듬어야 한다. 구약 문헌사는 전승의 거의 모든 영역에서 처음에는 원래 함께 결합되어 있지도 않았고 내용적 측면에서 상호 관련되어 있지도 않았던 다소 이질적인 문헌 단위가 존재했다는 점을 분명히 드러낸다.

창세기에서는 태고적까지 거슬러 올라가는 독립적인 내러티브와 내러티브 복합체를 재구성할 수 있다. 레위기 본문의 기초는 원래 현재 상태의 문헌 배경에 맞게 구성된 것이 아니라 제의 규정이다. 여호수아서, 사사기, 사무엘서, 열왕기에는 원래 독립적이었을 수도 있는 전승이 발견된다.

예언서에서 전승의 핵심은 (문헌적 관점에서) "작은 단위"가 아닐 수도 있지만 많은 경우에 예언서는 우선 보다 넓은 구약 본문보다 책에 자신의 이름을 부여한 예언자와 더 관련이 있는 모음집으로 거슬러 올라간다. 시편 역시 시편집의 문헌 정황 속에 삽입되기 전에는 어느 정도 독립성을 지녔던 찬가와 기도를 담고 있다. 그리고 지혜 문헌도 내생적 동기의 영향을 받아 배열되었을지도 모르는 더 오래된 모음집으로 거슬러 올라간다.

그러나 "정경을 함께 생각하는" 과정은 언제 시작되었을까?

우리는 구약 전승에서 비록 처음에는 문헌 지평이 여전히 협소했지만 그 과정은 매우 일찍 시작된 것이 분명하다는 사실을 알 수 있다. 이 점은 아마도 예언서에서 가장 분명하게 볼 수 있을 것이다. 아모스서는 가장 이른 시기의 문헌적 기원에 있어서도 이미 호세아서에 맞추어진 반면[36] 이사야서는 처음부터 아모스 전승의 영향을 상당히 많이 받았다.[37]

특히 예언 전승은 자체로 예언자가 선포한 하나님의 말씀이 파편화된 개별 메시지가 아니라 다면적이고 분화되었으면서도 일관성 있는 전체로 이해해야 한다는 주장을 전달했을 수도 있다.

그와 비슷한 것을 내러티브 전승, 특히 창세기 족장 내러티브에서도 볼 수 있다는 사실은 그 약속의 가장 중요한 구성 요소에 비추어 놀랄 일이 아니다.[38] 이러한 약속도 역시 하나님의 진술로 구성되어 있고, 따라서 내적인 일관성을 지향한다.

우리는 또한 언약서와 신명기의 편집된 부분에서 신적인 규례인 율법이라는 개념 안에 있는 특별한 동기를 볼 수 있다. (율법의 모든 기술(記述)적인 성향에도 불구하고) 신적인 입법자와 하나님에게서 직접 유래하는 법의 체계라는 개념은 그 안에 성문화된 하나님의 뜻이라는 개념을 담고 있었고 이는 결국 특히 토라의 형성과 더불어 실질적으로 한정적이고 규범적인 구약 전승의 더없는 걸작으로 발전했다.

예언 전승에서 발견되는 사회적 비판에서 영감을 받은 언약서의 독특한 법적 원칙이 형성되는 초기 단계의 이 시점에서 우리가 문헌사의 비교적 이른 시기에도 몇 가지 전승 영역을 포괄하는 하나의 관점을 볼 수 있다는 것은 주목할 만하다.

---

36 Jeremias 1995; 1996.
37 Blum 1996; 1997.
38 Blum 1984.

언약서 안의 신적인 법은 하나님의 뜻에 대한 예언적 선포에 그 뿌리를 두고 있다. 하나님을 그 기능적 등가물인 앗수르 대왕의 위치로 격상시키고 그와 관련하여 (반체제적으로 적용된 "충성 맹세"라는 용어에 담아) 이스라엘의 충성을 요구하는 신명기는 확실히 구약에서 **엄밀한 의미의 규범 문헌**의 본질적인 핵심으로 간주할 수 있다.[39] 이 점은 그 나름의 방식으로 그 안에서 신명기 같은 규범 본문이 내러티브 전승에 어떻게 영향을 미칠 수 있었는지를 볼 수 있는 **신명기 사가적인 관점으로** 개정된 책을 구약 안에서 발견함으로 확증할 수 있다. 이 모델은 그 뒤로 어떤 의미에서 훗날 토라가 구약의 남은 부분에 미친 영향 속에서 반복된다.

물론 무엇보다도 토라가 토라 밖에 있는 전승, 특히 예언서에 끼친 영향의 역사에서 볼 수 있는 토라의 우선성은 구약 안에서 그렇게 일관된 "기정 사실"이 아니라는 점에 주목해야 한다.[40] 예레미야 30:18이나 이사야 56:1-9 같은 본문은 신명기 13:17이나 신명기 23장 같은 토라의 진술에 대해 예언적 권위를 가지고 적용될 수 있고 그런 진술을 "폐기"할 수도 있다.

훗날 정경의 토라 부분과 예언서 부분이 된 본문의 권위는 외견상 여전히 역동적인 것으로 간주되고 두 부분에 대한 서기관적인 "함께 생각하기"는 일방적으로만 흐르는 과정이 아니었다.

구약 이후 정경사에 있어서 핵심이 되는 문자의 불변성이라는 요소는 구약 자체 안에서 여전히 매우 부수적인 역할을 감당했다. 이러한 개념의 배후에 있는 지적인 전제는 요세푸스와 필론이 표현한 것처럼 성서 저자의 예언적 영감이다. 이로 인해 성서 문헌은 역사적 세계의 영역에서 배제되었고 주후 17세기와 18세기에 역사비평의 대두를 통해 그 영역에 재도입되어야 했다.

---

39 참고. Crüsemann 1987.
40 참고. Chapman 2000.

참고 문헌

Achenbach, R., Die Vollendung der Tora. Studien zur Redaktionsgeschichte des Numeribuches im Kontext von Hexateuch und Pentateuch, BZAR 3, Wiesbaden 2003.
Achenbach, R., The Pentateuch, the Prophets, and the Torah in the Fifth and Fourth Centuries B. C. E., in: O. Lipschits u. a. (Hgg.), Judah and the Judeans in the Fourth Century B. C. E., Winona Lake 2007, 253 – 285.
Adam, K.-P., Der königliche Held. Die Entsprechung von kämpfendem Gott und kämpfendem König in Psalm 18, WMANT 91, Neukirchen-Vluyn 2001.
Adam, K.-P., Saul und David in der judäischen Geschichtsschreibung. Studien zu 1Samuel 16 – 2Samuel 5, FAT 51, Tübingen 2007.
Albani, M., Der eine Gott und die himmlischen Heerscharen. Zur Begründung des Monotheismus bei Deuterojesaja im Horizont der Astralisierung des Gottesverständnisses im Alten Orient, ABG 1, Leipzig 2000.
Albani, M., Deuterojesajas Monotheismus und der babylonische Religionskonflikt unter Nabonid, in: M. Oeming/K. Schmid (Hgg.), Der eine Gott und die Götter. Polytheismus und Monotheismus im antiken Israel, AThANT 82, Zürich 2003, 171– 201.
Albertz, R., Das Deuterojesaja-Buch als Fortschreibung der Jesaja-Prophetie, in: E. Blum u. a. (Hgg.), Die Hebräische Bibel und ihre zweifache Nachgeschichte. FS R. Rendtorff, Neukirchen-Vluyn 1990, 241– 256.
Albertz, R., Religionsgeschichte Israels in alttestamentlicher Zeit, GAT 8/1.2, Göttingen 1992.
Albertz, R., Die verhinderte Restauration, in: E. Blum (Hg.), Mincha. FS R. Rendtorff, NeukirchenVluyn 2000, 1–12.
Albertz, R., Die Exilszeit. 6. Jahrhundert v. Chr., Biblische Enzyklopädie 7, Stuttgart 2001.
Albertz, R., Der sozialgeschichtliche Hintergrund des Hiobbuches und der „Babylonischen Theodizee" (1981), in: ders., Geschichte und Theologie. Studien zur Exegese des Alten Testaments und zur Religionsgeschichte Israels, BZAW 326, Berlin/New York 2003a, 107–134.
Albertz, R., Die Theologisierung des Rechts im Alten Israel, in: ders., Geschichte und Theologie. Studien zur Exegese des Alten Testaments und zur Religionsgeschichte Israels, BZAW 326, Berlin/ New York 2003b, 187– 207.

Albertz, R., Darius in Place of Cyrus. The First Edition of Deutero-Isaiah (Isaiah 40.1–52.12), JSOT 27 (2003c), 371–383.
Alexander, P., Literacy among Jews in Second Temple Palestine: Reflections on the Evidence from Qumran, in: M.fJ. Baasten/W. Th. van Peursen (Hgg.), Hamlet on a Hill. Semitic and Greek Studies Presented to Professor T. Muraoka on the Occasion of his Sixty-Fifth Birthday, Leuven 2003, 3 – 25.
Alt, A., Der Gott der Väter (1929), in: ders., Kleine Schriften zur Geschichte des Volkes Israel I, München 1959, 1–78.
Alt, A., Die Ursprünge des israelitischen Rechts, Leipzig 1934.
Alt, A., Zur Vorgeschichte des Buches Hiob, ZAW 14 (1937), 265 – 268.
Ambraseys, N., Historical Earthquakes in Jerusalem–A Methodological Discussion, Journal of Seismology 9 (2005), 329 – 340.
Anderson, B. W., Understanding the Old Testament, Englewood Cliffs 1957 (^{4}1986; ^{5}2006).
Applegate, J., Jeremiah and the Seventy Years in the Hebrew Bible, in: A. H.W. Curtis/ T. Römer (Hgg.), The Book of Jeremiah and Its Reception. Le livre de Jérémie et sa réception, BEThL 128, Leuven 1997, 91–110
Arneth, M., „Sonne der Gerechtigkeit". Studien zur Solarisierung der Jahwe-Religion im Lichte von Psalm 72, BZAR 1, Wiesbaden 2000.
Arneth, M., Die antiassyrische Reform Josias von Juda. Überlegungen zur Komposition und Intention von 2 Reg 23, 4 –15, ZAR 7 (2001), 189 – 216.
Arneth, M., Durch Adams Fall ist ganz verderbt … Studien zur Entstehung der alttestamentlichen Urgeschichte, FRLANT 217, Göttingen 2006.
Arnold, B. T., The Weidner Chronicle and the Idea of History in Israel and Mesopotamia, in: A. R. Millard u. a. (Hgg.), Faith, Tradition and History. Old Testament Historiography in Its Near Eastern Context, Winona Lake 1994, 129 –148.
Arnold, B. T., What Has Nebuchadnezzar to Do with David? On the Neo-Babylonian Period and Early Israel, in: M. W. Chavalas/K. L. Younger, jr. (Hgg.), Mesopotamia and the Bible. Comparative Explorations, Grand Rapids 2002, 330 – 355.
Assmann, J., Ma'at. Gerechtigkeit und Unsterblichkeit im Alten Ägypten, München 1990a.
Assmann, J., Weisheit, Schrift und Literatur im Alten Ägypten, in: ders. (Hg.), Weisheit. Archäologie der literarischen Kommunikation III, München 1990b, 475 – 500.
Assmann, J., Politische Theologie zwischen Ägypten und Israel, München 1992.
Assmann, J., Zur Geschichte des Herzens im Alten Ägypten, in: ders. (Hg.), Die Erfindung des inneren Menschen. Studien zur religiösen Anthropologie, Gütersloh 1993, 81–113.
Assmann, J., Ägypten. Eine Sinngeschichte, München/Wien 1996.
Assmann, J., Mose der Ägypter, München 1998.
Assmann, J., Fünf Stufen auf dem Wege zum Kanon, MTV 1, Münster 1999.
Assmann, J., Herrschaft und Heil. Politische Theologie in Ägypten, Israel und Europa, München/Wien 2000.
Assmann, J., Gottesbilder – Menschenbilder: anthropologische Konsequenzen des

Monotheismus, in: R. G. Kratz/H. Spieckermann (Hgg.), Gottesbilder – Götterbilder – Weltbilder. Polytheismus und Monotheismus in der Welt der Antike, Bd. 2: Griechenland und Rom, Judentum, Christentum und Islam, FAT II/18, Tübingen 2006, 313 – 329.

Assmann, J./Janowski, B./Welker, M. (Hgg.), Gerechtigkeit. Richten und Retten in der abendländischen Tradition und ihren altorientalischen Ursprüngen, München 1998.

Athas, G., The Tel Dan Inscription. A Reappraisal and a New Interpretation, JSOT.S 360, Sheffield 2003.

Aurelius, E., Der Ursprung des Ersten Gebots, ZThK 100 (2003a), 1– 21.

Aurelius, E., Zukunft jenseits des Gerichts. Eine redaktionsgeschichtliche Studie zum Enneateuch, BZAW 319, Berlin/New York 2003b.

Avigad, N., Bullae and Seals from Post-Exilic Judean Archives, Jerusalem 1976.

Avishur, Y./Heltzer, M., Studies on the Royal Administration in Ancient Israel in Light of Epigraphic Sources, Tel Aviv 2000.

Bachmann, V., DieWelt im Ausnahmezustand. Eine Untersuchung zu Aussagegehalt und Theologie des Wächterbuches (1Hen 1– 36), BZAW 409, Berlin/New York 2009.

Bade, W., Der Monojahwismus des Deuteronomiums, ZAW 30 (1910), 81– 90.

Baden, J., J, E, and the Redaction of the Pentateuch, FAT 68, Tübingen 2009.

Baden, J., The Composition of the Pentateuch. Renewing the Documentary Hypothesis, New Haven/London 2012.

Baines, J., Literacy and Ancient Egyptian Society, London 1983.

Barkay, G., The Redefining of Archaeological Periods. Does the Date 588/586 B. C. Indeed Mark the End of Iron Age Culture?, in: A. Biran/J. Aviram (Hgg.), Biblical Archaeology Today 1990. Proceedings of the Second International Congress on Biblical Archaeology, Jerusalem, June-July 1990, Jerusalem 1993, 106 –109.

Barstad, H., After the „Myth of the Empty Land": Major Challenges in the Study of Neo-Babylonian Judah, in: O. Lipschits/J. Blenkinsopp, Judah and the Judeans in the Neo-Babylonian Period, Winona Lake IN 2003, 3 – 20.

Bartelmus, R., Ez 37,1–14, die Verbform weqatal und die Anfänge der Auferstehungshoffnung, ZAW 97 (1985), 366 – 389.

Barth, H., Die Jesaja-Worte in der Josiazeit, WMANT 48, Neukirchen-Vluyn 1977.

Barton, J., Oracles ofGod. Perceptions ofAncient Prophecy in Israel after the Exile, London 1986.

Bauks, M., „Chaos" als Metapher für die Gefährdung der Weltordnung, in: B. Janowski/B. Ego (Hgg.), Das biblische Weltbild und seine altorientalischen Kontexte, FAT 32, Tübingen 2001, 431–464.

Bauks u. a. (Hgg.),Was ist der Mensch, dass du seiner gedenkst? (Psalm 8,5). Aspekte einer theologischen Anthropologie. Festschrift für Bernd Janowski zum 65. Geburtstag, Neukirchen-Vluyn 2008b, 33 – 53.

Baumann, G., Die Weisheitsgestalt in Proverbien 1– 9. Traditionsgeschichtliche und theologische Studien, FAT 16, Tübingen 1996.

Baumgart, N. C., Die Umkehr des Schöpfergottes. Zu Komposition und religionsgeschichtlichem Hintergrund von Gen 5 – 9, HBS 22, Freiburg im Breisgau u. a. 1999.

Baumgartner, W., Der Kampf um das Deuteronomium, ThR 1 (1929), 7– 25.

Beaulieu, P.-A., The Reign of Nabonidus, King of Babylon (556 – 539 B. C.), YNER 10, Yale 1989.

Beck, M., Elia und die Monolatrie. Ein Beitrag zur religionsgeschichtlichen Rückfrage nach dem vorschriftprophetischen Jahwe-Glauben, BZAW 281, Berlin/New York 1999.

Becker, U., Jesaja – von der Botschaft zum Buch, FRLANT 178, Göttingen 1997.

Becker, U., Der Prophet als Fürbitter: Zum literarhistorischen Ort der Amos-Visionen, VT 51 (2001), 141–165.

Becker, U., Die Wiederentdeckung des Prophetenbuches. Tendenzen und Aufgaben der gegenwärtigen Prophetenforschung, BThZ 21 (2004), 30 – 60.

Becker, U., Das Exodus-Credo. Historischer Haftpunkt und Geschichte einer alttestamentlichen Glaubensformel, in: ders./J. van Oorschot (Hgg.), Das Alte Testament – ein Geschichtsbuch?! Geschichtsschreibung und Geschichtsüberlieferung im antiken Israel, ABG 17, Leipzig 2005a, 81–100.

Becker, U., Exegese des Alten Testaments. Ein Methoden- und Arbeitsbuch, UTB 2664, Tübingen 2005b.

Becker, U., Die Entstehung der Schriftprophetie, in: R. Lux/E.-J. Waschke (Hgg.), Die unwiderstehliche Wahrheit. Studien zur alttestamentlichen Prophetie. FS A. Meinhold, ABG 23, Leipzig 2006, 3–20.

Becking, B., Jehojachin's Amnesty, Salvation for Israel? Notes on II Kings 25,27– 30, in: C. Brekelmans/J. Lust (Hgg.), Pentateuchal and Deuteronomistic Studies. Papers Read at the XIIIth IOSOT Congress Leuven 1989, BEThL 94, Leuven 1990, 283 – 293.

Becking, B., The Fall of Samaria. An Historical and Archaeological Study, SHANE 2, Leiden u. a. 1992.

Becking, B., Art. Babylonisches Exil, RGG4 I, Tübingen 1998, 1044f.

Becking, B., The Gods in Whom They Trusted ... Assyrian Evidence for Iconic Polytheism in Ancient Israel?, in: ders. u. a. (Hgg.), Only One God? Monotheism in Ancient Israel and the Veneration of the Goddess Asherah, Sheffield 2001, 159 –163.

Becking, B., From David to Gedaliah. The Book of Kings as Story and History, OBO 228, Fribourg/Göttingen 2007.

Beckwith, R., The Old Testament Canon of the New Testament Church and its Background in Early Judaism, Grand Rapids 1985.

Beckwith, R., Formation of the Hebrew Bible, in: M. J. Mulder (Hg.), Mikra. Text, Translation, Reading and Interpretation of the Hebrew Bible in Ancient Judaism and Early Christianity, CRI II/1, Assen/Philadelphia 1988, 39 – 86.

Bedford, P. R., Temple Restoration in Early Achaemenid Judah, JSJ.S 65, Leiden u. a. 2001.
Begg, C. T., The Significance of Jehojachin's Release: A New Proposal, JSOT 36 (1986), 49 – 56.
Ben Zvi, E., The Urban Center of Jerusalem and the Development of the Hebrew Bible, in:W. E. Aufrecht u. a. (Hgg.), Urbanism in Antiquity. From Mesopotamia to Crete, JSOT.S 244, Sheffield 1997, 194 – 209.
Berger, K., Das Buch der Jubiläen, JSHRZ II/3, Gütersloh 1981.
Berges, U., Das Buch Jesaja. Komposition und Endgestalt, HBS 16, Freiburg im Breisgau 1998.
Bergler, S., Joel als Schriftinterpret, BEAT 16, Frankfurt a. M. u. a. 1988.
Berlejung, A., Twisting Traditions: Programmatic Absence-Theology for the Northern Kingdom in 1 Kgs 12:26 – 33* (the „Sin of Jeroboam"), JNSL 35 (2009), 1– 42.
Berlejung, A., The Assyrians in theWest: Assyrianization, Colonialism, Indifference, or Development Policy?, in: M. Nissinen (Hg.), Congress Volume Helsinki 2010, VT. S 148, Leiden u. a. 2012, 21–60.
Berner, C., Die Exoduserzählung. Das literarische Werden einer Ursprungslegende Israels, FAT 73, Tübingen 2010.
Bertholet, A., H. Gunkels „Israelitische Literatur", ThR 10 (1907), 143 –153.
Bewer, J. A., The Literature of the Old Testament in its Historical Development, New York 1922.
Beyerle, S., Die Wiederentdeckung der Apokalyptik in den Schriften Altisraels und des Frühjudentums, VF 43 (1998), 34 – 59.
Beyerle, S., Joseph und Daniel – zwei „Väter" am Hofe eines fremden Königs, in: A.Graupner/H. Delkurt/A. B. Ernst (Hgg.), Verbindungslinien. FS W. H. Schmidt, Neukirchen-Vluyn 2000, 1–18.
Bickerman, E. J., Der Gott der Makkabäer, Berlin 1937.
Biddle, M., A Redaction History of Jer 2:4 – 4:2, AThANT 77, Zürich 1990.
Blanco Wißmann, F., Sargon, Mose und die Gegner Salomos. Zur Frage vor-neuassyrischer Ursprünge der Mose-Erzählung, BN 110 (2001), 42 – 54.
Blanco Wißmann, F., „Er tat das Rechte …" Beurteilungskriterien und Deuteronomismus in 1Kön 12–2Kön 25, ATANT 93, Zürich 2008.
Blenkinsopp, J., The Structure of P, CBQ 38 (1976), 275 – 292.
Blenkinsopp, J., The Pentateuch. An Introduction to the First Five Books of the Bible, The Anchor Bible Reference Library, New York u. a. 1992.
Blenkinsopp, J., P and J in Genesis 1:1–11:26: An Alternative Hypothesis, in: A. B. Beck u. a. (Hgg.), Fortunate the eyes that see. FS D. N. Freedman, Grand Rapids 1995, 1–15.
Blenkinsopp, J., The Formation of the Hebrew Bible Canon: Isaiah as a Test Case, in: L. McDonald/J. Sanders (Hgg.), The Canon Debate, Peabody 2002, 53 – 67.
Blenkinsopp, J., Opening the Sealed Book. Interpretations of the Book of Isaiah in Late Antiquity, Grand Rapids/Cambridge 2006.
Blum, E., Die Komposition der Vätergeschichte, WMANT 57, Neukirchen-Vluyn

1984.
Blum, E., Studien zur Komposition des Pentateuch, BZAW 189, Berlin/New York 1990.
Blum, E., Gibt es die Endgestalt des Pentateuch?, in: J. A. Emerton (Hg.), Congress Volume Leuven 1989, VT.S 43, Leiden u. a. 1991, 46 – 57.
Blum, E., Jesaja und der dbr des Amos. Unzeitgemäße Überlegungen zu Jes 5,25; 9,7– 20; 10,1– 4, DBAT 28 (1992/1993), 75 – 95.
Blum, E., „Amos" in Jerusalem. Beobachtungen zu Am 6,1–7, Henoch 16 (1994), 23 – 47.
Blum, E., Volk oder Kultgemeinde? Zum Bild des nachexilischen Judentums in der alttestamentlichen Wissenschaft, KuI 10 (1995), 24 – 42.
Blum, E., Jesajas prophetisches Testament, ZAW 108 (1996), 547– 568; ZAW 109 (1997), 12 – 29.
Blum, E., Art. Abraham, RGG4 I, Tübingen 1998, 70 –74.
Blum, E., Die literarische Verbindung von Erzvätern und Exodus. Ein Gespräch mit neueren Endredaktionshypothesen, in: J. C. Gertz/K. Schmid/M.Witte (Hgg.), Abschied vom Jahwisten. Die Komposition des Hexateuch in der jüngsten Diskussion, BZAW 315, Berlin u. a. 2002, 119 –156.
Blum, E., „Formgeschichte" – ein irreführender Begriff?, in: H. Utzschneider/ders. (Hgg.), Lesarten der Bibel. Untersuchungen zu einer Theorie der Exegese des Alten Testaments, Stuttgart 2006, 85–96.
Blum, E., Die Kombination I der Wandinschrift vom Tell Deir'Alla. Vorschläge zur Rekonstruktion mit historisch-kritischen Anmerkungen, in: I. Kottsieper u. a. (Hgg.), Berührungspunkte. Studien zur Sozial- und Religionsgeschichte Israels und seiner Umwelt. Festschrift für Rainer Albertz zu seinem 65. Geburtstag, AOAT 350, Münster 2008a, 573 – 601.
Blum, E., „Verstehst du dich nicht aufdie Schreibkunst …?". Ein weisheitlicher Dialog über Vergänglichkeit und Verantwortung: Kombination II der Wandinschrift vom Tell Deir'Alla, in: M. Bauks u. a. (Hgg.), Was ist der Mensch, dass du seiner gedenkst? (Psalm 8,5). Aspekte einer theologischen Anthropologie. Festschrift für Bernd Janowski zum 65. Geburtstag, Neukirchen–Vluyn 2008b, 33– 53.
Blum, E., The Jacob Tradition, in: C. A. Evans/J. N. Lohr/D. L. Petersen (Hgg.), The Book of Genesis. Composition, Reception, and Interpretation, VT. S. 152, Leiden u. a. 181– 211.
Boda, M. J./Floyd, M. H., Bringing out the Treasure. Inner Biblical Allusion in Zechariah 9 –14, JSOT.S 370, London/New York 2003.
Bodi, D., Jérusalem à l'époque perse, Paris 2002.
Bormann, A. von, Zum Umgang mit dem Epochenbegriff, in: T. Cramer (Hg.), Literatur und Sprache im historischen Prozeß. Vorträge des Deutschen Germanistentages Aachen 1982, Tübingen 1983, 178 –194.
Bosshard-Nepustil, E., Rezeptionen von Jesaja 1– 39 im Zwölfprophetenbuch. Untersuchungen zur literarischen Verbindung von Prophetenbüchern in babyloni-

scher und persischer Zeit, OBO 154, Fribourg 1997.
Bosshard-Nepustil, E., Vor uns die Sintflut. Studien zu Text, Kontexten und Rezeption der Fluterzählung Genesis 6 – 9, BWANT 165, Stuttgart u. a. 2005.
Bosshard, E./Kratz, R. G., Maleachi im Zwölfprophetenbuch, BN 52 (1990), 27– 46.
Brandt, P., Endgestalten des Kanons. Das Arrangement der Schriften Israels in der jüdischen und christlichen Bibel, BBB 131, Berlin 2001.
Braulik, G., „Weisheit" im Buch Deuteronomium, in: B. Janowski (Hg.), Weisheit außerhalb der kanonischen Weisheitsschriften, VWGTh 10, Gütersloh 1996, 39 – 69 = ders., Studien zum Buch Deuteronomium, SBAB 24, Stuttgart 1997, 225 – 271.
Braulik, G., Die sieben Säulen der Weisheit im Buch Deuteronomium, in: I. Fischer u. a. (Hgg.), Auf den Spuren der schriftgelehrtenWeisen. FS J. Marböck, BZAW 331, Berlin/NewYork 2003, 13– 43.
Brekelmans, C. H. W., Wisdom Influence in Deuteronomy, in: M. Gilbert (Hg.), La Sagesse de l'Ancien Testament, BEThL 51, Leuven 1979, 28 – 38.
Brettler, M. Z., Ideology, History and Theology in 2 Kings XVII 7– 23, VT 39 (1989), 268 – 282.
Brettler, M. Z., Judaism in the Hebrew Bible? The Transition from Ancient Israelite Religion to Judaism, CBQ 61 (1999), 429 – 447.
Bringmann, K., Hellenistische Reform und Religionsverfolgung, Göttingen 1983.
Bringmann, K., Geschichte der Juden im Altertum. Vom babylonischen Exil bis zur arabischen Eroberung, Stuttgart 2005.
Broshi, M./Finkelstein, I., The Population of Palestine in Iron Age II, BASOR 287 (1992), 47– 60.
Budde, K., Geschichte der althebräischen Litteratur, Leipzig 1906.
Burkard, G./Thissen, H.-J., Einführung in die altägyptische Literaturgeschichte 1: Altes und Mittleres Reich, Einführungen und Quellentexte zur Ägyptologie 1, Münster 2003.

Carr, D., Canonization in the Context of Community: An Outline of the Formation of the Tanakh and the Christian Bible, in: R. D. Weis/ders. (Hgg.), A Gift of God in Due Season, JSOT.S 225, Sheffield 1996a, 22 – 64.
Carr, D., Reading the Fractures of Genesis. Historical and Literary Approaches, Louisville 1996b.
Carr, D., Genesis in Relation to the Moses Story. Diachronic and Synchronic Perspectives, in: A. Wénin (Hg.), Studies in the Book of Genesis. Literature, Redaction and History, BEThL 155, Leuven u. a. 2001, 273 – 295.
Carr, D., Writing on the Tablet of the Heart. Origins of Scripture and Literature, New York 2005.
Carr, D., Mündlich-schriftliche Bildung und der Ursprung antiker Literaturen, in: H. Utzschneider/E. Blum (Hgg.), Lesarten der Bibel. Untersuchungen zu einer Theorie der Exegese des Alten Testaments, Stuttgart 2006, 183 –198.

Carter, C. E., The Emergence of Yehud in the Persian Period. A Social and Demographic Study, JSOT.S 294, Sheffield 1999.
Cassel, D., Geschichte der jüdischen Literatur, Berlin I/1872; II/1873.
Chapman, S. B., The Law and the Prophets. A Study in Old Testament Canon Formation, FAT 27, Tübingen 2000.
Christensen, D., The Lost Books of the Bible, Bible Review 14 (1998), 24 – 31.
Clements, R. E., The Deuteronomic Law ofCentralisation and the Catastrophe of 587 B. C, in: J. Barton/D. J. Reimer (Hgg.), After the Exile. Essays in Honour of Rex Mason, Macon 1996, 5 – 25.
Clements, R. E., A Royal Privilege: Dining in the Presence of the Great King (2Kings 25.27– 30), in: R. Rezetko u. a. (Hgg.), Reflection and Refraction. FS A. G. Auld, VT.S 113, Leiden u. a. 2007, 49–66.
Clifford, R. J., Proverbs. A Commentary, OTL, Louisville KY 1999.
Clines, D. J. A., Putting Elihu in His Place. A Proposal for the Relocation of Job 32 – 37, JSOT 29 (2004), 243 – 253.
Collins, J. J., Between Athens and Jerusalem. Jewish Identity in the Hellenistic Diaspora, Grand Rapids u. a. 22000.
Collins, J. J., Jewish Cult and Hellenistic Culture. Essays on the Jewish Encounter with Hellenism and Roman Rule, JSJ.S 100, Leiden u. a. 2005.
Collins, J. J./Sterling, G. E. (Hgg.), Hellenism in the Land of Israel, Notre Dame 2001.
Colpe, C., Iranier – Aramäer – Hebräer – Hellenen. Iranische Religionen und ihre Westbeziehungen. Einzelstudien und Versuch einer Zusammenschau, WUNT 154, Tübingen 2003.
Coote, R. B., The Tell Siran Bottle Inscription, BASOR 240 (1980), 93.
Creelman, H., An Introduction to the Old Testament Chronologically Arranged, New York 1917.
Cross, F. M., The Themes of the Book of Kings and the Structure of the Deuteronomistic History, in: ders., Canaanite Myth and Hebrew Epic. Essays in the History of Religion of Israel, Cambridge MA/London 1973, 274 – 289.
Crüsemann, F., Die Eigenständigkeit der Urgeschichte. Ein Beitrag zur Diskussion um den „Jahwisten", in: J. Jeremias/L. Perlitt (Hgg.), Die Botschaft und die Boten, Neukirchen-Vluyn 1981, 11– 29.
Crüsemann, F., Das „portative Vaterland", in: A. und J. Assmann (Hgg.), Kanon und Zensur, München 1987, 63 –79.
Crüsemann, F., 'th – „Jetzt". Hosea 4 –11 als Anfang der Schriftprophetie, in: E. Zenger (Hg.), „Wort Jhwhs, das geschah …" (Hos 1,1). Studien zum Zwölfprophetenbuch, HBS 35, Freiburg im Breisgau u. a. 2002, 13 – 31.
Crüsemann, F., Die Tora. Theologie und Sozialgeschichte des alttestamentlichen Gesetzes, München ³2005.

Dahmen, U./Lange, A./Lichtenberger, H. (Hgg.), Die Textfunde vom Toten Meer und der Text der Hebräischen Bibel, Neukirchen-Vluyn 2000.

Davies, G. I., Were There Schools in Ancient Israel?, in: J. Day/R. P. Gordon/H. G. M.Williamson (Hgg.), Wisdom in Ancient Israel. FS J. A. Emerton, Cambridge 1995, 199 – 211.

Day, J., HowMany Pre-Exilic Psalms are There?, in: ders. (Hg.), In Search ofPre-Exilic Israel. Proceedings of the Oxford Old Testament Seminar, JSOT.S 406, London/New York 2004, 225 – 250.

Dearman, J. A., Property Rights in the Eigthth-Century Prophets, SBL. DS 106, Atlanta 1988.

Dearman, J. A., Studies in the Mesha inscription and Moab, Atlanta 1989.

Deines, R., The Pharisees Between „Judaisms" and „Common Judaism", in: D. A. Carson u. a. (Hgg.), Justification and Variegated Nomism. 1. The Complexities of Second Temple Judaism, WUNT II/ 140 Tübingen 2001, 443 – 504.

Delkurt, H., Grundprobleme alttestamentlicher Weisheit, VF 36 (1991), 38 –71.

Dell, K. J., HowMuch Wisdom Literature Has Its Roots in the Pre-Exilic Period?, in: J. Day (Hg.), In Search of Pre-Exilic Israel. Proceedings of the Oxford Old Testament Seminar, JSOT.S 406, London/New York 2004, 251– 271.

Dequeker, L., Darius the Persian and the Reconstruction of the Jewish Temple in Jerusalem (Esr 4,23), in: J. Quaegebeur (Hg.), Ritual and Sacrifice in the Ancient Near East, OLA 55, Leuven 1993, 67– 92.

Dequeker, L., Nehemia and the Restoration of the Temple after Exile, in: M. Vervenne/ J. Lust (Hgg.), Deuteronomy and Deuteronomic Literature. FS C. H.W. Brekelmans, BEThL 133, Leuven 1997, 547– 567.

Dever, W. G., What Did the Biblical Writers Know and When Did They Know It?, Grand Rapids 2001.

Diebner, B. J., Psalm 1 als „Motto" der Sammlung des kanonischen Psalters, DBAT 23 (1986), 7– 45.

Diebner, B. J., The „Old Testament" – Anti-Hellenistic Literature? – Grundsätzliches ausgehend von Gedanken Niels Peter Lemches oder: Das Grosse Verschweigen ..., DBAT 28 (1992/1993), 10 – 40.

Dietrich, W., Die frühe Königszeit in Israel. 10. Jahrhundert v. Chr., Biblische Enzyklopädie 3, Stuttgart 1997.

Dietrich, W., Art. Deuteronomistisches Geschichtswerk, RGG[4] II, Tübingen 1999, 688 – 692.

Dietrich, W., David. Der Herrscher mit der Harfe, BG 14, Leipzig 2006.

Dietrich, W./Naumann, T., Die Samuelbücher, EdF 287, Darmstadt 1995.

Dijkstra, M., „As for the Other Events ...." Annals and Chronicles in Israel and in the Ancient Near East, in: R. P. Gordon/J. C. de Moor (Hgg.), The Old Testament in Its World. Papers Read at the Winter Meeting, January 2003, OTS 52, Leiden u. a. 2005, 14 – 44.

Dodd, C. H., The Parables of the Kingdom, London 1935.

Donner, H., Die literarische Gestalt der alttestamentlichen Josephsgeschichte, SHAW. Ph.-h. Kl. 2, Heidelberg 1976.

Donner, H., Der Redaktor. Überlegungen zum vorkritischen Umgang mit der Heiligen

Schrift, Henoch 2 (1980), 1– 30 = ders., Aufsätze zum Alten Testament aus vier Jahrzehnten, BZAW 224, Berlin/New York 1994, 259 – 285.

Donner, H., Jesaja LVI 1–7: Ein Abrogationsfall innerhalb des Kanons – Implikationen und Konsequenzen, in: J. A. Emerton (Hg.), Congress Volume Salamanca, VT.S 36, Leiden 1985, 81– 95 = ders., Aufsätze zum Alten Testament aus vier Jahrzehnten, BZAW 224, Berlin/New York 1994, 165 –179.

Donner, H., Der verläßliche Prophet. Betrachtungen zu I Makk 14,41ff und zu Ps 110, in: ders., Aufsätze zum Alten Testament aus vier Jahrzehnten, BZAW 224, Berlin/New York 1994, 213 – 223.

Donner, H., Geschichte des Volkes Israel und seiner Nachbarn in Grundzügen, GAT 4/1.2, Göttingen ³2000/2001.

Dörrfuß, E. M., Mose in den Chronikbüchern. Garant theokratischer Zukunftserwartung, BZAW 219, Berlin/New York 1994.

Dozeman, T./Schmid, K. (Hgg.), A Farewell to the Yahwist? The Composition of the Pentateuch in Recent European Interpretation, SBL. SS 34, Atlanta 2006.

Dozeman, T./Schmid, K./Schwartz, B. J. (Hgg.), The Pentateuch. International Perspectives on Current Research, FAT 78, Tübingen 2011.

Drenkhahn, R., Die Elephantine-Stele des Sethnacht und ihr historischer Hintergrund, ÄA 36, Wiesbaden 1980.

Droysen, J. G., Geschichte des Hellenismus (1836 –1843), hg. von E. Bayer, Basel 1952/1953.

Duhm, B., Das Buch Jesaja übersetzt und erklärt, HKAT III/1, Göttingen 1892.

Duhm, B., Das Buch Jeremia, KHC XI, Tübingen/Leipzig 1901.

Duhm, B., Die Psalmen, HAT 14, Freiburg im Breisgau u. a. 21922.

Ebeling, G., Studium der Theologie. Eine enzyklopädische Orientierung, UTB 446, Tübingen 1972.

Eberhardt, G., JHWH und die Unterwelt, Spuren einer Kompetenzausweitung JHWHs im Alten Testament, FAT II/23, Tübingen 2007.

Eberhart, C., Studien zur Bedeutung der Opfer im Alten Testament. Die Signifikanz von Blut- und Verbrennungsriten im kultischen Rahmen, WMANT 94, Neukirchen-Vluyn 2002.

Edelman, D. (Hg.), The Triumph of Elohim. From Yahwisms to Judaisms, CBET 13, Kampen 1995.

Edelman, D., The Origins of the „Second" Temple. Persian Imperial Policy and the Rebuilding of Yehud, London 2005.

Edzard, D. O./Röllig, W./von Schuler, E., Art. Literatur, in: RlA VII (1987–1990), 35 –75.

Ehring, C., Die Rückkehr JHWHs. Traditions- und religionsgeschichtliche Untersuchungen zu Jesaja 40, 1–11, Jesaja 52, 7–10 und verwandten Texten, WMANT 116, Neukirchen-Vluyn 2007.

Ehrlich, C. S., The Philistines in Transition. A History from ca. 1000 –730 B. C. E,

SHANE 10, Leiden u. a. 1996.
Ehrlich, C. S. (Hg.), From an Antique Land: An Introduction to Ancient Near Eastern Literature, Lanham 2009.
Eißfeldt, O., Israelitisch-jüdische Religionsgeschichte und alttestamentliche Theologie [1926], in: ders., Kleine Schriften I, Tübingen 1962, 105 –114.
Elliger, K., Leviticus, HAT 1/4, Tübingen 1966.
Emerton, J. A., The Hebrew Language, in: A. D. H.Mayes (Hg.), Text and Context, Oxford 2000, 171–199.
Emmendörffer, M., Der ferne Gott. Eine Untersuchung der alttestamentlichen Volksklagelieder vor dem Hintergrund der mesopotamischen Literatur, FAT 21, Tübingen 1998.
Engnell, I., Studies in Divine Kingship in the Ancient Near East, Uppsala 1943, Oxford ²1967.
Ernst, A. B., Weisheitliche Kultkritik. Zu Theologie und Ethik des Sprüchebuchs und der Prophetie des 8. Jahrhunderts, BThSt 23, Neukirchen-Vluyn 1994.
Eynikel, E., The Reform of King Josiah and the Composition of the Deuteronomistic History, OTS 33, Leiden u. a. 1996.

Fabry, H.-J., Art. Qumran, NBL Lfg. 12, Zürich/Düsseldorf 1998, 230 – 259.
Fabry, H. J., Die Handschriften vom Toten Meer und ihre Bedeutung für den Text der Hebräischen Bibel, in: U. Dahmen/H. Stegemann/G. Stemberger (Hgg.), Qumran – Bibelwissenschaften – Antike Judaistik, Paderborn 2006, 11– 29.
Falkenstein, A., Fluch über Akkade, ZA 57 (1965), 43 –124.
Finkelstein, I., The Archaeology of the United Monarchy. An Alternative View, Levant 28 (1996), 177–187.
Finkelstein, I./Silberman, N. A., The Bible Unearthed, New York u. a. 2001, dt.: Keine Posaunen vor Jericho. Die archäologische Wahrheit über die Bibel, München 2002.
Finkelstein, I./Silberman, N. A., David and Solomon: In Search of the Bible's Sacred Kings and the Roots of the Western Tradition Israel, New York 2006, dt.: David und Salomo. Archäologen entschlüsseln einen Mythos, München 2006.
Finkelstein, I., The Forgotten Kingdom. The Archaeology and History of Northern Israel, SBL Ancient Near Eastern Monographs 5, Atlanta 2013.
Fischer, A. A., Von Hebron nach Jerusalem. Eine redaktionsgeschichtliche Studie zur Erzählung von König David in II Sam 1– 5, BZAW 335, Berlin/New York 2004.
Fischer, A. A., Die literarische Entstehung des Großreiches Davids und ihr geschichtlicher Hintergrund. Zur Darstellung der Kriegs-Chronik in 2Sam 8,1–14(15), in: U. Becker/J. van Oorschot (Hgg.), Das Alte Testament – ein Geschichtsbuch?! Geschichtsschreibung und Geschichtsüberlieferung im antiken Israel, ABG 17, Leipzig 2005, 101–128.
Fishbane, M., Biblical Interpretation in Ancient Israel, Oxford 1985.

Fitzgerald, A., The Mythological Background for the Presentation of Jerusalem as a Queen and False Worship as Adultery in the OT, CBQ 34 (1972), 403 – 416.
Fitzgerald, A., BTLWT and BT as Titles for Capital Cities, CBQ 37 (1975), 167–183.
Fleming, D., The Legacy of Israel in Judah's Bible. History, Politics, and the Reinscribing ofTradition, Cambridge 2012.
Flint, P. W. (Hg.), The Bible at Qumran. Text, Shape, and Interpretation, Grand Rapids/ Cambridge 2001.
Fohrer, G., Erzähler und Propheten im Alten Testament. Geschichte der israelitischen und frühjüdischen Literatur, UTB 1547, Heidelberg 1989.
Fox, M. V., The Social Location of the Book of Proverbs, in: ders. u. a. (Hgg.), Texts, Temples, and Traditions. FS M. Haran, Winona Lake 1996, 227– 239.
Fox, M. V., Proverbs 1– 9. A New Translation with Introduction and Commentary, AncB 18A, New York u. a. 2000.
Frei, P./Koch, K., Reichsidee und Reichsorganisation im Perserreich, OBO 337, Fribourg 21996.
Frevel, C., Mit Blick auf das Land die Schöpfung erinnern. Zum Ende der Priestergrundschrift, HBS 23, Freiburg im Breisgau u. a. 2000.
Frevel, C. (Hg.), Medien im antiken Palästina.Materielle Kommunikation und Medialität als Thema der Palästinaarchäologie, FAT II/10, Tübingen 2005.
Fritz, V., Art. Philister und Israel, TRE 26, Berlin/New York 1996a, 518 – 523.
Fritz, V., Die Entstehung Israels im 12. und 11. Jh. v. Chr., BE 2, Stuttgart u. a. 1996b.
Frymer-Kensky, T., Art. Israel, in: R.Westbrook (Hg.), A History of Ancient Law, Bd. 2, HdO 72/2, Leiden u. a. 2003, 975 –1046.
Fuchs, S. A., Die Inschriften Sargons II. aus Khorsabad, Göttingen 1994.
Fürst, J., Geschichte der biblischen Literatur und des jüdisch-hellenistischen Schriftthums, Leipzig I 1867/II 1870.

Galil, G., The Chronology of the Kings of Israel and Judah, SHCANE 9, Leiden u. a. 1996.
Galil, G., The Chronological Framework of the Deuteronomistic History, Bib. 85 (2004), 413 – 421.
Galter, H., Sargon der Zweite. Über die Wiederinszenierung von Geschichte, in: R. Rollinger/B. Truschnegg (Hgg.), Altertum und Mittelmeerraum: Die antike Welt diesseits und jenseits der Levante. FS P. W. Haider, Stuttgart 2006, 279 – 302.
Gärtner, J., Jesaja 66 und Sacharja 14 als Summe der Prophetie. Eine traditions- und redaktionsgeschichtliche Studie zum Abschluss des Jesaja- und Zwölfprophetenbuches, WMANT 114, Neukirchen-Vluyn 2006.
Gauger, J.-D., Antiochos III. und Artaxerxes. Der Fremdherrscher als Wohltäter, JSJ 38 (2007), 196 – 225.
Gehrke, H.-J., Geschichte des Hellenismus, München 1990.
Gelin, A., La question des „relectures" bibliques à l'intérieur d'une tradition vivante, in: Sagra Pagina. Miscellanea Biblica. Congressus Internationalis Catholici de

re biblica, BEThL 12/13, Bd. 1, Leuven 1959, 303 – 315.
Geoghegan, J. C., „Until This Day" and the Preexilic Redaction of the Deuteronomistic History, JBL 122 (2003), 201– 227.
Geoghegan, J. C., The Time, Place and Purpose of the Deuteronomistic History. The Evidence of „Until This Day", BJSt 347, Providence 2006.
Gerhards, M., Die Aussetzungsgeschichte des Mose. Literar- und traditionsgeschichtliche Untersuchungen zu einem Schlüsseltext des nichtpriesterlichen Tetrateuch, WMANT 109, Neukirchen-Vluyn 2006.
Gerstenberger, E. S., Theologien im Alten Testament. Pluralität und Synkretismus alttestamentlichen Gottesglaubens, Stuttgart 2001.
Gerstenberger, E. S., Israel in der Perserzeit. 5. und 4. Jahrhundert v. Chr., Biblische Enzyklopädie 8, Stuttgart 2005.
Gertz, J. C., Die Stellung des kleinen geschichtlichen Credos in der Redaktionsgeschichte von Deuteronomium und Pentateuch, in: R. G. Kratz/H. Spieckermann (Hgg.), Liebe und Gebot. Studien zum Deuteronomium. FS L. Perlitt, FRLANT 190, Göttingen 2000a, 30 – 45.
Gertz, J. C., Tradition und Redaktion in der Exoduserzählung, FRLANT 189, Göttingen 2000b.
Gertz, J. C., Beobachtungen zu Komposition und Redaktion in Exodus 32 – 34, in: M. Köckert/E. Blum (Hgg.), Gottes Volk am Sinai, VWGTh 18, Gütersloh 2001, 88 –106.
Gertz, J. C., Mose und die Ursprünge der jüdischen Religion, ZThK 99 (2002), 3 – 20.
Gertz, J. C., Die unbedingte Gerichtsankündigung des Amos, in: F. Sedlmeier (Hg.), Gottes Wege suchend. Beiträge zum Verständnis der Bibel und ihrer Botschaft. FS R.Mosis, Würzburg 2003, 153–170.
Gertz, J. C., Konstruierte Erinnerung. Alttestamentliche Historiographie im Spiegel von Archäologie und literarhistorischer Kritik am Fallbeispiel des salomonischen Königtums, BThZ 21 (2004), 3 – 29.
Gertz, J. C. (Hg.), Grundinformation Altes Testament. Eine Einführung in Literatur, Religion und Geschichte des Alten Testaments, UTB 2745, Göttingen 42010.
Gertz, J. C., Beobachtungen zum literarischen Charakter und zum geistesgeschichtlichen Ort der nichtpriesterschriftlichen Sintfluterzählung, in: M. Beck/U. Schorn (Hgg.), Auf dem Weg zur Endgestalt von Genesis bis II Regum. FS H. C. Schmitt, BZAW 370, Berlin/New York 2006a, 41–57.
Gertz, J. C./Schmid, K./Witte, M. (Hgg.), Abschied vom Jahwisten. Die Komposition des Hexateuch in der jüngsten Diskussion, BZAW 215, Berlin/New York 2002.
Gesche, P., Schulunterricht in Babylonien im ersten Jahrtausend v. Chr., AOAT 275, Kevelaer 2001.
Gese, H., Anfang und Ende der Apokalyptik, dargestellt am Sacharjabuch, ZThK 70 (1973), 20 – 49 = ders., Vom Sinai zum Zion. Alttestamentliche Beiträge zur biblischen Theologie, BevTh 64, München 1974, 202 – 230.
Gieselmann, B., Die sogenannte josianische Reformin der gegenwärtigen Forschung, ZAW 106 (1994), 223 – 242.

Gnuse, R., Spilt Water – Tales of David (2Sam 23:13 –17) and Alexander (Arrian, Anabasis of Alexander 6.26.1– 3), SJOT 12 (1998), 233 – 248.
Goldenstein, J., Das Gebet der Gottesknechte. Jesaja 63,7– 64,11 im Jesajabuch, WMANT 92, Neukirchen-Vluyn 2001.
Goldman, Y., Prophétie et royauté au retour de l'exil. Les origines littéraires de la forme massorétique du livre de Jérémie, OBO 118, Fribourg/Göttingen 1992.
Goldstein, J., Peoples of an Almighty God. Competing Religions in the Ancient World, AncB Reference Library, New York u. a. 2002.
Gordon, R. P., „Comparativism" and the God of Israel, in: R. P. Gordon/J. C. de Moor (Hgg.), The Old Testament in Its World. Papers Read at the Winter Meeting, January 2003, OTS 52, Leiden u. a. 2005, 45 – 67.
Görg, M., Die Beziehungen zwischen dem alten Israel und Ägypten. Von den Anfängen bis zum Exil, Darmstadt 1997.
Gottwald, N. K., The Hebrew Bible: A Socio-Literary Introduction, Minneapolis 1985.
Goulder, M., The Psalms of the Sons of Korah, JSOT.S 20, Sheffield 1982.
Grabbe, L. L., Reconstructing History from the Book of Ezra, in: P. R. Davies (Hg.), Second Temple Studies. 1. Persian Period, JSOT.S 177, Sheffield 1991, 98 –106.
Grabbe, L. L., Judaic Religion in the Second Temple Period. Belief and Practice from the Exile to Yavneh, London/New York 2000.
Grabbe, L. L. (Hg.), ‚Like a Bird in a Cage'. The Invasion of Sennacherib in 701 BCE, JSOT.S 363/ESHM 4, London / New York 2003.
Grabbe, L. L., Mighty Oaks from (Genetically Manipulated?) Acorns Grow: The Chronicle of the Kings of Judah as a Source of the Deuteronomistic History, in: R. Rezetko u. a. (Hgg.), Reflection and Refraction. FS A. G. Auld, VT.S 113, Leiden u. a. 2007, 155 –173.
Greenstein, E., The Poem of Wisdom in Job 28 in Its Conceptual and Literary Contexts, in: E. van Wolde (Hg.), Job 28. Cognition in Context, Leiden 2003, 253 – 280.
Groß, W., Israels Hoffnung auf die Erneuerung des Staates, in: J. Schreiner (Hg.), Unterwegs zur Kirche. Alttestamentliche Konzeptionen, QD 110, Freiburg im Breisgau 1987, 87–122 = ders., Studien zur Priesterschrift und alttestamentlichen Gottesbildern, SBAB 30, Stuttgart 1999, 65 – 96.
Grünwaldt, K., Exil und Identität. Beschneidung, Passa und Sabbat in der Priesterschrift, BBB 85, Frankfurt am Main 1992.
Guillaume, P., Waiting for Josiah. The Judges, JSOT.S 385, London u. a. 2004.
Gumbrecht, H.-U./Link-Heer, U. (Hgg.) Epochenschwellen und Epochenstrukturen im Diskurs der Literatur- und Sprachhistorie, stw 486, Frankfurt am Main 1985.
Gunkel, H., Die Grundprobleme der israelitischen Literaturgeschichte, OLZ 27 (1906a), 1797–1800.1861–1866.
Gunkel, H., Die israelitische Literatur, in: P. Hinneberg (Hg.), Die Kultur der Gegenwart. Ihre Entwicklung und ihre Ziele, Berlin 1906b, 51–102, Nachdrucke: Leipzig 1925 = Darmstadt 1963.

Gunkel, H., Reden und Aufsätze, Göttingen 1913.
Gunneweg, A. H. J., Nehemia, KAT, Gütersloh 1987.

Haag, E., Das hellenistische Zeitalter. Israel und die Bibel im 4. bis 1. Jahrhundert v. Chr., Biblische Enzyklopädie 9, Stuttgart 2003.
Haas, V., Die hethitische Literatur. Texte, Stilistik, Motive, Berlin/New York 2006.
Hagedorn, A. C., „Who Would Invite a Stranger from Abroad?" The Presence of Greeks in Palestine in Old Testament Times, in: R. P. Gordon/J. C. de Moor (Hgg.), The Old Testament in Its World. Papers Read at the Winter Meeting, January 2003, OTS 52, Leiden u. a. 2005, 68 – 93.
Hahn, F., Frühjüdische und urchristliche Apokalyptik. Eine Einführung, BThSt 36, Neukirchen-Vluyn 1998.
Hahn, J. (Hg.), Zerstörungen des Jerusalemer Tempels. Geschehen – Wahrnehmung – Bewältigung, WUNT 147, Tübingen 2002.
Halbe, J., Das Privilegrecht Jahwes Ex 34,10 – 26, FRLANT 114, Göttingen 1975.
Hallo, W. W., Toward a History of Sumerian Literature, in: Sumeriological Studies in Honor of Thorkild Jacobsen, Assyriological Studies 20, Chicago 1976, 123 –157.
Halpern, B./Vanderhooft, D. S., The Editions of Kings in the 7th– 6th Centuries B. C. E., HUCA 62 (1991), 179 – 244.
Haran, M., On the Diffusion of Literacy and Schools in Ancient Israel, in: J. A. Emerton (Hg.), Congress Volume Jerusalem 1986, VT.S 40, Leiden 1988, 81– 95.
Haran, M., The Books of the Chronicles „of the Kings of Judah" and „of the Kings of Israel": What Sort of Books Were They? VT 49 (1999), 156 –164.
Hardmeier, C., Prophetie im Streit vor dem Untergang Judas. Prophetie im Streit vor dem Untergang Judas: Erzahlkommunikative Studien zur Entstehungssituation der Jesaja- und Jeremiaerzahlungen in II Reg 18 – 20 und Jer 37– 40, BZAW 187, Berlin/New York 1990.
Hardmeier, C., Geschichtsdivinatorik und Zukunftsheuristik im schriftprophetischen Diskurs (Jesaja 9,7–10,27). Eine exegetische sowie geschichts- und religionsphilosophisch reflektierte Studie zu den Jesajadiskursen in Jesaja 1–11, erscheint in: F. Bezner/H.-J. Hölkeskamp (Hgg.), Diesseits von Geschichte und Gedächtnis. Vormoderne (Re-)konstruktion von Vergangenheit als kulturwissenschaftliche Herausforderung, Köln/Weimar 2007.
Harris, W. V., Ancient Literacy, Cambridge/London 1989.
Hartenstein, F., Die Unzugänglichkeit Gottes im Heiligtum. Jesaja 6 und derWohnort JHWHs in der Jerusalemer Kulttradition, WMANT 75, Neukirchen-Vluyn 1997.
Hartenstein, F., Religionsgeschichte Israels – ein Überblick über die Forschung seit 1990, VF 48 (2003a), 2 – 28.
Hartenstein, F., „Der im Himmel thront, lacht" (Ps 2,4). Psalm 2 im Wandel religions- und theologiegeschichtlicher Kontexte, in: D. Sänger (Hg.), Gottessohn und

Menschensohn. Exegetische Studien zu zwei Paradigmen biblischer Intertextualität, BThSt 67, Neukirchen-Vluyn 2004, 148 –188.
Hartenstein, F., 'Schaffe mir Recht, JHWH!' (Psalm 7,9). Zum theologischen und anthropologischen Profil der Teilkomposition Psalm 3 –14, in: E. Zenger (Hg.), The Composition of the Book of Psalms, BETL 238, Leuven 2010, 229 – 258.
Hartenstein, F., Das Archiv des verborgenen Gottes. Studien zur Unheilsprophetie Jesajas und zur Zionstheologie der Psalmen in assyrischer Zeit, BTSt 74, Neukirchen-Vluyn 2011.
Hartenstein, F./Janowski B., Art. Psalmen/Psalter I.–III., RGG4 VI, Tübingen 2003b, 1762 –1777.
Hausmann, J., Studien zum Menschenbild der älteren Weisheit, FAT 7, Tübingen 1995.
Heaton, E.W., The School Tradition of the Old Testament, Oxford 1994.
Helck, W., Die Beziehungen Ägyptens zu Vorderasien im 3. und 2. Jahrtausend v. Chr., ÄA 5, Wiesbaden ²1971.
Hempel, J., Die althebräische Literatur und ihr hellenistisch-jüdisches Nachleben, Wildpark-Potsdam 1930.
Hengel, M., Judentum und Hellenismus, WUNT 10, Tübingen ³1988.
Hengel, M., Die Septuaginta als „christliche Schriftensammlung", ihre Vorgeschichte und das Problem ihres Kanons, in: W. Pannenberg/Th. Schneider (Hgg.), Verbindliches Zeugnis I. Kanon – Schrift – Tradition, DiKi 7, Freiburg im Breisgau/Göttingen 1992, 34 –127 = ders./A. M. Schwemer (Hgg.), Die Septuaginta zwischen Judentum und Christentum, WUNT 72, Tübingen 1994, 182 – 284.
Herder, J. G., Vom Geist der Ebräischen Poesie (1782 – 83), 2 Bde., Gotha 1890.
Hermisson, H.-J., Weisheit, in: H. J. Boecker u. a., Altes Testament, Neukirchen-Vluyn 51996, 200 – 226.
Hermisson, H.-J., Art. Deuterojesaja, RGG4 II, Tübingen 1999, 684 – 688.
Hermisson, H.-J., Alttestamentliche Theologie und Religionsgeschichte Israels, THLZ. F 1, Leipzig 2000.
Hertzberg, H.W., Nachgeschichte alttestamentlicher Texte innerhalb des Alten Testaments, in: Werden undWesen des Alten Testaments, BZAW 66, Berlin 1936, 110 –121 = ders., Beiträge zur Traditionsgeschichte und Theologie des Alten Testaments, Göttingen 1962, 69 – 80.
Hess, R. S., Literacy in Iron Age Israel, in: V. P. Long u. a. (Hgg.), Windows into Old Testament History. Evidence, Argument, and the Crisis of „Biblical Israel", Grand Rapids 2002, 82 –102.
Hess, R. S., Writing about Writing: Abecedaries and Evidence for Literacy in Ancient Israel, VT 56 (2006), 342 – 346.
Hezser, C., Jewish Literacy in Roman Palestine, TSAJ 81, Tübingen 2001.
Hjelm, I., What Do Samaritans and Jews Have in Common? Recent Trends in Samaritan Studies, CBR 3 (2004), 9 – 59.
Höffken, P., Eine Bemerkung zum religionsgeschichtlichen Hintergrund von Dtn 6,4, BZ 28 (1984), 88 – 93.

Höffken, P., Das EGO des Weisen, Subjektivierungsprozesse in der Weisheitsliteratur, ThZ 41 (1985), 121–134.
Höffken, P., Zum Kanonbewusstsein des Josephus Flavius in Contra Apionem und in den Antiquitates, JSJ 32 (2001), 159 –177.
Hofmann, N. J., Die „nacherzählte" Bibel. Erwägungen zum sogenannten „Rewritten-Bible-Phänomen", Salesianum 62 (2000), 3 –17.
Hölbl, G., Geschichte des Ptolemäerreiches. Politik, Ideologie und religiöse Kultur von Alexander dem Großen bis zur römischen Eroberung, Darmstadt 1994.
Hölbl, G., Zur Legitimation der Ptolemäer als Pharaonen, in: R. Gundlach/C. Raedler (Hgg.), Selbstverständnis und Realität. Akten des Symposiums zur Ägyptischen Königsideologie in Mainz, 15.–17. 6. 1995, ÄAT 36 = Beiträge zur (alt)ägyptischen Königsideologie 1, Wiesbaden 1997, 21– 34.
Holloway, S.W., Assyria and Babylonia in the Tenth Century BCE, in: L. K. Handy (Hg.), The Age of Solomon. Scholarship at the Turn of the Millenium, SHCANE 11, Leiden u. a. 1997, 202 – 216.
Hölscher, G., Komposition und Ursprung des Deuteronomiums, ZAW 40 (1922), 161– 255.
Horowitz, W./Oshima, T./Sanders, S., A Bibliographical List Of Cuneiform Inscriptions From Canaan, Palestine/Philistia, and the Land Of Israel, JAOS 122 (2002), 753 –766.
Hossfeld, F.-L., Der Dekalog. Seine späte Fassung, die originale Komposition und seine Vorstufen, OBO 35, Fribourg/Göttingen 1982.
Hossfeld, F.-L./Zenger, E., Ps 1– 50, NEB, Würzburg 1993.
Hossfeld, F.-L./Zenger, E., Psalmen 51–100, HThK. AT, Freiburg im Breisgau u. a. 2000.
Houtman, C. Das Bundesbuch. Ein Kommentar, DMOA 24, Leiden u. a. 1997.
Huber, M. Gab es ein davidisch-salomonisches Grossreich? Forschungsgeschichte und neuere Argumentationen aus der Sicht der Archäologie, SBB 63, Stuttgart 2010.
Hupfeld, H., Ueber Begriff und Methode der sogenannten biblischen Einleitung nebst einer Uebersicht ihrer Geschichte und Literatur, Marburg 1844.
Hurowitz, V., I Have Built You an Exalted House: Temple Building in the Bible in Light of Mesopotamian and Northwest Semitic Writings, JSOT.S 115/ASOR. MS 5, Sheffield 1992.
Hurvitz, A., Can Biblical Texts Be Dated Linguistically? Chronological Perspectives in the Historical Study of Biblical Hebrew, in: A. Lemaire/M. Sæbø (Hgg.), Congress Volume Oslo 1998, VT.S 80, Leiden u. a. 2000, 143 –160.
Hutzli, J., Die Erzählung von Hanna und Samuel. Textkritische und literarische Analyse von 1. Samuel 1–2 unter Berücksichtigung des Kontextes, AThANT 89, Zürich 2007.
Huwyler, B., Jeremia und die Völker. Untersuchungen zu den Völkersprüchen in Jeremia 46 – 49, FAT 20, Tübingen 1997.

Jamieson-Drake, D. W., Scribes and Schools in Monarchic Judah. A Socio-Archaeological Approach, JSOT.S 109/SWBA 9, Sheffield 1991.
Janowski, B., „Ich will in eurer Mitte wohnen". Struktur und Genese der exilischen Schekina-Theologie, in: I. Baldermann u. a. (Hgg.), Der eine Gott der beiden Testamente, JBTh 2, Neukirchen-Vluyn 1987, 165 –193 = ders., Gottes Gegenwart in Israel. Beiträge zur Theologie des Alten Testaments, Neukirchen-Vluyn 1993, 119 –147.
Janowski, B., Die Tat kehrt zum Täter zurück. Offene Fragen im Umkreis des „Tun-Ergehen-Zusammenhangs", ZThK 91 (1994), 247– 271 = ders., Die rettende Gerechtigkeit, Beiträge zur Theologie des Alten Testaments 2, Neukirchen-Vluyn 1999, 167–191.
Janowski, B., JHWH und der Sonnengott. Aspekte der Solarisierung JHWHs in vorexilischer Zeit, in: J. Mehlhausen (Hg.), Pluralismus und Identität, Gütersloh 1995, 214 – 241 = ders., Die rettende Gerechtigkeit. Beiträge zur Theologie des Alten Testaments 2,Neukirchen-Vluyn 1999, 192 – 219.
Janowski, B., Die Frucht der Gerechtigkeit. Psalm 72 und die judäische Königsideologie, in: E. Otto/E. Zenger (Hgg.), „Mein Sohn bist du" (Ps 2,7). Studien zu den Königspsalmen, SBS 192, Stuttgart 2002a, 94 –134.
Janowski, B., Die heilige Wohnung des Höchsten. Kosmologische Implikationen der Jerusalemer Tempeltheologie, in: O. Keel/E. Zenger (Hgg.), Gottesstadt und Gottesgarten. Zu Geschichte und Theologie des Jerusalemer Tempels, QD 191, Freiburg im Breisgau u. a. 2002b, 24 – 68
Janowski, B., Der andere König. Psalm 72 als Magna Charta der judäischen Königsideologie, in: M. Gielen/J. Kügler (Hgg.), Liebe, Macht und Religion. Interdisziplinäre Studien zu Grunddimensionen menschlicher Existenz. FS H. Merklein, Stuttgart 2003a, 97–112.
Janowski, B., Die Toten loben JHWH nicht. Psalm 88 und das alttestamentliche Todesverständnis, in: F. Avemarie/H. Lichtenberger (Hgg.), Auferstehung – Resurrection. The Fourth Durham-Tübingen Research Symposium Ressurection, Transfiguration and Exaltation in Old Testament, Ancient Judaism and Early Christianity (Tübingen, September, 1999), WUNT 135, Tübingen 2001, 3 – 45 = ders., Der Gott des Lebens. Beiträge zur Theologie des Alten Testaments 3, Neukirchen-Vluyn 2003b, 201– 243.
Janowski, B., Konfliktgespräche mit Gott. Eine Anthropologie der Psalmen, Neukirchen-Vluyn 2003c.
Janowski, B., Kanon und Sinnbildung. Perspektiven des Alten Testaments, in: F. Hartenstein u. a. (Hg.), Schriftprophetie, FS J. Jeremias, Neukirchen-Vluyn 2004, 15 – 36.
Janowski, B., Sehnsucht nach Unsterblichkeit. Zur Jenseitshoffnung in der weisheitlichen Literatur, BiKi 61 (2006), 34 – 39.
Japhet, S., The Supposed Common Autorship of Chronicles and Ezra–Nehemia Investigated Anew, VT 18 (1968), 332 – 372.
Japhet, S., The Temple in the Restoration Period: Reality and Ideology, USQR 34 (1991),

195 – 251.
Japhet, S., Art. Chronikbücher, RGG4 II, Tübingen 1999, 344 – 348.
Japhet, S., 1 Chronik, HThK. AT, Freiburg im Breisgau u. a. 2002.
Japhet, S., Periodization: Between History and Ideology. The Neo-Babylonian Period in Biblical Historiography, in: O. Lipschits/J. Blenkinsopp (Hgg.), Judah and Judeans in the Neo-Babylonian Period, Winona Lake 2003, 75 – 89.
Japp, U., Beziehungssinn. Ein Konzept der Literaturgeschichte, Frankfurt am Main 1980.
Jauss, H. R., Literaturgeschichte als Provokation, Frankfurt am Main ²1970.
Jeremias, J., Der Prophet Hosea, ATD 24/1, Göttingen 1983.
Jeremias, J., Das Königtum Gottes in den Psalmen. Israels Begegnung mit dem kanaanäischen Mythos in den Jahwe–König–Psalmen, FRLANT 141, Göttingen 1987.
Jeremias, J., Amos 3 – 6. Beobachtungen zur Entstehungsgeschichte eines Prophetenbuches, ZAW 100 Suppl. (1988), 123 –138.
Jeremias, J., Umkehrung von Heilstraditionen im Alten Testament, in: J. Hausmann/H.-J. Zobel (Hgg.), Alttestamentlicher Glaube und Biblische Theologie. FS H. D. Preuß, Stuttgart u. a. 1992, 309 – 320.
Jeremias, J., Das Proprium der alttestamentlichen Prophetie, ThLZ 119 (1994), 485 – 494.
Jeremias, J., Der Prophet Amos, ATD 24/2, Göttingen 1995.
Jeremias, J., Hosea und Amos. Studien zu den Anfängen des Dodekapropheton, FAT 13, Tübingen 1996.
Jeremias, J., Die Propheten Joel, Obadja, Jona, Micha, ATD 24/3, Göttingen 2007.
Jeremias, J./Hartenstein, F., „JHWH und seine Aschera". „Offizielle Religion" und „Volksreligion" zur Zeit der klassischen Propheten, in: B. Janowski/M. Köckert (Hgg.), Religionsgeschichte Israels. Formale und materiale Aspekte, VWGTh 15, Gütersloh 1999, 79 –138.
Jericke, D., Die Geburt Isaaks – Gen 21,1– 8, BN 88 (1997), 31– 37.
Joannès, F./Lemaire, A., Trois tablettes cunéiformes à onomastique ouest-sémitique (collection Sh.Moussaiëff), Trans 17 (1999), 17– 34.
Job, J. B., Jeremiah's Kings. A Study of the Monarchy in Jeremiah, Aldershot 2006.
Johanning, K., Der Bibel-Babel-Streit. Eine forschungsgeschichtliche Studie, EHS. T XXIII/343, Frankfurt am Main u. a. 1988.
Joosten, J., Pseudo-Classicisms in Late Biblical Hebrew, in Ben Sira, and in Qumran Hebrew, in: T. Muraoka/J.F. Elwolde (Hgg.), Sirach, Scrolls, and Sages. Proceedings of a Second International Symposium on the Hebrew of the Dead Sea Scrolls, Ben Sira, and Mishnah, Held at Leiden University, 15 –17 December 1997, StDJ 33, Leiden u. a. 1999, 146 –159.

Kaiser, O., Art. Literaturgeschichte, Biblische I., in: TRE 21, Berlin/New York 1991, 306 – 337.

Kaiser, O., Grundriß der Einleitung in die kanonischen und deuterokanonischen Schriften des Alten Testaments, Bd. 1: Die erzählenden Werke, Gütersloh 1992.
Kaiser, O., Grundriss der Einleitung in die kanonischen und deuterokanonischen Schriften des Alten Testaments, Bd. 3: Die poetischen und weisheitlichen Werke, Gütersloh 1994.
Kaiser, O., Die alttestamentlichen Apokryphen. Eine Einleitung in Grundzügen, Gütersloh 2000a.
Kaiser, O., Studien zur Literaturgeschichte des Alten Testaments, fzb 90, Würzburg 2000b.
Kaiser, O., Der Gott des Alten Testaments: Wesen und Wirken. Theologie des Alten Testaments. Teil 1: Grundlegung, UTB 1747, Göttingen 1993; Teil 2: Jahwe, der Gott Israels, Schöpfer der Welt und des Menschen, UTB 2024, Göttingen 1998; Teil 3: Jahwes Gerechtigkeit, UTB 2392, Göttingen 2003.
Kaiser, O., Zwischen Reaktion und Revolution: Hermann Hupfeld (1796 –1866) – ein deutsches Professorenleben, AAWG III/268, Göttingen 2005.
Kautzsch, E., Abriss der Geschichte des alttestamentlichen Schrifttums nebst Zeittafeln zur Geschichte der Israeliten und anderen Beigaben zur Erklärung des alten Testaments, Freiburg im Breisgau/Leipzig 1897.
Keel, O., Der Bogen als Herrschaftssymbol. Einige unveröffentlichte Skarabäen aus Israel und Ägypten zum Thema „Jagd und Krieg", ZDPV 93 (1977), 141–177.
Keel, O., Jahwes Entgegnung an Ijob. Eine Deutung von Ijob 38 – 41 vor dem Hintergrund zeitgenössischer Bildkunst, FRLANT 121, Göttingen 1978.
Keel, O., Die Welt der altorientalischen Bildsymbolik und das Alte Testament. Am Beispiel der Psalmen, Neukirchen-Vluyn/Zürich ^{4}1984.
Keel, O., Fern von Jerusalem. Frühe Jerusalemer Kulttraditionen und ihre Träger und Trägerinnen, in: F. Hahn u. a. (Hgg.), Zion – Ort der Begegnung. FS L. Klein, BBB 90, Bodenheim 1993, 439 – 502.
Keel, O., Sturmgott – Sonnengott – Einziger. Ein neuer Versuch, die Entstehung des judäischen Monotheismus historisch zu verstehen, BiKi 49 (1994), 82 – 92.
Keel, O., Corpus der Stempelsiegel-Amulette aus Palästina, Israel. Einleitung, OBO. SA 10, Fribourg/Göttingen 1995.
Keel, O., Die kultischen Massnahmen Antiochus' IV. Religionsverfolgung und/oder Reformversuch? Eine Skizze, in: ders./U. Staub, Hellenismus und Judentum. Vier Studien zu Daniel 7 und zur Religionsnot unter Antiochus IV., OBO 178, Fribourg/Göttingen 2000, 87–121.
Keel, O., Der salomonische Tempelweihspruch. Beobachtungen zum religionsgeschichtlichen Kontext des Ersten Jerusalemer Tempels, in: ders./E. Zenger (Hgg.), Gottesstadt und Gottesgarten. Zur Geschichte und Theologie des Jerusalemer Tempels, QD 191, Freiburg im Breisgau 2002, 9– 23.
Keel, O., Die Geschichte Jerusalems und die Entstehung des Monotheismus. 2 Teilbände, OLB VI, 1, Göttingen 2007.
Keel, O./Uehlinger, C., Göttinnen, Götter und Gottessymbole. Neue Erkenntnisse zur Religionsgeschichte Kanaans und Israels aufgrund bislang unerschlossener

ikonographischer Quellen, QD 134, Freiburg im Breisgau u. a. 52001.
Keller, C. A., Rez. G. von Rad, Theologie des Alten Testaments I, ThZ 14 (1958), 306 – 309.
Kepper, M., Hellenistische Bildung im Buch der Weisheit, BZAW 280, Berlin/New York 1999.
Kessler, R., Staat und Gesellschaft im vorexilischen Juda. Vom 8. Jahrhundert bis zum Exil, VT.S 47, Leiden u. a. 1992.
Kessler, R., Sozialgeschichte des alten Israel. Eine Einführung, Darmstadt 2006.
Kinet, D., Geschichte Israels, NEB.EB 2, Würzburg 2001.
Kirkpatrick, P. G., The Old Testament and Folklore Study, JSOT.S 62, Sheffield 1988.
Klatt, W., Hermann Gunkel. Zu seiner Theologie der Religionsgeschichte und zur Entstehung der formgeschichtlichen Methode, FRLANT 100, Göttingen 1969.
Kleer, M., „Der liebliche Sänger der Psalmen Israels". Untersuchungen zu David als Richter und Beter der Psalmen, BBB 108, Frankfurt am Main 1996.
Klijn, A. F. J., A Library of Scriptures in Jerusalem?, in: K. Treu (Hg.), Studia Codicologica, TU 124, Berlin 1977, 265 – 272.
Klostermann, A., Ezechiel und das Heiligkeitsgesetz, ZLThK 38 (1877), 401– 445 (abgedruckt in: ders., Der Pentateuch. Beiträge zu seinem Verständnis und seiner Entstehungsgeschichte, Leipzig 1893, 368 – 418).
Klostermann, A., Schulwesen im Alten Israel, in: N. Bonwetsch (Hg.), Festschrift Th. Zahn, Leipzig 1908, 193 – 232.
Knauf, E. A., Hiobs Heimat, WO 19 (1988a), 65 – 83.
Knauf, E. A., Midian. Untersuchungen zur Geschichte Palästinas und Nordarabiens am Ende des 2. Jt. v. Chr., ADPV, Wiesbaden 1988b.
Knauf, E. A., War „Biblisch-Hebräisch" eine Sprache? – Empirische Gesichtspunkte zur linguistischen Annäherung an die Sprache der althebräischen Literatur, ZAH 3 (1990), 11– 23.
Knauf, E. A., The Cultural Impact of Secondary State Formation: The Cases of the Edomites and the Moabites, in: P. Bienkowski (Hg.), Early Edom and Moab, SAM 7, Sheffield 1992, 47– 54.
Knauf, E. A., Die Umwelt des Alten Testaments, NSK.AT 29, Stuttgart 1994.
Knauf, E. A., Audiatur et altera pars. Zur Logik der Pentateuch-Redaktion, BiKi 53 (1998), 118 –126.
Knauf, E. A., Die Priesterschrift und die Geschichten der Deuteronomisten, in: T. Römer (Hg.), The Future of Deuteronomistic History, BEThL 147, Leuven 2000a, 101–118.
Knauf, E. A., Jerusalem in the Late Bronze and Early Iron Periods. A Proposal, Tel Aviv 27 (2000b), 73–89.
Knauf, E. A., Kinneret und Naftali, in: A. Lemaire/M. Sæbø (Hgg.), Congress Volume Oslo 1998, VT.S 80, Leiden u. a. 2000c, 219 – 233.
Knauf, E. A., Psalm LX und Psalm CVIII, VT 50 (2000d), 55 – 65.
Knauf, E. A., The „Low Chronology" and How not to Deal with It, BN 101 (2000e), 56 – 63.

Knauf, E. A., Wie kann ich singen im fremden Land? Die „babylonische Gefangenschaft" Israels, BiKi 55 (2000f), 132 –139.
Knauf, E. A., Art. Israel II. Geschichte, RGG4 IV, Tübingen 2001a, 284 – 293.
Knauf, E. A., Art. Israel und seine Nachbarn in Syrien-Palästina, RGG4 IV, Tübingen 2001b, 313f.
Knauf, E. A., Hezekiah or Manasseh? A Reconsideration of the Siloam Tunnel and Inscription, Tel Aviv 28 (2001c), 281– 287.
Knauf, E. A., 701: Sennacherib at the Berezina, in: L. L. Grabbe (Hg.), „Like a Bird in a Cage". The Invasion of Sennacherib in 701 BCE, JSOT.S 363/ESHM 4, Sheffield 2003, 141–149.
Knauf, E. A., Les milieux producteurs de la Bible hebraïque, in: T. Römer u. a. (Hgg.), Introduction à l'Ancien Testament, MoBi 49, Genève 2004a, 49 – 60.
Knauf, E. A., Review of K. Koenen, Bethel. Geschichte, Kult und Theologie, OBO 192, Fribourg/Göttingen 2003, in: RBL 10 (2004b), http://www.bookreviews.org/pdf/3813_3765.pdf.
Knauf, E. A., Der Text als Artefakt, in: J. Barton u. a. (Hgg.), Das Alte Testament und die Kunst, ATM 15, Münster 2005a, 51– 66.
Knauf, E. A., The Glorious Days of Manasseh, in: L. L. Grabbe (Hg.), Good Kings and Bad Kings, LBHOTS 393/ESHM 5, London/New York 2005b, 164 –188.
Knauf, E. A., Bethel. The Israelite Impact on Judean Language and Literature, in: O. Lipschits/M. Oeming (Hgg.), Judah and the Judeans in the Persian Period, Winona Lake IN 2006, 291– 349.
Knibb, M. A. (Hg.), The Septuagint and Messianism, BEThL 195, Leuven 2006.
Knohl, I., The Divine Symphony. The Bible's Many Voices, Philadelphia 2003.
Knohl, I., The Sanctuary of Silence. The Priestly Torah and the Holiness School, Minneapolis 1995.
Knoppers, G., Two Nations Under God. The Deuteronomistic History of Solomon and the Dual Monarchies, Bd. 1/2, HSM 52/53, Atlanta 1993/1994.
Knoppers, G., Revisiting the Samarian Question in the Persian Period, in: O. Lipschits/M. Oeming (Hgg.), Judah and the Judeans in the Persian Period, Winona Lake IN 2006, 265 – 289.
Knoppers, G., Jews and Samaritans. The Origins and History of Their Early Relations,- New York 2013.
Knox, B. M.W., Silent Reading in Antiquity, Greek, Roman and Byzantine Studies 9 (1968), 421– 435.
Koch, C., Vertrag, Treueid und Bund. Studien zur Rezeption des altorientalischen Vertragsrechts im Deuteronomium und zur Ausbildung der Bundestheologie im Alten Testament, BZAW 383, Berlin/New York 2008.
Koch, K., Was ist Formgeschichte? Methoden der Bibelexegese, Neukirchen-Vluyn (1964) ^{5}1989.
Koch, K., Einleitung, in: ders./J. M. Schmidt (Hgg.), Apokalyptik, WdF 365, Darmstadt 1982, 1– 29 = ders., Vor der Wende der Zeiten. Beiträge zur apokalyptischen Literatur. Gesammelte Aufsätze, Bd. 3, Neukirchen-Vluyn 1996, 109 –133.

Koch, K., Art. Geschichte/Geschichtsschreibung/Geschichtsphilosophie II. Altes Testament, TRE 12, Berlin/New York 1984a, 569 – 586.
Koch, K., Weltordnung und Reichsidee im alten Iran, in: P. Frei/ders., Reichsidee und Reichsorganisation im Perserreich, OBO 55, Fribourg/Göttingen 1984b, 45 –119.
Koch, K., P – kein Redaktor! Erinnerung an zwei Eckdaten der Quellenscheidung, VT 37 (1987), 446–467.
Koch, K.,Weltgeschichte und Gottesreich im Danielbuch und die iranischen Parallelen, in: R. Liwak/S.Wagner (Hgg.), Prophetie und geschichtliche Wirklichkeit im alten Israel. FS S. Hermann, Stuttgart u. a. 1991, 189 – 205.
Koch, K., Monotheismus und Angelologie, in: W. Dietrich/M. A. Klopfenstein (Hgg.), Ein Gott allein? Jahweverehrung und biblischer Monotheismus im Kontext der israelitischen und altorientalischen Religionsgeschichte, OBO 139, Fribourg/ Göttingen 1994, 565 – 581.
Koch, K., Ist Daniel auch unter den Profeten?, in: ders., Die Reiche der Welt und der kommende Menschensohn. Studien zum Danielbuch. Gesammelte Aufsätze, Bd. 2, Neukirchen-Vluyn 1995, 1–15.
Koch, K., Art. Esra/Esrabücher I. II., RGG4 II, Tübingen 1999, 1581–1586.
Köckert, M., Vätergott und Väterverheißungen. Eine Auseinandersetzung mit Albrecht Alt und seinen Erben, FRLANT 142, Göttingen 1988.
Köckert, M., Von einem zum einzigen Gott. Zur Diskussion der Religionsgeschichte Israels, BThZ 15 (1998), 137–175.
Köckert, M., Die Theophanie des Wettergottes Jahwe in Psalm 18, in: T. Richter u. a. (Hgg.), Kulturgeschichten. Altorientalische Studien für Volkert Haas zum 65. Geburtstag, Saarbrücken 2001, 209–226.
Köckert, M.,Wie kam das Gesetz an den Sinai?, in: C. Bultmann u. a. (Hgg.), Vergegenwärtigung des Alten Testaments. FS R. Smend, Göttingen 2002, 13 – 27.
Köckert, M., Elia. Literarische und religionsgeschichtliche Probleme in 1Kön 17–18, in: M. Oeming/K. Schmid (Hgg.), Der eine Gott und die Götter. Polytheismus und Monotheismus im antiken Israel, AThANT 82, Zürich 2003a, 111–144.
Köckert, M.,War Jakobs Gegner in Gen 32,23 – 33 ein Dämon?, in: A. Lange u. a. (Hgg.), Die Dämonen. Die Dämonologie der israelitisch-jüdischen und frühchristlichen Literatur im Kontext ihrer Umwelt. Demons. The Demonology of Israelite-Jewish and Early Christian Literature in Context of Their Environment, Tübingen 2003b, 160 –181.
Köckert, M., Leben in Gottes Gegenwart. Studien zum Verständnis des Gesetzes im Alten Testament, FAT 43, Tübingen 2004.
Köckert, M., Wandlungen Gottes im antiken Israel, BThZ 22 (2005), 3 – 36.
Köckert, M., „Gibt es keinen Gott in Israel?" Zum literarischen, historischen und religionsgeschichtlichen Ort von IIReg 1, in: M. Beck/U. Schorn (Hgg.) Auf dem Weg zur Endgestalt von Gen–II Reg. FS H. C. Schmitt, BZAW 370, Berlin/ New York 2006a, 253 – 271.
Köckert, M., Die Geschichte der Abrahamüberlieferung, in: A. Lemaire (Hg.), Congress

Volume Leuven 2004, VT.S 109, Leiden u. a. 2006b, 103 –127.
Köckert, M., Die Zehn Gebote, München 2007.
Köckert, M./Becker, U./Barthel, J., Das Problem des historischen Jesaja, in: I. Fischer u. a. (Hgg.), Prophetie in Israel, Beiträge des Symposiums „Das Alte Testament und die Kultur der Moderne" anlässlich des 100. Geburtstags Gerhard von Rads (1901–1971), Altes Testament undModerne 11, Münster 2003, 105 –135.
Koenen, K., Ethik und Eschatologie im Tritojesajabuch. Eine literarkritische und redaktionsgeschichtliche Studie, WMANT 62, Neukirchen-Vluyn 1990.
Koenen, K., Bethel. Geschichte, Kult und Theologie, OBO 192, Fribourg/Göttingen 2003.
Köhlmoos, M., Art. Weisheit/Weisheitsliteratur II, TRE 35, Berlin/New York 2003, 486 – 497.
Köhlmoos, M., „Die übrige Geschichte". Das „Rahmenwerk" als Grunderzählung der Königebücher, in: S. Lubs u. a. (Hgg.), Behutsames Lesen. Alttestamentliche Exegese im interdisziplinären Methodendiskurs. FS C. Hardmeier, ABG 28, Leipzig 2007, 216 – 231.
Kolb, A., Transport und Nachrichtentransfer im Römischen Reich, Klio N.F. 2, Berlin 2000.
Kooij, A. van der, Canonization of Hebrew Books Kept in the Temple of Jerusalem, in: ders./K. van der Toorn (Hgg.), Canonization and Decanonization. Papers Presented to the International Conference of the Leiden Institute for the Study of Religions (LISOR) held at Leiden 9 –10 January 1997, SHR 82, Leiden 1998, 17– 40.
Köpf,U., Art. Literaturgeschichte/Literaturgeschichtsschreibung, RGG4 V, Tübingen 2002, 403 – 405.
Korpel, M. C./Oesch, J., Delimination Criticism. A New Tool in Biblical Scholarship, Assen 2000.
Körting, C., Sach 5,5 –11 – DieUnrechtmäßigkeit wird an ihren Ort verwiesen, Bib. 87 (2006a), 477–492.
Körting, C., Zion in den Psalmen, FAT 48, Tübingen 2006b.
Köster, H., The Intention and Scope of Trajectories, in: J. M. Robinson/ders. (Hgg.), Trajectories Through Early Christianity, Philadelphia 1971, 269 – 279.
Köster, H., Einführung in das Neue Testament im Rahmen der Religionsgeschichte und Kulturgeschichte der hellenistischen und römischen Zeit, Berlin/New York 1980.
Kottsieper, I., „Thema verfehlt!" Zur Kritik Gottes an den drei Freunden in Hi 42, 7–9, in: M. Witte (Hg.), Gott und Mensch im Dialog, FS O. Kaiser, BZAW 345/II, Berlin/New York 2004.
Kottsieper, I., „And They Did Not Care to Speak Yehudit": On Linguistic Change in Judah During the Late Persian Era, in: O. Lipschits u. a. (Hgg.), Judah and the Judeans in the Fourth Century B. C. E., Winona Lake 2007, 95 –124.
Kratz, R. G., Kyros im Deuterojesaja-Buch. Redaktionsgeschichtliche Untersuchungen zu Entstehung und Theologie von Jes 40 – 55, FAT 1, Tübingen 1991a.

Kratz, R. G., Translatio imperii. Untersuchungen zu den aramäischen Danielerzählungen und ihrem theologiegeschichtlichen Umfeld, WMANT 63, Neukirchen-Vluyn 1991b.

Kratz, R. G., Die Gnade des täglichen Brots. Späte Psalmen auf dem Weg zum Vaterunser, ZThK 89 (1992), 1– 40.

Kratz, R. G., Die Tora Davids. Ps 1 und die doxologische Fünfteilung des Psalters, ZThK 93 (1996), 1–34.

Kratz, R. G., Art. Redaktionsgeschichte I. Altes Testament, TRE 28, Berlin/New York 1997a, 367– 378.

Kratz, R. G., Die Redaktion der Prophetenbücher, in: ders./T. Krüger (Hgg.), Rezeption und Auslegung im Alten Testament und in seinem Umfeld, OBO 153, Fribourg/ Göttingen 1997b, 9 – 27.

Kratz, R. G., Die Entstehung des Judentums, ZThK 95 (1998), 167–184.

Kratz, R. G., Die Komposition der erzählenden Bücher des Alten Testaments, UTB 2137, Göttingen 2000a.

Kratz, R. G., Israel als Staat und als Volk, ZThK 97 (2000b), 1–17.

Kratz, R. G., Noch einmal: Theologie im Alten Testament, in: C. Bultmann u. a. (Hgg.), Vergegenwärtigung des Alten Testaments. Beiträge zur biblischen Hermeneutik, Göttingen 2002, 310 – 326.

Kratz, R. G., DerMythos vom Königtum Gottes in Kanaan und Israel, ZThK 100 (2003a), 147–162.

Kratz, R. G., Die Propheten Israels, Beck'sche Reihe Wissen 2326, München 2003b.

Kratz, R. G., Die Worte des Amos von Tekoa, in: M. Köckert/M. Nissinen (Hgg.), Propheten in Mari, Assyrien und Israel, FRLANT 201, Göttingen 2003c, 54 – 89.

Kratz, R. G., Das Judentum im Zeitalter des Zweiten Tempels, FAT 42, Tübingen 2004a.

Kratz, R. G., Die Visionen des Daniel, in: ders., Das Judentum im Zeitalter des Zweiten Tempels, FAT 42, Tübingen 2004b, 227– 244.

Kratz, R. G., Israel in the Book of Isaiah, JSOT 31 (2006a), 103 –128.

Kratz, R. G.,Mose und die Propheten. Zur Interpretation von 4QMMT C, in: F. García Martínez u. a. (Hgg.), From 4QMMT to Resurrection, Mélanges qumraniens en hommage à Émile Puech, STDJ 61, Leiden/Boston 2006b, 151–176.

Kratz, R. G., The Growth of the Old Testament, in: J. W. Rogerson/J. M. Lieu (Hgg.), The Oxford Handbook of Biblical Studies, Oxford 2006c, 459 – 488.

Kratz, R. G./Krüger, T./Schmid, K. (Hgg.), Schriftauslegung in der Schrift. FS O. H. Steck, BZAW300, Berlin/New York 2000b.

Kratz, R. G./Spieckermann, H. (Hgg.), Liebe und Gebot. Studien zum Deuteronomium. FS L. Perlitt, FRLANT 190, Göttingen 2000c.

Kratz, R. G., Chemosh's Wrath and Yahweh's No. Ideas of Divine Wrath in Moab and Israel, in: ders./ H. Spieckermann (Hgg.), Divine Wrath and Divine Mercy in the World of Antiquity, FAT II/33, Tübingen 2008, 92 –121.

Kratz, R. G., The Idea ofCultic Centralization and Its Supposed Ancient Near Eastern Analogies, in: ders./H. Spieckermann (Hgg.) One God- One Cult- One Nation,

Berlin/New York, 2010a, 121–144.
Kratz, R. G., Rewriting Isaiah: The Case of Isaiah 28 – 31, in: J. Day (Hg.), Prophecy and the Prophets in Ancient Israel, Proceedings of the Oxford Old Testament Seminar, New York 2010b, 245–266.
Kratz, R. G., Prophetenstudien, Forschungen zum Alten Testament, FAT 74, Tübingen 2011.
Kratz, R. G., Historisches und biblisches Israel. Drei Überblicke zum Alten Testament, Tübingen 2013.
Krüger, T., Esra 1– 6: Struktur und Konzept, BN 41 (1988), 65 –75.
Krüger, T., Psalm 90 und die „Vergänglichkeit des Menschen", in: Bib. 75 (1994), 191– 219 = ders., Kritische Weisheit, Zürich 1997, 67– 89.
Krüger, T., Komposition und Diskussion in Proverbia 10, ZThK 89 (1995), 413 – 433 = ders., Kritische Weisheit, Zürich 1997, 195 – 214.
Krüger, T., Dekonstruktion und Rekonstruktion prophetischer Eschatologie im Qohelet-Buch, in: A. A. Diesel u. a.(Hgg.), „Jedes Ding hat seine Zeit …". Studien zur israelitischen und altorientalischen Weisheit. FS D. Michel, BZAW 241, Berlin/New York 1996, 107–129 = T. Krüger, Kritische Weisheit, Zürich 1997, 151–172.
Krüger, T., Die Rezeption der Tora im Buch Kohelet, in: L. Schwienhorst-Schönberger (Hg.), Das Buch Kohelet. Studien zur Struktur, Geschichte, Rezeption und Theologie, BZAW 254, Berlin/New York 1997, 173 –193.
Krüger, T., Le livre de Qohélet dans le contexte de la littérature juive des IIIe et IIe siècles avant Jésus Christ, RThPh 131 (1999), 135 –162 = M. Rose (Hg.), Situer Qohéleth: Regards croisés sur une livre biblique, Neuchâtel 1999, 47–74.
Krüger, T., Kohelet (Prediger), BK XIX (Sonderband), Neukirchen-Vluyn 2000.
Krüger, T., „An den Strömen von Babylon …" Erwägungen zu Zeitbezug und Sachverhalt in Psalm 137, in: R. Bartelmus / N. Nebes (Hgg.), Sachverhalt und Zeitbezug: Semitistische und alttestamentliche Studien, Adolf Denz zum 65. Geburtstag, Wiesbaden 2001, 79 – 84.
Krüger, T., Erkenntnisbindung im Weisheitsspruch, Überlegungen im Anschluss an Gerhard von Rad, in: D. J. A. Clines/H. Lichtenberger/H.-P. Müller (Hgg.),Weisheit in Israel, ATM 12, Münster 2003a, 53 – 66.
Krüger, T., Gesetz undWeisheit im Pentateuch, in: I. Fischer/U. Rapp/J. Schiller (Hgg.), Aufden Spuren der schriftgelehrten Weisen. FS J. Marböck, BZAW 331, Berlin/New York 2003b, 1–12.
Krüger, T., Überlegungen zur Bedeutung der Traditionsgeschichte für das Verständnis alttestamentlicher Texte und zur Weiterentwicklung der traditionsgeschichtlichen Methode, in: H. Utzschneider/E. Blum (Hgg.), Lesarten der Bibel. Untersuchungen zu einer Theorie der Exegese des Alten Testaments, Stuttgart 2006, 233 – 245.
Krüger, T./Oeming, M./Schmid, K./Uehlinger, C. (Hgg.), Das Buch Hiob und seine Interpretationen. Beiträge des Hiob-Symposiums auf dem Monte Verita vom 14.–19. August 2005, AThANT 88, Zürich 2007.

Kuhrt, A., The Ancient Near East c. 3000 – 330 BC, Vols. 1/2, London 1995.
Kunz, A., Ablehnung des Krieges. Untersuchungen zu Sacharja 9 und 10, HBS 17, Freiburg im Breisgau u. a. 1998.

Lambert, W. G., Enmeduranki and Related Matters, JCS 21 (1967), 126 –138.
Lang, B., Klugheit als Ethos und Weisheit als Beruf: Zur Lebenslehre im Alten Testament, in: A. Assmann (Hg.),Weisheit. Archäologie der literarischen Kommunikation III, München 1990, 177–192.
Lang, B., The „Writings": A Hellenistic Literary Canon in the Hebrew Bible, in: A. van der Kooji/K. van der Toorn (Hgg.), Canonization and Decanonization. Papers Presented to the International Conference of the Leiden Institute for the Study ofReligion (LISOR),Held at Leiden 9 –10 January 1997, SHR 82, Leiden u. a. 1997, 41– 65.
Lange, A., Die Endgestalt des protomasoretischen Psalters und die Toraweisheit. Zur Bedeutung der nichtessenischen Weisheitstexte aus Qumran für die Auslegung des protomasoretischen Psalters, in: E. Zenger (Hg.), Der Psalter in Judentum und Christentum, HBS 18, Freiburg im Breisgau 1998, 101–136.
Lange, A., From Literature to Scripture: The Unity and Plurality of the Hebrew Scriptures in Light of the Qumran Library, in: C. Helmer/C. Landmesser (Hgg.), One Scripture or Many? Canon from Biblical, Theological, and Philosophical Perspectives, Oxford 2004, 51–107.
Lange, A., The Qumran Dead Sea Scrolls – Library or Manuscript Corpus?, in: F. García Martínez u. a. (Hgg.), From 4QMMT to Resurrection. Mélanges qumraniens en hommage à Émile Puech, STDJ 61, Leiden u. a. 2006, 177–193.
Lange, A., 2 Maccabees 2:13 –15: Library or Canon?, in: G. G. Xeravits/J. Zsengellér (Hgg.), The Books of the Maccabees: History, Theology, Ideology: Papers of the Second International Conference on the Deuterocanonical Books, Pápa,Hungary, 9 –11 June, 2005, JSJ. S. 118, Leiden/Boston 2007, 155 –167.
Leene, H., Auf der Suche nach einem redaktionskritischen Modell für Jesaja 40 – 55, ThLZ 121 (1996), 803 – 818.
Leene, H., Ezekiel and Jeremiah. Promises of Inner Renewal in Diachronic Perspective, in: J. C. de Moor/H.f van Rooy (Hgg.), Past, Present, Future. The Deuteronomistic History and the Prophets, OTS 44, Leiden u. a. 2000, 150 –175.
Lehmann, R. G., Friedrich Delitzsch und der Babel–Bibel–Streit, OBO 133, Fribourg/Göttingen 1994.
Lemaire, A., Les écoles et la formation de la Bible dans l'ancien Israël, OBO 39, Fribourg/Göttingen 1981.
Lemaire, A., Vers l'histoire de la rédaction des livres des Rois, ZAW 98 (1986), 221–236.
Lemaire, A., Zorobabel et la Judée à la lumière de l'épigraphie, RB 103 (1996), 48 – 57.
Lemaire, A., Schools and Literacy in Ancient Israel and Early Judaism, in: L. Perdue (Hg.), The Blackwell Companion to the Hebrew Bible, Oxford 2001, 207– 217.

Lemaire, A., Das achämenidische Juda und seine Nachbarn im Lichte der Epigraphie, in: R. G. Kratz (Hg.), Religion und Religionskontakte im Zeitalter der Achämeniden, VWGTh 22, Gütersloh 2002, 210 – 230.
Lemaire, A., Hebrew and West Semitic Inscriptions and Pre-Exilic Israel, in: J. Day (Hg.), In Search of Pre-Exilic Israel. Proceedings of the Oxford Old Testament Seminar, JSOT.S 406, London/New York 2004, 366 – 385.
Lemaire, A., Administration in Fourth-Century B. C. E. Judah in Light of Epigraphy and Numismatics, in: O. Lipschits u. a. (Hgg.), Judah and the Judeans in the Fourth Century B. C. E., Winona Lake 2007a, 53 –74.
Lemaire, A., The Birth of Monotheism. The Rise and Disappearance of Yahwism, Washington 2007b.
Lemche, N. P., Die Vorgeschichte Israels. Von den Anfängen bis zum Ausgang des 13. Jahrhunderts v. Chr., BE 1, Stuttgart u. a. 1996.
Lemche, N. P., The Old Testament – A Hellenistic Book?, in: L. L. Grabbe (Hg.), Did Moses Speak Attic? Jewish Historiography and Scripture in the Hellenistic period, JSOT.S 317, Sheffield 2001, 287–318.
Leuenberger, M., Konzeptionen des Königtums Gottes im Psalter, AThANT 83, Zürich 2004.
Leuenberger, M., Aufbau und Pragmatik des 11QPsa-Psalters, RdQ 22 (2005), 165 – 211.
Leuenberger, M., Gott in Bewegung. Religions- und theologiegeschichtliche Beiträge zu Gottesvorstellungen im alten Israel, FAT 76, Tübingen 2011.
Levenson, J. D., The Last Four Verses in Kings, JBL 103 (1984), 353 – 361.
Levin, C., Der Sturz der Königin Atalja. Ein Kapitel zur Geschichte Judas im 9. Jahrhundert v. Chr., SBS 105, Stuttgart 1982.
Levin, C., Die Verheißung des neuen Bundes in ihrem theologiegeschichtlichen Zusammenhang ausgelegt, FRLANT 137, Göttingen 1985a.
Levin, C., Der Dekalog am Sinai, VT 35 (1985b), 165 –191.
Levin, C., Das Gebetbuch der Gerechten. Literargeschichtliche Beobachtungen am Psalter, ZThK 90 (1993a), 355 – 381.
Levin, C., Der Jahwist, FRLANT 157, Göttingen 1993b.
Levin, C., Das vorstaatliche Israel, ZThK 97 (2000), 385 – 403.
Levin, C., Das Alte Testament, München 2001.
Levin, C., Das synchronistische Exzerpt aus den Annalen der Könige von Israel und Juda, VT 61 (2011), 616 – 628.
Levin, C., Die Entstehung der Bundestheologie im Alten Testament, Nachrichten der Akademie der Wissenschaften zu Göttingen, Phil.-hist. Klasse 2004, 89 –104 = ders., Verheißung und Rechtfertigung. Gesammelte Studien zum Alten Testament II, BZAW 431, Berlin/New York 2013, 242 – 259.
Levinson, B. M., Deuteronomy and the Hermeneutics of Legal Innovation, New York 1997.
Levinson, B. M., Is the Convenant Code an Exilic Composition? A Response to John Van Seters, in: J. Day (Hg.), In Search of Pre-exilic Israel. Proceedings of the

Oxford Old Testament Seminar, JSOT.S 406, London u. a. 2004, 272 – 325.
Lichtenberger, H., Auferstehung in den Qumranfunden, in: F. Avemarie/ders. (Hgg.), Auferstehung – Resurrection. The Fourth Durham-Tübingen Research Symposium Ressurection, Transfiguration and Exaltation in Old Testament, Ancient Judaism and Early Christianity (Tübingen, September, 1999), WUNT 135, Tübingen 2001, 79 – 91.
Lipschits, O., Demographic Changes in Judah between the Seventh and the Fifth Centuries B. C. E., in: ders./J. Blenkinsopp (Hgg.), Judah and Judeans in the Neo-Babylonian Period, Winona Lake 2003b, 323 – 376.
Lipschits, O./Blenkinsopp, J. (Hgg.), Judah and Judeans in the Neo-Babylonian Period,Winona Lake 2003a.
Liwak, R. (Hg.), Hermann Gunkel zur israelitischen Literatur und Literaturgeschichte, Theologische Studien-Texte 6, Waltrop 2004.
Lods, A., Histoire de la littérature hébraïque et juive depuis les origines jusqu'à la ruine de l'état juif (135 après J.-C.), Paris 1950.
Lohfink, N., Die Abänderung der Theologie des priesterlichen Geschichtswerks im Segen des Heiligkeitsgesetzes. Zu Lev. 26,9.11–13, in: H. Gese/H. P. Rüger (Hgg.), Wort und Geschichte. FS K. Elliger, AOAT 18, Kevelaer/Neukirchen-Vluyn 1973, 129 –136 = ders., Studien zum Pentateuch, SBAB 4, Stuttgart 1988, 157–168.
Lohfink, N., Die Priesterschrift und die Geschichte, in: J. A. Emerton (Hg.), Congress Volume Göttingen 1977, VT.S 29, Leiden 1978, 183 – 225 = ders., Studien zum Pentateuch, SBAB 4, Stuttgart 1988, 213 – 253.
Lohfink, N., Gab es eine deuteronomistische Bewegung?, in: W. Groß (Hg.), Jeremia und die „deuteronomistische Bewegung", BBB 98, Weinheim 1995, 313 – 382 = ders., Studien zum Deuteronomium und zur deuteronomistischen Literatur III, SBAB 20, Stuttgart 1995, 65 –142.
Loprieno, A. (Hg.), Ancient Egyptian Literature: History and Forms, PrÄg 10, Leiden 1996.
Lowth, R., De sacra poesia Hebraeorum, London 1753 (englische Übersetzung: Lectures on the sacred poetry of the Hebrews translated from the Latin of Robert Lowth by G. Gregory; to which are added the principal notes of Professor Michaelis and notes by the translator and others, London 1847).
Lux, R., Das Zweiprophetenbuch. Beobachtungen zu Aufbau und Struktur von Haggai und Sacharja 1– 8, in: E. Zenger (Hg.), „Wort Jhwhs, das geschah …" (Hos 1,1). Studien zum Zwölfprophetenbuch, HBS 35, Freiburg im Breisgau 2002, 191–217.
Lux, R., Der Zweite Tempel von Jerusalem – ein persisches oder prophetisches Projekt?, in: U. Becker/J. van Oorschot (Hgg.), Das Alte Testament – ein Geschichtsbuch?! Geschichtsschreibung und Geschichtsüberlieferung im antiken Israel, ABG 17, Leipzig 2005, 145 –172.

Macchi, J.-D., Le livre d'Esther: Regard hellénistique sur le pouvoir et le monde perses, Trans 30 (2005), 97–135.
Macchi, J.-D., 'Ne ressassez plus les choses d'autrefoi.' Esaïe 43,16–21, un surprenant regard deutéroésaïen sur le passé, ZAW 121 (2009), 225–241.
Macchi, J.-D./Römer, T. (Hgg.), Jacob. Commentaire à plusieurs voix de/Ein mehrstimmiger Kommentar zu/A plural commentary of Gen. 25–36. Mélanges offerts à Albert de Pury, MoBi 44, Genève 2001.
MacDonald, N., Issues in the Dating of Deuteronomy: A Response to Juha Pakkala, ZAW 122 (2010), 431– 435.
Machinist, P., The Question of Distinctiveness in Ancient Israel. An Essay, in: M. Cogan/I. Eph'al (Hgg.), Ah, Assyria ... Studies in Assyrian History and Ancient Near Eastern Historiography. FS H. Tadmor, ScHier 33, Jerusalem 1991, 192 – 212.
Mach, M., Entwicklungsstadien des jüdischen Engelglaubens in vorrabbinischer Zeit, TSAJ 34, Tübingen 1992.
Macholz, C., Die Entstehung des hebräischen Bibelkanons nach 4Esra 14, in: E. Blum (Hg.), Die hebräische Bibel und ihre zweifache Nachgeschichte. FS Rolf Rendtorff, Neukirchen-Vluyn 1990, 379 – 391.
Magen, Y., The Dating of the First Phase of the Samaritan Temple on Mount Gerizim in Light of the Archaeological Evidence, in: O. Lipschits u. a. (Hgg.), Judah and the Judeans in the Fourth Century B. C. E., Winona Lake 2007, 157– 211.
Maier, C., Die „fremde Frau" in Proverbien 1– 9. Eine exegetische und sozialgeschichtliche Studie, OBO 144, Fribourg/Göttingen 1995.
Maier, C., Jeremia als Lehrer der Tora. Soziale Gebote des Deuteronomiums in Fortschreibungen des Jeremiabuches: FRLANT 196, Göttingen 2002.
Maier, C., Tochter Zion im Jeremiabuch. Eine literarische Personifikation mit altorientalischem Hintergrund, in: I. Fischer u. a. (Hgg.), Prophetie in Israel, ATM 11, Münster 2003, 157–167.
Maier, J., Zur Frage des biblischen Kanons im Frühjudentum im Licht der Qumranfunde, JBTh 3 (1988), 135 –146.
Maier, J., Zwischen den Testamenten. Geschichte und Religion in der Zeit des zweiten Tempels, NEB.E 3, Würzburg 1990.
Maier, J., Die Tempelrolle vom Toten Meer und das „Neue Jerusalem". 11Q19 und 11Q20, 1Q32, 2Q24, 4Q554– 555, 5Q15 und 11Q18. Übersetzung und Erläuterung, mit Grundrissen der Tempelhofanlage und Skizzen zur Stadtplanung, UTB 829, München/Basel 1997.
Marböck, J., Art. Jesus Sirach (Buch), NBL Lfg. 8, Zürich 1992, 338 – 341.
Marböck, J., Gottes Weisheit unter uns. Zur Theologie des Buches Sirach, hg. von I. Fischer, HBS 6, Freiburg im Breisgau u. a. 1995.
Marttila, M., Collective Reinterpretation in the Psalms, FAT II/13, Tübingen 2006.
Marxsen, W., Der Evangelist Markus. Studien zur Redaktionsgeschichte des Evangeliums, FRLANT 49, Göttingen 1956 (21959).
Mason, S., Josephus and His Twenty-Two Book Canon, in: L. M.McDonald/J. A. San-

ders (Hgg.), The Canon Debate, Peabody 2002, 110 –127.
Mathias, D., Der König auf dem Thron JHWHs. Überlegungen zur chronistischen Geschichtsdarstellung, in: U. Becker/J. van Oorschot (Hgg.), Das Alte Testament – ein Geschichtsbuch?! Geschichtsschreibung und Geschichtsüberlieferung im antiken Israel, ABG 17, Leipzig 2005, 173 – 202.
Mathys, H.-P., Anmerkungen zu Mal 3,22 – 24, in: ders., Vom Anfang und vom Ende. Fünf alttestamentliche Studien, BEAT 47, Frankfurt am Main 2000a, 30 – 40.
Mathys, H.-P., Chronikbücher und hellenistischer Zeitgeist, in: ders., Vom Anfang und vom Ende. Fünf alttestamentliche Studien, BEAT 47, Frankfurt am Main 2000b, 41–155.
Mathys, H.-P., Das Alte Testament – ein hellenistisches Buch, in: U. Hübner/E. A. Knauf(Hgg.), Kein Land für sich allein. Studien zum Kulturkontakt in Kanaan, Israel/Palästina und Ebirnâri für M.Weippert zum 65. Geburtstag, OBO 186, Fribourg/Göttingen 2002, 278 – 293.
Maul, S., Die altorientalische Hauptstadt – Abbild und Nabel der Welt, in: G.Wilhelm (Hg.), Die orientalische Stadt: Kontinuität, Wandel, Bruch, CDOG 1, Saarbrücken 1997, 109 –124.
Maul, S., Der assyrische König – Hüter der Weltordnung, in: J. Assmann u. a. (Hgg.) Gerechtigkeit. Richten und Retten in der abendländischen Tradition und ihren altorientalischen Ursprüngen, München 1998, 65 –77.
Mazar, A., Archaeology of the Land of the Bible 10000 – 586 B. C. E., New York u. a. 1992.
McConville, J. G., Ezra–Nehemia and the Fulfilment of Prophecy, VT 36 (1986), 205 – 224.
McDonald, L. M./Sanders, J. A. (Hgg.), The Canon Debate, Peabody 2002.
McDonald, L. M., The Biblical Canon. Its Origin, Transmission, and Authority, Peadbody 32007.
McKane, W., Proverbs. A New Approach, OTL, London 1970.
McKenzie, S. L., König David. Eine Biographie, Berlin/New York 2002.
Meier, E. H., Geschichte der poetischen National-Literatur der Hebräer, Leipzig 1856.
Meinhold, A., Die Gattung der Josephsgeschichte und des Estherbuches: Diasporanovelle I, ZAW 87 (1975), 306 – 324.
Meinhold, A., Die Sprüche. Teil 1: Sprüche Kapitel 1–15, ZBK. AT 16.1; Die Sprüche. Teil 2: Sprüche Kapitel 16 – 31, ZBK.AT 16.2, Zürich 1991.
Meinhold, J., Einführung in das Alte Testament. Geschichte, Literatur und Religion Israels, Giessen 1919.
Menn, E., Inner-Biblical Exegesis in the Tanak, in: A. J. Hauser/D.fWatson (Hgg.), AHistory of Biblical Interpretation, Grand Rapids 2003, 55 –79.
Metso, S., The Textual Development of the Qumran Community Rule, STDJ 21, Leiden u. a. 1997.
Meyers, C. L., Art. Haggai/Haggaibuch, RGG4 III, Tübingen 2000, 1374 –1376.
Meyers, C. L./Meyers, E., Haggai, Zechariah 1– 8, AncB 25B, New York u. a. 1987.
Michalowski, P., The Libraries of Babel. Text, Authority, and Tradition in Ancient

Mesopotamia, in: G. J. Dorleijn/H. L. Vanstiphout (Hgg.), Cultural Repertoires. Structure, Functions and Dynamics, Groningen Studies in Cultural Change 3, Leuven 2003, 105 –129.
Millard, A. R., An Assessment of the Evidence for Writing in Ancient Israel, in: J. Amitai (Hg.), Biblical Archaeology Today: Proceedings of the International Congress on Biblical Archaeology, Jerusalem April 1984, Jerusalem 1985, 301– 312.
Millard, A. R., The Knowledge of Writing in Iron Age Palestine, TynB 46 (1995), 207– 217.
Millard, M., Die Komposition des Psalters, Tübingen 1994.
Miller, J. M./Hayes, J. H., A History of Ancient Israel and Judah, Philadelphia 1986.
Moenikes, A., Zur Redaktionsgeschichte des sogenannten Deuteronomistischen Geschichtswerks, ZAW 104 (1992), 333 – 348.
Mohr, H., Die „Ecole des Annales", in: Handbuch religionswissenschaftlicher Grundbegriffe I, Stuttgart 1988, 263 – 272.
Moor, J. C. de, Egypt, Ugarit and Exodus, in: N.Wyatt u. a. (Hgg.), Ugarit, religion and culture. Proceedings of the International Colloquium on Ugarit, religion and culture, Edinburgh, July 1994. FS J. C. L. Gibson, Münster 1996, 213 – 247.
Moran, W., The Ancient Near Eastern Background of the Love of God in Deuteronomy, CBQ 25 (1963), 77– 87.
Morrow, W. S., Scribing the Center. Organization and Redaction in Deuteronomy 14:1–17:13, SBL. MS 49, Atlanta 1995.
Morrow, W. S., Cuneiform Literacy and Deuteronomic Composition, BiOr 62 (2005), 204 – 213.
Müller, A., Proverbien 1– 9. Der Weisheit neue Kleider, BZAW 291, Berlin/New York 2000.
Müller, K., Studien zur frühjüdischen Apokalyptik, SBAB 11, Stuttgart 1991.
Münger, S., Egyptian Stamp-Seal Amulets and Their Implications for the Chronology of the Early Iron Age, Tel Aviv 30 (2003), 66 – 82.
Münkler, H., Imperien. Die Logik der Weltherrschaft – vom Alten Rom bis zu den Vereinigten Staaten, Berlin 2005.

Na'aman, N., The Historical Background to the Conquest of Samaria (720 B. C.), Bib. 71 (1990), 206–225.
Na'aman, N., The Kingdom of Judah under Josiah, Tel Aviv 18 (1991), 3 –71.
Na'aman, N., King Mesha and the Foundation of the Moabite Monarchy, IEJ 47 (1997), 83 – 92.
Na'aman, N., No Anthropomorphic Graven Image, UF 31 (1999a), 391– 415.
Na'aman, N., The Contribution of Royal Inscriptions for a Re-Evaluation of the Book of Kings as a Historical Source, JSOT 82 (1999b), 3 –17.
Na'aman, N., Royal Vassals or Governors? On the Status of Sheshbazzar and Zerubbabel in the Persian Empire, Henoch 22 (2000), 35 – 44.

Na'aman, N., The Temple Library of Jerusalem and the Composition of the Book of Kings, in: A. Lemaire (Hg.), Congress Volume Leuven 2004, VT.S 109, Leiden u. a. 2006, 192 –151.
Na'aman, N., Saul, Benjamin and the Emergence of Biblical Israel, ZAW 121 (2009), 216 – 224.
Na'aman, N., The Israelite-Judahite Struggle for the Patrimony of Ancient Israel, Bib. 91 (2019), 1–23.
Na'aman, N., The Exodus Story: Between Historical Memory and Historiographical Composition, JANER 11 (2011), 39 – 69.
Neef, H.-D., Deboraerzählung und Deboralied. Studien zu Jdc 4,1– 5,31, BThSt 49, Neukirchen-Vluyn 2002.
Nelson, R. D., The Double Redaction of the Deuteronomistic History, JSOT.S 18, Sheffield 1981.
Nelson, R. D., The Double Redaction of the Deuteronomistic History. The Case is Still Compelling, JSOT 29 (2005), 319 – 337.
Neusner, J., u. a. (Hgg.), Judaisms and Their Messiahs at the Turn of the Christian Era, Cambridge 1987.
Neusner, J./Avery-Peck A., Judaism in Late Antiquity. Part 5: The Judaism ofQumran: A Systemic Reading of the Dead Sea Scrolls, Bd. 2: World View, Comparing Judaisms, HdO I, 57, Leiden u. a. 2001.
Newsom, C., Re-considering Job, CRBS 15 (2007), 155 –182.
Nickelsburg, G.W. E., The Bible Rewritten and Expanded, in: M. E. Stone (Hg.), Jewish Writings of the Second Temple Period. Apocrypha, Pseudepigrapha, Qumran Sectarian Writings, Philo, Josephus, CRI II/2, Assen/Philadelphia 1984, 89 –156.
Niditch, S., Oral World and Written Word. Ancient Israelite Literature, Louisville 1996.
Niehr, H., Der höchste Gott, BZAW 190, Berlin/New York 1990.
Niehr, H., In Search ofYhwh's Cult Statue in the First Temple, in: K. van der Toorn (Hg.), The Image and the Book, CBET 21, Leuven 1997, 73 – 95.
Niemann, H. M., Herrschaft, Königtum und Staat, FAT 6, Tübingen 1993.
Niemann, H. M., Kein Ende des Büchermachens in Israel und Juda (Koh 12,12) – wann begann es? BiKi 53 (1998), 127–134.
Niemann, H. M., Royal Samaria – Capital or Residence? or: The Foundation of the City of Samaria by Sargon II., in: L. L. Grabbe (Hg.), Ahab Agonistes: The Rise and Fall of the Omri Dynasty, LHB 421 = ESHM 5, London / New York 2007, 184 – 207.
Nihan, C., From Priestly Torah to Pentateuch, A Study in the Composition of the Book of Leviticus, FAT II/25, Tübingen 2007.
Nissinen, M., Prophecy against the King in Neo-Assyrian Sources, in: K.-D. Schunck/ M. Augustin (Hgg.), „Lasset uns Brücken bauen …". Collected Communications to the XVth Congress of the International Organization for the Study of the Old Testament, Cambridge 1995, BEAT 42, Frankfurt am Main 1998, 157–170.

Nissinen, M., What is Prophecy? An Ancient Near Eastern Perspective, in: J. Kaltner/L. Stulman (Hgg.), Inspired Speech. Prophecy in the Ancient Near East, FS. H. B. Huffmon, JSOT.S 378, London/New York 2004, 16 – 37.
Nissinen, M./Seow, C.-L./R. K. Ritner, Prophets and Prophecy in the Ancient Near East, SBL.WAW 12, Atlanta 2003.
Noll, K. L., Deuteronomistic History or Deuteronomic Debate? (A Thought Experiment), JSOT 31 (2007), 311– 345.
Noth, M., Überlieferungsgeschichtliche Studien, Stuttgart 1943.
Noth, M., Die Einnahme von Jerusalem im Jahre 597 v. Chr., in: ders., Aufsätze zur biblischen Landes- und Altertumskunde, Bd. 1: Archäologische, exegetische und topographische Untersuchungen zur Geschichte Israels, Neukirchen-Vluyn 1971, 111–132.

O'Day, G., Art. Intertextuality, in: J. H.Hayes (Hg.), Dictionary of Biblical Interpretation, 2 Bde., Nashville 1999, 546 – 548.
Oded, B., Mass Deportations and Deportees in the Neo-Assyrians Empire, Wiesbaden 1979.
Oeming, M., „Ihr habt nicht recht von mir geredet wie mein Knecht Hiob" – Gottes Schlusswort als Schlüssel zur Interpretation des Hiobbuchs und als kritische Anfrage an die moderne Theologie, EvTh 60 (2000a), 103 –116.
Oeming, M., Das Buch der Psalmen, Psalm 1– 41. NSK. AT 13/1, Stuttgart 2000b.
Oeming, M./Schmid, K., HiobsWeg. Stationen vonMenschen im Leid, BThSt 45, Neukirchen-Vluyn 2001.
Oeming, M./Schmid, K. (Hgg.), Der eine Gott und die Götter. Polytheismus und Monotheismus im antiken Israel, AThANT 82, Zürich 2003.
Oeming, M./Schmid, K./Schüle, A. (Hgg.), Theologie in Israel und in den Nachbarkulturen, ATM 9, Münster 2004.
Olyan, S. M., Honor, Shame, and Covenantal Relations in Ancient Israel and its Environment, JBL 115 (1996), 201– 218.
Oorschot, J. van, Altes Testament, in: U. Tworuschka (Hg.), Heilige Schriften. Eine Einführung, Darmstadt 2000, 29 – 56.
Oorschot, J. van, „Höre Israel …!" (Dtn 6,4f) Der eine und einzige Gott Israels im Widerstreit, in: ders./M. Krebernik (Hgg.), Polytheismus und Monotheismus in den Religionen des Vorderen Orients, AOAT 298, Münster 2002, 113 –135.
Oorschot, J. van, Die Entstehung des Hiobbuches, in: T. Krüger u. a. (Hgg.), Das Buch Hiob und seine Interpretationen. Beiträge zum Hiob-Symposium auf dem Monte Verità vom 14.–19. August 2005, AThANT 88, Zürich 2007, 165 –184.
Osten-Sacken, P. von der, Die Apokalyptik in ihrem Verhältnis zu Prophetie und Weisheit, München 1969.
Osumi, Y., Die Kompositionsgeschichte des Bundesbuches Exodus 20,22b– 23,33, OBO 105, Fribourg/Göttingen 1991.
Oswald, W., Israel am Gottesberg. Eine Untersuchung zur Literargeschichte der vorde-

ren Sinaiperkope Ex 19 – 24 und deren historischem Hintergrund, OBO 159, Fribourg/Göttingen 1998.

Oswald, W., Staatstheorie im Alten Israel. Der politische Diskurs im Pentateuch und in den Geschichtsbüchern des Alten Testaments, Stuttgart 2009.

Otto, E., Jerusalem – die Geschichte der Heiligen Stadt, UB 308, Stuttgart u. a. 1980.

Otto, E., Wandel der Rechtsbegründungen in der Gesellschaftsgeschichte des antiken Israel. Eine Rechtsgeschichte des „Bundesbuches", Ex XX 22–XXIII 13, StB 3, Leiden u. a. 1988.

Otto, E., Körperverletzungen in den Keilschriftrechten und im Alten Testament. Studien zum Rechtstransfer im Alten Orient, AOAT 226, Kevelaer/Neukirchen-Vluyn 1991.

Otto, E., Von der Gerichtsordnung zum Verfassungsentwurf. Deuteronomische Gestaltung und deuteronomistische Interpretation im „Ämtergesetz" Dtn 16,18 –18,22, in: I. Kottsieper u. a. (Hgg.), „Wer ist wie du,Herr, unter den Göttern?". Studien zur Theologie und Religionsgeschichte Israels. FS O. Kaiser, Göttingen 1994, 142 –155.

Otto, E., Die nachpriesterschriftliche Pentateuchredaktion im Buch Exodus, in: M. Vervenne (Hg.), Studies in the Book ofExodus. Redaction – Reception – Interpretation, BEThL 126, Leuven 1996a, 61–111.

Otto, E., Die Paradieserzählung Gen 2 – 3: Eine nachpriesterschriftliche Lehrerzählung in ihrem religionshistorischen Kontext, in: A. A. Diesel u. a. (Hgg.), „Jedes Ding hat seine Zeit …". Studien zur israelitischen und altorientalischen Weisheit. FS D. Michel, BZAW 241, Berlin/New York 1996b, 167–192.

Otto, E., Sozial- und rechtshistorische Aspekte in der Ausdifferenzierung eines altisraelitischen Ethos aus dem Recht (1987), in: ders., Kontinuum und Proprium. Studien zur Sozial- und Rechtsgeschichte des Alten Orients und des Alten Testaments, OBC 8, Wiesbaden 1996c, 94 –111.

Otto, E., Treueid und Gesetz. Die Ursprünge des Deuteronomiums im Horizont neuassyrischen Vertragsrechts, ZAR 2 (1996d), 1– 52.

Otto, E., Art. Recht/Rechtstheologie/Rechtsphilosophie I., TRE 28, Berlin/New York 1997a, 197– 209.

Otto, E., Das Deuteronomium als archimedischer Punkt der Pentateuchkritik. Auf dem Wege zu einer Neubegründung der de Wette'schen Hypothese, in: M. Vervenne/J. Lust (Hgg.), Deuteronomy and Deuteronomic Literature. FS C. H. W. Brekelmans, BEThL 133, Leuven 1997b, 321–339.

Otto, E., Forschungen zur Priesterschrift, ThR 62 (1997c), 1– 50.

Otto, E., „Das Deuteronomium krönt die Arbeit der Propheten". Gesetz und Prophetie im Deuteronomium, in: F. Diedrich/B. Willmes (Hgg.), Ich bewirke das Heil und erschaffe das Unheil (Jesaja 45,7). Studien zur Botschaft der Propheten. FS L. Ruppert, fzb 88, Würzburg 1998a, 277– 309.

Otto, E., Art. Bundesbuch, RGG4 I, Tübingen 1998b, 1876 –1877.

Otto, E., „Um Gerechtigkeit im Land sichtbar werden zu lassen …". Zur Vermittlung von Recht und Gerechtigkeit im Alten Orient, in der Hebräischen Bibel und in

der Moderne, in: J. Mehlhausen (Hg.), Recht – Macht – Gerechtigkeit, VWGTh 14, Gütersloh 1998c, 107–145.
Otto, E. Das Deuteronomium. Politische Theologie und Rechtsreform in Juda und Assyrien, BZAW 284, Berlin/New York 1999a.
Otto, E., Art. Dekalog, RGG4 II, Tübingen 1999b, 625 – 628.
Otto, E., Art. Deuteronomium, RGG4 II, Tübingen 1999c, 693 – 696.
Otto, E., Exkarnation ins Recht und Kanonsbildung in der Hebräischen Bibel. Zu einem Vorschlag von Jan Assmann, ZAR 5 (1999d), 99 –110.
Otto, E., Art. Heiligkeitsgesetz, RGG4 III, Tübingen 2000a, 1570f.
Otto, E., Mose und das Gesetz. Die Mose-Figur als Gegenentwurf Politischer Theologie zur neuassyrischen Königsideologie im 7. Jh. v. Chr., in: ders. (Hg.), Mose. Ägypten und das Alte Testament, SBS 189, Stuttgart 2000b, 43 – 83.
Otto, E., Art. Israel und Mesopotamien, RGG4 IV, Tübingen 2001a, 308f.
Otto, E., Art. Jakob I. Altes Testament, RGG4 IV, Tübingen 2001b, 352 – 354.
Otto, E., Psalm 2 in neuassyrischer Zeit. Assyrische Motive in der judäischen Königstheologie, in: K. Kiesow/T. Meurer (Hgg.), Textarbeit. Studien zu Texten und ihrer Rezeption aus dem Alten Testament und der Umwelt Israels. FS P. Weimar, AOAT 294, Münster 2003, 335 – 349.
Otto, E., Recht und Ethos in der ost- und westmediterranen Antike: Entwurf eines Gesamtbildes, in: M.Witte (Hg.), Gott und Mensch im Dialog. FS O. Kaiser, BZAW 345/I, Berlin/New York 2004, 91–109.
Otto, E., Mose. Geschichte und Legende, München 2006.
Otto, E., Das Gesetz des Mose, Darmstadt 2007.

Pakkala, J., IntolerantMonolatry in the Deuteronomistic History, SESJ 76, Helsinki/Göttingen 1999.
Pakkala, J., Ezra the Scribe, The Development of Ezra 7–10 and Nehemia 8, BZAW 347, Berlin/New York 2004.
Pakkala, J., Der literar- und religionsgeschichtliche Ort von Deuteronomium 13, in: M.Witte u. a. (Hgg.), Die deuteronomistischen Geschichtswerke. Redaktions- und religionsgeschichtliche Perspektiven zur „Deuteronomismus"-Diskussion in Tora und Vorderen Propheten, BZAW365, Berlin/New York 2006a, 125 –136.
Pakkala, J., Zedekiah's Fate and the Dynastic Succession, JBL 125 (2006b), 443–452.
Pakkala, J., Jeroboam Without Bulls, ZAW 120 (2008), 501– 525.
Pakkala, J., The Date of the Oldest Edition of Deuteronomy, ZAW 121 (2009), 388 – 401.
Parker, S. B., Did the Authors of the Book of Kings Make Use of Royal Inscriptions?, VT 50 (2000), 357– 378.
Parpola, S., Assyrian Prophecies, SAA IX, Helsinki 1997.
Pearce, L., New Evidence for Judeans in Babylonia, in: O. Lipschits/M. Oeming (Hgg.), Judah and the Judeans in the Persian Period, Winona Lake IN 2006, 399 – 411.

Pedersén, O., Archives and Libraries in the Ancient Near East 1500 – 300 B. C., Bethesda MD 1998.
Perdue, L. G., Wisdom and Cult. A Critical Analysis of the Views of the Cult in the Wisdom Literature of Israel and the Ancient Near East, SBL. DS 30, Missoula 1977.
Perkins, D., Is Literary History Possible? Baltimore/London 1992.
Perlitt, L., Priesterschrift im Deuteronomium?, ZAW 100 Suppl. (1988), 65 – 87.
Perlitt, L., Jesaja und die Deuteronomisten (1989), in: ders., Deuteronomium-Studien, FAT 8, Tübingen 1994, 157–171.
Person, R. F. Jr., The Deuteronomic History and the Books of Chronicles: Contemporary Competing Historiographies, in: R. Rezetko u. a. (Hgg.), Reflection and Refraction. FS A. G. Auld, VT.S 113, Leiden u. a. 2007, 315 – 336.
Pfeiffer, H., Jahwes Kommen vom Süden. Jdc 5; Hab 3; Dtn 33 und Ps 68 in ihrem literatur- und theologiegeschichtlichen Umfeld, FRLANT 211, Göttingen 2005.
Pietsch, M., „Dieser ist der Sproß Davids ..." Studien zur Rezeptionsgeschichte der Nathanverheißung im alttestamentlichen, zwischentestamentlichen und neutestamentlichen Schrifttum, WMANT 100, Neukirchen-Vluyn 2003.
Pietsch, M., Die Kultreform Josias. Studien zur Religionsgeschichte Israels in der späten Königszeit, FAT 86, Tübingen 2013.
Pilhofer, P., Presbyteron Kreitton. Der Altersbeweis der jüdischen und christlichen Apologeten und seine Vorgeschichte, WUNT II/39, Tübingen 1990.
Pisano, S., Alcune osservazioni sul racconto di Davide e Golia. Confronto fra TM e LXX, Annali di Scienze Religiose (Milano) 10, (2005), 129 –137.
Plöger, O., Theokratie und Eschatologie, WMANT 2, Neukirchen-Vluyn ²1962.
Pohlmann, K.-F., Studien zum Jeremiabuch. Ein Beitrag zur Frage nach der Entstehung des Jeremiabuches, FRLANT 118, Göttingen 1978.
Pohlmann, K.-F., Die Ferne Gottes – Studien zum Jeremiabuch. Beiträge zu den „Konfessionen" im Jeremiabuch und ein Versuch zur Frage nach den Anfängen der Jeremiatradition, BZAW179, Berlin/New York 1989.
Pohlmann, K.-F., Zur Frage von Korrespondenzen und Divergenzen zwischen den Chronikbüchern und dem Esra/Nehemia-Buch, in: J. A. Emerton (Hg.), Congress Volume Leuven 1989, VT.S 43, Leuven 1991, 314 – 330.
Pohlmann, K.-F., Das Buch des Propheten Hesekiel (Ezechiel) Kapitel 1–19, ATD 22/1, Göttingen 1996.
Pola, T., Die ursprüngliche Priesterschrift. Beobachtungen zur Literarkritik und Traditionsgeschichte von Pg, WMANT 70, Neukirchen-Vluyn 1995.
Pongratz-Leisten, B., Ina šulmi irub. Die kulttopographische und ideologische Programmatik der akitu-Prozession in Babylonien und Assyrien im 1. Jahrtausend vor Christus, Mainz 1994.
Porten, B., The Elephantine Papyri in English. Three Millennia of Cross-cultural Continuity and Change, DMOA 22, Leiden u. a. 1996.
Preuß, H.-D., Einführung in die alttestamentliche Weisheitsliteratur, UB 383, Stuttgart u. a. 1987.

Preuß, H.-D., Zum deuteronomistischen Geschichtswerk, ThR 58 (1993), 229 – 264.341– 395.
Pury, A. de, Le cycle de Jacob comme légende autonome des origines d'Israël, in: J. A. Emerton (Hg.), Congress Volume Leuven 1989, VT.S 43, Leiden 1991, 78 – 96.
Pury, A. de, Abraham. The Priestly Writer's „Ecumenical" Ancestor, in: S. L.McKenzie u. a. (Hgg.), Rethinking the Foundations. Historiography in the Ancient World and in the Bible. FS J. Van Seters, BZAW 294, Berlin/New York 2000, 163 –181.
Pury, A. de, Situer le cycle de Jacob. Quelques réflexions, vingt-cinq ans plus tard, in: A. Wénin (Hg.), Studies in the Book of Genesis. Literature, redaction and history, BEThL 155, Leuven 2001, 213 – 241.
Pury, A. de, Gottesname, Gottesbezeichnung und Gottesbegriff. Elohim als Indiz zur Entstehungsgeschichte des Pentateuch, in: J. C. Gertz u. a. (Hgg.), Abschied vom Jahwisten. Die Komposition des Hexateuch in der jüngsten Diskussion, BZAW 315, Berlin/New York 2002, 25 – 47.
Pury, A. de, Zwischen Sophokles und Ijob. Die Schriften (Ketubim): ein jüdischer Literatur-Kanon, Welt und Umwelt der Bibel 28/8 (2003), 24 – 27.
Pury, A. de, Pg as the Absolute Beginning, in: T. Römer/K. Schmid (Hgg.), Les dernières rédactions du Pentateuque, de l'Hexateuque et de l'Ennéateuque, BEThL 203, Leuven 2007, 99 –128.
Pury, A. de/Römer, T. (Hgg.), Die sogenannte Thronfolgegeschichte Davids. Neue Einsichten und Anfragen, OBO 176, Fribourg/Göttingen 2000.

Quack, J. F., Einführung in die altägyptische Literaturgeschichte III. Die demotische und gräko-ägyptische Literatur, Einführungen und Quellentexte zur Ägyptologie 3, Münster 2005.

Rad, G. von, Das formgeschichtliche Problem des Hexateuch (1938), in: ders., Gesammelte Studien zum Alten Testament, ThB 8, München 1958a, 9 – 86.
Rad, G. von, Josephsgeschichte und ältere Chokma (1953), in: ders., Gesammelte Studien zum Alten Testament, ThB 8, München 1958b, 272 – 280.
Rad, G. von, Theologie des Alten Testaments, Bd. 1/2, München 1957/1960.
Rad, G. von, Die Josephsgeschichte (1954), in: ders., Gottes Wirken in Israel, Neukirchen-Vluyn 1974, 22 – 41.
Reade, J., Ideology and Propaganda in Assyrian Art, in: M. G. Larsen (Hg.), Power and Propaganda, Mesopotamia 7, Copenhagen 1979.
Redditt, P. L., Daniel 9: Its Structure and Meaning, CBQ 62 (2000), 236 – 249.
Redford, D. B., The Literary Motifofthe Exposed Child (cf. Ex. ii 1–10), Numen 14 (1967), 209– 228.
Redford, D. B., An Egyptological Perspective on the Exodus Narrative, in: A. F. Rainey (Hg.), Egypt, Israel, Sinai. Archaeological and Historical Relationships in

the Biblical Period, Tel Aviv 1987, 137–161.
Redford, D. B., Egypt, Canaan, and Israel in Ancient Times, Princeton 1992.
Reinert, A., Die Salomofiktion. Studien zu Struktur und Komposition des Koheletbuches, WMANT 126, Neukirchen-Vluyn 2010.
Rendtorff, R., Genesis 8,21 und die Urgeschichte des Jahwisten, KuD 7 (1961), 69 –78 = ders., Gesammelte Studien zum Alten Testament, ThB 57, München 1975, 188 –197.
Rendtorff, R., Das überlieferungsgeschichtliche Problem des Pentateuch, BZAW 147, Berlin/New York 1977.
Rendtorff, R., Theologie des Alten Testaments: Ein kanonischer Entwurf, Bd. 1: Kanonische Grundlegung, Neukirchen-Vluyn 1999; Bd. 2: Thematische Entfaltung, Neukirchen-Vluyn 2001.
Renz, J./Röllig, W., Handbuch der althebräischen Epigraphik. Bde. 1– 3, Darmstadt 1995 – 2003.
Reuss, E., Die Geschichte der Heiligen Schriften des Alten Testaments, Braunschweig 1881.
Rigger, H., Siebzig Siebener. Die „Jahrwochenprophetie" in Dan 9, TThSt 57, Trier 1997.
Rogerson, J. W., Die Bibel lesen wie jedes andere Buch? Auseinandersetzungen um die Autorität der Bibel vom 18. Jahrhundert an bis heute, in: S. Chapman u. a. (Hgg.), Biblischer Text und theologische Theoriebildung, BThSt 44, Neukirchen-Vluyn 2001, 211– 234.
Röllig, W. (Hg.), Altorientalische Literaturen (Neues Handbuch der Literaturwissenschaft 1), Wiesbaden 1978.
Römer, T., Israels Väter. Untersuchungen zur Väterthematik im Deuteronomium und in der deuteronomistischen Literatur, OBO 99, Fribourg/Göttingen 1990.
Römer, T., Exode et Anti-Exode. La nostalgie de l'Egypte dans les traditions du désert, in: ders. (Hg.), Lectio difficilior probabiblior? L'exégèse comme expérience de décloisonnement. FS F. Smyth/Florentin, DBAT. B 12, Heidelberg 1991, 155 –172.
Römer, T., Joseph approche: source du cycle, corpus, unité, in: O. Abel/F. Smyth (Hgg.), Le livre de traverse de l'exégèse biblique à l'anthropologie. Préface par M. Detienne, Paris 1992, 73 – 85.
Römer, T.,WhyWould the Deuteronomists Tell About the Sacrifice of Jephthah's Daughter? JSOT 77 (1998), 27– 38.
Römer, T., Le jugement de Dieu dans les traditions du séjour d'Israël dans le désert, in: E. Bons (Hg.), Le jugement dans l'un et l'autre Testament. I. Mélanges offerts à Raymond Kuntzmann, LeDiv 197, Paris 2004, 63 – 80.
Römer, T., The So-Called Deuteronomistic History. A Sociological, Historical and Literary Introduction, London/New York 2005.
Römer, T., Israel's Sojourn in the Wilderness and the Construction of the Book of Numbers, in: R. Rezetko u. a. (Hgg.), Reflection and Refraction. FS A. G. Auld, VT.S 113, Leiden u. a. 2007, 419 – 445.

Römer, T./Schmid, K. (Hgg.), Les dernières rédactions du Pentateuque, de l'Hexateuque et de l'Ennéateuque, BEThL 203, Leuven 2007.
Römheld,D.,Wege der Weisheit. Die Lehren Amenemopes und Proverbien 22,17–24,22, BZAW184, Berlin/New York 1989.
Rösel, C., Die messianische Redaktion des Psalters. Studien zu Entstehung und Theologie der Sammlung Psalm 2 – 89*, CThM A 19, Stuttgart 1999.
Rösel, M., Übersetzung als Vollendung der Auslegung. Studien zur Genesis-Septuaginta, BZAW 223, Berlin/New York 1994.
Rösel, M., Towards a „Theology of the Septuagint", in: W. Kraus/R. G.Wooden (Hgg.), Septuagint Research. Issues and Challenges in the Study of the Greek Jewish Scriptures, SBL. SCS 53, Atlanta 2006, 239 – 252.
Rösel, M., Salomo und die Sonne. Zur Rekonstruktion des Tempelweihspruchs I Reg 8,12f, ZAW 121 (2009), 402 – 417.
Rost, L., Die Überlieferung von der Thronnachfolge Davids, BWANT III/6 (1926), in: ders., Das kleine geschichtliche Credo und andere Studien zum Alten Testament, Heidelberg 1965, 119 – 253.
Rothenbusch, R., Die kasuistische Rechtssammlung im „Bundesbuch" (Ex 21,2 – 22.18 – 22,16) und ihr literarischer Kontext im Licht altorientalischer Parallelen, AOAT 259, Münster 2000.
Rudnig, T. A., Heilig und Profan. Redaktionskritische Studien zu Ez 40 – 48, BZAW 287, Berlin/New York 2000.
Rudnig, T. A., Davids Thron. Redaktionskritische Studien zur Geschichte von der Thronnachfolge Davids, BZAW 358, Berlin/New York 2006.
Rudnig, T. A., „Ist denn Jahwe nicht auf dem Zion?" (Jer 8,19), ZThK 104 (2007), 267–286.
Rudnig-Zelt, S., Hoseastudien. Redaktionskritische Untersuchungen zur Genese des Hoseabuches, FRLANT 213, Göttingen 2006.
Rüpke, J., Heilige Schriften und Buchreligionen. Überlegungen zu Begriffen und Methoden, in: C. Bultmann u. a. (Hgg.), Heilige Schriften, Münster 2005 189–202. 248f.
Ruppert, L., Studien zur Literaturgeschichte des Alten Testaments, SBAB 18, Stuttgart 1994.
Rüterswörden, U., Der Bogen in Genesis 9. Militär-historische und traditionsgeschichtliche Erwägungen zu einem biblischen Symbol, UF 20 (1988), 247– 263.
Rüterswörden, U., Dtn 13 in der neueren Deuteronomiumsforschung, in: A. Lemaire (Hg.), Congress Volume Basel 2001, VT.S 92, Leiden u. a. 2002, 185 – 203.
Rüterswörden, U., Die Liebe zu Gott im Deuteronomium, in: M.Witte/K. Schmid/D. Prechel/J. C. Gertz (Hgg.), Die deuteronomistischen Geschichtswerke. Redaktions- und religionsgeschichtliche Perspektiven zur „Deuteronomismus"-Diskussion in Tora und Vorderen Propheten, BZAW 365, Berlin/New York 2006, 229 – 238.

Sæbø, M., Vom ‚Zusammen-Denken' zum Kanon, JBTh 3 (1988), 115 –133.
Sacchi, P., The History of the Second Temple Period, JSOT.S 285, Sheffield 1999.
Saénz Badillos, Á., A History of the Hebrew Language, Cambridge 1993.
Sandmel, S., Parallelomania, JBL 81 (1962), 1–13.
Särkiö, P., Exodus und Salomo. Erwägungen zur verdeckten Salomokritik anhand von Ex 1– 2, 5, 14 und 32, SESJ 71, Göttingen 1998.
Särkiö, P., Concealed Criticism of King Solomon in Exodus, BN 102 (2000), 74 – 83.
Sarna, N. M., Ancient Libraries and the Ordering of the Biblical Books. A Lecture Presented at the Library ofCongress,March 6, 1989, The Center for the BookViewpoint Series 25,Washington 1989.
Sass, B., Arabs and Greeks in Late First Temple Jerusalem, PEQ 122 (1990), 59 – 61.
Saur, M., Die Königspsalmen. Studien zu ihrer Entstehung und Theologie, BZAW 340, Berlin/New York 2004.
Schäfer, P., Geschichte der Juden in der Antike. Die Juden Palästinas von Alexander dem Großen bis zur arabischen Eroberung, Neukirchen-Vluyn 1983.
Schams, C., Jewish Scribes in the Second-Temple Period, JSOT.S 291, Sheffield 1998.
Schaper, J., Priester und Leviten im achämenidischen Juda, FAT 31, Tübingen 2000.
Schaper, J., Die Textualisierung der Religion, FAT 62, Tübingen 2009.
Schaudig, H., Nabonid, der „Archäologe auf dem Königsthron". Zum Geschichtsbild des ausgehenden neubabylonischen Reiches, in: G. J. Selz (Hg.), Festschrift für Burkhart Kienast. Zu seinem 70. Geburtstage dargebracht von Freunden, Schülern und Kollegen, AOAT 274, Münster 2003, 447– 497.
Schelbert, G., Art. Jubiläenbuch, TRE 17, Berlin/New York 1988, 285 – 289.
Schenker, A., Die Verheissung Natans in 2Sam 7 in der Septuaginta. Wie erklären sich die Differenzen zwischen Massoretischem Text und LXX, und was bedeuten sie für die messianische Würde des davidischen Hauses in der LXX?, in: M. A. Knibb (Hg.), The Septuagint and Messianism, BEThL 195, Leuven 2006, 177–192.
Scherer, A., Das weise Wort und seine Wirkung. Eine Untersuchung zu Komposition und Redaktion von Proverbia 10,1– 22,16, WMANT 83, Neukirchen-Vluyn 1999.
Schipper, B. U., Israel und Ägypten in der Königszeit. Die kulturellen Kontakte von Salomo bis zum Fall Jerusalems, OBO 170, Fribourg/Göttingen 1999.
Schipper, B. U., Vermächtnis und Verwirklichung. Das Nachwirken der ramessidischen Außenpolitik im Palästina der frühen Eisenzeit, in: R. Gundlach/U. Rößler-Köhler (Hgg.), Das Königtum der Ramessidenzeit. Voraussetzungen – Verwirklichung – Vermächtnis. Akten des 3. Symposiums zur ägyptischen Königsideologie, Bonn, 7.– 9. 6. 2001, ÄAT 36, Wiesbaden 2003, 241– 275.
Schipper, B. U., Israels Weisheit im Kontext des Alten Orients, BiKi 59 (2004), 188 –194.
Schipper, B. U., Die Lehre des Amenemope und Prov 22,17– 24,22. Eine Neubestimmung des literarischen Verhältnisses, ZAW 117 (2005), 53 –72. 232 – 248.
Schipper, J., „Significant Resonances" with Mephibosheth in 2 Kings 25:27– 30: A Re-

sponse to D. F. Murray, JBL 124 (2005), 521– 529.
Schluchter, W., Grundlegungen der Soziologie. Eine Theoriegeschichte in systematischer Absicht, Bd. 1, Tübingen 2006.
Schmid, H. H., Gerechtigkeit als Weltordnung. Hintergrund und Geschichte des alttestamentlichen Gerechtigkeitsbegriffs, BHTh 40, Tübingen 1968.
Schmid, K., Buchgestalten des Jeremiabuches. Untersuchungen zur Redaktions- und Rezeptionsgeschichte von Jer 30 – 33 im Kontext des Buches, WMANT 72, Neukirchen-Vluyn 1996a.
Schmid, K., Klassische und nachklassische Deutungen der alttestamentlichen Prophetie, Zeitschrift für Neuere Theologiegeschichte 3 (1996b), 225 – 250.
Schmid, K.,Manasse und der Untergang Judas: „Golaorientierte" Theologie in den Königsbüchern?, Bib. 78 (1997), 87– 99.
Schmid, K., Ausgelegte Schrift als Schrift. Innerbiblische Schriftauslegung und die Frage nach der theologischen Qualität biblischer Texte, in: R. Anselm/S. Schleissing/K. Tanner (Hgg.), Die Kunst des Auslegens. Zur Hermeneutik des Christentums in der Kultur der Gegenwart, Frankfurt am Main u. a. 1999a, 115 –129.
Schmid, K., Biblische Geschichte zwischen Historie und Fiktion, ZeitSchrift 48 (1999b), 122 –125.
Schmid, K., Erzväter und Exodus.Untersuchungen zur doppelten Begründung der Ursprünge Israels innerhalb der Geschichtsbücher des Alten Testaments, WMANT 81, Neukirchen-Vluyn 1999c.
Schmid, K., Kollektivschuld? Der Gedanke übergreifender Schuldzusammenhänge im Alten Testament und im Alten Orient, ZAR 5 (1999d), 193 – 222.
Schmid, K., Der Geschichtsbezug des christlichen Glaubens, in: W. Härle/H. Schmidt/ M.Welker (Hgg.), Das ist christlich.Nachdenken über dasWesen des Christentums, Gütersloh 2000a, 71– 90.
Schmid, K., Innerbiblische Schriftauslegung. Aspekte der Forschungsgeschichte, in: R. G. Kratz/T. Krüger/ders. (Hgg.), Schriftauslegung in der Schrift. FS O. H. Steck, BZAW 300, Berlin/New York 2000b, 1– 22.
Schmid, K., Israel am Sinai. Etappen der Forschungsgeschichte zu Ex 32 – 34 in seinen Kontexten, in: E. Blum/M. Köckert (Hgg.), Gottes Volk am Sinai, VWGTh 18, Gütersloh 2001, 9 – 40.
Schmid, K., Die Unteilbarkeit der Weisheit. Überlegungen zur sogenannten Paradieserzählung und ihrer theologischen Tendenz, ZAW 114 (2002), 21– 39.
Schmid, K., Differenzierungen und Konzeptualisierungen der Einheit Gottes in der Religions- und Literaturgeschichte Israels. Methodische, religionsgeschichtliche und exegetische Aspekte zur neueren Diskussion um den sogenannten „Monotheismus" im antiken Israel, in: M. Oeming/ders. (Hgg.), Der eine Gott und die Götter. Polytheismus und Monotheismus im antiken Israel, AThANT 82, Zürich 2003, 11– 38.
Schmid, K., Art. Schreiber/Schreiberausbildung in Israel, RGG4 VII, Tübingen 2004a, 1001f.

Schmid, K., Das Deuteronomium innerhalb der „deuteronomistischen Geschichtswerke" in Gen–2Kön, in: E. Otto/R. Achenbach (Hgg.), Das Deuteronomium zwischen Pentateuch und deuteronomistischem Geschichtswerk, FRLANT 206, Göttingen 2004b, 193 – 211.
Schmid, K., Buchtechnische und sachliche Prolegomena zur Enneateuchfrage, in: M. Beck/U. Schorn (Hgg.), Auf dem Weg zur Endgestalt von Gen–II Reg. FS H. C. Schmitt, BZAW 370, Berlin/New York 2006a, 1–14.
Schmid, K., Hatte Wellhausen recht? Das Problem der literarhistorischen Anfänge des Deuteronomismus in den Königebüchern, in: M.Witte/ders./D. Prechel/J. C. Gertz (Hgg.), Die deuteronomistischen Geschichtswerke. Redaktions- und religionsgeschichtliche Perspektiven zur „Deuteronomismus"-Diskussion in Tora und Vorderen Propheten, BZAW 365, Berlin/New York 2006b, 19–43.
Schmid, K., Himmelsgott, Weltgott und Schöpfer. „Gott" und der „Himmel" in der Literatur der Zeit des Zweiten Tempels, in: D. Sattler/S. Vollenweider (Hgg.), Der Himmel, JBTh 20 (2005), Neukirchen-Vluyn 2006c, 111–148.
Schmid, K., L'accession de Nabuchodonosor à l'hégémonie mondiale et la fin de la dynastie davidique. Exégèse intra-biblique et construction de l'histoire universelle dans le livre de Jérémie, ETR 81 (2006d), 211– 227.
Schmid, K., Persische Reichsautorisation und Tora, ThR 71 (2006e), 494 – 506.
Schmid, K., Gibt es „Reste hebräischen Heidentums" im Alten Testament? Methodische Überlegungen anhand von Dtn 32,8f und Ps 82, in: A.Wagner (Hg.), Primäre und sekundäre Religion, BZAW 364, Berlin/New York 2006f, 105 –120.
Schmid, K., Art. Authorship, erscheint in: Encyclopedia of the Bible and Its Reception, Berlin/New York 2007a.
Schmid, K., Der Pentateuchredaktor. Beobachtungen zum theologischen Profil des Toraschlusses in Dtn 34, in: T. Römer/ders. (Hgg.), Les dernières rédactions du Pentateuque, de l'Hexateuque et de l'Ennéateuque, BEThL 203, Leuven 2007b, 183 –197.
Schmid,K., Methodische Probleme und historische Entwürfe einer Literaturgeschichte des Alten Testaments, in: S. Lubs u. a. (Hgg.), Behutsames Lesen. Alttestamentliche Exegese im interdisziplinären Methodendiskurs. FS C. Hardmeier, ABG 28, Leipzig 2007c, 340 – 366.
Schmid, K., Innerbiblische Schriftdiskussion im Hiobbuch, in: Th. Krüger u. a. (Hrsg.), Das Buch Hiob und seine Interpretationen. Beiträge zum Hiob-Symposium auf dem Monte Verità vom 14.–19. August 2005, AThANT 88, Zürich 2007d, 241–261.
Schmid, K., Hiob als biblisches und antikes Buch. Intellektuelle und historische Kontexte seiner Theologie, SBS 219, Stuttgart 2010.
Schmid, K., Schriftgelehrte Traditionsliteratur. Fallstudien zur innerbiblischen Schriftauslegung im Alten Testament, FAT 77, Tübingen 2011a.
Schmid, K., The Quest for 'God:'Monotheistic Arguments in the Priestly Texts of the Hebrew Bible, in: B. Pongratz-Leisten (Hg.), Reconsidering the Concept ofRevolutionaryMonotheism,Winona Lake 2011b, 271– 289.

Schmid, K., Literaturgeschichte des Alten Testaments: Aufgaben, Stand, Problemfelder und Perspektiven, TLZ 136 (2011c), 243 – 262.
Schmid, K., Jesaja 1– 23, ZBK 19/1, Zürich 2011d.
Schmid, K., Gibt es Theologie im Alten Testament? Zum Theologiebegriff in der alttestamentlichen Wissenschaft, ThSt(B) 7, Zürich 2013.
Schmid, K./Steck O. H., Heilserwartungen in den Prophetenbüchern des Alten Testaments, in: K. Schmid (Hg.), Prophetische Heils- undHerrschererwartungen, SBS 194, Stuttgart 2005, 1– 36.
Schmidt, L., Literatur zum Buch Numeri, ThR 63 (1998), 241– 266.
Schmidt, L., Das vierte Buch Mose. Numeri. Kapitel 10,11– 36,13, ATD 7/2, Göttingen 2004.
Schmidt, L., Neuere Literatur zum Buch Numeri (1996 – 2003), ThR 70 (2005), 389 – 407.
Schmidt, W. H., Die deuteronomistische Redaktion des Amosbuches, ZAW 77 (1965), 168 –193.
Schmidt, W. H., Exodus, Sinai und Mose, EdF 191, Darmstadt 1983.
Schmidt, W. H., Einführung in das Alte Testament, Berlin 1979 (^{5}1995).
Schmitt, H.-C., Der heidnische Mantiker als eschatologischer Jahweprophet. Zum Verständnis Bileams in der Endgestalt von Num 22 – 24, in: I. Kottsieper u. a. (Hgg.), „Wer ist wie du, Herr, unter den Göttern?". Studien zur Theologie und Religionsgeschichte Israels. FS O. Kaiser, Göttingen 1994, 180 –198.
Schmitt, J. J., The Motherhood of God and Zion as Mother, RB 92 (1985), 557– 569.
Schmitt, J. J., The Virgin of Israel: Referent and Use of the Phrase in Amos and Jeremiah, CBQ 53 (1991), 365 – 387.
Schniedewind, W. M., How the Bible Became a Book. The Textualization of Ancient Israel, Cambridge 2004.
Schoors, A., Die Königreiche Israel und Juda im 8. und 7. Jahrhundert v. Chr. Die assyrische Krise, Biblische Enzyklopädie 5, Stuttgart 1998.
Schreiner, J., Theologie des Alten Testaments, NEB. Erg 1, Würzburg 1995.
Schreiner, S., Wo man Tora lernt, braucht man keinen Tempel. Einige Anmerkungen zum Problem der Tempelsubstitution im rabbinischen Judentum, in: B. Ego u. a. (Hgg.), Gemeinde ohne Tempel. Community without temple. Zur Substituierung und Transformation des Jerusalemer Tempels und seines Kults im Alten Testament, antiken Judentum und frühen Christentum, WUNT 118, Tübingen 1999, 371– 392.
Schroer, S., Von zarter Hand geschrieben. Autorinnen in der Bibel? Welt und Umwelt der Bibel 28 (2003), 28f.
Schüle, A., Der Prolog der hebräischen Bibel. Der literar- und theologiegeschichtliche Diskurs der Urgeschichte (Genesis 1–11), AThANT 86, Zürich 2006.
Schwartz, S., Hebrew and Imperialism in Jewish Palestine, in: C. Bakhos (Hg.), Ancient Judaism in its Hellenistic Context, JSJ.S 95, Leiden u. a. 2005, 53 – 84.
Schwienhorst-Schönberger, L., Das Bundesbuch (Ex 20,22 – 23,33) Studien zu seiner Entstehung und Theologie, BZAW 188, Berlin/New York 1990.

Schwienhorst-Schönberger, L., „Nicht im Menschen gründet das Glück" (Koh 2,24). Kohelet im Spannungsfeld jüdischer Weisheit und hellenistischer Philosophie, HBS 2, Freiburg im Breisgau u. a. 1994, ²1996.
Schwienhorst-Schönberger, L., Kohelet, HThK. AT, Freiburg im Breisgau u. a. 2004.
Scoralick, R., Einzelspruch und Sammlung. Komposition im Buch der Sprichwörter Kapitel 10 –15, BZAW 232, Berlin/New York 1995.
Seebaß, H., Genesis I; II/1; II/2; III, Neukirchen-Vluyn 1996/1997/1999/2000.
Seibert, J., Zur Begründung von Herrschaftsanspruch und Herrschaftslegitimation in der frühen Diadochenzeit, in: ders. (Hgg.), Hellenistische Studien. Gedenkschrift für H. Bengtson, Münchener Arbeiten zur Alten Geschichte 5, München 1991, 87–100.
Seiler, S., Die Geschichte von der Thronfolge Davids (2Sam 9 – 20; 1Kön 1– 2). Untersuchungen zur Literarkritik und Tendenz, BZAW 267, Berlin/New York 1998.
Seitz, C. R., Theology in Conflict. Reactions to the Exile in the Book of Jeremiah, BZAW 176, Berlin/New York 1989.
Seow, C.-L., Ecclesiastes. A New Translation with Introduction and Commentary, AncB 18C, New York 1997.
Seybold, K., Die Psalmen. Eine Einführung, UB 382, Stuttgart 1986, 108 –116.
Shectman, S./Baden, J., The Strata of the PriestlyWritings. Contemporary Debate and Future Directions, ATANT 95, Zürich 2009.
Siegert, F., Zwischen Hebräischer Bibel und Altem Testament. Eine Einführung in die Septuaginta, MJS 9, Münster 2001.
Simon, R., Histoire critique du Vieux Testament, Rotterdam 1685.
Ska, J. L., L'appel d'Abraham et l'acte de naissance d'Israël, in: M. Vervenne/J. Lust (Hgg.), Deuteronomy and Deuteronomic Literature. FS C. H.W. Brekelmans, BEThL 133, Leuven 1997, 367– 389.
Ska, J-L., A Plea on Behalf of the Biblical Redactors, ST 59 (2005), 4 –18.
Smelik, K. A. D., Historische Dokumente aus dem alten Israel, Göttingen 1987.
Smend, R., sen., Ueber die Genesis des Judenthums, ZAW 2 (1882), 94 –151.
Smend, R., Theologie im Alten Testament (1982), in: ders., Die Mitte des Alten Testaments, BevTh 99, 1986, 104 –117.
Smend, R., Mose als geschichtliche Gestalt, HZ 260 (1995), 1–19.
Smith, M., The Common Theology of the Ancient Near East, JBL 71 (1952), 135 –147.
Soggin, J. A., Introduzione all'Antico Testamento, Brescia 1968/1969 (41987).
Speyer, W., Bücherfunde in der Glaubenswerbung der Antike. Mit einem Ausblick auf Mittelalter und Neuzeit, Hypomnemata 24, Göttingen 1970.
Spieckermann, H., Juda unter Assur in der Sargonidenzeit, FRLANT 129, Göttingen 1982.
Spieckermann, H., Heilsgegenwart. Eine Theologie der Psalmen, FRLANT 148, Göttingen 1989.
Spieckermann, H., Stadtgott und Gottesstadt. Beobachtungen im Alten Orient und im Alten Testament, Bib. 73 (1992), 1– 31.
Spieckermann, H., Ambivalenzen. Ermöglichte und verwirklichte Schöpfung in Ge-

nesis 2f, in: A. Graupner u. a. (Hgg.), Verbindungslinien. FSW. H. Schmidt, Neukirchen-Vluyn 2000, 363– 376.
Spieckermann, H., Ludlul belnemeqi und die Frage nach der Gerechtigkeit Gottes (1998), in: Gottes Liebe zu Israel. Studien zur Theologie des Alten Testaments, FAT 33, Tübingen 2001a, 103 –118.
Spieckermann, H., Art. Hiob/Hiobbuch, RGG4 III, Tübingen 2001b, 1777–1781.
Staiger, E., Die Kunst der Interpretation. Studien zur deutschen Literaturgeschichte, Zürich 1955.
Steck, O. H., Israel und das gewaltsame Geschick der Propheten, WMANT 23, Neukirchen-Vluyn 1967.
Steck, O. H., Das Problem theologischer Strömungen in nachexilischer Zeit, EvTh 28 (1968), 445 – 458.
Steck, O. H., Überlegungen zur Eigenart der spätisraelitischen Apokalyptik, in: J. Jeremias, L. Perlitt (Hgg.), Die Botschaft und die Boten. Festschrift für Hans Walter Wolff zum 70. Geburtstag, Neukirchen-Vluyn 1981, 301– 315.
Steck, O. H., Genesis 12,1– 3 und die Urgeschichte des Jahwisten, in: H.W. Wolff (Hg.), Probleme biblischer Theologie. FS G. von Rad, München 1971, 525 – 554 = ders.,Wahrnehmungen Gottes im Alten Testament. Gesammelte Studien, ThB 70, München 1982, 117–148.
Steck, O. H., Friedensvorstellungen im alten Jerusalem, ThSt(B) 111, Zürich 1972, 9 – 25.
Steck, O. H., Strömungen theologischer Tradition im Alten Israel, in: ders. (Hg.), Zu Tradition und Theologie im Alten Testament, BThSt 2, Neukirchen-Vluyn 1978, 27– 56 = ders., Wahrnehmungen Gottes im Alten Testament. Gesammelte Studien, TB 70, München 1982, 291– 317.
Steck, O. H., Weltgeschehen und Gottesvolk im Buche Daniel (1980), in: ders., Wahrnehmungen Gottes im Alten Testament. Gesammelte Studien, ThB 70, München 1982, 262 – 290.
Steck, O. H., Bereitete Heimkehr. Jesaja 35 als redaktionelle Brücke zwischen dem Ersten und dem Zweiten Jesaja, SBS 121, Stuttgart 1985.
Steck, O. H., Zion als Gelände und Gestalt. Überlegungen zur Wahrnehmung Jerusalems als Stadt und Frau im Alten Testament, ZThK 86 (1989), 261– 281, = ders., Gottesknecht und Zion. Gesammelte Aufsätze zu Deuterojesaja, FAT 4, Tübingen 1992b, 126 –145.
Steck, O. H., Der Abschluß der Prophetie im Alten Testament. Ein Versuch zur Frage der Vorgeschichte des Kanons, BThSt 17, Neukirchen-Vluyn 1991a.
Steck, O. H., Studien zu Tritojesaja, BZAW 203, Berlin/New York 1991b.
Steck, O. H., Der Kanon des hebräischen Alten Testaments, in: W. Pannenberg/T. Schneider (Hgg.), Verbindliches Zeugnis I, DiKi 7, Freiburg im Breisgau/Göttingen 1992a, 11– 33.
Steck, O. H., Israel und Zion. Zum Problem konzeptioneller Einheit und literarischer Schichtung in Deuterojesaja, in: ders., Gottesknecht und Zion. Gesammelte Aufsätze zu Deuterojesaja, FAT 4, Tübingen 1992b, 173 – 207.

Steck, O. H., Das apokryphe Baruchbuch. Studien zu Rezeption und Konzentration „kanonischer" Überlieferung, FRLANT 160, Göttingen 1993.
Steck, O. H., Die Prophetenbücher und ihr theologisches Zeugnis. Wege der Nachfrage und Fährten zur Antwort, Tübingen 1996.
Steck, O. H., Der neue Himmel und die neue Erde. Beobachtungen zur Rezeption von Gen 1– 3 in Jes 65,16b– 25, in: J. van Ruiten/M. Vervenne (Hgg.), Studies in the Book of Isaiah. FS W. A. M. Beuken, BEThL 132, Leuven 1997, 349 – 365.
Steck, O. H., Die erste Jesajarolle von Qumran (1QIsa). Schreibweise als Leseanleitung für ein Prophetenbuch, SBS 173/1.2, Stuttgart 1998.
Steck, O. H., Exegese des Alten Testaments. Leitfaden der Methodik, Neukirchen-Vluyn 141999.
Steck, O. H., Gott in der Zeit entdecken. Die Prophetenbücher des Alten Testaments als Vorbild für Theologie und Kirche, BThSt 42, Neukirchen-Vluyn 2001.
Steck, O. H., Zur konzentrischen Anlage von Jes 1,21– 26, in: I. Fischer/U. Rapp/J. Schiller (Hgg.), Auf den Spuren der schriftgelehrten Weisen. FS J. Marböck, BZAW 331, Berlin/New York 2003, 97–103.
Stegemann, H., Die Bedeutung der Qumranfunde für die Erforschung der Apokalyptik, in: D. Hellholm (Hg.), Apocalypticism in the Mediterranean World and the Near East, Tübingen ²1989, 495–509.
Stegemann, H., Die Essener, Qumran, Johannes der Täufer und Jesus. Ein Sachbuch, Freiburg im Breisgau/Basel/Wien ⁹1999.
Stegemann, W., Jesus und seine Zeit, BE 10, Stuttgart u. a. 2009.
Steinberg, J., Die Ketuvim – ihr Aufbau und ihre Botschaft, BBB 152, Hamburg 2006.
Steiner, M., David's Jerusalem: Fiction or Reality? It's Not There: Archaeology Proves a Negative, BAR 24 (1998a), 26 – 33.
Steiner, M., The Archaeology of Ancient Jerusalem, CR:BS 6 (1998b), 143 –168.
Steiner, M., The Notion of Jerusalem as a Holy City, in: R. Rezetko u. a. (Hgg.), Reflection and Refraction. FS A. G. Auld, VT.S 113, Leiden u. a. 2007, 447– 458.
Steins, G., Die Chronik als kanonisches Abschlußphänomen, BBB 93, Weinheim 1995.
Stemberger, G., Öffentlichkeit der Tora im Judentum. Anspruch und Wirklichkeit, JBTh 11 (1996), 91–101.
Stern, E., Archaeology of the Land of the Bible. The Assyrian, Babylonian, and Persian Periods 732 – 332 BCE, New York u. a. 2001.
Stern, E., The Babylonian Gap: The Archaeological Reality, JSOT 28 (2004), 273 – 277.
Steymans, H. U., Deuteronomium 28 und die adê zur Thronfolgeregelung Asarhaddons. Segen und Fluch im Alten Orient und in Israel, OBO 145, Fribourg/Göttingen 1995a.
Steymans, H.U., Eine assyrische Vorlage für Deuteronomium 28,20 – 44, in: G. Braulik (Hg.), Bundesdokument und Gesetz. Studien zum Deuteronomium, HBS 4, Freiburg im Breisgau u. a. 1995b.
Steymans, H. U., Die literarische und theologische Bedeutung der Thronfolgevereidigung Asarhaddons, in: M.Witte/K. Schmid/D. Prechel/J. C. Gertz (Hgg.), Die deuteronomistischen Geschichtswerke. Redaktions- und religionsgeschicht-

liche Perspektiven zur „Deuteronomismus"-Diskussion in Tora und Vorderen Propheten, BZAW 365, Berlin/New York 2006, 331– 349.
Stipp, H.-J., Das masoretische und alexandrinische Sondergut des Jeremiabuches. Textgeschichtlicher Rang, Eigenarten, Triebkräfte, OBO 136, Fribourg/Göttingen 1994.
Stipp, H.-J. Gedalja und die Kolonie von Mizpa, ZAR 6 (2000), 155 –171.
Stipp, H.-J., Vom Heil zum Gericht. Die Selbstinterpretation Jesajas in der Denkschrift, in: F. Sedlmeier (Hg.), Gottes Wege suchend. Beiträge zum Verständnis der Bibel und ihrer Botschaft. FS R.Mosis, Würzburg 2003, 323 – 354.
Stipp, H.-J., „Meinen Bund hat er gebrochen" (Gen 17,14). Die Individualisierung des Bundesbruchs in der Priesterschrift, MThZ 56 (2005), 290 – 304.
Stipp, H.-J., Die Verfasserschaft der Trostschrift Jer 30 – 31*, ZAW 123 (2011a), 184 – 206.
Stipp, H.-J. (Hg.), Das deuteronomistische Geschichtswerk, Österreichische biblische Studien 39, Frankfurt u. a. 2011b.
Stoekl, J., Prophecy in the Ancient Near East. A Philological and Sociological Comparison, CHANE 56, Leiden 2012.
Stolper, M.W., Entrepreneurs and Empire. The Murašu Archive, the Murašu firm, and Persian rule in Babylonia, Uitgaven van het Nederlands Historisch-Archeologisch Instituut te Istanbul 54, Istanbul 1985.
Stolz, F., Psalmen im nachkultischen Raum, ThSt 129, Zürich 1983a.
Stolz, F., Unterscheidungen in den Religionen, in: H. F. Geisser/W. Mostert (Hgg.), Wirkungen hermeneutischer Theologie. FS G. Ebeling, Zürich 1983b, 11– 24.
Stolz, F., Grundzüge der Religionswissenschaft, Göttingen 1988.
Stolz, F., Einführung in den biblischen Monotheismus, Darmstadt 1996.
Stolz, F., Art. Religionsgeschichte Israels, TRE 28, Berlin/New York 1997, 585 – 603.
Strecker, G., Literaturgeschichte des Neuen Testaments, UTB 1682, Göttingen 1992.
Stuckenbruck, L. T., „Angels" and „God": Exploring the Limits of Early Jewish Monotheism, in: ders./W. E. S. North (Hgg.), Early Jewish and Christian Monotheism, JSOT.S 263, London 2004, 45–70.
Süssenbach, C., Der elohistische Psalter. Untersuchungen zur Komposition und Theologie von Ps 42–83, FAT II/7, Tübingen 2004.
Sweeney, M., King Josiah of Judah: The Lost Messiah of Israel, Oxford 2001.
Swete, H. B., An Introduction to the Old Testament in Greek, Cambridge ²1914 (repr. Peabody MA 1989).

Tadmor, H., The Inscriptions of Tiglath-Pileser III King of Assyria: Critical Edition, with Introductions, Translations and Commentary. Fontes ad res Judaicas spectantes, Jerusalem 1994.
Tappy, R. E., The Archaeology of Israelite Samaria, Bd. 1: Early Iron Age through the Ninth Century BCE, HSS 44, Atlanta 1992; Bd. 2: The Eighth Century BCE, HSS 50, Atlanta 2001.

Theißen, G., Die Entstehung des Neuen Testaments als literaturgeschichtliches Problem, Heidelberg 2007.
Thiel,W., Die deuteronomistische Redaktion von Jeremia 1– 25, WMANT 41, Neukirchen-Vluyn 1973; Die deuteronomistische Redaktion von Jeremia 26– 45, WMANT 52, Neukirchen-Vluyn 1981.
Thompson, H.O./Zayadine, F., The Works of Amminadab, BA 37 (1974), 13 –19.
Tigay, J. H. (Hg.), Empirical Models for Biblical Criticism, Philadelphia 1985.
Tilly, M., Einführung in die Septuaginta, Darmstadt 2005.
Timm, S., Ein assyrisch bezeugter Tempel in Samaria?, in: U. Hübner/E. A. Knauf (Hgg.), Kein Land für sich allein. Studien zum Kulturkontakt in Kanaan, Israel/Palästina und Ebirnari für M.Weippert zum 65. Geburtstag, OBO 186, Fribourg/Göttingen 2002, 126 –133.
Toorn, K. van der (Hg.), The Image and the Book. Iconic Cults, Aniconism, and the Rise of Book Religion in Israel and the Ancient Near East, CBET 21, Peeters 1997.
Toorn, K. van der, Cuneiform Documents from Syria-Palestine. Texts, Scribes, and Schools, ZDPV 116 (2000), 97–113.
Toorn, K. van der, From the Mouth of the Prophet: The Literary Fixation of Jeremiah's Prophecies in the Context of the Ancient Near East, in: J. Kaltner/L. Stulman (Hgg.), Inspired Speech. Prophecy in the Ancient Near East, FS. H. B. Huffmon, JSOT.S 378, London/New York 2004, 191–202.
Toorn, K. van der, Scribal Culture and the Making of the Bible, Cambridge MA/London 2007.
Tov, E., Der Text der Hebräischen Bibel. Handbuch der Textkritik, Stuttgart 1997.
Tov, E., Rewritten Bible Compositions and Biblical Manuscripts, with Special Attention to the Samaritan Pentateuch, DSD (1998), 334 – 354.
Tov, E., Scribal Practices and Approaches Reflected in the Texts Found in the Judean Desert, StTDJ 54, Leiden u. a. 2004.
Tov, E., Hebrew Scripture Editions: Philosophy and Praxis, in: F. García Martínez u. a. (Hgg.), From 4QMMT to Resurrection, Mélanges qumraniens en hommage à Émile Puech, STDJ 61, Leiden/Boston 2006, 281– 312.
Trebolle Barrera, J. C., Origins of a Tripartite Old Testament Canon, in: L. M.McDonald/J. A. Sanders (Hgg.), The Canon Debate, Peabody 2002, 128 –145.
Treves, M., The Dates of the Psalms. History and Poetry in Ancient Israel, Pisa 1988.
Troyer, K. de, Die Septuaginta und die Endgestalt des Alten Testaments. Untersuchungen zur Entstehungsgeschichte alttestamentlicher Texte, UTB 2599, Göttingen 2005.
Tull, P., Intertextuality and the Hebrew Scriptures, CRBS 8 (2000), 59 – 90.

Uehlinger, C., Die Frau im Efa (Sach 5,5 –11). Eine Programmvision von der Abschiebung der Göttin, BiKi 49, 1994, 93 –103.
Uehlinger, C., Gab es eine joschijanische Kultreform?, in: W. Groß (Hg.), Jeremia und

die „deuteronomistische Bewegung", BBB 98, Weinheim 1995, 57– 89.
Uehlinger, C., Qohelet im Horizont mesopotamischer, levantinischer und ägyptischer Weisheitsliteratur der persischen und hellenistischen Zeit, in: L. Schwienhorst-Schönberger (Hg.), Das Buch Kohelet. Studien zur Struktur, Geschichte, Rezeption und Theologie, BZAW254, Berlin/New York 1997, 155 – 247.
Uehlinger, C., „... und wo sind die Götter von Samarien?" Die Wegführung syrisch-palästinischer Kultstatuen auf einem Relief Sargons II. in Khorsabad/Dûr-Šarrukin, in: M. Dietrich/I. Kottsieper (Hgg.), „UndMose schrieb dieses Lied auf...". FS O. Loretz, AOAT 250, Münster 1998a, 739 –776.
Uehlinger, C., Art. Bilderkult, RGG4 I, Tübingen 1998b, 1565 –1570.
Uehlinger, C., Art. Bilderverbot, RGG4 I, Tübingen 1998c, 1574 –1577.
Uehlinger, C., Bildquellen und ‚Geschichte Israels'. Grundsätzliche Überlegungen und Fallbeispiele, in: C. Hardmeier (Hg.), Steine – Bilder – Texte. Historische Evidenz außerbiblischer und biblischer Quellen, ABG 5, Leipzig 2001a, 25 –77.
Uehlinger, C., Spurensicherung: alte und neue Siegel und Bullen und das Problem ihrer historischen Kontextualisierung, in: S. Lubs u. a. (Hgg.), Behutsames Lesen. Alttestamentliche Exegese im interdisziplinären Methodendiskurs. FS C. Hardmeier, ABG 28, Leipzig 2007a, 89 –137.
Uehlinger, C., Das Hiob-Buch im Kontext der altorientalischen Literatur- und Religionsgeschichte, in: T. Krüger u. a. (Hgg.), Das Buch Hiob und seine Interpretationen. Beiträge zum Hiob-Symposium auf dem Monte Verità vom 14.– 19. August 2005, AThANT 88, Zürich 2007b, 97–162.
Uehlinger, C./Müller Trufaut, S., Ezekiel 1, Babylonian Cosmological Scholarship and Iconography: Attempts at Further Refinement, ThZ 57 (2001b), 140 –171.
Uehlinger, C./Grandy, A., Vom Toben des Meeres zum Jubel der Völker. Psalterexegetische Beobachtungen zu Psalm 46, in: D. Böhler u. a. (Hgg.), L'Ecrit et l'Esprit. Etudes d'histoire du texte et de théologie biblique en hommage à Adrian Schenker, OBO 214, Fribourg/Göttingen 2005, 372 – 393.
Ulrich, E., The Canonical Process, Textual Criticism, and Latter Stages in the Composition of the Bible, in: M. Fishbane u. a. (Hgg.), Sha'arei Talmon: Studies in the Bible, Qumran, and the Ancient Near East Presented to Shemaryahu Talmon, Winona Lake 1992, 267– 291.
Ulrich, E., Art. Daniel, Book of, in: L. Schiffmann/J. VanderKam (Hgg.), Encyclopedia of the Dead Sea Scrolls, Bd. 1, Oxford 2000, 170 –174.
Ulrich, E., From Literature to Scripture: Reflections on the Growth of a Text's Authoritativeness, DSD 10 (2003a), 3 – 25.
Ulrich, E., The Non-attestation of a Tripartite Canon in 4QMMT, CBQ 65 (2003b), 202 – 214.
Ulrich, E., The Biblical Qumran Scrolls. Transcriptions and Textual Variants, VT.S 134, Leiden u. a. 2010.
Ussishkin, D., Big City, Few People: Jerusalem in the Persian Period, BAR 31 (2005), 26 – 35.
Ussishkin, D., The Borders and de facto Size of Jerusalem in the Persian Period, in:

O. Lipschits/M. Oeming (Hgg.), Judah and the Judeans in the Persian Period, Winona Lake 2006, 147–166.

Utzschneider, H., Art. Literaturgeschichte II. Altes Testament, RGG4, Tübingen 2002, 405 – 408.

Utzschneider, H., Was ist alttestamentliche Literatur? Kanon, Quelle und literarische Ästhetik als LesArts alttestamentlicher Literatur, in: ders./E. Blum (Hgg.), Lesarten der Bibel. Untersuchungen zu einer Theorie der Exegese des Alten Testaments, Stuttgart 2006, 65 – 83.

Vanderhooft, D. S., The Neo-Babylonian Empire and Babylon in the Latter Prophets, HSM 59, Atlanta 1999.

VanderKam, J. C., Revealed Literature in the Second Temple Period, in: ders., From Revelation to Canon. Studies in the Hebrew Bible and Second Temple Literature, JSJ.S 62, Leiden u. a. 2000, 241–254.

Vanoni, G., Beobachtungen zur deuteronomistischen Terminologie in 2Kön 23,25 – 25,30, in: N. Lohfink (Hg.), Das Deuteronomium. Entstehung, Gestalt und Botschaft, BEThL 73, Leuven 1985, 357– 362.

Van Seters, J., Histories and Historians of the Ancient Near East: The Israelites, Or. 50 (1981), 137–185.

Van Seters, J., In Search ofHistory. Historiography in the Ancient World and the Origins of Biblical History, New Haven/London 1983.

Van Seters, J., Joshua's Campaign of Canaan and Near Eastern Historiography, SJOT 4 (1990), 1–12.

Van Seters, J., Cultic Laws in the Covenant Code (Exodus 20,22 – 23,33) and Their Relationship to Deuteronomy and the Holiness Code, in: M. Vervenne (Hg.), Studies in the Book of Exodus. Redaction – Reception – Interpretation, BEThL 126, Leuven 1996, 319 – 345.

Van Seters, J., The Pentateuch. A Social-Science Commentary, Sheffield 1999.

Van Seters, J., The Court History and DtrH: Conflicting Perspectives on the House ofDavid, in: A. de Pury/T. Römer (Hgg.), Die sogenannte Thronfolgegeschichte Davids. Neue Einsichten und Anfragen, OBO 176, Fribourg/Göttingen 2000, 70 – 93.

Van Seters, J., A Law Book for the Diaspora Revision in the Study of the Covenant Code, Oxford 2003.

Van Seters, J., The Edited Bible. The Curious History of the „Editor" in Biblical Criticism, Winona Lake 2006.

Vaughn, A. G./Killebrew, A. E. (Hgg.), Jerusalem in Bible and Archaeology. The First Temple Period, Atlanta 2003.

Veenhof, K. R., Geschichte des Alten Orients bis zur Zeit Alexanders des Großen, GAT 11, Göttingen 2001.

Vegge, T., Paulus und das antike Schulwesen. Schule und Bildung des Paulus, BZNW 134, Berlin/New York 2006.

Veijola, T., Die ewige Dynastie: David und die Entstehung seiner Dynastie nach der deuteronomistischen Darstellung, Helsinki 1975.
Veijola, T., Das Bekenntnis Israels. Beobachtungen zur Geschichte und Theologie von Dtn 6,4 – 9, ThZ 48 (1992a), 369 – 381.
Veijola, T., Höre Israel! Der Sinn und Hintergrund von Deuteronomium VI 4 – 9, VT 42 (1992b), 528–541.
Veijola, T. (Hg.), Das Deuteronomium und seine Querbeziehungen, SESJ 62, Helsinki/Göttingen 1996.
Veijola, T., Die Deuteronomisten als Vorgänger der Schriftgelehrten. Ein Beitrag zur Entstehung des Judentums, in: ders., Moses Erben. Studien zum Dekalog, zum Deuteronomismus und zum Schriftgelehrtentum, BWANT 149, Stuttgart 2000, 192 – 240.
Veldhuis, N., Mesopotamian Canons, in: M. Finkelberg/G. G. Stroumsa (Hgg.), Homer, the Bible and Beyond. Literary and Religious Canons in the Ancient World, Leiden 2003, 9 – 28.
Veltri, G., Art. Philo von Alexandrien, RGG4 VI, Tübingen 2003, 1286 –1288.
Vielhauer, P., Geschichte der urchristlichen Literatur. Einleitung in das Neue Testament, die Apokryphen und die Apostolischen Väter, Berlin/New York 1975.
Vielhauer, P., Die Apokalyptik, in:W. Schneemelcher (Hg.), Neutestamentliche Apokryphen in deutscher Übersetzung, Tübingen ⁶1997, 492 – 508.
Vielhauer, R., Das Werden des Buches Hosea. Eine redaktionsgeschichtliche Untersuchung, BZAW 349, Berlin/New York 2007.
Vieweger, D., Archäologie der biblischen Welt, UTB 2394, Göttingen 2003.
Vincent, J. M., Leben und Werk des frühen Eduard Reuss, BevTh 106, München 1990.
Vleeming, P./Wesselius, W. M., An Aramaic Hymn of the Fifth Century B. C., BiOr 39 (1982), 501–509.
Volk, K., Edubba'a und Edubba'a-Literatur: Rätsel und Lösungen, ZA 90 (2000), 1– 30.
Vos, J. C. de, Das Los Judas. Über Entstehung und Ziele der Landbeschreibung in Josua 15, VT.S 95, Leiden/Boston 2003.
Vriezen, T. C./Woude, A. S. van der, Ancient Israelite and Early Jewish Literature, Leiden/Boston 2005.

Wagner, A., Gattung und „Sitz im Leben". Zur Bedeutung der formgeschichtlichen Arbeit Hermann Gunkels (1862 –1832) für das Verstehen der sprachlichen Größe Text, in: S. Michaelis (Hg.), Texte – Konstitution, Verarbeitung, Typik, Edition Linguistik 13, München/Newcastle 1996, 117–129.
Wahl, H.-M., Noah, Daniel und Hiob in Ezechiel XIV 12 – 20 (21– 23): Anmerkungen zum traditionsgeschichtlichen Hintergrund, VT 42 (1992), 542 – 553.
Waltisberg, M., Zum Alter der Sprache des Deboraliedes Ri 5. ZAH 12 (1999), 218 – 232.
Wanke, G., Die Zionstheologie der Korachiten, BZAW 97, Berlin 1966.
Watts, J. W. (Hg.), Persia and Torah. The Theory of Imperial Authorization of the Penta-

teuch, SBL. SS 17, Atlanta 2001.
Weber, B., Zur Datierung der Asaph-Psalmen 74 und 79, Bib. 81 (2000), 521– 532.
Weber, O., Die Literatur der Babylonier und Assyrier. Ein Überblick, Leipzig 1907.
Weinfeld, M., Deuteronomy and the Deuteronomic School, Oxford 1972.
Weinstein, J., The Egyptian Empire in Palestine: A Reassessment, BASOR 241 (1981), 1– 28.
Weisberg, D. B., The Impact of Assyriology on Biblical Studies, in:W. W. Hallo (Hg.), The Context of Scripture. Archival Documents from the Biblical World, Leiden u. a. 2002, xliii–xlviii.
Weippert, H., Die „deuteronomistischen" Beurteilungen der Könige von Israel und Juda und das Problem der Redaktion der Königsbücher, Bib. 53 (1972), 301– 339.
Weippert, H., Palästina in vorhellenistischer Zeit, HdA II/1, München 1988.
Weippert, M., Geschichte Israels am Scheideweg, ThR 58 (1993), 71–103.
Weippert, M., Synkretismus und Monotheismus. Religionsinterne Konfliktbewältigung im alten Israel (1990), in: ders., Jahwe und die anderen Götter. Studien zur Religionsgeschichte des antiken Israel in ihrem syrisch-palästinischen Kontext, FAT 18, Tübingen 1997, 1– 24.
Wellek, R., The Fall of Literary History, in: R. A. Amacher/V. Lange (Hgg.), New Perspectives in German Literary Criticism. A Collection of Essays, Princeton 1979, 418 – 431.
Wellek, R./Warren, A., Theory of Literature, New York 1949, dt.: Theorie der Literatur, Frankfurt am Main 1971.
Wellhausen, J., Geschichte Israels (1880), in: ders., Grundrisse zum Alten Testament, hg. von R. Smend, ThB 27, München 1965, 13 – 64.
Wellhausen, J., Prolegomena zur Geschichte Israels, Berlin u. a. 1883/^{6}1927.
Wellhausen, J., Die Composition des Hexateuchs und der historischen Bücher des Alten Testaments, Berlin ^{3}1899.
Wellhausen, J., Israelitische und jüdische Geschichte, Berlin 1904.
Welten, P., Geschichte und Geschichtsschreibung in den Chronikbüchern WMANT 42, Neukirchen-Vluyn 1973.
Welten, P., Art. Buch/Buchwesen II. Altes Testament, TRE 7, Berlin/New York 1981, 272 – 275.
Wessetzky, V., Die Bücherliste des Tempels von Edfu und Imhotep, Göttinger Miszellen 83 (1984), 85–89.
Westermann, C., Der Aufbau des Buches Hiob. Mit einer Einführung in die neuere Hiobforschung von Jürgen Kegler, CThM 6, Stuttgart 1977.
Wette,W. M. L. de, Dissertatio critica quae Deuteronomium a prioribus Pentateuchi libris diversum, alius cuiusdam recentioris auctoris opus esse demonstrator, Jena 1805.
Wettengel,W., Die Erzählung von den beiden Brüdern. Der Papyrus d'Orbiney und die Königsideologie der Ramessiden, OBO 195, Fribourg/Göttingen 2003.
White, J. B., Universalization of History in Deutero-Isaiah, in: C. D. Evans u. a. (Hgg.),

Scripture in Context. Essays on the Comparative Method, PThMS 34, Pittsburgh 1980, 179 –195.
Whybray, R. N., Wisdom in Proverbs, SBT 45, London 1965.
Whybray, R. N., The Joseph Story and Pentateuchal Criticism, VT 18 (1968), 522 – 528.
Wiesehöfer, J., Das frühe Persien. Geschichte eines antiken Weltreichs, München 1999.
Wildeboer, G., De letterkunde des Ouden Verbonds naar de tijsorde van haar ontstaan, Groningen 1893; (deutsche Übersetzung: Die Litteratur des Alten Testaments nach der Zeitfolge ihrer Entstehung, Göttingen 1895).
Wilke, A. F., Kronerben der Weisheit. Gott, König und Frommer in der didaktischen Literatur Ägyptens und Israels, FAT II/20, Tübingen 2006.
Willi, T., Die Chronik als Auslegung, FRLANT 106, Göttingen 1972.
Willi, T., Die Chronik – (k)ein Buch wie andere. Die biblischen Chronikbücher als Exempel alttestamentlicher Literaturwerdung, in: S. Lubs u. a. (Hgg.), Behutsames Lesen. Alttestamentliche Exegese im interdisziplinären Methodendiskurs. FS C.Hardmeier, ABG 28, Leipzig 2007, 89 –137.
Williamson, H. G. M., In Search of the Pre-Exilic Isaiah, in: J. Day (Hg.), In Search of Pre-Exilic Israel. Proceedings ofthe Oxford Old Testament Seminar, JSOT.S 406, London/NewYork 2004, 181– 206.
Willi-Plein, I., Art. Sacharja/Sacharjabuch, TRE 29, Berlin/New York 1998, 539 – 547.
Willi-Plein, I., Warum musste der Zweite Tempel gebaut werden?, in: B. Ego/A. Lange/P. Pilhofer (Hgg.), Gemeinde ohne Tempel. Community without Temple. Zur Substituierung und Transformation des Jerusalemer Tempels und seines Kults im Alten Testament, antiken Judentum und frühen Christentum, WUNT 118, Tübingen 1999, 57–73.
Wilson, F. M., Sacred or Profane? The Yahwistic Redaction of Proverbs Reconsidered, in: K. Hoglund u. a. (Hgg.), The Listening Heart. Essays in Wisdom and the Psalms in Honor of Roland E. Murphy, JSOT.S 87, Sheffield 1987, 313 – 334.
Wilson, G. H., The Editing of the Hebrew Psalter, Chico 1985.
Wilson, G. H., A First Century C. E. Date for the Closing of the Hebrew Psalter?, in: J. J. Adler (Hg.), Haim M. I. Gevaryahu. Memorial Volume, English–French–German Section, Jerusalem 1990, 136–143.
Wischnowsky, M., Die Tochter Zion. Aufnahme und Überwindung der Stadtklage in den Prophetenschriften des Alten Testaments, WMANT 89, Neukirchen-Vluyn 2001.
Witte, M., Die biblische Urgeschichte. Redaktions- und theologiegeschichtliche Beobachtungen zu Genesis 1,1–11,26, BZAW 265, Berlin/New York 1998.
Witte, M., Vom Glauben in der (End-)Zeit. Ein exegetischer Spaziergang durch das Buch Habakuk, in: G. Linde u. a. (Hgg.), Theologie zwischen Pragmatismus und Existenzdenken, MThSt 90,Marburg 2006, 323 – 337.
Witte, M., Von der Analyse zur Synthese: Historisch-kritische Anmerkungen zu Hermann Gunkels Konzept einer israelitischen Literaturgeschichte, in: U. Eisen u. a. (Hgg.), Hermann Gunkel Revisited: Literatur- und religionsgeschichtliche

Studien, Exegese in unserer Zeit 20, Münster 2010, 21–51.
Witte, M./Schmid, K./Prechel, D./Gertz, J. C. (Hgg.), Die deuteronomistischen Geschichtswerke. Redaktions- und religionsgeschichtliche Perspektiven zur „Deuteronomismus"-Diskussion in Tora und Vorderen Propheten, BZAW 365, Berlin/New York 2006.
Wöhrle, J., Die frühen Sammlungen des Zwölfprophetenbuches. Entstehung und Komposition, BZAW 360, Berlin/New York 2006.
Wolff, H.W., Das Thema „Umkehr" in der alttestamentlichen Prophetie, ZThK 48 (1951), 129–148 = ders., Gesammelte Studien zum Alten Testament, TB 22, München 1964, 130–150.
Wolff, H.W., Das Kerygma des deuteronomistischen Geschichtswerks, ZAW 73 (1961), 171–186 = ders., Gesammelte Studien zum Alten Testament, TB 22, München 1964, 308–324.
Wolff, H.W., Art. Haggai/Haggaibuch, TRE 14, Berlin/New York 1985, 355–360.
Woude, A. S. van der, Pluriformity and Uniformity. Reflections on the Transmission of the Text of the Old Testament, in: J. N. Bremmer/F. García Martínez (Hgg.), Sacred History and Sacred Tests in Early Judaism. A Symposium in Honour of A. S. van der Woude, CBET 5, Kampen 1992, 151–169.
Wright, J., Rebuilding Identity. The Nehemiah-Memoir and its Earliest Readers, BZAW 348, Berlin/New York 2004.
Wyrick, J., The Ascension of Authorship. Attribution and Canon Formation in Jewish, Hellenistic and Christian Traditions, Cambridge MA 2004.

Young, I., Diversity in Pre-Exilic Hebrew, FAT 5, Tübingen 1993.
Young, I., Israelite Literacy: Interpreting the Evidence, VT 48 (1998), 239–253.408–422.
Young, I. (Hg.), Biblical Hebrew. Studies in Chronology and Typology, JSOT.S 369, London u. a. 2003.
Young, I., Israelite Literacy and Inscriptions: A Response to Richard Hess, VT 55 (2005), 565–568.
Young, I./Rezetko, R. (Hgg.), Linguistic Dating of Biblical Texts, 2 vols., London 2008.
Younger, K. L. Jr., Ancient Conquest Accounts. A Study in Ancient Near Eastern and Biblical History Writings, JSOT.S 98, Sheffield 1990.
Younger, K. L. Jr., The „Contextual Method": Some West Semtitic Reflections, in: W. W. Hallo (Hg.), The Context of Scripture. Archival Documents from the Biblical World, Leiden u. a. 2002, xxxv–xlii.

Zadok, R., The Jews in Babylonia During the Chaldean and Achaemenian Periods According to the Babylonian Sources, Haifa 1979.
Zenger, E., Die deuteronomistische Interpretation der Rehabilitierung Jojachins, BZ 12 (1968), 16–30.

Zenger, E., Art. Mose/Moselied/Mosesegen/Moseschriften I., TRE 23, Berlin/New York 1994, 330 – 341.
Zenger, E., „Daß alles Fleisch den Namen seiner Heiligung segne" (Ps 145,21). Die Komposition Ps 145 –150 als Anstoß zu einer christlich-jüdischen Psalmenhermeneutik, BZ 41 (1997a), 1– 27.
Zenger, E., Art. Priesterschrift, TRE 27, Berlin/New York 1997b, 435 – 446.
Zenger, E., Die Provokation des 149. Psalms. Von der Unverzichtbarkeit der kanonischen Psalmenauslegung, in: R. Kessler/K. Ulrich u. a. (Hgg.), „Ihr Völker alle, klatscht in die Hände!". FS für E. S. Gerstenberger zum 65. Geburtstag (EuZ 3), Münster 1997c, 181–194.
Zenger, E., Der Psalter als Buch, in: ders. (Hg.), Der Psalter in Judentum und Christentum, HBS 18, Freiburg im Breisgau u. a. 1998, 1– 57.
Zenger, E., Die Psalmen im Psalter: Neue Perspektiven der Forschung, ThRev 95 (1999), 443 – 456.
Zenger, E., „Es sollen sich niederwerfen vor ihm alle Könige" (Ps 72,11). Redaktionsgeschichtliche Beobachtungen zu Psalm 72 und zum Programm des messianischen Psalters 2 – 89, in: E. Otto/E. Zenger (Hgg.), „Mein Sohn bist du" (Ps 2,7). Studien zu den Königspsalmen, SBS 192, Stuttgart 2002, 66 – 93.
Zenger, E., Der Monotheismus Israels. Entstehung – Profil – Relevanz, in: T. Söding (Hg.), Ist der Glaube Feind der Freiheit? Die neue Debatte um den Monotheismus, QD 196, Freiburg im Breisgau u. a. 2003, 9 – 52.
Zenger, E., Einleitung in das Alte Testament, Stuttgart u. a. ^{5}2004.
Zenger, E. (Hg.), The Composition of the Book of Psalms, BETL 238, Leuven 2010.
Zevit, Z., The Religions of Ancient Israel. A Synthesis of Parallactic Approaches, London/New York 2001.
Zevit, Z., Three Debates about Bible and Archaeology, Bib. 83 (2002), 1– 27.
Zimmer, T., Zwischen Tod und Lebensglück. Eine Untersuchung zur Anthropologie Qohelets, BZAW 286, Berlin/New York 1999.
Zimmerli, W., Sinaibund und Abrahambund. Ein Beitrag zum Verständnis der Priesterschrift, ThZ 16 (1960), 268 – 280 = ders., Gottes Offenbarung. Gesammelte Aufsätze zum Alten Testament, ThB 19, München 1963, 205 – 217.
Zimmerli, W., Ezechiel, BK XIII/1.2, Neukirchen-Vluyn 1969.
Zobel, K., Prophetie und Deuteronomium. Die Rezeption prophetischer Theologie durch das Deuteronomium, BZAW 199, Berlin/New York 1992.
Zunz, L., Die gottesdienstlichen Vorträge der Juden, historisch entwickelt. Ein Beitrag zur Alterthumskunde und biblischen Kritik, zur Literatur- und Religionsgeschichte (1892), hg. von N. Brüll, Frankfurt am Main ^{2}1992.
Zwickel, W., Der salomonische Tempel, Kulturgeschichte der antiken Welt 83, Mainz 1999.
Zwickel, W., Jerusalem und Samaria zur Zeit Nehemias. Ein Vergleich, BZ 52 (2008), 201– 222.

고대 근동과 구약 문헌사

Literaturgeschichte des Alten Testaments :
Eine Einführung

2018년 6월 10일 초판 발행

지 은 이 | 콘라드 슈미트
옮 긴 이 | 이용중

편   집 | 변길용, 권대영
디 자 인 | 신봉규, 서민정
펴 낸 곳 | 사)기독교문서선교회
등   록 | 제16-25호(1980. 1. 18)
주   소 | 서울시 서초구 방배로 68
전   화 | 02) 586-8761~3(본사) 031) 942-8761(영업부)
팩   스 | 02) 523-0131(본사) 031) 942-8763(영업부)
홈페이지 | www.clcbook.com
이 메 일 | clckor@gmail.com
온 라 인 | 기업은행 073-000308-04-020, 국민은행 043-01-0379-646
         예금주: 사)기독교문서선교회

ISBN 978-89-341-1820-6 (94230)
ISBN 978-89-341-1768-1 (세트)

* 낙장·파본은 교환해 드립니다.

이 도서의 국립중앙도서관 출판시 도서목록(CIP)은 서지정보유통지원시스템 홈페이지(http://seoji.nl.go.kr)와 국가자료공동목록시스템(http://www.nl.go.kr/kolisnet)에서 이용하실 수 있습니다.
(CIP제어번호: CIP2018014653)